财税

普通高等教育财政与税收专业重点规划教材

税法

第三版

李 敏 朱利荣 ◎ 主编

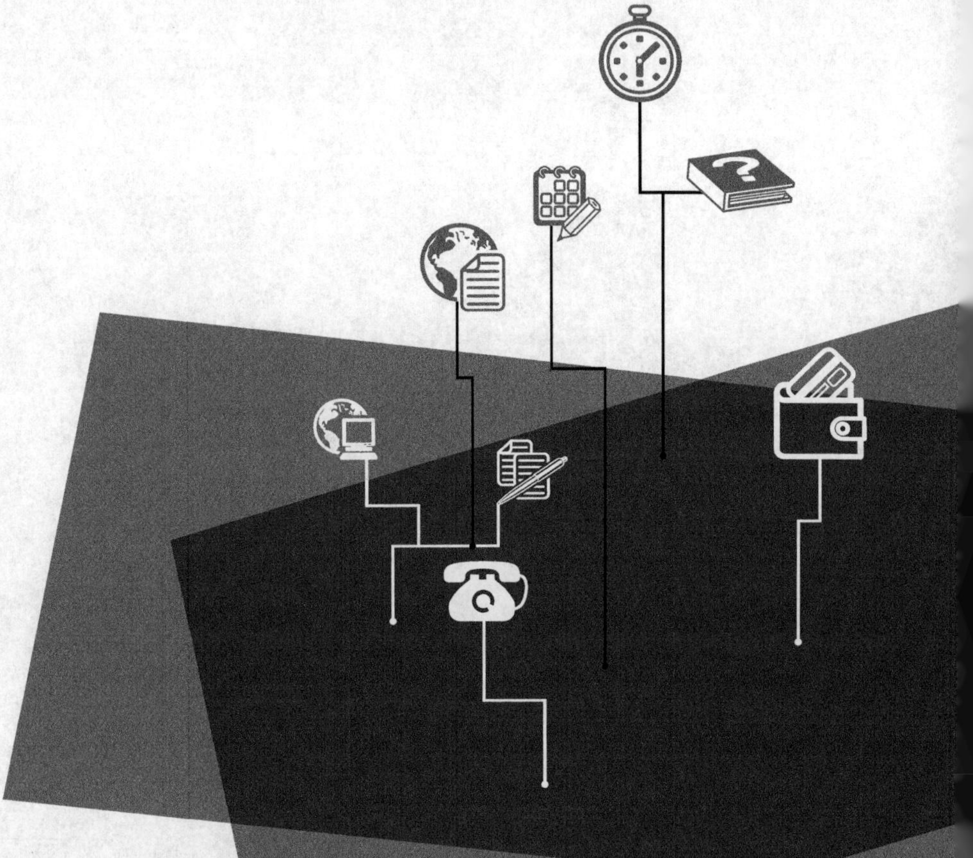

上海财经大学出版社
SHANGHAI UNIVERSITY OF FINANCE & ECONOMICS PRESS

图书在版编目(CIP)数据

税法/李敏,朱利荣主编．—3 版．—上海：上海财经大学出版社,2017.1
（普通高等教育财政与税收专业重点规划教材）
ISBN 978-7-5642-2605-3/F・2605

Ⅰ.①税… Ⅱ.①李… ②朱… Ⅲ.①税法-中国-高等学校-教材 Ⅳ.①D922.22

中国版本图书馆 CIP 数据核字(2016)第 275311 号

□ 责任编辑 吴晓群
□ 封面设计 杨雪婷

SHUIFA
税 法
（第三版）
李 敏 朱利荣 主编

上海财经大学出版社出版发行
（上海市中山北一路 369 号 邮编 200083）
网 址:http://www.sufep.com
电子邮箱:webmaster @ sufep.com
全国新华书店经销
江苏凤凰数码印务有限公司印刷装订
2017 年 1 月第 3 版 2018 年 8 月第 2 次印刷

787mm×1092mm 1/16 19 印张 562 千字
印数:16 001—16 500 定价:42.00 元

前言

FOREWORD

税法是我国法律体系的重要组成部分，是调整税收关系的重要法律依据，同时也是保障国家财政收入、调控经济发展，维护纳税人合法权益的重要法律手段。随着我国社会主义市场经济的深入发展和社会民主法治的进步，我国税法体系和税收制度也呈渐进式改革并趋于完善，尤其是“营改增”全面实施后，流转税制度发生重大变革。根据最新的税收法律法规编写最新的税法教程，使之能更好地满足课程教学和实际工作的需要，就显得尤为重要。因此，我们精心组织熟知税收学科理论与实务的专业教师编写了这本《税法》教材。

税法课程是我国高等院校财经专业和法学专业学生的主要课程，也是注册会计师资格、税务师资格等全国统一考试的科目。本书不仅适用于高等院校财政学、税收学、会计学、审计学以及其他经济和管理类专业的教学，也可作为法律、经济、财会、税务的工作者及企业管理人员了解税法和注册会计师、税务师等相关考试的参考书。

本书吸收了当代税法研究和税法优秀教材的精华，反映社会主义法治与税收法定主义理念，以最新税收法律法规为依据，力求准确、系统地阐明税法的基本原理和主要制度。为了避免教材的抽象乏味，作者在每章配备了“本章要点”“情境导入”“例题”“案例分析”“复习思考题”“自我测试题”等有利于学生理解的助读材料，使本书风格与体例活泼清新。

本书是融教师讲义、实训指导、学生练习为一体的综合性教程，具有以下特点：

(1)内容最新。本书以**全面实施“营改增”以后**的现行税收法律法规为依据，结合有关条例编写，体现了我国税收法律法规的动态。

(2)重点、难点突出。本书在阐述税法基本理论的基础上，注重理论与实践的结合，侧重实务法规的应用和税收计算。

(3)便于学习。本书体系结构合理，并通过复习思考题和自我测试题，帮助读者理解且掌握相关知识，简明实用。

本书由李敏和朱利荣任主编，薛淑玲、张瀛霞和张宇任副主编。全书共分十一章。其中，第一章、第四章、第十章由薛淑玲执笔；第二章、第三章由张宇执笔；第十一章由张瀛霞执笔；第五章至第七章由朱利荣执笔；第八章、第九章由李敏执笔。最后由李敏对全书进行修改、总纂。

本书在编写过程中得到了上海财经大学出版社和吉林工商学院诸多教师的帮助，并参考了许多相关论著、教材、期刊等，在此一并致以谢意。

由于我国的税法尚在不断完善，加之编者的理论水平和实践知识有限，书中难免存在疏漏和不足之处，恳请读者批评指正。

编 者

2017年1月

目　录
CONTENTS

第一章 税法概述

本章要点

◇税收与税法的关系　　◇税收分类与税法体系

◇税收法律关系　　◇税法的构成要素

◇税收征管与税种划分

情境导入

资料一:有位中国记者在美国总统大选期间采访一位年近七十的老人。当问及她为何要投票选举自己信任的但又主张增税的候选人时,这位老妇人顿感惊诧。她指着负责投票站治安的警察道:"如果政府没有税收,谁来为他们支付工资呢?"

资料二:《中国税务》杂志曾经披露,某税务机关依法向一名取得应税收入的文艺界演员征收个人所得税时,遭到了该纳税人的断然拒绝,其理由是:"我朋友的父亲是市委书记。"

思考:结合以上资料,谈谈你对税收的认识。

第一节 税收与税法

一、税收与税法的含义

要学习和研究税法理论及相关问题,必须从税收入手。因为从某种意义上讲,现代国家已经成为名副其实的税收国家。税收制度不仅仅是一项基本的经济制度,而且已经成为一项基本的法律制度和政治制度。税收活动的存在与运行不仅对国家的政治、社会、经济、文化等各方面都会产生重大影响,而且也会对公民以及其他社会组织的生存、发展、财产等产生重大影响。

(一)税收的含义

税收是国家为实现其职能,满足社会公共需要,凭借国家政治权力,运用法律手段,按照固定标准,强制地、无偿地参与国民收入分配,取得财政收入的一种手段。其含义主要包括以下几个方面:

1. 税收的目的

征税的目的是为了实现国家职能,满足社会公共需要。公共需要或公共物品与劳务,不能由市场机制形成与提供,必须由政府提供。政府提供公共物品与劳务要花费人力、物力、财力等,而政府本身不从事生产,不创造财富,所以它必须以某种形式取得一定的收入,这样就产生了税收。可以说,国家征税是为了实现国家职能,向社会提供公共物品与劳务,满足社会公共需要。

2. 税收的依据

国家取得任何一种财政收入,总是要凭借国家的某种权力。如国家土地收入、官产收入、国有企业利润收入,凭借的是国家对土地和其他生产资料的所有权;特权收入,凭借的是国家对山林、水流、矿藏等自然资源的所有权;向其统治的臣民或国家收取贡物,凭借的是统治者的权力等。诸如此类权力,归结起来可概括为财产权力和政治权力。因此,国家取得各种财政收入所凭借的也是这两种权力,但国家税收凭借的只是唯一的政治权力而不是财产权力,国家政治权力即是税收的依据。

3. 税收的特征

税收有其固有的特征,是指税收区别于其他财政收入方式的基本标志,主要表现为强制性、无偿性和固定性。

(1)强制性是指税收凭借国家政治权力,通过法律形式对国民收入进行的强制课征。负有纳税义务的单位和个人必须依法定的标准和期限履行纳税义务,否则要受到法律制裁。

(2)无偿性是指国家向纳税人进行的无须偿还的征收,即国家征税以后,税款归国家所有而不再归还给纳税人,国家也不需支付任何报酬。

(3)固定性是指国家征税通过法律形式预先规定了征税范围、计税标准及征收比例或数额,按预定办法征收。

税收的三个特征是统一的整体,是各种社会制度下的税收共性。只有同时具备这三个特征才是税收,否则就不是税收。

4. 税收的范畴

税收在社会再生产过程中,属于分配范畴。国家征税的过程就是把一部分国民收入从纳税单位或者个人手中转变为国家所有的分配过程。同时,由于税收分配凭借的是国家政治权力,因而税收分配所体现的分配关系是一种特定的分配关系。

5. 税收的形态

从历史演变来看,税收的形态有力役、实物和货币,其中力役是税收的特殊形态,实物和货币尤其是货币为税收的主要形态。在奴隶社会和封建社会,税收以实物和力役形态为主;在封建社会末期尤其是资本主义社会,税收形态从实物过渡到以货币形态为主,甚至全部采用货币征收。目前,我国基本上采用货币形式。

(二)税法的含义

税收属于经济学概念,税法则属于法学范畴。税法的概念大多是由知名的税法研究者提出的,并形成了各种不同的表达方式和思想内容。这里选择有代表性者列举如下:

较早提出税法概念的是日本税法学家金子宏,他认为"税法,是关于税收的所有法律规范的总称"。①

《牛津法律大辞典》对税法概念的描述是:有关确定哪些收入、支付或交易应当纳税,以及按什么税率纳税的法律规范的总称。②

《不列颠百科全书》将税法解释为:是政府当局凭借要求纳税人将其收入或财产的一部分转移给政府的条例。③

上述各位学者因所处时代和国家以及研究领域不尽相同,对于税法概念的认识也不尽一致。但这些定义的着眼点还是在税法的范围与形式特征上,并没有触及税法的调整对象,而这恰恰是税法定义的本质。

国内学者关于税法概念的定义主要有:

税法是调整国家通过税务机关与纳税人之间产生的,无偿征收一定货币或者实物的税收征纳关系的法律规范的总称。④

税法是指由国家最高权力机关或其授权的行政机关制定的有关调整国家在筹集财政资金方面所形成的税收关系的法律规范的总称。⑤

① [日]金子宏著,刘多田等译:《租税法》的中译本《日本税法原理》,中国财政经济出版社1989年版,第17页。

② [英]戴维·M. 沃克著,邓正来等译:《牛津法律大辞典》,光明日报出版社1988年版,第790页。

③ 《不列颠百科全书》(第16卷),中国大百科出版社1999年版,第472页。

④ 金鑫,许毅:《新税务大辞海》,九洲图书出版社1995年版,第141页。

⑤ 蔡秀云:《新税法教程》,中国法制出版社1995年版,第1页。

税法是国家权力机关及其授权的行政机关制定的调整税收关系的法律规范的总称。[①]

这些定义各有短长。汲取各家定义的精华与合理因素，笔者认为对税法的概念作如下定义或许更为准确：

税法是指国家制定的用以调整国家与纳税人之间征纳活动的权利与义务关系的法律规范的总称。它是国家依法征税、纳税人依法纳税的行为规范。其目的是保障国家经济利益和纳税人的合法权益，维护税收秩序，保证国家的财政收入。

第一，税法是有权的国家机关制定的。所谓有权的国家机关，是指国家最高权力机关，在我国即是全国人民代表大会及其常务委员会。同时，在一定的法律框架之下，地方立法机关往往拥有一定的税法立法权，因此也是制定税法的主体。此外，国家最高权力机关还可以授权行政机关制定某些税法，获得授权的行政机关也是制定税法的主体。

第二，税法的调整对象是税收分配中形成的权利与义务关系。从经济角度讲，税收分配关系是国家参与社会剩余产品分配所形成的一种经济利益关系。这种经济利益关系是借助法的形式来规定的，即通过设定税收权利与义务来实现的。如果说实现税收分配是目标，从法律上设定税收权利与义务就是实现目标的手段。税法调整的是税收权利与义务关系，而不直接是税收分配关系。

第三，税法的范畴可以有广义和狭义之分。从广义上讲，一方面税法是各种税收法律规范的总和，即由税收基本法、税收实体法、税收程序法、税收处罚法等构成的法律体系。另一方面，从立法层次上划分，则包括由国家最高权力机关正式立法的税收法律、国家最高行政机关和地方立法机关制定的税收法规以及国家税收行政主管部门和地方政府制定的税收规章等。从狭义上讲，税法指的只是经过国家最高权力机关正式立法的税收法律，如我国的企业所得税法、个人所得税法、税收征收管理法等。一般来说，所谓税法，还是取其广义，对于全国人民代表大会及其常务委员会制定的税法，我们通常直接称其为税收法律。

二、税收与税法的关系

税收与税法既有联系，又有区别。两者之间的联系表现在，税收活动必须严格依税法的有关规定进行，税法是税收的法律依据和法律保障。税收必须以税法为其依据和保障，而税法又必须以保障税收活动为其存在的理由和依据。两者之间的区别表现在，税收是一种经济活动，属于经济基础范畴；而税法则是一种法律制度，属于上层建筑范畴。国家和社会对税收收入与税收活动的客观需要，决定了与税收对应的税法的存在；而税法则对税收活动的有序进行和税收目的的有效实现发挥着极为重要的保障作用。两者的关系可以概括为："税收与税法之间的关系，是一种经济现象所体现出的内容与形式的关系。税收作为社会经济关系，是税法的实质内容，税法作为特殊的行为规范，是税收的法律形式。"[②]

法是税收的存在形式，税收之所以必须采用法的形式，是由税收和法的本质与特性决定的。

第一，从税收的本质来看，税收是国家与纳税人之间形成的以国家为主体的社会剩余产品分配关系。国家征税，是将一部分社会剩余产品或一部分既得利益从纳税人所有转变为国家所有。将征税仅仅视为一种经济利益的转移是不够的。而借助法律，通过规定税收权利与义务的方式可以提供一种行为模式。如果作为法律主体的国家或纳税人不履行法定义务或不适当地行使法定权力，法律将以强制手段予以追究，出现纠纷或争议也可以用诉讼这种规范的法律形式予以解决，从而保证法律调整机制的实现。因此，税收所反映的分配关系要通过法的形式才得以实现。

第二，从形式特征来看，税收具有强制性、无偿性、固定性的特点。其中，无偿性是其核心，强制性是其基本保障。原因在于税收是对财产私有权的侵犯，因此要求有很高的强制权力作为征税保障，这

① 徐孟洲：《税法》，中国人民大学出版社 1999 年版，第 9～11 页。

② 潘静成：《经济法学》，中央广播电视大学出版社 1996 年版。

种权力只能是国家政治权力，法使这种政治权力得以体现和落实。

(1)法依据的是国家强制力，与税收凭借的国家政治权力是一致的，这是最高的权力，其他权力必须服从。

(2)构成法的一系列原则、规则、概念为人们提供了全面、具体、明确的行为模式，借助法可以使税收强制性的目标更为明确。

(3)法有一整套完备、有效的实施保障系统，可以使税收强制性落到实处，得到长期、稳定的保证。

(4)税收凭借的是政治权力，但税收权力并非是不受任何限制，可以随意行使的，能够对税收权力起到规范、制约作用的，只有法。

(5)法所提供的行为规则必须具备规范、统一、稳定的特征，法律的制定、修改、废止必须经过一定的程序，这些都为实现税收的稳定性提供了必要条件。

第三，从税收职能来看，调节经济是其重要方面。这种调节不是盲目的，一方面调节目标必须明确，另一方面也需要纳税人对税收调节有切实的感受，适当调整自身的经济行为。税收只有采用法的形式，才可以借助法律的评价作用，按照法律提供的行为标准，判定纳税人的经济行为是否符合税收调节经济要求，对违法者强制地改变其经济行为。借助法律的预测、指引作用，纳税人能预知自己在各种情况下的纳税义务、法律责任以及经济后果，从而对自己的经营活动做出最有利的选择。总之，税收只有采用法的形式，才能增加其调节的灵敏度，收到实效。监督管理是税收的另一重要职能。保证监督管理的公正性是税收得以顺利实现的基本前提，这就要有一套事先确定的标准作为税收监督管理的规则。法以其权威性、公正性、规范性成为体现纳税规则的最佳方式。

可见，税收与税法密不可分。税收是税法产生、存在和发展的基础，是决定税法性质和内容的重要因素。税收产生以来的历史表明，有税必有法，无法不成税。税收与税法之间的关系，是一种经济内容与法律形式内在结合的关系。税收作为产品分配形式，是税法的具体内容。税法作为特殊的行为规范，是税收的法律形式。

第二节 税收分类与税法体系

一、税收分类

税收分类是指按照一定的标准，将具有相近或相似特点的税种归并成若干类别。通过分类，可以从不同角度对各个税种进行对比研究，分析税收的发展演变过程，研究税源的分布和税收负担；通过分类，可以对比不同国家或同一国家不同时期的税收制度，以及各种税收在税制结构中的功能作用及其对社会经济运行的影响程度，从而为完善税收法律制度提供依据。

我国对税收的分类通常有以下几种主要方法：

（一）按征税对象分类

按征税对象性质分类，可将税收分为商品和劳务税、所得税、资源税、财产税、行为税。这是我国常用的一种分类方法。

1. 商品和劳务税

商品和劳务税，是以商品流转额（销售额）和非商品流转额（营业额）作为征税对象征收的一类税。这类税收的经济前提是商品经济，只有在商品经济条件下，才能有商品和非商品流转额。这类税收的税额一般构成商品价格的组成部分，不受商品成本、费用高低的影响，能够及时、稳定地保证财政收入。主要税种有增值税、消费税、关税。

商品和劳务税的特点是：(1)以商品交换为前提，与商品生产和流通有密切关系。(2)税额与价格密切相关，因此在税率既定的条件下，流转税额的大小直接依赖于商品劳务的价格高低和流转环节的多少，而与成本、费用水平无关。这对保证财政收入的稳定、及时取得，促进企业改善经营管理，加强经济核算及配合价格调节生产与消费等方面有重要作用。(3)税负可以通过价格转嫁,属于间接税。

2. 所得税

所得税又称收益税,是指以纳税人的所得额或收益额为征税对象征收的税。收益额是指纳税人在一定时期内从国民收入总额中,通过各种方式分配到的那部分份额。收益有总收益和纯收益之分,纯收益即为所得额。主要税种有企业所得税和个人所得税。

这类税收体现了以下特点:有所得者征,无所得者不征;所得多者多征,所得少者少征;量能负担,公平税负。但这类税收由于受企业成本和费用高低的影响,所以企业效益的高低及会计标准水平,会直接影响税收收入的稳定性。

所得税的特点是:(1)税额的多少直接取决于有无收益和收益多少,而不决定于商品或劳务的流转额,即与收入、成本和费用均有关。(2)税负不能转嫁。由于收益税的征税对象是纳税人的真实收入,不易进行转嫁,因此便于贯彻"区别对待、合理负担"的税收原则。收益税在调节纳税人收入方面具有特殊作用,在实行累进税率的情况下尤为如此。

3. 资源税

资源税是指以开发和利用自然资源为征税对象征收的税。自然资源是自然界赐予人类的宝贵财富,为人类的生存和发展提供极为重要的生产和生活资料。因此,开征资源税,不仅可以为国家增加财政收入,而且有利于调节级差收入,促进资源的合理开采和利用,鼓励企业开展公平竞争。主要税种有资源税、城镇土地使用税、耕地占用税和土地增值税。

资源税的特点有:(1)调节纳税人因利用资源的外部条件不同而形成的级差收入,有利于保证公平竞争。(2)一般实行从量定额征收。

4. 财产税

财产税是指以纳税人拥有或支配的各种财产为征税对象征收的税。

财产税是一个古老的税种,我国古代就有这种征税形式。财产可分为动产和不动产、有形财产和无形财产等。因此,若要对所有的财产征税是比较困难的,所以财产税一般以土地、房屋、遗产为征税对象。开征财产税,可以增加财政收入,是财政收入的补充来源;能调节财产所有者的收入,缩小贫富差距,促进收入公平分配;有利于促进对房屋、土地的合理使用。主要税种有房产税、契税、车船税。

5. 行为税

行为税是指以纳税人的某种特定行为作为征税对象征收的税,它也是目前世界各国普遍开征的一类税。开征行为税,除为国家取得一定财政收入外,更主要的目的是为了通过征税,规范或引导纳税人的某些行为,贯彻国家在一定时期所采取的某些政策。主要税种有印花税、城市维护建设税、车辆购置税、证券交易税、烟叶税。

财产、行为课税具有以下特点:(1)政策目的性明显。国家对财产、行为课税,不仅是为了开辟财源,而且主要是配合贯彻一定的社会经济政策。(2)因时制宜。即这些税种的设置和废止,往往时间性很强。(3)因地制宜。即税源不广、范围有限,不具备作为主体税种的条件,只能作为辅助性税种。

这种划分方法为世界各国所重视,因为上述各种税类之间的关系即构成一个国家的税制结构。税制结构,主要解决税种设置、主体税的选择、主体税与辅助税的关系。一个国家的税制结构并非由主观意志所决定,它是受该国一定时期生产力发展水平、宏观经济结构和规模等因素的限制。尽管税收体系在结构上一般包括商品、所得和财产三大税系,但在不同国家的税制结构中,三大税系所占的比重是不尽相同的。由于财产税在现代税制中仅处于辅助地位,因而各国一般仅在商品税和所得税之间选择其主体税种。

(二)按税收计征标准分类

1. 从价税

即以征税对象价格或金额为标准计征的税。我国目前大部分税种均为从价税。

2. 从量税

即以征税对象体积、面积、容积、数量、重量等实物量为标准计征的税，如土地使用税、车船税等。

3. 复合税

复合税是指对征税对象采取从价与从量相结合的复合计税方法征收的一种税，如对卷烟、白酒征收的消费税。

从价税的税收额大小与价格有直接联系，即商品或劳务价格的变动，直接影响税收额的变动。从量税的税收与价格没有直接联系，即商品或劳务价格的变动不会影响税收的变动。

从价税是商品经济高度发展的产物，普遍征收从价税有利于促进商品经济的发展。征收机关面对千百万个不同类型的征税对象，利用价格统一衡量其价值量，既可方便征管工作，同时也有利于税款的同标准计算。当然价格有时也并不能准确反映计征对象的价值水平，如果出现通货膨胀，即使在税率不变的前提下，税负也会随征税对象价格的上升而加重，这对纳税人来说显然是不公平的。

(三)按税收负担是否转嫁分类

税收转嫁，是指纳税人通过某种方法或手段，将自己应该缴纳的税收转嫁给他人的一种行为。按税收负担是否转嫁分类，可将税收分为直接税和间接税。这是西方税收学对税收的一种惯用分类方法。

1. 直接税

直接税是指税款由纳税人缴纳，也由纳税人负担，不能转嫁给他人承担的一类税，如所得税。

2. 间接税

间接税是指税款由纳税人缴纳，但可以通过各种方式将税负转嫁给他人承担的一类税，如流转税。

这种分类方法最早由法国重农学派的代表人物魁奈提出，后由英国学者穆勒加以完善。这种分类对于研究税收归宿、税法实效等问题具有重要意义，在税种分类中占有重要地位。但税负转嫁是复杂的、有条件的，美国学者塞利格曼对此有专门研究，从而奠定了税负转嫁理论基础。

(四)按税收与价格的关系分类

1. 价内税

价内税是指税金构成商品价格因素的税种，如消费税。

2. 价外税

价外税是指税金作为商品价格附加部分的税种，如增值税。

价内税由于税金包含在商品价格之内，容易为人们所接受，税金随商品价格的实现而实现，有利于及时组织财政收入，计税简便，征收费用低，但这类税收会因税收的变动而影响商品价格和企业利润，容易发生商品价格与价值背离的情况。价外税，其税收的变动不直接影响商品的价格和企业利润，税负透明度高，税收负担转嫁明显。

(五)按税收收入形态分类

1. 力役税

力役税是指纳税人以提供劳动力(劳务)充当税款缴纳的税，是在早期社会经济发展水平低下时期所采用的税收征收形式，如商代的“助”和后世的“力役之征”、唐代的“庸”和“调”等。

2. 实物税

实物税是指纳税人以各种实物充当税款缴纳的税，是在商品货币经济不发达的时代，主要是封建社会国家普遍采用的税收征收形式，如我国古代的“粟米之征”和“布缕之征”。

3. 货币税

货币税是指纳税人以货币形式缴纳的税，是商品经济发展的必然产物，是目前世界各国税收的主要征收形式。

力役税、实物税适应于自然经济条件，有利于国家控制和掌握一定数量的特定实物；货币税适用于商品经济条件，既有利于纳税人缴税，也有利于国家财政收支管理。因此，现在几乎所有国家的税收均为货币形式。

(六)按税收管理和受益权限分类

按税收管理和受益权限分类，可将税收分为中央税、地方税、中央地方共享税三类。1994 年我国开始实行分税制，具体划分如下：

1. 中央税

中央税是指由中央政府征收管理，收入归中央政府支配的税种。它包括关税、海关代征的消费税和增值税、消费税等。

2. 地方税

地方税是指由地方政府征收管理，其收入归地方政府支配的税种。它包括地方企业所得税(不含上述地方银行、外资银行和非银行金融企业所得税)，个人所得税，城镇土地使用税，城市维护建设税，房产税，车船使用税，印花税，耕地占用税，土地增值税，契税等。

3. 中央地方共享税

中央地方共享税是指由中央统一立法，收入由中央与地方按照一定的比例共享支配的税种。它包括增值税、证券交易印花税等。

这种按税种划分中央与地方财政收入的范围，有利于规范中央与地方之间的财政关系。但我国实行的这种分税制还是不彻底的分税制。随着财政经济形势和分配格局的变化，需要不断调整分税内容。

二、税法体系

税法体系是各类税法规范所构成的协调统一的整体。从不同的角度划分，可形成不同的税法体系。

(一)按税法法律渊源划分，税法体系可分为纵向和横向两个方面

1. 从纵向方面看

税法是由税收法律、行政法规、行政规章和地方性税收法规构成的综合体。税收法律，是由国家最高权力机关全国人民代表大会和全国人民代表大会常务委员会制定的有关税收方面的规范性文件，它在整个税法中具有最高法律效力。税收行政法规，是由国家最高行政机关国务院制定的关于税收方面的规范性文件。税收行政规章，是由税收主管行政机关制定的关于税收方面的规范性文件，它的法律效力低于税收法律和税收行政法规。地方性税收法规，是指地方权力机关和行政机关根据本行政区的具体情况和实际需要，在不同宪法、法律、行政法规相抵触的前提下制定地方性税收法规。

2. 从横向方面看

从税法调整不同对象方面来看，税法是调整不同税务关系的各类不同税收规范的构成体，包括税收实体法和税收程序法。税收实体法，是指国家制定的关于各个具体税种的法律规范的总称，如增值税、消费税、企业所得税、个人所得税等税种方面的法律规范。税收程序法，是指国家制定的国家和纳税人及其他当事人之间在税务管理、税款征收、税务检查等一系列税收征纳程序方面的法律规范的总称，如税收征收管理法等。

(二)按税法结构划分，税法体系可分为税收体制法和税收征纳法两个部分

税收体制法是规定有关税收权力分配的法律规范的总称，它在税法体系中居于基础和主导地位，没有税收体制法就不可能有税收征纳法。

税收征纳法又包括税收征纳实体法和税收征纳程序法。税收征纳实体法还包括商品税法、所得税法和财产税法。这些不同层次的税法规范的集合，构成了税法体系的整体。

税收征纳实体法作为规定征纳双方实体权利与义务的法律规范的集合，在税法体系中居于主体地位。税收征纳程序法作为规定税收征管程序及相关主体程序权利与义务的法律规范的集合，在税法体系中居于保障地位。

上述三个方面的法律规范是相互补充、相辅相成的。

此外，税法体系同税收体系也是密切相关的，从某种意义上说，税法体系也就是税收体系在法律上的表现，集中反映了人们在法律上对于税制的理解。

我国的税法体系是：以宪法中有关税收的规定为指导，以税法典或税收基本法或税法通则为第一层次的宝塔型的多层次税法体系。其中，税法典应规定六方面的内容：总则；税收法律关系；税收管理；奖惩制度；各级税法的立法权、解释权、修改权；税务纠纷的解决程序及手段。第二层次是按税收法律所调整的征税对象的性质划分为商品税法、所得税法、资源税法、财产税法、行为税法。这五类税法各自规定开征的税种，并根据其特性将税法典的内容具体化。第三层次是按各税种制定的单行法，规定本税种的征收管理。第四层次是各单行税法的实施细则。第五层次是各省、市、自治区对本税种的具体规定。

第三节　税收法律关系

一、税收法律关系的概念

（一）税收法律关系的含义

税收法律关系是指国家与纳税人之间在税收分配及其管理活动中，以国家强制力保证实施的，具有经济内容的权利与义务关系。

从性质上看，税收法律关系是一种国家意志关系，对什么征税、对谁征税、征多少税，都是国家以法律形式规定的，反映国家的意志而不是纳税人的意志；从经济内容上看，税收法律关系是一种财产所有权或支配权单向转移的关系，表现为社会财富从社会各阶级、阶层、单位或个人手中无偿地转移到国家手中。

（二）税收法律关系的特征

税收法律关系作为社会关系的组成部分，有其自身的个性特征，主要表现在以下几个方面：

1. 主体的一方只能是国家

在税收法律关系中，国家不仅以立法者与执法者的姿态参与税收法律关系的运行与调整，而且直接以税收法律关系主体的身份出现。这样，构成税收法律关系主体的一方可以是负有纳税义务的法人和自然人，但另一方只能是国家。

2. 体现国家单方面的意志

税收法律关系的成立、变更、消灭不以主体双方意思表示一致为要件。税收法律关系之所以只体现国家单方面的意志，是因为税收以无偿占有纳税人的财产或收入为目标。

3. 权利与义务关系具有不对等性

税法作为一种义务性法规，其规定的权利与义务是不对等的。这种权利与义务关系的不对等性，根源在于税收是国家无偿占有纳税人的财产或收入，必须采用强制手段才能达到目的。赋予税务机关较多的权利和要求纳税人承担较多的义务恰恰是确保税收的强制性，以实现税收职能的法律保证。税收法律关系中权利与义务的不对等性不仅表现在税法总体上，而且表现为各单行税法、法规中；不仅表现为实体利益上的不对等，而且表现为法律程序上的不对等。

4. 具有财产所有权或支配权单向转移的性质

在税收法律关系中，纳税人履行纳税义务，缴纳税款，就意味着将自己拥有或支配的一部分财物，无偿地交给国家，成为政府的财政收入，国家不再直接返还给纳税人。

二、税收法律关系的构成要素

税收法律关系在总体上与其他法律关系一样，也是由权利主体、客体和法律关系内容三个要素构成。这三个要素之间互相联系，形成统一的整体。

(一)税收法律关系的主体

税收法律关系的主体是指税收法律关系中享有权利和承担义务的当事人，即税收法律关系的参加者，它包括征税主体和纳税主体。

1. 征税主体

征税主体，是指税收法律关系中享有征税权利的一方当事人，即税务行政执法机关，它包括税务机关、海关等。

国家是真正的征税主体。国家是通过法律授权的方式赋予具体的国家职能机关来代其行使征税权力，因此，税务机关通过授权成为法律意义上的征税主体。我国现行法律明确规定了履行征税职能的行政机关，除此之外，没有法律明文授权，任何机关都不能成为征税主体。

2. 纳税主体

纳税主体即税收法律关系中负有税收缴纳义务的一方。纳税主体在一般情况下指的是纳税人，即税法规定负有纳税义务者。此外，扣缴义务人和纳税担保人也是纳税主体的组成部分。

对于纳税主体，有许多不同的划分方法。按照纳税人身份的不同，纳税主体可以分为法人和自然人两大类。按照承担纳税多少的差别，在直接税中纳税人可以分为无限纳税义务人和有限纳税义务人；在间接税中，纳税人可以分为正式纳税义务人和延伸纳税义务人。不同种类的纳税主体，在税收法律关系中享有的权利和承担的义务也不尽相同。

(二)税收法律关系的客体

税收法律关系的客体是指税收法律关系主体的权利和义务共同指向的对象，包括税收征纳活动中的物、货币和行为。

作为税收法律关系客体的“物”，仅指与税收有关的应税货物(如增值税法中的应税货物、房产税法中的房屋等)和依法缴纳税款的货物；“货币”作为税收法律关系的客体具有普遍性，既包括纳税人的货物计价和货币结算等，又包括缴入国库的货币税款；“行为”作为客体在税收法律关系中更具有广泛的意义，如制定税法、税款征收及纳税人的税务登记、纳税申报、税款入库等行为均属此类。

(三)税收法律关系的内容

税收法律关系的内容是指税收法律关系主体双方在征纳活动中依法所享有的权利和承担的义务。它决定了税收法律关系的实质，是税法体系的实质和核心，也是税法的灵魂。它规定权利主体可以有什么行为，不可以有什么行为，若违反了这些规定须承担什么样的法律责任。税收权利与义务受法律保护和制约，任何单位和个人必须按税收法律规定严格行使权利，自觉履行纳税义务。

1. 征税主体的权利和义务

国家税务机关的权利主要包括税款征收权、税务管理权、税务稽查权、获取信息权、强制执行权、违法处罚权、代位权和撤销权。

税务机关的义务包括依法征税的义务、提供服务的义务、保守秘密的义务和依法告知的义务。

2. 纳税主体的权利和义务

纳税义务人的权利主要包括税法知情权、发票购买权、多缴税款退还权、依法申请减免税权、延期纳税权、请求国家赔偿权、对税务决定申辩权、申请税务复议和提起诉讼权等。

纳税义务人的义务主要是按税法规定依法办理税务登记、进行纳税申报、接受税务检查、依法缴纳税款和接受违法处理等。

3. 其他税务当事人的权利和义务

对于扣缴义务人、纳税担保人以及银行、工商、公安等，税法中也相应规定了其权利和义务。但由于他们不是税收法律关系的主线，因此，税法中规定的权利与义务通常并不完整，并且由于所具有的强制性特征，税法更大程度上强调了主体的义务。

三、税收法律关系的产生、变更、消灭与保护

税收法律关系的产生、变更和消灭必须建立在一定的税收法律事实基础上。税收法律事实，是指能够引起税收法律关系的产生、变更和消灭的客观事件或行为。

税收法律事实分为两类：事件和行为。事件，是指与当事人意志无关的客观情况，如火灾、水灾、地震、战争等。这些客观情况的发生，都能够引起税收法律关系的产生、变更和消灭。行为，是指当事人有意识的活动，包括合法行为与非法行为。行为中大量存在的是国家的立法活动，即新法律、法规的颁布，旧法律、法规的修改和废止，都会引起税收法律关系的产生、变更和消灭。

（一）税收法律关系的产生

税收法律关系产生，是指税收法律关系主体之间权利与义务关系的形成，以应税行为和事件的形成为标志。纳税主体在国家税收法规的范围内，发生了应税行为和事件，也就产生了税收法律关系。

税收法律关系产生的原因主要有：(1)税收法律行为的产生，如企业销售货物而取得销售收入，就产生增值税等征纳关系；(2)税收法律事件的产生，如新办企业办理税务登记后为法律关系产生提供了前提，但新办企业须在从事生产经营取得收入后才会形成税收法律关系；(3)新税种的开征，会使一些非应税行为和事件成为应税行为和事件，从而产生税收法律关系。

（二）税收法律关系的变更

税收法律关系的变更是指依法形成的税收法律关系由于客观情况的变化而引起权利与义务的变化。但这种变更之后，税收法律关系仍以不同的形式继续存在。

税收法律关系变更的原因有以下几个方面：(1)税法的修改或补充，如征税范围扩大或缩小、税目增加或减少、税率提高或降低等，都会引起税收法律关系的变更；(2)征税手续的变动，如由扣缴义务人代扣代缴变为纳税人自行申报缴纳，或由纳税人自行申报缴纳变为由扣缴义务人代扣代缴等；(3)纳税人的应税行为和事件发生了变化，如纳税人生产经营内容和纳税人收入、财产状况变化，纳税人联合、合并、改组、分设等；(4)由于不可抗力或其他特殊原因，使纳税人难以履行纳税义务等。

（三）税收法律关系的消灭

税收法律关系的消灭，是指征纳税主体之间权利与义务关系的消失。它分为绝对终止和相对终止两种：前者是指税收法律关系征纳税主体之间的权利与义务不再存在，如企业破产后依法缴清了税款、发票等；后者是指税收法律关系征纳税主体之间的权利与义务暂时消失，如纳税人部分履行纳税义务、分期分批地缴纳税款等。

税收法律关系消灭的原因有以下几个方面：(1)纳税主体消失，如企业破产、撤销、合并或纳税个人死亡；(2)纳税人依法完成了缴纳税款义务；(3)纳税人产生符合免税的条件；(4)税法内容的部分废止或某一税务行为撤销。

（四）税收法律关系的保护

税收法律关系的保护是指保障征纳税权利主体行使权利和监督义务主体履行义务的活动。其实质就是保障国家正常的经济秩序及财政收入，维护纳税人的合法权益。保护税收法律关系，应对侵犯税收主体的合法权益和不履行法定义务者，严格依法追究法律责任，包括法律约束、行政制裁和刑事制裁。

税收法律关系的保护方式较多，税法中对限期纳税、征收滞纳金和罚款的规定，以及税法中对纳税人不服从税务机关征税的处理决定，可以申请复议或提出诉讼的规定等都是对税收法律关系的直接保护。这种保护对税收法律关系权利主体双方是对等的，不能只保护一方而对另一方不予保护，对

权利享有者的保护本身就是对义务承担者的制约。

第四节　税法的构成要素

税法的构成要素，一般是指税收实体法的组成要素。从实际运用来看，主要包括纳税人、征税对象、税率、纳税环节、纳税期限、税收优惠、征收方法和纳税地点，以及总则、罚则、附则等要素，其中纳税人、征税对象和税率是基本要素。

一、总则

总则是规定立法目的、制定依据、适用原则、征收主体等内容的法律规范。

二、纳税人

(一)纳税人的含义

纳税人又称纳税主体，是税法规定的直接负有纳税义务的单位和个人。国家无论征收哪种税，总要由一定的单位或个人来缴纳，因此每种税都要规定其各自的纳税人。如增值税的纳税人是在中国境内销售货物或提供加工、修理修配劳务、销售服务、无形资产或者不动产，以及进口货物的单位和个人；房产税的纳税人是房产的所有者。

(二)纳税人的相关概念

1. 法人与自然人

从法律角度划分，纳税人包括法人和自然人两种。法人是指按照法律程序设立，具备必要的生产经营条件，实行独立经济核算并能独立承担经济责任和行使经济权利的单位。在我国，法人包括国有企业、集体企业、私营企业、中外合资经营企业和外资企业等。自然人是指在法律上可以独立地享受民事权利并承担民事义务的公民个人，如从事工商营利事业的个人以及有应税收入和应税财产的个人。

2. 纳税人与负税人

纳税人，又称纳税义务人、"课税主体"，是税法上规定的直接负有纳税义务的单位和个人。国家无论课征什么税，都要由一定的纳税义务人来承担，否则就不成为税收，因此，纳税人是税收制度构成的基本要素之一。

负税人一般是指税收的实际负担者(最终承担税款的单位和个人)。在实际生活中，有的税收由纳税人自己负担，纳税人本身就是负税人，如所得税；有的税收虽然由纳税人缴纳，但实际上却是由别人负担，纳税人并不是负税人，这就是通常所说的税负转嫁，如关税、消费税等。

3. 扣缴义务人

与纳税人相关的另一个概念是扣缴人，它是扣缴义务人的简称，是指税法规定的，在向纳税人支付或收取款项时，依法履行代收(扣)代缴应纳税款的单位或个人。当纳税人发生应税行为直接缴税有困难时，为防止纳税人偷逃税款，保证税款及时足额入库，税法中须明确扣缴人扣缴税款的具体规定。如个人所得税法中规定，纳税人取得的各项应税所得有支付单位的，以支付单位为扣缴人。扣缴人必须履行扣缴义务，否则就应负法律责任。

4. 税务代理人

税务代理人是指经政府有关部门批准，依照税法规定，在一定的代理权限内，以纳税人、扣缴义务人的名义，代为办理各项税务事宜的单位或个人。税务代理是一种民事代理行为，理应享受我国《民法通则》所规定的关于代理人的各项权利，履行一定的义务，承担一定的法律责任。

5. 委托代征人

委托代征人是指按照税法规定，由税务机关指派、委托，代税务机关收缴税款的单位和个人。代征人一般要由税务机关发给代征税款委托证书。

三、征税对象

(一)征税对象的含义

征税对象又称课税对象、征税客体，是指按税法规定对什么征税，是征、纳税双方权利与义务共同指向的客体或标的物，是区别一种税与另一种税的重要标志。如消费税的征税对象是消费税条例所列举的应税消费品，房产税的征税对象是房屋等。征税对象是税法最基本的要素，因为它体现着征税的最基本界限，决定着某一种税的基本征税范围，同时，征税对象也决定了各个不同税种的名称。如消费税、土地增值税、个人所得税等，这些税种因征税对象不同、性质不同，税名也就不同。征税对象按其性质的不同，通常可划分为流转额、所得额、财产、资源、特定行为五大类，通常也因此将税收分为相应的五大类，即商品和劳务税、所得税、财产税、资源税和特定行为税。

(二)征税对象的相关概念

1. 税源

税源是指每种税的经济来源。国家确定征税对象应充分考虑税源的状况。从总体上说，物质生产部门创造的国民收入是税收最终的经济源泉。税源与征税对象有的是一致的，如所得税的税源与征税对象都是纳税人的所得额；有的是不一致的，如房产税的征税对象是房产，但其税源却是房产所带来的收益。

2. 税目

税目又称征税品目，它规定征税对象的具体项目，是征税对象在应税内容上的具体化，体现着征税的广度。税目与征税对象一般是不一致的，如我国现行消费税的征税对象是企业生产的消费品，但其税目规定为烟、酒等15种消费品。

3. 征税范围

征税范围是指税法规定的应税内容的具体区间，可按货物、品种、所得、地区等进行划分。它与征税对象密切相关，是征税对象的进一步补充和划分。例如，我国现行城镇土地使用税的征税对象为土地，其征税范围为城市、县城、建制镇和工矿区。

4. 计税依据

计税依据又称征税基础，是指征税对象在数量上的具体化，是计算每种税应纳税额的依据。它分为从价计征与从量计征两种：前者是按征税对象的价值计算；后者是按征税对象的重量、面积、体积等自然计量单位计算。它与征税对象的关系为：有的是一致的，如企业所得税的征税对象和计税依据均为所得额；有的是不一致的，如增值税的征税对象为增值额，其计税依据却是货物或劳务的销售额。

四、税率

税率是应纳税额与征税对象(计税依据)之间的比例，是应纳税额计算的尺度。税率的高低直接关系到国家的财政收入和纳税人的税收负担，是税收制度的核心要素，也是设计税制的主要议题。

为了分析的需要，税率还可分为名义税率与实际税率、边际税率与平均税率等。

名义税率是指税法规定的税率；实际税率是实际税收负担率，是指因计税标准、减免税等因素而最终形成的实纳税额与实际收入之间的比例。一般情况下，名义税率要高于实际税率。

边际税率是指最后一个计税依据所适用的税率，而平均税率是全部应纳税额与收入之间的比率。边际税率与平均税率之间存在紧密的联系。在累进税制情况下，平均税率随边际税率的提高而提高，但平均税率低于边际税率；在比例税制情况下，边际税率就是平均税率。

在实际运用中主要包括比例税率、累进税率、定额税率和特殊税率四种类型。

(一)比例税率

比例税率是指对同一征税对象，不论数额大小，均按相同比例征税的税率。采用这种税率，税额随征税对象的量等比增加,但征税比例始终不变。在同一税种中,由于征税对象存在质的差异性,比例税率可随税目的多少而规定多个。

比例税率在具体运用上可分为以下几种:

1. 单一比例税率

即一种税只采用一种税率,如我国现行企业所得税法规定了25%的税率。

2. 差别比例税率

即通过税目将征税对象分类,采取不同的税率,具体如下:

(1)行业差别比例税率。即按行业的不同规定不同的税率,同一行业采用同一税率。

(2)产品差别比例税率。即对不同产品规定不同税率,同一产品采用同一税率,目的是为了适应不同产品的积累水平。

(3)地区差别比例税率。即对不同地区实行不同税率,同一地区采用同一税率,目的是为了照顾不同地区的生产水平和收益分配。

3. 幅度比例税率

即税法中规定一个幅度税率,各地可以根据本地区实际情况,在税法规定的幅度内确定一个比例税率。

4. 有起征点或免征额的比例税率

即对同一征税对象规定达到起征点后按全额征税,或扣除免征额后,按同一比例税率征税。

5. 分类分级比例税率

即对同一征税对象分为几个类别或等级,每一类别或等级分别规定不同的比例税率,如消费税中对烟和酒的征税。

比例税率具有以下优点:(1)同一征税对象的不同纳税人税收负担相同,具有鼓励先进、鞭策后进的作用,有利于在同等条件下开展竞争;(2)计算简便,有利于税收的征收管理。

其缺点是:比例税率的税收负担与负担能力不相适应,不能体现负担能力大者多征而负担能力小者少征的原则,税收负担程度不尽合理,调节收入有局限性。

(二)累进税率

累进税率是指将征税对象按照一定标准划分为若干等级,每一等级规定逐级上升征税比例的税率。这里的"一定标准",可以是征税对象的金额;也可以是与征税对象紧密相关的指标,如销售利润率、资金利润率、收入增长率等;还可以是征税对象某一数额的倍数。依此三种标准制定的累进税率,分别称为全额累进税率(简称额累)、相对量累进税率(简称率累)、倍数累进税率(简称倍累)。究竟采用哪种累进税率,由征税对象的性质所决定。

分级是累进税率的一个显著特点,全部征税对象分为几个级别,是根据国家调节不同收入层次纳税人和收入要求来确定的,一般以3~10级为宜。累进税率有两种累进方式,即全数累进和超数累进。依据这两种方式和划分级次的不同,可将累进税率分为全额累进税率与超额累进税率、全率累进税率与超率累进税率、全倍累进税率与超倍累进税率等,其中超额累进税率运用最广泛。

1. 全额累进税率

即对征税对象全部数额按其适用的最高一级征税比例计税的一种累进税率。其特点是一个纳税人只适用一个征税比例,当征税对象数额提高到一个级次时,全部征税对象数额都按该级次的税率征税,税率变动同征税对象数额级次的变动相联系,实际相当于按征税对象数额分等级规定征税的比例税率(如表1—1所示)。

运用全额累进税率的关键是查找每一纳税人应税收入在税率表中所属的级次,找到了收入级次,与其对应的税率便是该纳税人所适用的税率,全部税基乘以适用税率即可计算出应缴税额。例如,某纳税人某月应纳税所得额为6 000元,按表1—1所列税率,应适用第二级次,其应纳税额为1 200元(6 000×20%)。

表 1—1　　某三级全额累进税率

级　数	全月应纳税所得额(元)	税率(%)
1	5 000 以下	10
2	5 000～20 000(含)	20
3	20 000(含)以上	30

全额累进税率的优点是计算简便，缺点是税负不合理。在级距的临界点附近，税负呈跳跃式上升，纳税人往往收入增加不多，但税负却成倍增加，会造成纳税人税收负担畸重，不能体现税收公平原则。所以在现实生活中，几乎没有国家采用全额累进税率。

2. 超额累进税率

即把征税对象按数额大小分成若干等级，每一等级规定一个税率，但每一个纳税人的征税对象则依所属等级同时适用几个税率分别计算，将计算结果相加后得出应纳税额。其特点是除第一级以外，一个纳税人往往会适用几个征税比例，当征税对象数额提高到另一个级次时，所属这一级次的部分征税对象数额才按提高一级的税率征税，税率变动同征税对象级次增加的部分相联系。表 1—2 为三级超额累进税率示例。

表 1—2　　某三级超额累进税率

级　数	全月应纳税所得额(元)	税率(%)	速算扣除数
1	5 000 以下	10	0
2	5 000～20 000(含)	20	500
3	20 000(含)以上	30	2 500

如某人某月应纳税所得额为 6 000 元，用表 1—2 所列税率，其应纳税额可分步计算：

第一级的 5 000 元适用 10%的税率，应纳税为 500 元(5 000×10%)。

第二级的 1 000 元(6 000—5 000)适用 20%的税率，应纳税为 200 元(1 000×20%)。

某人该月应纳税额＝5 000×10%＋1 000×20% ＝700(元)

我国现行个人所得税法对工资薪金所得的征税，即属于这种税率。

超额累进税率的优点是税收负担合理，弥补了全额累进税率的不足。目前，实行累进税率的国家基本上采用超额累进税率。其缺点是计算比较复杂，因此，在实际运用中多采用速算扣除数法。

速算法的原理是，基于全额累进计算的方法比较简单，可将超额累进计算的方法转化为全额累进计算的方法。对于同样的课税对象数量，按全额累进方法计算出的税额比按超额累进方法计算出的税额多，即有重复计算的部分，这个多征的常数称为速算扣除数。用公式表示为：

速算扣除数＝按全额累进方法计算的税额－按超额累进方法计算的税额

经移项，得：

按超额累进方法计算的税额＝按全额累进方法计算的税额－速算扣除数

接上例，某人某月应纳税所得额为 6 000 元，如果直接用 6 000 元乘以所对应级次的税率 20%，则对于第一级次的 5 000 元应纳税所得额就出现了重复计算的部分：5 000×(20%－10%)。因为这 5 000元仅适用 10%的税率，而现在全部用 20%的税率来计算，故多算了 10%，这就是应该扣除的速算扣除数。如果用简化的计算，则：

某人某月应纳所得税＝6 000×20%－500＝700(元)

3. 超率累进税率

即以征税对象数额的相对率(如销售利润率等)划分若干级距，分别规定相应的差别税率，相对率每超过一个级距，对超过的部分就按高一级税率计算征税。目前，我国采用这种税率的是土地增值税法。

在实际工作中，适用超率累进税率计算应纳税额，可采用速算扣除率法。该方法与超额累进税率中的速算扣除数法基本原理相似。

（三）定额税率

定额税率是指对征税对象确定的计税单位直接规定一个固定的征税数额的税率。它不采用百分比的形式而采用绝对数的形式。因其单位征税对象应征税额是固定不变的，所以又称为单位税额、固定税额。目前，我国采用定额税率的有城镇土地使用税法、车船税法等。在实际运用中定额税率又分为以下三种：

1. 地区差别税额

即为了照顾不同地区的自然资源、生产水平和盈利水平的差别，根据各地区经济发展的不同情况对各地区分别规定不同的税额。

2. 幅度税额

即税法只规定一个税额幅度，由各地根据本地区实际情况，在税法规定的幅度内，确定一个执行税额。

3. 分类分级税额

即把征税对象划分为若干个类别和等级，对各类各级由低到高规定相应的税额，等级高的税额高，等级低的税额低。例如，我国现行车船税法对车船征税即采用这种税率。

定额税率的优点在于：一是从量计征，而不是从价计征，有利于鼓励企业提高产品质量和改进包装装潢；二是计算简便；三是税额不受征税对象价格变化的影响，负担相对稳定。

定额税率的缺点在于：一是收入弹性较差，由于税额一般不随征税对象价值的增长而增长，不能使国家财政收入随国民收入的增长而同步增长，在调节收入和适用范围上有局限性；二是税负不合理，由于税额不随着征税对象价值的增加而增加，所以导致收入越高，税收负担越低，具有累退的特征。

（四）特殊税率

除了上述税率以外，还有一些特殊表现形式，如零税率、加成与加倍征收等，它们实际上是税率的收缩或延伸。

1. 零税率

零税率即税率为零，是比例税率的一种特殊形式。即对应税行为征税，纳税申报所适用的税率为零。零税率既不是不征税，也不是免税，而是征税后负担的税额为零。如我国现行增值税法对出口货物和部分服务规定了零税率。

2. 加成与加倍征收

加成征收是按应纳税额的一定成数加征税款。一成为10%，加征一成即为加征应纳税额的10%，加征十成为100%，也即为加倍征收。它们实际上是税率的延伸，是国家为了限制某些经济活动、调节某些纳税人的收入或所得而采取的加重征税的方法和措施。

五、纳税环节

纳税环节是税法规定的征税对象在从生产到消费的流转过程中应当缴纳税款的环节。如流转税在生产和流通环节纳税，所得税在分配环节纳税等。纳税环节有广义和狭义之分。广义的纳税环节即指全部课税对象在再生产中的分布情况。如资源税分布在资源生产环节，商品税分布在生产或流通环节，所得税分布在分配环节等。狭义的纳税环节特指应税商品在流转过程中应纳税的环节。商品从生产到消费要经历诸多流转环节，各环节都存在销售额，都可能成为纳税环节。但考虑到税收对经济的影响、财政收入的需要以及税收征管的能力等因素，国家常常对在商品流转过程中所征税种规定不同的纳税环节。按照某种税征税环节的多少，可以将税种划分为一次课征制或多次课征制。合理选择纳税环节，对加强税收征管，有效控制税源，保证国家财政收入的及时、稳定、可靠，方便纳税人生产经营活动和财务核算，灵活机动地发挥税收调节经济的作用，具有十分重要的理论意义和实践意义。

六、纳税期限

纳税期限是指税法规定的关于税款缴纳时间方面的限定。它是税收的固定性、强制性在时间上的体现。从原则上讲，纳税人在取得应税收入或发生纳税义务后，应当立即向国家缴纳税款。但是由于纳税人取得应税收入或发生纳税义务有其阶段性，不可能每取得一次应税收入或发生一次纳税义务就立即缴纳一次税。为了简化纳税手续，便于纳税人经营管理，同时有利于税款及时缴入国库，有必要根据各种税的不同特点以及纳税人的具体情况分别规定不同的纳税期限。

税法关于纳税期限的规定，有以下三个概念：

(1)纳税义务发生时间，即应税行为发生的时间。如《增值税暂行条例》规定，采取预收货款方式销售货物的，其纳税义务发生时间为货物发出的当天。

(2)纳税期限，即每隔固定时间汇总一次纳税义务的时间。如《增值税暂行条例》规定，增值税的具体纳税期限分别为1日、3日、5日、10日、15日、1个月或者1个季度。纳税人的具体纳税期限，由主管税务机关根据纳税人应纳税额的大小分别核定；不能按照固定期限纳税的，可以按次纳税。

(3)缴库期限，即税法规定的纳税期满后，纳税人将应纳税款缴入国库的期限。如《增值税暂行条例》规定，纳税人以1个月或者1个季度为1个纳税期的，自期满之日起15日内申报纳税；以1日、3日、5日、10日或者15日为1个纳税期的，自期满之日起5日内预缴税款，于次月1日起15日内申报纳税并结清上月应纳税款。

七、减税免税

规定减税、免税是减轻税负的措施。减税是根据税法的规定从应征税款中减征部分税款；免税是免征全部税款。减税、免税规定是为了解决按税制规定的税率征税时所不能解决的具体问题而采取的一种措施，是在一定时期内给予纳税人的一种税收优惠。正确制定并严格执行减免税规定，可以更好地贯彻国家的税收政策，发挥税收调节经济的作用。我国现行的税收减免权限集中于国务院，任何地区、部门不得规定减免税项目。减免税主要包括税基式减免、税率式减免和税额式减免。

(一)税基式减免

税基式减免是指直接通过缩小计税依据的方式实现的减税、免税。具体包括起征点、免征额、项目扣除和跨期结转等。

起征点和免征额不属于一般的减免税问题，但可以起到减轻税负的作用。

1. 起征点

起征点是指根据税法的规定对征税对象确定的征税起点，是计税依据达到国家规定数额开始征税的界限。计税依据数额达到或超过起征点的，按征税对象的全部数额征税；未达到起征点的不征税。

2. 免征额

免征额是指根据税法的规定在征税对象中预先确定的免予征税的数额，是按照一定标准从计税依据总额中预先减除的数额。免征额部分不征税，只对超过免征额的部分才按规定的税率征税。

起征点和免征额同为征税与否的界限，对纳税人来说，在其收入没有达到起征点或没有超过免征额的情况下，都不征税，两者是一样的。但是两者又有明显的区别，主要在于：第一，当纳税人收入达到或超过起征点时，就其收入全额征税；而当纳税人收入超过免征额时，则只就超过的部分征税。第二，当纳税人收入恰好达到起征点时，就要按其收入全额征税；而当纳税人收入恰好与免征额相同时，则免予征税。两者相比，享受免征额的纳税人要比享受同额起征点的纳税人税负轻。此外，起征点只能照顾一部分纳税人，而免征额则可以照顾适用范围内的所有纳税人。

3. 项目扣除

项目扣除是指在课税对象中扣除一定项目的数额，以其余额作为依据计算税额。

4. 跨期结转

跨期结转是指将以前纳税年度的经营亏损等在本纳税年度经营利润中扣除，也等于直接缩小了税基。

(二)税率式减免

税率式减免是指通过直接降低税率的方式实行的减税、免税。具体包括重新确定税率、选用其他税率、零税率等形式。

(三)税额式减免

税额式减免是指通过直接减少应纳税额的方式实行的减税、免税。具体包括全部免征、减半征收、核定减免率等。

税收减免在税法规定中最为普遍。但无论是减轻纳税人的税负还是免除其税负，在税法规定上都应慎重。从公平税负的角度说，应防止不适当扩大减免税规模的情况。

八、罚则

罚则是对纳税人和扣缴义务人违反税法行为而采取的处罚措施。规定罚则可以更好地维护税法的尊严，保护合法经营，增强纳税意识和法制观念，保证国家财政收入。

九、附则

附则一般规定与该法紧密相关的内容，主要有该法的解释权、生效时间、适用范围及其他相关规定。

第五节　税收征管与收入划分

一、税收征管

(一)税收征收管理权限的划分

根据《国务院关于实行财政分税制有关问题的通知》等有关法律、法规的规定，我国现行税制下税收执法管理权限的划分大致如下：

(1)首先根据国务院关于实行分税制财政管理体制的决定，按税种划分中央和地方的收入。将维护国家权益、实施宏观调控所必需的税种划为中央税；将同国民经济发展直接相关的主要税种划为中央与地方共享税；将适合地方征管的税种划为地方税，并充实地方税税种，增加地方税收收入。同时根据按收入归属划分税收管理权限的原则，对中央税，其税收管理权由国务院及其税务主管部门(财政部和国家税务总局)掌握，由中央税务机构负责征收；对地方税，其管理权由地方人民政府及其税务主管部门掌握，由地方税务机构负责征收；对中央与地方共享税，原则上由中央税务机构负责征收，共享税中地方分享的部分，由中央税务机构直接划入地方金库。在实践中，由于税收制度在不断地完善，因此，税收的征收管理权限也在不断地完善。

(2)地方自行立法的地区性税种，其管理权由省级人民政府及其税务主管部门掌握。

(3)属于地方税收管理权限，在省级及其以下的地区如何划分，由省级人民代表大会或省级人民政府决定。

(4)除少数民族自治地区和经济特区外，各地均不得擅自停征全国性的地方税种。

(5)经全国人民代表大会及其常务委员会和国务院的批准,民族自治区可以拥有某些特殊的税收管理权,如全国性地方税种某些税目税率的调整权以及一般地方税收管理权以外的其他一些管理权等。

(6)经全国人民代表大会及其常务委员会和国务院的批准,经济特区也可以在享有一般地方税收管理权之外,拥有一些特殊的税收管理权。

(7)上述地方(包括少数民族自治地区和经济特区)的税收管理权的行使,必须以不影响国家宏观调控和中央财政收入为前提。

(8)涉外税收必须执行国家的统一税法,涉外税收政策的调整权集中在全国人民代表大会常务委员会和国务院,各地一律不得自行制定涉外税收的优惠措施。

(9)根据国务院的有关规定,为了更好地体现公平税负、促进竞争的原则,保护社会主义统一市场的正常发育,在税法规定之外,一律不得减税免税,也不得采取先征后返的形式变相减免税。

(二)税收征收管理范围的划分

我国目前开征的税种,包括增值税、消费税、城市维护建设税、关税、企业所得税、个人所得税、资源税、土地增值税、车辆购置税、车船税、房产税、城镇土地使用税、耕地占用税、契税、印花税、烟叶税和船舶吨税共17个税种。这些税种分别由财政、税务和海关等系统负责征收管理。

1. 国家税务局系统负责征收和管理的项目

国家税务局系统负责征收和管理的税种有:增值税,消费税,车辆购置税,城市维护建设税,中央企业缴纳的所得税,中央与地方所属企业、事业单位组成的联营企业、股份制企业缴纳的所得税,地方银行、非银行金融企业缴纳的所得税,海洋石油企业缴纳的所得税、资源税,部分企业的企业所得税,证券交易税(开征之前为对证券交易征收的印花税),个人所得税中对储蓄存款利息所得征收的部分,中央税的滞纳金、补税、罚款。

2. 地方税务局系统负责征收和管理的项目

地方税务局系统负责征收和管理的税种有:城市维护建设税(不包括上述由国家税务局系统负责征管的部分),地方国有企业、集体企业、私营企业缴纳的所得税,个人所得税(不包括对储蓄存款利息所得征收的部分),资源税,城镇土地使用税,耕地占用税,土地增值税,房产税,车船税,印花税,契税,地方税的滞纳金、补税、罚款。

3. 海关系统负责征收和管理的项目

海关系统负责征收和管理的项目有:关税、行李和邮递物品进口税、进出口环节的增值税和消费税。

4. 其他项目

在大部分地区,地方附加、契税、耕地占用税仍由地方财政部门征收和管理。

二、税收收入划分

税收收入划分,是指税收收入在中央政府与地方政府之间的划分。根据国务院关于实行分税制财政管理体制的规定,我国的税收收入分为中央政府固定收入、地方政府固定收入和中央政府与地方政府共享收入。

(一)中央政府固定收入

中央政府固定收入包括消费税(含进口环节海关代征的部分)、车辆购置税、关税、海关代征的进口环节增值税等。

(二)地方政府固定收入

地方政府固定收入包括城镇土地使用税、耕地占用税、土地增值税、房产税、车船税、契税。

(三)中央政府与地方政府共享收入

中央政府与地方政府共享收入主要包括:

(1)增值税(不含进口环节由海关代征的部分)。中央政府分享 50%,地方政府分享 50%。

(2)企业所得税。铁道部、各银行总行及海洋石油企业缴纳的部分归中央政府,其余部分中央与地方政府按 60%和 40%的比例分享。

(3)个人所得税。除储蓄存款利息所得的个人所得税外,其余部分的分享比例与企业所得税相同。

(4)资源税。海洋石油企业缴纳的部分归中央政府,其余部分归地方政府。

(5)城市维护建设税。铁道部、各银行总行、各保险总公司集中缴纳的部分归中央政府,其余部分归地方政府。

(6)印花税。证券交易印花税收入的 97%归中央政府,其余 3%和其他印花税收入归地方政府。

注:根据国务院《关于印发全面推开营改增试点后调整中央与地方增值税收入划分过渡方案的通知》要求,自 2016 年 5 月 1 日起,以 2014 年为基数核定中央返还和地方上缴基数;所有行业企业缴纳的增值税均纳入中央和地方共享范围;中央分享增值税的 50%,地方按税收缴纳地分享增值税的 50%;中央上划收入通过税收返还方式给地方,确保地方既有财力不变;中央集中的收入增量通过均衡性转移支付分配给地方,主要用于加大对中西部地区的支持力度。过渡期暂定为 2～3 年,届时根据中央与地方事权和支出责任划分、地方税体系建设等改革进展情况,研究是否适当调整。①

复习思考题

1. 如何理解税法的概念?
2. 如何看待税收与税法的关系?
3. 如何对税收进行分类?
4. 怎样看待税法体系?
5. 税收法律关系的权利主体、权利客体和核心内容是什么?
6. 税法的构成要素有哪些?
7. 我国税率有哪些形式?
8. 我国目前开征的税种有哪些?

自我测试题

一、单项选择题

1. 国家征税的依据是(　　)。

A. 财产权力　　B. 资产权力　　C. 法制权力　　D. 政治权力

2. (　　)是税收区别于其他财政收入形式的基本标志。

A. 税收本质　　B. 税收性质　　C. 税收形式特征　　D. 税收社会特征

3. 税收法律关系中的权利主体是指(　　)。

A. 征税方　　B. 纳税方　　C. 征纳双方　　D. 国家税务总局

4. 下列项目中,属于纳税主体权利的是(　　)。

A. 依法办理税务登记　　B. 税收保全权

C. 税收减免申请权　　D. 税款追缴权

5. 关于税法构成要素,下列说法中不正确的是(　　)。

A. 纳税人是税法规定的直接负有纳税义务的单位和个人,是实际负担税款的单位和个人

B. 征税对象是税法中规定的征税的目的物,是国家征税的依据

---

① 财政部、国家税务总局:《关于印发全面推开营改增试点后调整中央与地方增值税收入划分过渡方案的通知》,国发〔2016〕26 号,2016 年 4 月 29 日。

C. 税率是应纳税额与征税对象之间的比例，是应纳税额的计算尺度

D. 税目是课税对象的具体化，反映具体征税项目

6. 我国税收立法权规定地方政府有权制定的是(　　)。

A. 税收法律　　B. 地方性税收法规　　C. 部门规章　　D. 地方规章

7. 采用超额累进税率征收的税种是(　　)。

A. 企业所得税　　B. 个人所得税　　C. 资源税　　D. 土地增值税

8. 采用超率累进税率征收的税种是(　　)。

A. 印花税　　B. 城镇土地使用税　　C. 土地增值税　　D. 个人所得税

9. 下列各项中，属于全国人民代表大会授权国务院立法的是(　　)。

A. 个人所得税　　B. 税收征收管理法　　C. 企业所得税　　D. 增值税暂行条例

10. 下列税种中，属于中央税并由国税局管辖的是(　　)。

A. 增值税　　B. 消费税　　C. 个人所得税　　D. 企业所得税

二、多项选择题

1. 税收的(　　)是税收区别于其他财政收入方式的基本标志。

A. 强迫性　　B. 强制性　　C. 无偿性　　D. 固定性

2. 按征税对象性质分类，可将税收分为(　　)，这是我国常用的一种分类方法。

A. 商品和劳务税　　B. 所得税　　C. 资源税　　D. 财产行为税

3. 我国税收法律关系由(　　)构成。

A. 权利主体　　B. 权利客体

C. 征税机关　　D. 征纳双方的权利和义务

4. 我国现行的税率有(　　)。

A. 比例税率　　B. 定额税率　　C. 超额累进税率　　D. 超率累进税率

5. 下列各项中，属于税收实体法的是(　　)。

A. 个人所得税法　　B. 发票管理办法　　C. 企业所得税法　　D. 税收征管法

6. 下列税种中，属于行为税的税种是(　　)。

A. 印花税　　B. 土地增值税　　C. 城市维护建设税　　D. 车辆购置税

7. 下列税种中，采用比例税率的有(　　)。

A. 契税　　B. 企业所得税　　C. 资源税　　D. 土地增值税

8. 下列规定中，可以起到减轻税负作用的是(　　)。

A. 起征点　　B. 免征额　　C. 税收附加　　D. 加成征收

9. 下列对于税收法律级次的理解中，正确的有(　　)。

A. 税收法律、法规、规章都要服从国家宪法

B. 财政部税务总局有权制定税收法律

C. 在没有税收法律、法规明确授权的前提下，地方政府无权自定税收规章

D. 各级地方人民代表大会及其常委会有权制定地方税收法规

10. 下列税种中，属于由海关负责征收管理的有(　　)。

A. 车辆购置税　　B. 关税　　C. 烟叶税　　D. 进口增值税

三、判断题

1. 税收与税法之间的关系是一种经济现象所体现的内容与形式的关系。税收是税法的外在形式，税法是税收的实质内容。(　　)

2. 在税收法律关系中，征纳双方法律地位的平等主要体现为双方权利与义务的对等。(　　)

3. 在税收法律关系中，代表国家行使征税职权的税务机关是权利主体，履行纳税义务的法人、自然人是义务主体或称权利客体。（　　）

4. 狭义的税法仅指国家立法机关（全国人民代表大会及其常委会）制定的税收法律。（　　）

5. 我国税收法律关系权利主体中，纳税义务人的确定原则是属人原则。（　　）

6. 税收法律关系的内容是税法体系的核心，是指税务机关的权利和义务。（　　）

7. 税率体现国家征税广度，税目体现国家征税深度。（　　）

8. 零税率既不是不征税，也不是免税，而是征税后负担的税额为零。（　　）

9. 我国现行的企业所得税法采用单一比例税率形式。（　　）

10. 税收基本法是税法体系的主体和核心，我国的税收基本法是《中华人民共和国税收征收管理法》。（　　）

第二章　增值税法

本章要点

◇增值税概述　　◇增值税征税范围、纳税人与税率

◇增值税的税收优惠　　◇增值税的计算与缴纳

◇出口货物退(免)税　　◇增值税专用发票使用管理

情境导入

某商场以“买一赠一”方式销售家电。一件2 000元的电器,送一件400元的小家电,合计2 400元,实际收2 000元。如果选择赠送方式,需要按2 400元缴纳增值税。现在我们重新设计方案:如果商场以折扣方式销售,将两件产品卖给顾客,给予顾客400元的折扣,其中2 000元的电器按15%折扣以后出售,400元的小家电按折扣25%以后出售,这样,对顾客而言,实际支付2 000元,与买一件送一件的效果是一样的,而对于商场而言,由于是价格折扣,实际上没有赠送的行为,只要按2 000元实际销售额缴纳增值税即可。

有些营销人员认为这样做很无聊。

思考:对企业的纳税而言,这真的是一件无聊的事情吗?

第一节　增值税概述

增值税法是指国家制定的用以调整增值税征收与缴纳之间权利和义务关系的法律规范。现行增值税法的基本规范,是在2008年11月10日由国务院颁布,自2009年1月1日实行的《中华人民共和国增值税暂行条例》。

2011年11月16日经国务院批准,财政部、国家税务总局联合下发营业税改征增值税(简称“营改增”)试点方案。自2012年1月1日起,交通运输业和部分现代服务业在上海开展营业税改征增值税试点。2013年8月1日,交通运输业和部分现代服务业“营改增”范围已推广到全国试行。自2014年1月1日起,将铁路运输和邮政服务业纳入营业税改征增值税试点。另外,自2014年6月1日起,将电信业纳入营业税改征增值税试点范围。2016年5月1日“营改增”全面推行,试点范围扩大到建筑业、房地产业、金融业、生活服务业,并将所有企业新增不动产所含增值税纳入抵扣范围。

一、增值税的概念

增值税是以商品(含应税劳务和应税行为)在流转过程中产生的增值额作为计税依据而征收的一种流转税。按照《中华人民共和国增值税暂行条例》的规定,增值税是对在我国境内销售货物或者提供加工、修理修配劳务(以下简称“应税劳务”),销售服务、无形资产或者不动产(以下简称“应税行为”)的单位和个人以及进口货物的单位和个人,就其货物销售或提供应税劳务、应税行为的增值额和货物进口金额为计税依据而课征的一种流转税。

对增值税概念的理解,关键是要理解增值额的含义。

增值额是指企业或者其他经营者从事生产经营或者提供应税劳务、应税行为,在购入的商品或者

取得劳务、服务的价值基础上新增加的价值额。具体可以从以下四个方面理解：

(1)从理论上讲，增值额是指生产经营者生产经营过程中新创造的价值额。增值额相当于商品价值 $C+V+M$ 中的 $V+M$ 部分。C 即商品生产过程中所消耗的生产资料转移价值；V 即工资，是劳动者为自己创造的价值；M 即剩余价值或盈利，是劳动者为社会创造的价值。增值额是劳动者新创造的价值，从内容上讲大体相当于净产值或国民收入。

(2)就一个生产单位而言，增值额是这个单位商品销售收入额或经营收入额扣除非增值项目(相当于物化劳动，如外购的原材料、燃料、动力、包装物、低值易耗品等)价值后的余额。这个余额，大体相当于该单位活劳动创造的价值。

(3)就一个商品的生产经营全过程来讲，不论其生产经营经过几个环节，它最后的销售总值应等于该商品从生产到流通的各个环节的增值额之和，即商品最后销售价格等于各环节增值额之和。

以表 2—1 为例，如果用传统的流转税计税方式，对每个流转环节均按全额课税，将会对该商品从原材料到零售环节的每个环节按销售全额计税，其计税总值为 390 元。但如果按增值税的计税方式，对每个环节的增值额计税，即其计税总值为 140 元。这两者的差额 250 元就产生了重复征税问题。即第一环节的 50 元实际上在传统的流转税计税方式下将被征税 4 次，被重复征税 3 次。同理，其余环节分别被重复征税若干次。而改为按每环节的增值额征税后，不论一个商品从生产到最后销售经过几个流转环节，其计税总值就等于该商品的最终销售价格。这个特点对消除重复征税、对产品的出口退税等均产生了重要影响。

表 2—1　　某商品最后销售价格与各生产流通环节增值额关系

生产流通环节	本环节销售额	本环节增值额
原材料生产环节	50	50①
产成品生产环节	80	30②
批发环节	120	40
零售环节	140	20
合　计	390	140

注：①假定本环节均为增值额，无购进项目。

②每环节的增值额为本环节销售额减去购进成本即上一环节的销售额后的余额。

(4)从国民收入分配角度看，增值额 $V+M$ 在我国相当于净产值，包括工资、利润、利息、租金和其他属于增值性的收入。

二、增值税的类型及特点

(一)增值税的类型

在实践中，各国实行的增值税都是以法定增值额为课税对象的。法定增值额和理论增值额往往不相一致，其主要区别在于对购入固定资产的处理上。因此，根据对购入固定资产已纳税款处理的不同，可以将增值税分为不同的类型。依据实行增值税的各个国家允许抵扣已纳税款的扣除项目范围的大小，增值税分为生产型增值税、收入型增值税、消费型增值税三种类型。

1. 生产型增值税

生产型增值税以纳税人的销售收入(或劳务收入)减去用于生产、经营的外购原材料、燃料、动力等物质资料价值后的余额作为法定的增值额，但对购入的固定资产及其折旧均不予扣除。由于这个法定增值额等于工资、租金、利息、利润和折旧之和，其内容从整个社会来说相当于国民生产总值，所以称为生产型增值税。

2. 收入型增值税

收入型增值税除允许扣除外购物质资料的价值以外，对于购置用于生产、经营用的固定资产，允许将已提折旧的价值额予以扣除。这个法定增值额，就整个社会来说，相当于国民收入，所以称为收入型增值税。

3. 消费型增值税

消费型增值税允许将购置物质资料的价值和用于生产、经营的固定资产的价值，在购置当期全部一次扣除。这种类型增值税的课税对象不包括生产资料部分，仅限于当期生产销售的所有消费品，故称为消费型增值税。

(二)增值税的特点

1. 保持税收中性

根据增值税的计税原理，流转额中的非增值因素在计税时被扣除。因此，对同一商品而言，无论流转环节的多与少，只要增值额相同，税负就相等，不会影响商品的生产结构、组织结构和产品结构。

2. 普遍征收

从增值税的征税范围看，对从事商品生产经营和劳务提供的所有单位和个人，在商品增值的各个生产流通环节向纳税人普遍征收。

3. 税收负担由商品最终消费者承担

虽然增值税是向销售方征收，但销售方在销售商品时又通过价格将税收负担转嫁给下一生产流通环节，最后由最终消费者承担。

4. 实行税款抵扣制度

在计算企业主应纳税款时，要扣除商品在以前生产环节已负担的税款，以避免重复征税。从世界各国来看，一般都实行凭购货发票进行抵扣。

5. 实行比例税率

从实行增值税制度的国家看，普遍实行比例税制，以贯彻征收简便易行的原则。由于增值额对不同行业和不同企业、不同产品来说性质是一样的，原则上对增值额应采用单一比例税率。但为了贯彻一些经济社会政策，也会对某些行业或产品实行不同的政策，因而引入增值税的国家一般都规定基本税率和优惠税率或称低税率。

6. 实行价外税制度

在计税时，作为计税依据的销售额中不包含增值税税额，这样有利于形成均衡的生产价格，并有利于税负转嫁的实现。这是增值税与传统的以全部流转额为计税依据的流转税或商品课税的一个重要区别。

三、增值税的改革历程

我国从1979年起在部分城市试行增值税。1982年财政部制定了《增值税暂行办法》，并自1983年1月1日开始在全国试行。1984年9月，在总结经验的基础上，国务院又制定了《中华人民共和国增值税条例(草案)》，并自当年10月起施行。1993年12月13日，国务院又发布了《中华人民共和国增值税暂行条例》，并自1994年1月1日起施行。为进一步完善税制，国务院决定全面实施增值税转型改革，修订《中华人民共和国增值税暂行条例》(以下简称《增值税暂行条例》)，在2008年11月5日经国务院第34次常务会议审议通过，11月10日以国务院令第538号公布，于2009年1月1日起施行。2008年12月15日，财政部、国家税务总局制定了《中华人民共和国增值税暂行条例实施细则》(以下简称《增值税暂行条例实施细则》)，以财政部、国家税务总局第50号令发布。2011年11月16日，财政部和国家税务总局联合发布财税〔2011〕110号文和财税〔2011〕111号文，规定了上海市增值税试点改革的具体实施办法(以下简称“增值税试点办法”)。110号文规定了增值税改革试点方案的基本框架，而111号文规定了适用于上海试点地区的具体执行办法。该增值税试点安排是日后进行更广范围的增值税改革而率先迈出的重要一步，也标志着中国增值税制度进入了历史新时代。

2011年10月26日，时任国务院总理温家宝主持召开国务院常务会议，决定从2012年1月1日起，在部分地区和行业开展深化增值税制度改革试点，逐步将征收营业税的行业改为征收增值税。具体试点办法如下：一是先在上海市交通运输业和部分现代服务业等开展试点，条件成熟时可选择部分行业在全国范围进行试点。二是在现行增值税17%标准税率和13%低税率基础上，新增11%和6%两档低税率。三是试点期间原归属试点地区的营业税收入，改征增值税后收入仍归属试点地区。试点行业原营业税优惠政策可以延续，并根据增值税特点调整。纳入改革试点的纳税人缴纳的增值税可按规定抵扣。2013年8月1日，"营改增"范围已推广到全国试行。国务院总理李克强于2013年12月4日主持召开国务院常务会议，决定从2014年1月1日起，将铁路运输和邮政服务业纳入营业税改征增值税试点，至此交通运输业已全部纳入"营改增"范围。自2014年6月1日起，将电信业纳入营业税改征增值税试点范围。2016年5月1日，国务院决定将试点范围扩大到建筑业、房地产业、金融业、生活服务业，并将所有企业新增不动产所含增值税纳入抵扣范围。

第二节　增值税的征税范围、纳税人与税率

根据《增值税暂行条例》和"营改增"的规定，在中华人民共和国境内销售货物或者提供应税劳务和应税行为以及进口货物的单位和个人，为增值税的纳税人，应当依照本条例和"营改增"的规定缴纳增值税。在境内销售货物或者提供应税劳务和应税行为，是指销售货物的起运地或者所在地在境内以及提供的应税劳务和应税行为发生在境内。

一、征税范围

（一）基本规定

增值税的征收范围，包括在中华人民共和国境内（以下简称"境内"）销售及进口的货物、提供应税劳务和应税行为。

1. 在境内销售、进口的货物

货物是指有形动产，包括电力、热力、气体在内。销售货物是指有偿转让货物的所有权。有偿是指从购买方取得货币、货物或者其他经济利益。

纳税人报关进口的货物，按规定应征增值税。

2. 在境内提供应税劳务

应税劳务是指在境内有偿提供的加工、修理修配劳务。但是，不包括单位或个体经营者聘用员工为本单位或雇主提供的加工、修理修配劳务。加工是指受托加工货物，即委托方提供原料及主要材料，受托方按照委托方的要求制造货物并收取加工费的业务；修理修配是指受托对损伤和丧失功能的货物进行修复，使其恢复原状和功能的业务。

3. 在境内提供应税行为

应税行为，是指销售服务、无形资产、不动产（具体范围见附件）。

提供应税行为，是指有偿提供应税行为，但不包括非营业活动中提供的应税行为。有偿，是指从购买方取得货币、货物或者其他经济利益。

非营业活动是指：

(1)非企业性单位按照法律和行政法规的规定，为履行国家行政管理和公共服务职能收取政府性基金或者行政事业性收费的活动。

(2)单位或者个体工商户聘用的员工为本单位或者雇主提供取得工资的服务。

(3)单位或者个体工商户为聘用的员工提供服务。

(4)财政部和国家税务总局规定的其他情形。

在境内提供应税行为，是指在境内销售服务、无形资产或者不动产，包括：

(1)服务(租赁不动产除外)或者无形资产(自然资源使用权除外)的销售方或者购买方在境内；

(2)所销售或者租赁的不动产在境内；

(3)所销售自然资源使用权的自然资源在境内；

(4)财政部和国家税务总局规定的其他情形。

下列情形不属于在境内销售服务或者无形资产：

(1)境外单位或者个人向境内单位或者个人销售完全在境外发生的服务。

(2)境外单位或者个人向境内单位或者个人销售完全在境外使用的无形资产。

(3)境外单位或者个人向境内单位或者个人出租完全在境外使用的有形动产。

(4)财政部和国家税务总局规定的其他情形。

附件：根据财税〔2016〕36号文件《财政部国家税务总局关于全面推开营业税改征增值税试点的通知》，应税行为的具体范围有

一、销售服务

销售服务，是指提供交通运输服务、邮政服务、电信服务、建筑服务、金融服务、现代服务、生活服务。

(一)交通运输服务

交通运输服务，是指利用运输工具将货物或者旅客送达目的地，使其空间位置得到转移的业务活动，包括陆路运输服务、水路运输服务、航空运输服务和管道运输服务。

1. 陆路运输服务

陆路运输服务，是指通过陆路(地上或者地下)运送货物或者旅客的运输业务活动，包括铁路运输服务和其他陆路运输服务。

(1)铁路运输服务，是指通过铁路运送货物或者旅客的运输业务活动。

(2)其他陆路运输服务，是指铁路运输以外的陆路运输业务活动，包括公路运输、缆车运输、索道运输、地铁运输、城市轻轨运输等。

出租车公司向使用本公司自有出租车的出租车司机收取的管理费用，按照陆路运输服务缴纳增值税。

2. 水路运输服务

水路运输服务，是指通过江、河、湖、川等天然、人工水道或者海洋航道运送货物或者旅客的运输业务活动。

水路运输的程租、期租业务，属于水路运输服务。

程租业务，是指运输企业为租船人完成某一特定航次的运输任务并收取租赁费的业务。

期租业务，是指运输企业将配备有操作人员的船舶承租给他人使用一定期限，承租期内听候承租方调遣，不论是否经营，均按天向承租方收取租赁费，发生的固定费用均由船东负担的业务。

3. 航空运输服务

航空运输服务，是指通过空中航线运送货物或者旅客的运输业务活动。

航空运输的湿租业务，属于航空运输服务。

湿租业务，是指航空运输企业将配备有机组人员的飞机承租给他人使用一定期限，承租期内听候承租方调遣，不论是否经营，均按一定标准向承租方收取租赁费，发生的固定费用均由承租方承担的业务。

航天运输服务，按照航空运输服务缴纳增值税。

航天运输服务，是指利用火箭等载体将卫星、空间探测器等空间飞行器发射到空间轨道的业务活动。

4. 管道运输服务

管道运输服务，是指通过管道设施输送气体、液体、固体物质的运输业务活动。

无运输工具承运业务，按照交通运输服务缴纳增值税。

无运输工具承运业务，是指经营者以承运人身份与托运人签订运输服务合同，收取运费并承担承运人责任，然后委托实际承运人完成运输服务的经营活动。

(二)邮政服务

邮政服务，是指中国邮政集团公司及其所属邮政企业提供邮件寄递、邮政汇兑和机要通信等邮政基本服务的业务活动，包括邮政普遍服务、邮政特殊服务和其他邮政服务。

1. 邮政普遍服务

邮政普遍服务，是指函件、包裹等邮件寄递，以及邮票发行、报刊发行和邮政汇兑等业务活动。函件，是指信函、印刷品、邮资封片卡、无名址函件和邮政小包等。

包裹，是指按照封装上的名址递送给特定个人或者单位的独立封装的物品，其重量不超过50千克，任何一边的尺寸不超过150厘米，长、宽、高合计不超过300厘米。

2. 邮政特殊服务

邮政特殊服务，是指义务兵平常信函、机要通信、盲人读物和革命烈士遗物的寄递等业务活动。

3. 其他邮政服务

其他邮政服务，是指邮册等邮品销售、邮政代理等业务活动。

（三）电信服务

电信服务，是指利用有线、无线的电磁系统或者光电系统等各种通信网络资源，提供语音通话服务，传送、发射、接收或者应用图像、短信等电子数据和信息的业务活动。包括基础电信服务和增值电信服务。

1. 基础电信服务

基础电信服务，是指利用固网、移动网、卫星、互联网，提供语音通话服务的业务活动，以及出租或者出售带宽、波长等网络元素的业务活动。

2. 增值电信服务

增值电信服务，是指利用固网、移动网、卫星、互联网、有线电视网络，提供短信和彩信服务、电子数据和信息的传输及应用服务、互联网接入服务等业务活动。

卫星电视信号落地转接服务，按照增值电信服务缴纳增值税。

（四）建筑服务

建筑服务，是指各类建筑物、构筑物及其附属设施的建造、修缮、装饰，线路、管道、设备、设施等的安装以及其他工程作业的业务活动。包括工程服务、安装服务、修缮服务、装饰服务和其他建筑服务。

1. 工程服务

工程服务，是指新建、改建各种建筑物、构筑物的工程作业，包括与建筑物相连的各种设备或者支柱、操作平台的安装或者装设工程作业，以及各种窑炉和金属结构工程作业。

2. 安装服务

安装服务，是指生产设备、动力设备、起重设备、运输设备、传动设备、医疗实验设备以及其他各种设备、设施的装配、安置工程作业，包括与被安装设备相连的工作台、梯子、栏杆的装设工程作业，以及被安装设备的绝缘、防腐、保温、油漆等工程作业。

固定电话、有线电视、宽带、水、电、燃气、暖气等经营者向用户收取的安装费、初装费、开户费、扩容费以及类似收费，按照安装服务缴纳增值税。

3. 修缮服务

修缮服务，是指对建筑物、构筑物进行修补、加固、养护、改善，使之恢复原来的使用价值或者延长其使用期限的工程作业。

4. 装饰服务

装饰服务，是指对建筑物、构筑物进行修饰装修，使之美观或者具有特定用途的工程作业。

5. 其他建筑服务

其他建筑服务，是指上列工程作业之外的各种工程作业服务，如钻井（打井）、拆除建筑物或者构筑物、平整土地、园林绿化、疏浚（不包括航道疏浚）、建筑物平移、搭脚手架、爆破、矿山穿孔、表面附着物（包括岩层、土层、沙层等）剥离和清理等工程作业。

（五）金融服务

金融服务，是指经营金融保险的业务活动。包括贷款服务、直接收费金融服务、保险服务和金融商品转让。

1. 贷款服务

贷款，是指将资金贷与他人使用而取得利息收入的业务活动。

各种占用、拆借资金取得的收入，包括金融商品持有期间（含到期）利息（保本收益、报酬、资金占用费、补偿金等）收入、信用卡透支利息收入、买入返售金融商品利息收入、融资融券收取的利息收入，以及融资性售后回租、押汇、罚息、票据贴现、转贷等业务取得的利息及利息性质的收入，按照贷款服务缴纳增值税。

融资性售后回租，是指承租方以融资为目的，将资产出售给从事融资性售后回租业务的企业后，从事融资性售后回租业务的企业将该资产出租给承租方的业务活动。

以货币资金投资收取的固定利润或者保底利润，按照贷款服务缴纳增值税。

2. 直接收费金融服务

直接收费金融服务，是指为货币资金融通及其他金融业务提供相关服务并且收取费用的业务活动，包括提供货币兑换、账户管理、电子银行、信用卡、信用证、财务担保、资产管理、信托管理、基金管理、金融交易场所(平台)管理、资金结算、资金清算、金融支付等服务。

3. 保险服务

保险服务，是指投保人根据合同约定，向保险人支付保险费，保险人对于合同约定的可能发生的事故因其发生所造成的财产损失承担赔偿保险金责任，或者当被保险人死亡、伤残、疾病或者达到合同约定的年龄、期限等条件时承担给付保险金责任的商业保险行为。包括人身保险服务和财产保险服务。

人身保险服务，是指以人的寿命和身体为保险标的的保险业务活动。

财产保险服务，是指以财产及其有关利益为保险标的的保险业务活动。

4. 金融商品转让

金融商品转让，是指转让外汇、有价证券、非货物期货和其他金融商品所有权的业务活动。

其他金融商品转让包括基金、信托、理财产品等各类资产管理产品和各种金融衍生品的转让。

(六)现代服务

现代服务，是指围绕制造业、文化产业、现代物流产业等提供技术性、知识性服务的业务活动。包括研发和技术服务、信息技术服务、文化创意服务、物流辅助服务、租赁服务、鉴证咨询服务、广播影视服务、商务辅助服务和其他现代服务。

1. 研发和技术服务

研发和技术服务，包括研发服务、合同能源管理服务、工程勘察勘探服务、专业技术服务。

(1)研发服务，也称技术开发服务，是指就新技术、新产品、新工艺或者新材料及其系统进行研究与试验开发的业务活动。

(2)合同能源管理服务，是指节能服务公司与用能单位以契约形式约定节能目标，节能服务公司提供必要的服务，用能单位以节能效果支付节能服务公司投入及其合理报酬的业务活动。

(3)工程勘察勘探服务，是指在采矿、工程施工前后，对地形、地质构造、地下资源蕴藏情况进行实地调查的业务活动。

(4)专业技术服务，是指气象服务、地震服务、海洋服务、测绘服务、城市规划、环境与生态监测服务等专项技术服务。

2. 信息技术服务

信息技术服务，是指利用计算机、通信网络等技术对信息进行生产、收集、处理、加工、存储、运输、检索和利用，并提供信息服务的业务活动。包括软件服务、电路设计及测试服务、信息系统服务、业务流程管理服务和信息系统增值服务。

(1)软件服务，是指提供软件开发服务、软件维护服务、软件测试服务的业务活动。

(2)电路设计及测试服务，是指提供集成电路和电子电路产品设计、测试及相关技术支持服务的业务活动。

(3)信息系统服务，是指提供信息系统集成、网络管理、网站内容维护、桌面管理与维护、信息系统应用、基础信息技术管理平台整合、信息技术基础设施管理、数据中心、托管中心、信息安全服务、在线杀毒、虚拟主机等业务活动。包括网站对非自有的网络游戏提供的网络运营服务。

(4)业务流程管理服务，是指依托信息技术提供的人力资源管理、财务经济管理、审计管理、税务管理、物流信息管理、经营信息管理和呼叫中心等服务的活动。

(5)信息系统增值服务，是指利用信息系统资源为用户附加提供的信息技术服务。包括数据处理、分析和整合、数据库管理、数据备份、数据存储、容灾服务、电子商务平台等。

3. 文化创意服务

文化创意服务，包括设计服务、知识产权服务、广告服务和会议展览服务。

(1)设计服务,是指把计划、规划、设想通过文字、语言、图画、声音、视觉等形式传递出来的业务活动。包括工业设计、内部管理设计、业务运作设计、供应链设计、造型设计、服装设计、环境设计、平面设计、包装设计、动漫设计、网游设计、展示设计、网站设计、机械设计、工程设计、广告设计、创意策划、文印晒图等。

(2)知识产权服务,是指处理知识产权事务的业务活动。包括对专利、商标、著作权、软件、集成电路布图设计的登记、鉴定、评估、认证、检索服务。

(3)广告服务,是指利用图书、报纸、杂志、广播、电视、电影、幻灯、路牌、招贴、橱窗、霓虹灯、灯箱、互联网等各种形式为客户的商品、经营服务项目、文体节目或者通告、声明等委托事项进行宣传和提供相关服务的业务活动。包括广告代理和广告的发布、播映、宣传、展示等。

(4)会议展览服务,是指为商品流通、促销、展示、经贸洽谈、民间交流、企业沟通、国际往来等举办或者组织安排的各类展览和会议的业务活动。

4. 物流辅助服务

物流辅助服务,包括航空服务、港口码头服务、货运客运场站服务、打捞救助服务、装卸搬运服务、仓储服务和收派服务。

(1)航空服务,包括航空地面服务和通用航空服务。

航空地面服务,是指航空公司、飞机场、民航管理局、航站等向在境内航行或者在境内机场停留的境内外飞机或者其他飞行器提供的导航等劳务性地面服务的业务活动。包括旅客安全检查服务、停机坪管理服务、机场候机厅管理服务、飞机清洗消毒服务、空中飞行管理服务、飞机起降服务、飞行通讯服务、地面信号服务、飞机安全服务、飞机跑道管理服务、空中交通管理服务等。

通用航空服务,是指为专业工作提供飞行服务的业务活动,包括航空摄影、航空培训、航空测量、航空勘探、航空护林、航空吊挂播洒、航空降雨、航空气象探测、航空海洋监测、航空科学实验等。

(2)港口码头服务,是指港务船舶调度服务、船舶通讯服务、航道管理服务、航道疏浚服务、灯塔管理服务、航标管理服务、船舶引航服务、理货服务、系解缆服务、停泊和移泊服务、海上船舶溢油清除服务、水上交通管理服务、船只专业清洗消毒检测服务和防止船只漏油服务等为船只提供服务的业务活动。港口设施经营人收取的港口设施保安费按照港口码头服务缴纳增值税。

(3)货运客运场站服务,是指货运客运场站提供货物配载服务、运输组织服务、中转换乘服务、车辆调度服务、票务服务、货物打包整理、铁路线路使用服务、加挂铁路客车服务、铁路行包专列发送服务、铁路到达和中转服务、铁路车辆编解服务、车辆挂运服务、铁路接触网服务、铁路机车牵引服务等业务活动。

(4)打捞救助服务,是指提供船舶人员救助、船舶财产救助、水上救助和沉船沉物打捞服务的业务活动。

(5)装卸搬运服务,是指使用装卸搬运工具或者人力、畜力将货物在运输工具之间、装卸现场之间或者运输工具与装卸现场之间进行装卸和搬运的业务活动。

(6)仓储服务,是指利用仓库、货场或者其他场所代客贮放、保管货物的业务活动。

(7)收派服务,是指接受寄件人委托,在承诺的时限内完成函件和包裹的收件、分拣、派送服务的业务活动。

收件服务,是指从寄件人收取函件和包裹,并运送到服务提供方同城的集散中心的业务活动。

分拣服务,是指服务提供方在其集散中心对函件和包裹进行归类、分发的业务活动。

派送服务,是指服务提供方从其集散中心将函件和包裹送达同城的收件人的业务活动。

5. 租赁服务

租赁服务,包括融资租赁服务和经营租赁服务。

(1)融资租赁服务,是指具有融资性质和所有权转移特点的租赁活动。即出租人根据承租人所要求的规格、型号、性能等条件购入有形动产或者不动产租赁给承租人,合同期内租赁物所有权属于出租人,承租人只拥有使用权,合同期满付清租金后,承租人有权按照残值购入租赁物,以拥有其所有权。不论出租人是否将租赁物销售给承租人,均属于融资租赁。

按照标的物的不同,融资租赁服务可分为有形动产融资租赁服务和不动产融资租赁服务。

融资性售后回租不按照本税目缴纳增值税。

(2)经营租赁服务,是指在约定时间内将有形动产或者不动产转让他人使用且租赁物所有权不变更的业务活动。

按照标的物的不同,经营租赁服务可分为有形动产经营租赁服务和不动产经营租赁服务。

将建筑物、构筑物等不动产或者飞机、车辆等有形动产的广告位出租给其他单位或者个人用于发布广告，按照经营租赁服务缴纳增值税。

车辆停放服务、道路通行服务(包括过路费、过桥费、过闸费等)等按照不动产经营租赁服务缴纳增值税。

水路运输的光租业务、航空运输的干租业务，属于经营租赁。

光租业务，是指运输企业将船舶在约定的时间内出租给他人使用，不配备操作人员，不承担运输过程中发生的各项费用，只收取固定租赁费的业务活动。

干租业务，是指航空运输企业将飞机在约定的时间内出租给他人使用，不配备机组人员，不承担运输过程中发生的各项费用，只收取固定租赁费的业务活动。

6. 鉴证咨询服务

鉴证咨询服务，包括认证服务、鉴证服务和咨询服务。

(1)认证服务，是指具有专业资质的单位利用检测、检验、计量等技术，证明产品、服务、管理体系符合相关技术规范、相关技术规范的强制性要求或者标准的业务活动。

(2)鉴证服务，是指具有专业资质的单位受托对相关事项进行鉴证，发表具有证明力的意见的业务活动。包括会计鉴证、税务鉴证、法律鉴证、职业技能鉴定、工程造价鉴证、工程监理、资产评估、环境评估、房地产土地评估、建筑图纸审核、医疗事故鉴定等。

(3)咨询服务，是指提供信息、建议、策划、顾问等服务的活动。包括金融、软件、技术、财务、税收、法律、内部管理、业务运作、流程管理、健康等方面的咨询。

翻译服务和市场调查服务按照咨询服务缴纳增值税。

7. 广播影视服务

广播影视服务，包括广播影视节目(作品)的制作服务、发行服务和播映(含放映，下同)服务。

(1)广播影视节目(作品)制作服务，是指进行专题(特别节目)、专栏、综艺、体育、动画片、广播剧、电视剧、电影等广播影视节目和作品制作的服务。具体包括与广播影视节目和作品相关的策划、采编、拍摄、录音、音视频文字图片素材制作、场景布置、后期的剪辑、翻译(编译)、字幕制作、片头、片尾、片花制作、特效制作、影片修复、编目和确权等业务活动。

(2)广播影视节目(作品)发行服务，是指以分账、买断、委托等方式，向影院、电台、电视台、网站等单位和个人发行广播影视节目(作品)以及转让体育赛事等活动的报道及播映权的业务活动。

(3)广播影视节目(作品)播映服务，是指在影院、剧院、录像厅及其他场所播映广播影视节目(作品)，以及通过电台、电视台、卫星通信、互联网、有线电视等无线或者有线装置播映广播影视节目(作品)的业务活动。

8. 商务辅助服务

商务辅助服务，包括企业管理服务、经纪代理服务、人力资源服务、安全保护服务。

(1)企业管理服务，是指提供总部管理、投资与资产管理、市场管理、物业管理、日常综合管理等服务的业务活动。

(2)经纪代理服务，是指各类经纪、中介、代理服务。包括金融代理、知识产权代理、货物运输代理、代理报关、法律代理、房地产中介、职业中介、婚姻中介、代理记账、拍卖等。

货物运输代理服务，是指接受货物收货人、发货人、船舶所有人、船舶承租人或者船舶经营人的委托，以委托人的名义，为委托人办理货物运输、装卸、仓储和船舶进出港口、引航、靠泊等相关手续的业务活动。

代理报关服务，是指接受进出口货物的收、发货人委托，代为办理报关手续的业务活动。

(3)人力资源服务，是指提供公共就业、劳务派遣、人才委托招聘、劳动力外包等服务的业务活动。

(4)安全保护服务，是指提供保护人身安全和财产安全，维护社会治安等的业务活动。包括场所住宅保安、特种保安、安全系统监控以及其他安保服务。

9. 其他现代服务

其他现代服务，是指除研发和技术服务、信息技术服务、文化创意服务、物流辅助服务、租赁服务、鉴证咨询服务、广播影视服务和商务辅助服务以外的现代服务。

【例 2—1】 依据“营改增”的政策规定，下列行为中属于商务辅助服务的有(　　)。

A. 企业管理服务　　B. 代理报关服务　　C. 场所住宅保安服务　　D. 认证服务

【答案】 ABC。选项 ABC 均属于商务辅助服务；选项 D 属于鉴证咨询服务。

(七)生活服务

生活服务,是指为满足城乡居民日常生活需求提供的各类服务活动。包括文化体育服务、教育医疗服务、旅游娱乐服务、餐饮住宿服务、居民日常服务和其他生活服务。

1. 文化体育服务

文化体育服务,包括文化服务和体育服务。

(1)文化服务,是指为满足社会公众文化生活需求提供的各种服务。包括:文艺创作、文艺表演、文化比赛,图书馆的图书和资料借阅,档案馆的档案管理,文物及非物质遗产保护,组织举办宗教活动、科技活动、文化活动,提供游览场所。

(2)体育服务,是指组织举办体育比赛、体育表演、体育活动,以及提供体育训练、体育指导、体育管理的业务活动。

2. 教育医疗服务

教育医疗服务,包括教育服务和医疗服务。

(1)教育服务,是指提供学历教育服务、非学历教育服务、教育辅助服务的业务活动。

学历教育服务,是指根据教育行政管理部门确定或者认可的招生和教学计划组织教学,并颁发相应学历证书的业务活动。包括初等教育、初级中等教育、高级中等教育、高等教育等。

非学历教育服务,包括学前教育、各类培训、演讲、讲座、报告会等。

教育辅助服务,包括教育测评、考试、招生等服务。

(2)医疗服务,是指提供医学检查、诊断、治疗、康复、预防、保健、接生、计划生育、防疫服务等方面的服务,以及与这些服务有关的提供药品、医用材料器具、救护车、病房住宿和伙食的业务。

3. 旅游娱乐服务

旅游娱乐服务,包括旅游服务和娱乐服务。

(1)旅游服务,是指根据旅游者的要求,组织安排交通、游览、住宿、餐饮、购物、文娱、商务等服务的业务活动。

(2)娱乐服务,是指为娱乐活动同时提供场所和服务的业务。

具体包括:歌厅、舞厅、夜总会、酒吧、台球、高尔夫球、保龄球、游艺(包括射击、狩猎、跑马、游戏机、蹦极、卡丁车、热气球、动力伞、射箭、飞镖)。

4. 餐饮住宿服务

餐饮住宿服务,包括餐饮服务和住宿服务。

(1)餐饮服务,是指通过同时提供饮食和饮食场所的方式为消费者提供饮食消费服务的业务活动。

(2)住宿服务,是指提供住宿场所及配套服务等的活动。包括宾馆、旅馆、旅社、度假村和其他经营性住宿场所提供的住宿服务。

5. 居民日常服务

居民日常服务,是指主要为满足居民个人及其家庭日常生活需求提供的服务,包括市容市政管理、家政、婚庆、养老、殡葬、照料和护理、救助救济、美容美发、按摩、桑拿、氧吧、足疗、沐浴、洗染、摄影扩印等服务。

6. 其他生活服务

其他生活服务,是指除文化体育服务、教育医疗服务、旅游娱乐服务、餐饮住宿服务和居民日常服务之外的生活服务。

二、销售无形资产

销售无形资产,是指转让无形资产所有权或者使用权的业务活动。无形资产,是指不具实物形态,但能带来经济利益的资产,包括技术、商标、著作权、商誉、自然资源使用权和其他权益性无形资产。

技术,包括专利技术和非专利技术。

自然资源使用权,包括土地使用权、海域使用权、探矿权、采矿权、取水权和其他自然资源使用权。

其他权益性无形资产,包括基础设施资产经营权、公共事业特许权、配额、经营权(包括特许经营权、连锁经营权、其他经营权)、经销权、分销权、代理权、会员权、席位权、网络游戏虚拟道具、域名、名称权、肖像权、冠名权、转会费等。

三、销售不动产

销售不动产，是指转让不动产所有权的业务活动。不动产，是指不能移动或者移动后会引起性质、形状改变的财产，包括建筑物、构筑物等。

建筑物，包括住宅、商业营业用房、办公楼等可供居住、工作或者进行其他活动的建造物。

构筑物，包括道路、桥梁、隧道、水坝等建造物。

转让建筑物有限产权或者永久使用权的，转让在建的建筑物或者构筑物所有权的，以及在转让建筑物或者构筑物时一并转让其所占土地的使用权的，按照销售不动产缴纳增值税。

(二)特殊规定

除了上述的一般规定以外，对特殊行为或项目做出具体确定。

1. 视同销售货物

单位或者个体工商户的下列行为，视同销售货物，按照规定计算缴纳增值税：

(1)将货物交付其他单位或者个人代销。

(2)销售代销货物。

(3)设有两个以上机构并实行统一核算的纳税人，将货物从一个机构移送其他机构用于销售，但相关机构设在同一县(市)的除外；"用于销售"，是指售货机构发生以下情形之一的经营行为：①向购货方开具发票；②向购货方收取货款。售货机构的货物移送行为有上述两项情形之一的，应当向所在地税务机关缴纳增值税；未发生上述两项情形的，则应由总机构统一缴纳增值税。

(4)将自产或者委托加工的货物用于非增值税应税项目。

(5)将自产、委托加工的货物用于集体福利或者个人消费。

(6)将自产、委托加工或者购进的货物作为投资，提供给其他单位或者个体工商户。

(7)将自产、委托加工或者购进的货物分配给股东或者投资者。

(8)将自产、委托加工或者购进的货物无偿赠送其他单位或者个人。

(9)"营改增"试点规定的视同销售服务、无形资产或者不动产。

根据《营业税改征增值税试点实施办法》(财税〔2016〕36号)：

①单位或者个体工商户向其他单位或者个人无偿提供服务，但用于公益事业或者以社会公众为对象的除外。

②单位或者个人向其他单位或者个人无偿转让无形资产或者不动产，但用于公益事业或者以社会公众为对象的除外。

(10)财政部和国家税务总局规定的其他情形。

2. 混合销售

一项销售行为如果既涉及货物又涉及服务，为混合销售。从事货物的生产、批发或者零售的单位和个体工商户的混合销售行为，按照销售货物缴纳增值税；其他单位和个体工商户的混合销售行为，按照销售服务缴纳增值税。

上述从事货物的生产、批发或者零售的单位和个体工商户，包括以从事货物的生产、批发或者零售为主，并兼营销售服务的单位和个体工商户在内。

3. 兼营

纳税人销售货物、加工修理修配劳务、服务、无形资产或者不动产适用不同税率或者征收率的，应当分别核算适用不同税率或者征收率的销售额，未分别核算销售额的，按照以下方法适用税率或者征收率：

(1)兼有不同税率的销售货物、加工修理修配劳务、服务、无形资产或者不动产，从高适用税率。

(2)兼有不同征收率的销售货物、加工修理修配劳务、服务、无形资产或者不动产，从高适用征收率。

(3)兼有不同税率和征收率的销售货物、加工修理修配劳务、服务、无形资产或者不动产，从高适用税率。

4. 不征收增值税项目

(1)根据国家指令无偿提供的铁路运输服务、航空运输服务，属于《营业税改征增值税试点实施办法》第十四条规定的用于公益事业的服务。

(2)存款利息。

(3)被保险人获得的保险赔付。

(4)房地产主管部门或者其指定机构、公积金管理中心、开发企业以及物业管理单位代收的住宅专项维修资金。

(5)在资产重组过程中，通过合并、分立、出售、置换等方式，将全部或者部分实物资产以及与其相关联的债权、负债和劳动力一并转让给其他单位和个人，其中涉及的不动产、土地使用权转让行为。

二、纳税人和扣缴义务人

(一)纳税人

在中华人民共和国境内(以下简称"境内")销售和进口货物，提供应税劳务，销售服务、无形资产或者不动产(以下简称"应税行为")的单位和个人，为增值税纳税人，应当按照本办法缴纳增值税，不缴纳营业税。单位，是指企业、行政单位、事业单位、军事单位、社会团体及其他单位。个人，是指个体工商户和其他个人。

单位以承包、承租、挂靠方式经营的，承包人、承租人、挂靠人(以下统称"承包人")以发包人、出租人、被挂靠人(以下统称"发包人")名义对外经营并由发包人承担相关法律责任的，以该发包人为纳税人；否则，以承包人为纳税人。

为提高税收管理的有效性，降低税收成本，《增值税暂行条例》按会计核算水平和经营规模将纳税人划分为一般纳税人与小规模纳税人，对一般纳税人实行规范计税办法，对小规模纳税人采取简易计税办法。

1. 一般纳税人

一般纳税人，是指年应征增值税销售额(包括货物、应税劳务、应税行为销售额)超过财政部和国家税务总局规定的小规模纳税人标准(标准见小规模纳税人内容)的企业或者企业性单位(以下简称"企业")。

年应税销售额，是指纳税人在连续不超过12个月的经营期内累计应征增值税销售额，包括纳税申报销售额、稽查查补销售额、纳税评估调整销售额、税务机关代开发票销售额和免税销售额。① 其中稽查查补销售额和纳税评估调整销售额计入查补税款申报当月的销售额，不计入税款所属期销售额。

兼有销售货物、提供应税劳务以及应税行为的纳税人，应税货物及劳务销售额与应税行为销售额分别计算，分别适用增值税一般纳税人资格认定标准。

试点实施后，符合条件的试点纳税人应按照相关规定，办理增值税一般纳税人资格认定。按照"营改增"有关规定，在确定销售额时可以差额扣除的试点纳税人，其应税行为年销售额按未扣除之前的销售额计算。

年应税销售额未超过规定标准的纳税人，会计核算健全，能够提供准确税务资料的，可以向主管税务机关办理一般纳税人资格登记，成为一般纳税人。

会计核算健全，是指能够按照国家统一的会计制度规定设置账簿，根据合法、有效凭证核算。

无须办理一般纳税人资格认定的纳税人：

(1)个体工商户以外的其他个人。其他个人，是指自然人。

---

① 国家税务总局：《关于明确〈增值税一般纳税人资格认定管理办法〉若干条款处理意见的通知》，国税函〔2010〕139号，2010年4月7日。

(2)选择按照小规模纳税人纳税的非企业性单位。非企业性单位，是指行政单位、事业单位、军事单位、社会团体和其他单位。

(3)选择按照小规模纳税人纳税的不经常发生增值税应税行为的企业。不经常发生增值税应税行为的企业，是指非增值税纳税人；不经常发生应税行为是指其偶然发生增值税应税行为。

(4)应税行为年销售额超过规定标准的其他个人不属于一般纳税人。不经常提供应税行为的单位和个体工商户可选择按照小规模纳税人纳税。

(5)试点实施前已取得增值税一般纳税人资格并兼有应税行为的试点纳税人，不需要重新申请认定，由主管税务机关制作、送达《税务事项通知书》告知纳税人。

符合一般纳税人条件的纳税人，须向其所在地主管税务机关申请办理认定手续。由县级以上税务机关审核确认后，在其《税务登记证》副本首页上方加盖"增值税一般纳税人"确认专章，作为领购增值税专用发票的证件。除国家税务总局另有规定外，纳税人一经认定为一般纳税人后，不得转为小规模纳税人。

2. 小规模纳税人

小规模纳税人，是指年应税销售额在规定标准以下，并且会计核算不健全，不能按规定报送有关税务资料的增值税纳税人。所称会计核算不健全，是指不能正确核算增值税的销项税额、进项税额和应纳税额。小规模纳税人的标准为：

(1)从事货物生产或者提供应税劳务的纳税人，以及以从事货物生产或者提供应税劳务为主(年货物生产或提供应税劳务的销售额占年应税销售额的比重在50%以上)，并兼营货物批发或者零售的纳税人，年应税销售额在50万元以下(含本数)的。

(2)其他纳税人，年应税销售额在80万元以下(含本数)的。

(3)"营改增"规定的应税行为销售额标准为500万元，应税行为年销售额未超过500万元的纳税人为小规模纳税人。

(4)年应税销售额超过小规模纳税人标准的其他个人，按小规模纳税人纳税。

(5)非企业性单位、不经常发生应税行为的企业，可以选择按小规模纳税人纳税。

按照"营改增"有关规定，在确定销售额时可以差额扣除的试点纳税人，其应税行为年销售额按未扣除之前的销售额计算。

(6)旅店业和饮食业纳税人销售非现场消费的食品，属于不经常发生增值税应税行为，可以选择按小规模纳税人缴纳增值税。

(7)兼有销售货物，提供加工、修理修配劳务以及应税行为，且不经常发生应税行为的单位和个体工商户可选择按小规模纳税人纳税。

【例2—2】 按照现行规定，下列各项中必须被认定为小规模纳税人的是(　　)。

A. 年不含税销售额260万元的信息咨询公司

B. 年不含税销售额90万元的建材批发公司

C. 年不含税销售额60万元的汽车修理厂

D. 年不含税销售额50万元，会计核算制度不健全的超市

【答案】 D。必须被认定为小规模纳税人需要同时满足两个条件，一是不超过小规模纳税人的认定标准，二是会计核算制度不健全。选项ABC不满足条件。

(二)扣缴义务人

扣缴义务人是指依法负有代扣代缴税款义务的人。《增值税暂行条例》规定，中国境外的单位或者个人在境内提供应税劳务，在境内未设有经营机构的，以其境内代理人为扣缴义务人；在境内没有代理人的，以购买方为扣缴义务人。

三、税率和征收率

我国增值税采用比例税率，按照一定的比例征收。为了发挥增值税的中性作用，原则上增值税的

税率应该对不同行业、不同企业实行单一税率，称为基本税率。实践中为照顾一些特殊行业或产品也增设了一档低税率，对出口产品实行零税率。由于增值税纳税人分成了两类，对这两类不同的纳税人又采用了不同的税率和征收率。

“营改增”政策实施后，增值税税率实行 5 级制（17%、13%、11%、6%、0）。

(一)基本税率

纳税人销售或者进口货物，提供应税劳务、应税行为，除适用低税率和零税率适用范围外，税率一律为 17%，这就是通常所说的基本税率。

(二)低税率

1. 纳税人销售或者进口下列货物，适用 13%的税率

(1)粮食、食用植物油。

(2)自来水、暖气、冷气、热水、煤气、石油液化气、天然气、沼气、居民用煤炭制品。

(3)图书、报纸、杂志。

(4)饲料、化肥、农药、农机、农膜。

(5)国务院规定的其他货物。

①农产品，是指种植业、养殖业、林业、牧业、水产业生产的各种植物、动物的初级产品。具体征税范围暂继续按照《财政部、国家税务总局关于印发(农业产品征税范围注释)的通知》(财税字〔1995〕52 号)及现行相关规定执行。

②音像制品(自 2007 年 1 月 1 日起)，是指正式出版的录有内容的录音带、录像带、唱片、激光唱盘和激光视盘。

③电子出版物(自 2007 年 1 月 1 日起)，是指以数字代码方式，使用计算机应用程序，将图文声像等内容信息编辑加工后存储在具有确定的物理形态的磁、光、电等介质上，通过内嵌在计算机、手机、电子阅读设备、电子显示设备、数字音/视频播放设备、电子游戏机、导航仪以及其他具有类似功能的设备上读取使用，具有交互功能，用以表达思想、普及知识和积累文化的大众传播媒体。

④二甲醚(自 2008 年 1 月 1 日起)，是指结构简式为 $CH_3O\text{-}CH_3$，常温常压下为具有轻微醚香味、易燃、无毒、无腐蚀性的气体。

纳税人兼营不同税率的货物或者劳务的，应当分别核算不同税率货物或者劳务的应税销售额；未分别核算销售额的，从高适用税率。

纳税人销售不同税率货物或者劳务，并兼营应属一并征收增值税的非应税劳务的，其非应税劳务应从高适用税率。

⑤密集型烤房设备、频振式杀虫灯、自动虫情测报灯、黏虫板属于农机范围，应适用 13%的增值税税率。

2. 根据《财政部国家税务总局关于全面推开营业税改征增值税试点的通知》(财税〔2016〕36 号)文件附件一《营业税改征增值税试点实施办法》的规定

(1)纳税人发生应税行为，除本条第(2)项、第(3)项、第(4)项规定外，税率为 6%。

具体范围为：①现代服务(租赁服务除外)；②增值电信服务；③金融服务；④生活服务；⑤销售无形资产(转让土地使用权除外)。

(2)下列应税行为，税率为 11%。

具体范围为：①交通运输服务；②邮政服务；③基础电信服务；④建筑服务；⑤不动产租赁服务；⑥销售不动产；⑦转让土地使用权。

(3)提供有形动产租赁服务，税率为 17%。

(三)零税率

1. 纳税人出口货物和财政部、国家税务总局规定的应税行为，税率为零，国务院另有规定的除外

2. 境内的单位和个人销售的下列服务和无形资产，适用增值税零税率

(1)国际运输服务，是指：①在境内载运旅客或者货物出境；②在境外载运旅客或者货物入境；③在境外载运旅客或者货物。

(2)航天运输服务。

(3)向境外单位提供的完全在境外消费的下列服务：①研发服务；②合同能源管理服务；③设计服务；④广播影视节目(作品)的制作和发行服务；⑤软件服务；⑥电路设计及测试服务；⑦信息系统服务；⑧业务流程管理服务；⑨离岸服务外包业务；⑩转让技术。

其中，离岸服务外包业务包括信息技术外包服务(ITO)、技术性业务流程外包服务(BPO)、技术性知识流程外包服务(KPO)，其所涉及的具体业务活动，按照《销售服务、无形资产、不动产注释》相对应的业务活动执行。

税率为零不是简单地等同于免税。出口货物免税仅指在出口环节不征收增值税，而零税率是指对出口货物除了在出口环节不征增值税外，还要对该产品在出口前已经缴纳的增值税进行退税，使该出口产品在出口时完全不含增值税税款，从而以无税产品进入国际市场。当然我国目前并非对全部出口产品与应税行为都完全实行零税率。我国根据经济形势的变化来调节出口产品与应税行为结构，规定了出口退税率，对大部分出口产品和应税行为实行零税率。

境内的单位和个人提供适用增值税零税率的服务或者无形资产，如果属于适用简易计税方法的，实行免征增值税办法；如果属于适用增值税一般计税方法的，生产企业实行免抵退税办法，外贸企业外购服务或者无形资产出口实行免退税办法。外贸企业直接将服务或自行研发的无形资产出口，视同生产企业连同其出口货物统一实行免抵退税办法(出口退税的计算见本章第五节)。

(四)征收率

增值税对小规模纳税人采用简易征收办法，对小规模纳税人及特殊情况适用的税率称为征收率。

1. 一般规定

考虑到小规模纳税人经营规模小，且会计核算不健全，难以按上述增值税税率计税和使用增值税专用发票抵扣进项税款，因此实行按销售额与征收率计算应纳税额的简易办法。自 2009 年 1 月 1 日起，征收率调整为 3%。

2. 国务院及其有关部门的规定之一①

(1)一般纳税人销售货物属于下列情形之一的，暂按简易办法，依照 3%征收率计算缴纳增值税：

①寄售商店代销寄售物品(包括居民个人寄售的物品在内)；

②典当业销售死当物品；

③经国务院或国务院授权机关批准的免税商店零售的免税品。

(2)一般纳税人销售自产的下列货物，可选择按照简易办法依照 3%征收率计算缴纳增值税：

①县级及县级以下小型水力发电单位生产的电力。小型水力发电单位，是指各类投资主体建设的装机容量为 5 万千瓦以下(含 5 万千瓦)的小型水力发电单位。

②建筑用和生产建筑材料所用的砂、土、石料。

③以自己采掘的砂、土、石料或其他矿物连续生产的砖、瓦、石灰(不含黏土实心砖、瓦)。

④用微生物、微生物代谢产物、动物毒素、人或动物的血液或组织制成的生物制品。

⑤自来水。

⑥商品混凝土(仅限于以水泥为原料生产的水泥混凝土)。

⑦属于增值税一般纳税人的单采血浆站销售非临床用人体血液，可以按照简易办法依照 6%征收率计算应纳税额，但不得对外开具增值税专用发票；也可以按照销项税额抵扣进项税额的办法依照增值税适用税率计算应纳税额。

属于一般纳税人的自来水公司销售自来水按简易办法依照 3%征收率征收增值税，不得抵扣其

① 《关于简并增值税征收率政策的通知》，财税〔2014〕57 号。

购进自来水取得增值税扣税凭证上注明的增值税税款。

一般纳税人选择简易办法计算缴纳增值税后，36 个月内不得变更。

3. 国务院及其有关部门的规定之二

(1)纳税人销售自己使用过的物品，按下列政策执行：

①一般纳税人销售自己使用过的属于《增值税暂行条例》第十条规定不得抵扣且未抵扣进项税额的固定资产，按简易办法依 3%征收率减按 2%征收增值税。

一般纳税人销售自己使用过的除固定资产以外的物品，应当按照适用税率征收增值税。

一般纳税人销售自己使用过的其他固定资产，按照《财政部、国家税务总局关于全国实施增值税转型改革若干问题的通知》(财税〔2008〕170 号)第四条的规定执行。即，自 2009 年 1 月 1 日起，纳税人销售自己使用过的固定资产(以下简称"已使用过的固定资产")，应区分不同情形征收增值税：

第一，销售自己使用过的 2009 年 1 月 1 日以后购进或者自制的固定资产，按照适用税率征收增值税。

第二，2008 年 12 月 31 日以前未纳入扩大增值税抵扣范围试点的纳税人，销售自己使用过的 2008 年 12 月 31 日以前购进或者自制的固定资产，依照 3%征收率减按 2%征收增值税。

第三，2008 年 12 月 31 日以前已纳入扩大增值税抵扣范围试点的纳税人，销售自己使用过的在本地区扩大增值税抵扣范围试点以前购进或者自制的固定资产，依照 3%征收率减按 2%征收增值税；销售自己使用过的在本地区扩大增值税抵扣范围试点以后购进或者自制的固定资产，按照适用税率征收增值税。

②小规模纳税人(除其他个人外，下同)销售自己使用过的固定资产，减按 2%征收率征收增值税。

小规模纳税人销售自己使用过的除固定资产以外的物品，应按 3%征收率征收增值税。

(2)纳税人销售旧货，按照简易办法依照 3%征收率减按 2%征收增值税。

所称旧货，是指进入二次流通的具有部分使用价值的货物(含旧汽车、旧摩托车和旧游艇)，但不包括自己使用过的物品。

①一般纳税人销售自己使用过的物品和旧货，适用按简易办法依照 3%征收率减按 2%征收增值税政策的，按下列公式确定销售额和应纳税额：

$$\text{销售额}=\frac{\text{含税销售额}}{1+3\%} \qquad \text{应纳税额}=\text{销售额}\times 2\%$$

②小规模纳税人销售自己使用过的固定资产和旧货，按下列公式确定销售额和应纳税额：

$$\text{销售额}=\frac{\text{含税销售额}}{1+3\%} \qquad \text{应纳税额}=\text{销售额}\times 2\%$$

纳税人销售自己使用过的固定资产的计算参见本章第四节。

4. 根据"营改增"的规定，一般纳税人提供下列应税行为，可以选择按简易计税方法依照 3%征收率计算缴纳增值税(详见本章第四节)

(1)公共交通运输服务。

(2)经认定的动漫企业为开发动漫产品提供的动漫脚本编撰、形象设计、背景设计、动画设计、分镜、动画制作、摄制、描线、上色、画面合成、配音、配乐、音效合成、剪辑、字幕制作、压缩转码(面向网络动漫、手机动漫格式适配)服务，以及在境内转让动漫版权(包括动漫品牌、形象或者内容的授权及再授权)。

(3)电影放映服务、仓储服务、装卸搬运服务、收派服务和文化体育服务。

(4)以纳入营改增试点之日前取得的有形动产为标的物提供的经营租赁服务。

(5)在纳入营改增试点之日前签订的尚未执行完毕的有形动产租赁合同。

(6)以清包工方式提供的建筑服务。

(7)为甲供工程提供的建筑服务。

5. 根据“营改增”的规定，一般纳税人销售不动产以及从事不动产经营租赁服务，可以选择按简易计税方法依照5%征收率计算缴纳增值税

(1)销售和出租2016年4月30日前取得的不动产。

(2)房地产开发企业销售自行开发的房地产老项目。

(3)出租2016年4月30日前取得的不动产。

6. 根据“营改增”的规定，小规模纳税人销售不动产以及从事不动产经营租赁服务，按简易计税方法依照5%征收率计算缴纳增值税

第三节 增值税的税收优惠

一、法定免税项目

(一)《增值税暂行条例》规定的免税项目

1. 农业生产者销售的自产农产品

农业，是指种植业、养殖业、林业、牧业、水产业。农业生产者，包括从事农业生产的单位和个人。农业生产者销售的自产农产品，是指直接从事植物的种植、收割和动物的饲养、捕捞的单位和个人销售的自产农产品，具体范围由财政部、国家税务总局确定；对上述单位和个人销售的外购农产品，以及单位和个人外购农产品生产、加工后销售的仍然属于规定范围的农业产品，不属于免税的范围，应当按照规定的税率征收增值税。

纳税人采取“公司＋农户”经营模式从事畜禽饲养，纳税人回收再销售畜禽，属于农业生产者销售自产农产品，免征增值税。

2. 避孕药品和用具

3. 古旧图书

古旧图书，是指向社会收购的古书和旧书。

4. 直接用于科学研究、科学试验和教学的进口仪器、设备

5. 外国政府、国际组织无偿援助的进口物资和设备

6. 由残疾人的组织直接进口供残疾人专用的物品

7. 销售的自己使用过的物品

自己使用过的物品，是指其他个人自己使用过的物品。

(二)财政部、国家税务总局规定的其他征免税项目

(1)对资源综合利用、再生资源、鼓励节能减排等方面的主要规定。

对鼓励资源综合利用、节能减排、促进环保等政策措施，主要有：对再生水、以废旧轮胎为全部生产原料生产的胶粉、翻新轮胎、垃圾处理、污水处理劳务等免征增值税；对销售以工业废气为原料生产的高纯度二氧化碳产品、以垃圾为燃料生产的电力或者热力(包括利用垃圾发酵产生的沼气生产销售的电力或者热力)、以煤炭开采过程中伴生的舍弃物油母页岩为原料生产的页岩油、以废旧沥青混凝土(比重不低于30%)为原料生产的再生沥青混凝土等自产货物实行增值税即征即退的政策。

对销售以退役军用发射药为原料生产的涂料硝化棉粉，以煤矸石、煤泥、石煤、油母页岩为燃料生产的电力和热力，利用风力生产的电力等自产货物实现的增值税实行即征即退50%的政策。

对销售自产的综合利用生物柴油实行增值税先征后退政策。①

① 财政部、国家税务总局:《关于资源综合利用及其他产品增值税政策的通知》，财税〔2008〕156号;《关于再生资源的增值税政策的通知》，财税〔2008〕167号，2008年12月9日。

【例 2—3】 下列符合技术标准和相关条件的自产货物中，实行增值税即征即退 50%政策的有(　　)。

A. 以油母页岩为原料生产的电力

B. 以餐厨垃圾为原料生产的电力

C. 以生活污水为原料生产的再生水

D. 以报废汽车为原料生产的炼钢炉料

E. 以人发为原料生产的档发

【答案】 AC。AC 选项实行即征即退 50%的政策；B 选项实行即征即退 100%的政策；D 选项实行即征即退 30%的政策；E 选项实行即征即退 70%的政策。

(2)自 2000 年 1 月 1 日起，对飞机维修劳务增值税实行税负超 6%的部分实行由税务机关即征即退的政策。所从事国外航空公司飞机维修业务，实行免征本环节增值税应纳税额、直接退还相应增值税进项税额的办法。

(3)自 2012 年 1 月 1 日起，对从事蔬菜批发、零售的纳税人销售蔬菜免征蔬菜流通环节增值税。

(4)除豆粕以外的其他粕类饲料产品，均免征增值税。

(5)自 2008 年 6 月 1 日起，纳税人生产销售和批发、零售有机肥产品免征增值税。享受免税政策的有机肥产品是指有机肥料、有机—无机复混肥料和生物有机肥。其产品执行标准为：有机肥料 NY525-2002，有机—无机复混肥料 GB18877-2002，生物有机肥 NY884-2004。其他不符合上述标准的产品，不属于财税〔2008〕56 号文件规定的有机肥产品，应按照现行规定征收增值税。

享受免税政策的纳税人应按照规定，单独核算有机肥产品的销售额。未单独核算销售额的，不得免税。纳税人销售免税的有机肥产品，应按规定开具普通发票，不得开具增值税专用发票。纳税人申请免征增值税，应向主管税务机关提供相关的资料，凡不能提供的，一律不得免税。

(6)按债转股企业与金融资产管理公司签订的债转股协议，债转股原企业将货物资产作为投资提供给债转股新公司的，免征增值税。

(7)自 2010 年 6 月 1 日起，对符合规定条件的国内企业为生产国家支持发展的大型环保和资源综合利用设备、应急柴油发电机组、机场行李自动分拣系统、重型模锻液压机而确有必要进口部分关键零部件、原材料，免征关税和进口环节增值税。①

(8)为进一步扶持小微企业发展，经国务院批准，自 2013 年 8 月 1 日起，对增值税小规模纳税人中月销售额不超过 2 万元的企业或非企业性单位，暂免征收增值税。

(9)纳税人兼营免税、减税项目的，应当分别核算免税、减税项目的销售额；未分别核算销售额的，不得免税、减税。

(10)纳税人销售货物或者应税劳务和应税行为适用免税规定的，可以放弃免税，依照《增值税暂行条例》和“营改增”规定缴纳增值税。放弃免税后，36 个月内不得再申请免税。

①生产和销售免征增值税货物或劳务的纳税人要求放弃免税权，应当以书面形式提交放弃免税权声明，报主管税务机关备案。纳税人自提交备案资料的次月起，按照现行有关规定计算缴纳增值税。

②放弃免税权的纳税人符合一般纳税人认定条件尚未认定为增值税一般纳税人的，应当按现行规定认定为增值税一般纳税人，其销售的货物或劳务可开具增值税专用发票。

③纳税人一经放弃免税权，其生产销售的全部增值税应税货物或劳务均应按照适用税率征税，不得选择某一免税项目放弃免税权，也不得根据不同的销售对象选择部分货物或劳务放弃免税权。

④纳税人在免税期内购进用于免税项目的货物或者应税劳务所取得的增值税扣税凭证，一律不得抵扣。

---

① 财政部、国家发展改革委、工业和信息化部、海关总署、国家税务总局、国家能源局：《关于调整重大技术装备进口税收政策的通知》，财关税〔2009〕55 号，2009 年 8 月 20 日。

二、营业税改征增值税试点政策的规定

(一)免征增值税的项目

1. 专项民生服务

(1)托儿所、幼儿园提供的保育和教育服务

托儿所、幼儿园,是指经县级以上教育部门审批成立、取得办园许可证的实施 0～6 岁学前教育的机构,包括公办和民办的托儿所、幼儿园、学前班、幼儿班、保育院、幼儿园。

公办托儿所、幼儿园免征增值税的收入是指,在省级财政部门和价格主管部门审核报省级人民政府批准的收费标准以内收取的教育费、保育费。

民办托儿所、幼儿园免征增值税的收入是指,在报经当地有关部门备案并公示的收费标准范围内收取的教育费、保育费。

超过规定收费标准的收费,以开办实验班、特色班和兴趣班等为由另外收取的费用以及与幼儿入园挂钩的赞助费、支教费等超过规定范围的收入,不属于免征增值税的收入。

(2)养老机构提供的养老服务

养老机构,是指依照民政部《养老机构设立许可办法》(民政部令第 48 号)设立并依法办理登记的为老年人提供集中居住和照料服务的各类养老机构;养老服务,是指上述养老机构按照民政部《养老机构管理办法》(民政部令第 49 号)的规定,为收住的老年人提供的生活照料、康复护理、精神慰藉、文化娱乐等服务。

(3)残疾人福利机构提供的育养服务

(4)婚姻介绍服务

(5)殡葬服务

殡葬服务,是指收费标准由各地价格主管部门会同有关部门核定,或者实行政府指导价管理的遗体接运(含抬尸、消毒)、遗体整容、遗体防腐、存放(含冷藏)、火化、骨灰寄存、吊唁设施设备租赁、墓穴租赁及管理等服务。

(6)医疗机构提供的医疗服务

医疗机构,是指依据国务院《医疗机构管理条例》(国务院令第 149 号)及卫生部《医疗机构管理条例实施细则》(卫生部令第 35 号)的规定,经登记取得《医疗机构执业许可证》的机构,以及军队、武警部队各级各类医疗机构。具体包括:各级各类医院、门诊部(所)、社区卫生服务中心(站)、急救中心(站)、城乡卫生院、护理院(所)、疗养院、临床检验中心,各级政府及有关部门举办的卫生防疫站(疾病控制中心)、各种专科疾病防治站(所),各级政府举办的妇幼保健所(站)、母婴保健机构、儿童保健机构,各级政府举办的血站(血液中心)等医疗机构。

本项所称的医疗服务,是指医疗机构按照不高于地(市)级以上价格主管部门会同同级卫生主管部门及其他相关部门制定的医疗服务指导价格(包括政府指导价和按照规定由供需双方协商确定的价格等)为就医者提供《全国医疗服务价格项目规范》所列的各项服务,以及医疗机构向社会提供卫生防疫、卫生检疫的服务。

(7)家政服务企业由员工制家政服务员提供家政服务取得的收入

家政服务企业,是指在企业营业执照的规定经营范围中包括家政服务内容的企业。

员工制家政服务员,是指同时符合下列 3 个条件的家政服务员:

①依法与家政服务企业签订半年及半年以上的劳动合同或者服务协议,且在该企业实际上岗工作。

②家政服务企业为其按月足额缴纳了企业所在地人民政府根据国家政策规定的基本养老保险、基本医疗保险、工伤保险、失业保险等社会保险。对已享受新型农村养老保险和新型农村合作医疗等社会保险或者下岗职工原单位继续为其缴纳社会保险的家政服务员,如果本人书面提出不再缴纳企

业所在地人民政府根据国家政策规定的相应的社会保险，并出具其所在乡镇或者原单位开具的已缴纳相关保险的证明，可视同家政服务企业已为其按月足额缴纳了相应的社会保险。

③家政服务企业通过金融机构向其实际支付不低于企业所在地适用的经省级人民政府批准的最低工资标准的工资。

2. 符合规定的教育服务

(1)从事学历教育的学校提供的教育服务。

①学历教育，是指受教育者经过国家教育考试或者国家规定的其他入学方式，进入国家有关部门批准的学校或者其他教育机构学习，获得国家承认的学历证书的教育形式。

②从事学历教育的学校，是指：普通学校；经地(市)级以上人民政府或者同级政府的教育行政部门批准成立、国家承认其学员学历的各类学校；经省级及以上人力资源社会保障行政部门批准成立的技工学校、高级技工学校；经省级人民政府批准成立的技师学院。

上述学校均包括符合规定的从事学历教育的民办学校，但不包括职业培训机构等国家不承认学历的教育机构。

③提供教育服务免征增值税的收入，是指对列入规定招生计划的在籍学生提供学历教育服务取得的收入，具体包括：经有关部门审核批准并按规定标准收取的学费、住宿费、课本费、作业本费、考试报名费收入，以及学校食堂提供餐饮服务取得的伙食费收入。除此之外的收入，包括学校以各种名义收取的赞助费、择校费等，不属于免征增值税的范围。

学校食堂是指依照《学校食堂与学生集体用餐卫生管理规定》(教育部令第 14 号)管理的学校食堂。

(2)政府举办的从事学历教育的高等、中等和初等学校(不含下属单位)，举办进修班、培训班取得的全部归该学校所有的收入。

全部归该学校所有，是指举办进修班、培训班取得的全部收入进入该学校统一账户，并纳入预算全额上缴财政专户管理，同时由该学校对有关票据进行统一管理和开具。

举办进修班、培训班取得的收入进入该学校下属部门自行开设账户的，不予免征增值税。

(3)政府举办的职业学校设立的主要为在校学生提供实习场所、并由学校出资自办、由学校负责经营管理、经营收入归学校所有的企业，从事《销售服务、无形资产或者不动产注释》中“现代服务”(不含融资租赁服务、广告服务和其他现代服务)、“生活服务”(不含文化体育服务、其他生活服务和桑拿、氧吧)业务活动取得的收入。

3. 特殊群体提供的应税服务

包括：(1)残疾人员本人为社会提供的服务；(2)学生勤工俭学提供的服务。

4. 农业机耕、排灌、病虫害防治、植物保护、农牧保险以及相关技术培训业务，家禽、牲畜、水生动物的配种和疾病防治

农业机耕，是指在农业、林业、牧业中使用农业机械进行耕作(包括耕耘、种植、收割、脱粒、植物保护等)的业务；排灌，是指对农田进行灌溉或者排涝的业务；病虫害防治，是指从事农业、林业、牧业、渔业的病虫害测报和防治的业务；农牧保险，是指为种植业、养殖业、牧业种植和饲养的动植物提供保险的业务；相关技术培训，是指与农业机耕、排灌、病虫害防治、植物保护业务相关以及为使农民获得农牧保险知识的技术培训业务；家禽、牲畜、水生动物的配种和疾病防治业务的免税范围，包括与该项服务有关的提供药品和医疗用具的业务。

5. 文化和科普类服务

(1)纪念馆、博物馆、文化馆、文物保护单位管理机构、美术馆、展览馆、书画院、图书馆在自己的场所提供文化体育服务取得的第一道门票收入。

(2)寺院、宫观、清真寺和教堂举办文化、宗教活动的门票收入。

(3)个人转让著作权。

(4)2017 年 12 月 31 日前,科普单位的门票收入,以及县级及以上党政部门和科协开展科普活动的门票收入。

科普单位,是指科技馆、自然博物馆,对公众开放的天文馆(站、台)、气象台(站)、地震台(站),以及高等院校、科研机构对公众开放的科普基地。

科普活动,是指利用各种传媒以浅显的、让公众易于理解、接受和参与的方式,向普通大众介绍自然科学和社会科学知识,推广科学技术的应用,倡导科学方法,传播科学思想,弘扬科学精神的活动。

6. 特殊运输相关的服务

(1)台湾航运公司、航空公司从事海峡两岸海上直航、空中直航业务在大陆取得的运输收入

台湾航运公司,是指取得交通运输部颁发的"台湾海峡两岸间水路运输许可证"且该许可证上注明的公司登记地址在台湾的航运公司。

台湾航空公司,是指取得中国民用航空局颁发的"经营许可"或者依据《海峡两岸空运协议》和《海峡两岸空运补充协议》规定,批准经营两岸旅客、货物和邮件不定期(包机)运输业务,且公司登记地址在台湾的航空公司。

(2)纳税人提供的直接或者间接国际货物运输代理服务

①纳税人提供直接或者间接国际货物运输代理服务,向委托方收取的全部国际货物运输代理服务收入,以及向国际运输承运人支付的国际运输费用,必须通过金融机构进行结算。

②纳税人为大陆与香港、澳门、台湾地区之间的货物运输提供的货物运输代理服务参照国际货物运输代理服务有关规定执行。

③委托方索取发票的,纳税人应当就国际货物运输代理服务收入向委托方全额开具增值税普通发票。

7. 以下利息收入

(1)2016 年 12 月 31 日前,金融机构农户小额贷款

小额贷款,是指单笔且该农户贷款余额总额在 10 万元(含本数)以下的贷款。

所称农户,是指长期(一年以上)居住在乡镇(不包括城关镇)行政管理区域内的住户,还包括长期居住在城关镇所辖行政村范围内的住户和户口不在本地而在本地居住一年以上的住户,国有农场的职工和农村个体工商户。位于乡镇(不包括城关镇)行政管理区域内和在城关镇所辖行政村范围内的国有经济的机关、团体、学校、企事业单位的集体户;有本地户口,但举家外出谋生一年以上的住户,无论是否保留承包耕地均不属于农户。农户以户为统计单位,既可以从事农业生产经营,也可以从事非农业生产经营。农户贷款的判定应以贷款发放时的承贷主体是否属于农户为准。

(2)国家助学贷款

(3)国债、地方政府债

(4)人民银行对金融机构的贷款

(5)住房公积金管理中心用住房公积金在指定的委托银行发放的个人住房贷款

(6)外汇管理部门在从事国家外汇储备经营过程中,委托金融机构发放的外汇贷款

8. 保险公司开办的 1 年期以上人身保险产品取得的保费收入

1 年期以上人身保险,是指保险期间为 1 年期及以上返还本利的人寿保险、养老年金保险,以及保险期间为 1 年期及以上的健康保险。人寿保险,是指以人的寿命为保险标的的人身保险。

养老年金保险,是指以养老保障为目的,以被保险人生存为给付保险金条件,并按约定的时间间隔分期给付生存保险金的人身保险。养老年金保险应当同时符合下列条件:

①保险合同约定给付被保险人生存保险金的年龄不得小于国家规定的退休年龄。

②相邻两次给付的时间间隔不得超过 1 年。

健康保险,是指以因健康原因导致损失为给付保险金条件的人身保险。

上述免税政策实行备案管理,具体备案管理办法按照《国家税务总局关于一年期以上返还性人身

保险产品免征营业税审批事项取消后有关管理问题的公告》(国家税务总局公告 2015 年第 65 号)规定执行。

9. 下列金融商品转让收入

(1)合格境外投资者(QFII)委托境内公司在我国从事证券买卖业务。

(2)香港市场投资者(包括单位和个人)通过沪港通买卖上海证券交易所上市 A 股。

(3)对香港市场投资者(包括单位和个人)通过基金互认买卖内地基金份额。

(4)证券投资基金(封闭式证券投资基金,开放式证券投资基金)管理人运用基金买卖股票、债券。

(5)个人从事金融商品转让业务。

10. 金融同业往来利息收入

(1)金融机构与人民银行所发生的资金往来业务。包括人民银行对一般金融机构贷款,以及人民银行对商业银行的再贴现等。

(2)银行联行往来业务。同一银行系统内部不同行、处之间所发生的资金账务往来业务。

(3)金融机构间的资金往来业务。是指经人民银行批准,进入全国银行间同业拆借市场的金融机构之间通过全国统一的同业拆借网络进行的短期(1 年以下含 1 年)无担保资金融通行为。

(4)金融机构之间开展的转贴现业务。

金融机构是指:银行;信用合作社;证券公司;金融租赁公司、证券基金管理公司、财务公司、信托投资公司、证券投资基金;保险公司;其他经人民银行、银监会、证监会、保监会批准成立且经营金融保险业务的机构等。

11. 同时符合下列条件的担保机构从事中小企业信用担保或者再担保业务取得的收入(不含信用评级、咨询、培训等收入)3 年内免征增值税

(1)已取得监管部门颁发的融资性担保机构经营许可证,依法登记注册为企(事)业法人,实收资本超过 2 000 万元。

(2)平均年担保费率不超过银行同期贷款基准利率的 50%。

$$\text{平均年担保费率}=\frac{\text{本期担保费收入}}{\text{期初担保余额}+\text{本期增加担保金额}}\times 100\%$$

(3)连续合规经营 2 年以上,资金主要用于担保业务,具备健全的内部管理制度和为中小企业提供担保的能力,经营业绩突出,对受保项目具有完善的事前评估、事中监控、事后追偿与处置机制。

(4)为中小企业提供的累计担保贷款额占其两年累计担保业务总额的 80%以上,单笔 800 万元以下的累计担保贷款额占其累计担保业务总额的 50%以上。

(5)对单个受保企业提供的担保余额不超过担保机构实收资本总额的 10%,且平均单笔担保责任金额最多不超过 3 000 万元人民币。

(6)担保责任余额不低于其净资产的 3 倍,且代偿率不超过 2%。

担保机构免征增值税政策采取备案管理方式。符合条件的担保机构应到所在地县(市)主管税务机关和同级中小企业管理部门履行规定的备案手续,自完成备案手续之日起,享受 3 年免征增值税政策。3 年免税期满后,符合条件的担保机构可按规定程序办理备案手续后继续享受该项政策。

具体备案管理办法按照《国家税务总局关于中小企业信用担保机构免征营业税审批事项取消后有关管理问题的公告》(国家税务总局公告 2015 年第 69 号)规定执行,其中税务机关的备案管理部门统一调整为县(市)级国家税务局。

12. 国家商品储备管理单位及其直属企业承担商品储备任务,从中央或者地方财政取得的利息补贴收入和价差补贴收入

13. 同时符合下列条件的合同能源管理服务

(1)节能服务公司实施合同能源管理项目相关技术,应当符合国家质量监督检验检疫总局和国家

标准化管理委员会发布的《合同能源管理技术通则》(GB/T24915-2010)规定的技术要求。

(2)节能服务公司与用能企业签订节能效益分享型合同,其合同格式和内容,符合《中华人民共和国合同法》和《合同能源管理技术通则》(GB/T24915-2010)等规定。

14. 福利彩票、体育彩票的发行收入

15. 军队空余房产租赁收入

16. 住房类服务

(1)个人销售自建自用住房。

(2)2018 年 12 月 31 日前,公共租赁住房经营管理单位出租公共租赁住房。

公共租赁住房,是指纳入省、自治区、直辖市、计划单列市人民政府及新疆生产建设兵团批准的公共租赁住房发展规划和年度计划,并按照《关于加快发展公共租赁住房的指导意见》(建保〔2010〕87 号)和市、县人民政府制定的具体管理办法进行管理的公共租赁住房。

(3)为了配合国家住房制度改革,企业、行政事业单位按房改成本价、标准价出售住房取得的收入。

(4)涉及家庭财产分割的个人无偿转让不动产、土地使用权。

家庭财产分割,包括下列情形:离婚财产分割;无偿赠与配偶、父母、子女、祖父母、外祖父母、孙子女、外孙子女、兄弟姐妹;无偿赠与对其承担直接抚养或者赡养义务的抚养人或者赡养人;房屋产权所有人死亡,法定继承人、遗嘱继承人或者受遗赠人依法取得房屋产权。

17. 土地使用权及自然资源使用权

(1)将土地使用权转让给农业生产者用于农业生产。

(2)土地所有者出让土地使用权和土地使用者将土地使用权归还给土地所有者。

(3)县级以上地方人民政府或自然资源行政主管部门出让、转让或收回自然资源使用权(不含土地使用权)。

18. 就业类

(1)随军家属就业

①为安置随军家属就业而新开办的企业,自领取税务登记证之日起,其提供的应税行为 3 年内免征增值税。

享受税收优惠政策的企业,随军家属必须占企业总人数的 60%(含)以上,并有军(含)以上政治和后勤机关出具的证明。

②从事个体经营的随军家属,自办理税务登记事项之日起,其提供的应税行为 3 年内免征增值税。

随军家属必须有师以上政治机关出具的可以表明其身份的证明。

按照上述规定,每一名随军家属可以享受一次免税政策。

(2)军队转业干部就业

①从事个体经营的军队转业干部,自领取税务登记证之日起,其提供的应税行为 3 年内免征增值税。

②为安置自主择业的军队转业干部就业而新开办的企业,凡安置自主择业的军队转业干部占企业总人数 60%(含)以上的,自领取税务登记证之日起,其提供的应税行为 3 年内免征增值税。

享受上述优惠政策的自主择业的军队转业干部必须持有师以上部队颁发的转业证件。

19. 纳税人提供技术转让、技术开发和与之相关的技术咨询、技术服务

(1)技术转让、技术开发,是指《销售服务、无形资产、不动产注释》中"转让技术"、"研发服务"范围内的业务活动。技术咨询,是指就特定技术项目提供可行性论证、技术预测、专题技术调查、分析评价报告等业务活动。

与技术转让、技术开发相关的技术咨询、技术服务,是指转让方(或者受托方)根据技术转让或者

开发合同的规定，为帮助受让方（或者委托方）掌握所转让（或者委托开发）的技术，而提供的技术咨询、技术服务业务，且这部分技术咨询、技术服务的价款与技术转让或者技术开发的价款应当在同一张发票上开具。

（2）备案程序。试点纳税人申请免征增值税时，须持技术转让、开发的书面合同，到纳税人所在地省级科技主管部门进行认定，并持有关的书面合同和科技主管部门审核意见证明文件报主管税务机关备查。

20．境内的单位和个人销售的下列服务和无形资产免征增值税，但财政部和国家税务总局规定适用增值税零税率的除外

（1）下列服务：①工程项目在境外的建筑服务。②工程项目在境外的工程监理服务。③工程、矿产资源在境外的工程勘察勘探服务。④会议展览地点在境外的会议展览服务。⑤存储地点在境外的仓储服务。⑥标的物在境外使用的有形动产租赁服务。⑦在境外提供的广播影视节目（作品）的播映服务。⑧在境外提供的文化体育服务、教育医疗服务、旅游服务。

（2）为出口货物提供的邮政服务、收派服务、保险服务。为出口货物提供的保险服务，包括出口货物保险和出口信用保险。

（3）向境外单位提供的完全在境外消费的下列服务和无形资产：①电信服务。②知识产权服务。③物流辅助服务（仓储服务、收派服务除外）。④鉴证咨询服务。⑤专业技术服务。⑥商务辅助服务。⑦广告投放地在境外的广告服务。⑧无形资产。

（4）以无运输工具承运方式提供的国际运输服务。

（5）为境外单位之间的货币资金融通及其他金融业务提供的直接收费金融服务，且该服务与境内的货物、无形资产和不动产无关。

（6）财政部和国家税务总局规定的其他服务。

21．按照国家有关规定应取得相关资质的国际运输服务项目，纳税人取得相关资质的，适用增值税零税率政策，未取得的，适用增值税免税政策

境内的单位或个人提供程租服务，如果租赁的交通工具用于国际运输服务和港澳台运输服务，由出租方按规定申请适用增值税零税率。

境内的单位和个人向境内单位或个人提供期租、湿租服务，如果承租方利用租赁的交通工具向其他单位或个人提供国际运输服务和港澳台运输服务，由承租方适用增值税零税率。境内的单位或个人向境外单位或个人提供期租、湿租服务，由出租方适用增值税零税率。

境内单位和个人以无运输工具承运方式提供的国际运输服务，由境内实际承运人适用增值税零税率；无运输工具承运业务的经营者适用增值税免税政策。

（二）增值税即征即退

（1）一般纳税人提供管道运输服务，对其增值税实际税负超过3%的部分实行增值税即征即退政策。

（2）经人民银行、银监会或者商务部批准从事融资租赁业务的试点纳税人中的一般纳税人，提供有形动产融资租赁服务和有形动产融资性售后回租服务，对其增值税实际税负超过3%的部分实行增值税即征即退政策。

商务部授权的省级商务主管部门和国家经济技术开发区批准的从事融资租赁业务和融资性售后回租业务的试点纳税人中的一般纳税人，2016年5月1日后实收资本达到1.7亿元的，从达到标准的当月起按照上述规定执行；2016年5月1日后实收资本未达到1.7亿元但注册资本达到1.7亿元的，在2016年7月31日前仍可按照上述规定执行，2016年8月1日后开展的有形动产融资租赁业务和有形动产融资性售后回租业务不得按照上述规定执行。

（3）本规定所称增值税实际税负，是指纳税人当期提供应税行为实际缴纳的增值税额占纳税人当期提供应税行为取得的全部价款和价外费用的比例。

【例 2—4】 某管道运输企业为增值税一般纳税人，2015 年 4 月取得管道运输不含税收入 100 万元，当月购进材料，取得增值税专用发票，注明金额 40 万元，假定当月取得的相关票据均符合税法规定并在当月抵扣进项税，该企业当月实际缴纳增值税（ ）万元。

A. 4.20　　B. 6.00　　C. 3.00　　D. 10.20

【答案】 C。应纳增值税＝100×11%－40×17%＝4.2（万元），但超过了 3%的实际税负，对于超过部分即征即退，只对 100×3%＝3（万元）征收增值税。

（三）扣减增值税的规定

1. 退役士兵创业就业

（1）对自主就业退役士兵从事个体经营的，在 3 年内按每户每年 8 000 元为限额依次扣减其当年实际应缴纳的增值税、城市维护建设税、教育费附加、地方教育附加和个人所得税。限额标准最高可上浮 20%，各省、自治区、直辖市人民政府可根据本地区实际情况在此幅度内确定具体限额标准，并报财政部和国家税务总局备案。

纳税人年度应缴纳税款小于上述扣减限额的，以其实际缴纳的税款为限；大于上述扣减限额的，应以上述扣减限额为限。纳税人的实际经营期不足 1 年的，应当以实际月份换算其减免税限额，换算公式为：

减免税限额＝年度减免税限额÷12×实际经营月数

纳税人在享受税收优惠政策的当月，持《中国人民解放军义务兵退出现役证》或《中国人民解放军士官退出现役证》以及税务机关要求的相关材料向主管税务机关备案。

（2）对商贸企业、服务型企业、劳动就业服务企业中的加工型企业和街道社区具有加工性质的小型企业实体，在新增加的岗位中，当年新招用自主就业退役士兵，与其签订 1 年以上期限劳动合同并依法缴纳社会保险费的，在 3 年内按实际招用人数予以定额依次扣减增值税、城市维护建设税、教育费附加、地方教育附加和企业所得税优惠。定额标准为每人每年 4 000 元，最高可上浮 50%，各省、自治区、直辖市人民政府可根据本地区实际情况在此幅度内确定具体定额标准，并报财政部和国家税务总局备案。

纳税人按企业招用人数和签订的劳动合同时间核定企业减免税总额，在核定减免税总额内每月依次扣减增值税、城市维护建设税、教育费附加和地方教育附加。纳税人实际应缴纳的增值税、城市维护建设税、教育费附加和地方教育附加小于核定减免税总额的，以实际应缴纳的增值税、城市维护建设税、教育费附加和地方教育附加为限；实际应缴纳的增值税、城市维护建设税、教育费附加和地方教育附加大于核定减免税总额的，以核定减免税总额为限。

纳税年度终了，如果企业实际减免的增值税、城市维护建设税、教育费附加和地方教育附加小于核定的减免税总额，企业在企业所得税汇算清缴时扣减企业所得税。当年扣减不足的，不再结转以后年度扣减。

企业减免税总额的计算公式为：

$$\text{企业减免税总额} = \sum \text{每名自主就业退役士兵本年度在本企业工作月份} \div 12 \times \text{定额标准}$$

2. 重点群体创业就业

（1）对持《就业创业证》（注明“自主创业税收政策”或“毕业年度内自主创业税收政策”）或 2015 年 1 月 27 日前取得的《就业失业登记证》（注明“自主创业税收政策”或附着《高校毕业生自主创业证》）的人员从事个体经营的，在 3 年内按每户每年 8 000 元为限额依次扣减其当年实际应缴纳的增值税、城市维护建设税、教育费附加、地方教育附加和个人所得税。

限额标准最高可上浮 20%，各省、自治区、直辖市人民政府可根据本地区实际情况在此幅度内确定具体限额标准，并报财政部和国家税务总局备案。

纳税人年度应缴纳税款小于上述扣减限额的，以其实际缴纳的税款为限；大于上述扣减限额的，应以上述扣减限额为限。

上述人员是指:在人力资源社会保障部门公共就业服务机构登记失业半年以上的人员;零就业家庭、享受城市居民最低生活保障家庭劳动年龄内的登记失业人员;毕业年度内高校毕业生。高校毕业生是指实施高等学历教育的普通高等学校、成人高等学校毕业的学生;毕业年度是指毕业所在自然年,即1月1日至12月31日。

(2)对商贸企业、服务型企业、劳动就业服务企业中的加工型企业和街道社区具有加工性质的小型企业实体,在新增加的岗位中,当年新招用在人力资源社会保障部门公共就业服务机构登记失业半年以上且持《就业创业证》或2015年1月27日前取得的《就业失业登记证》(注明"企业吸纳税收政策")人员,与其签订1年以上期限劳动合同并依法缴纳社会保险费的,在3年内按实际招用人数予以定额依次扣减增值税、城市维护建设税、教育费附加、地方教育附加和企业所得税优惠。定额标准为每人每年4000元,最高可上浮30%,各省、自治区、直辖市人民政府可根据本地区实际情况在此幅度内确定具体定额标准,并报财政部和国家税务总局备案。

按上述标准计算的税收扣减额应在企业当年实际应缴纳的增值税、城市维护建设税、教育费附加、地方教育附加和企业所得税税额中扣减,当年扣减不足的,不得结转下年使用。

上述服务型企业是指从事《销售服务、无形资产、不动产注释》中"不动产租赁服务"、"商务辅助服务"(不含货物运输代理和代理报关服务)、"生活服务"(不含文化体育服务)范围内业务活动的企业以及按照《民办非企业单位登记管理暂行条例》(国务院令第251号)登记成立的民办非企业单位。

(四)应收未收利息缴税问题

金融企业发放贷款后,自结息日起90天内发生的应收未收利息按现行规定缴纳增值税,自结息日起90天后发生的应收未收利息暂不缴纳增值税,待实际收到利息时按规定缴纳增值税。

上述所称金融企业,是指银行(包括国有、集体、股份制、合资、外资银行以及其他所有制形式的银行)、城市信用社、农村信用社、信托投资公司、财务公司。

(五)个人转让二手住房征免问题

自2016年5月1日起,个人将购买不足2年的住房对外销售的,按照5%的征收率全额缴纳增值税;个人将购买2年以上(含2年)的住房对外销售的,免征增值税。上述政策适用于北京市、上海市、广州市和深圳市之外的地区。

个人将购买不足2年的住房对外销售的,按照5%的征收率全额缴纳增值税;个人将购买2年以上(含2年)的非普通住房对外销售的,以销售收入减去购买住房价款后的差额按照5%的征收率缴纳增值税;个人将购买2年以上(含2年)的普通住房对外销售的,免征增值税。上述政策仅适用于北京市、上海市、广州市和深圳市。

三、起征点的规定

为降低个人的税收负担,节约税收成本,《增值税暂行条例》规定了起征点。起征点是指开始征税的起点。销售额未达到起征点的,免税;销售额达到起征点的,全额计算纳税。增值税起征点仅适用于个人。

从2011年11月1日起,增值税起征点的幅度规定如下①:

(1)销售货物的,为月销售额5 000～20 000元。

(2)提供应税劳务的,为月销售额5 000～20 000元。

(3)按次纳税的,为每次(日)销售额300～500元。

(4)应税行为的起征点:

①按期纳税的,为月销售额5 000～20 000元(含本数);

① 财政部:《关于修改〈中华人民共和国增值税暂行条例实施细则〉和〈中华人民共和国营业税暂行条例实施细则〉的决定》,财政部令第65号,2011年10月28日。

②按次纳税的，为每次(日)销售额 300～500 元(含本数)。

上述所称的销售额，是指小规模纳税人的不含税销售额。

各地区适用的起征点，由省、自治区、直辖市财政厅(局)和国家税务局在规定的幅度内，根据本地区实际情况确定，并报财政部、国家税务总局备案。

2017 年 12 月 31 日前，对月销售额 2 万元(含本数)至 3 万元的增值税小规模纳税人，免征增值税。

第四节 增值税的计算与缴纳

针对增值税纳税人身份的划分和税率、征收率的运用，本书将增值税应纳税额的计算分成三部分：一般计税方法应纳税额的计算、简易计税方法应纳税额的计算和进口货物应纳税额的计算。涉及出口货物退(免)税内容单放在本章第五节讲解。

一、一般计税方法应纳税额的计算

一般纳税人销售货物或者提供应税劳务和应税行为，实行购进扣税法，即先按当期销售额和适用税率计算出销项税额(这是对销售全额的征税)，然后对当期购进项目已经缴纳的税款(所含税款)进行抵扣，从而间接计算出对当期增值额部分的应纳税额。应纳税额为当期销项税额抵扣当期进项税额后的余额。其计算公式为：

当期应纳税额＝当期销项税额－当期进项税额

＝当期销售额×税率－当期进项税额

当期销项税额小于当期进项税额不足抵扣时，其不足部分可以结转下期继续抵扣。

(一)销项税额的计算

销项税额，是指一般纳税人销售货物或者应税劳务和应税行为，按照销售额或提供应税劳务和应税行为的收入(以下简称“销售额”)与规定的税率计算并向购买方收取的增值税税额。销项税额的计算公式为：

销项税额＝销售额×适用税率

通过公式可知，销项税额的计算取决于销售额和适用税率两个因素。在适用税率既定的前提下，销项税额的大小主要取决于销售额的大小。因此，销项税额计算的关键是如何准确确定作为增值税计税依据的销售额。

1. 一般情况下销售额的确定

销售额是纳税人销售货物或者应税劳务和应税行为向购买方(承受应税劳务和应税行为也视为购买方)收取的全部价款和价外费用。特别需要强调的是，尽管销项税额也是销售方向购买方收取的，但是增值税采用价外计税方式，用不含税价作为计税依据，因而销售额中不包括向购买方收取的销项税额。

价外费用，是指在价外向购买方收取的费用，包括价外收取的手续费、补贴、基金、集资费、返还利润、奖励费、违约金、滞纳金、延期付款利息、赔偿金、代收款项、代垫款项、包装费、包装物租金、储备费、优质费、运输装卸费以及其他各种性质的价外收费。

但是，下列项目不包括在价外费用内，不并入计税销售额：

(1)受托加工应征消费税的消费品所代收代缴的消费税。

(2)同时符合以下条件的代垫运输费用：①承运部门的运输费用发票开具给购买方的；②纳税人将该项发票转交给购买方的。

(3)同时符合以下条件代为收取的政府性基金或者行政事业性收费：①由国务院或者财政部批准设立的政府性基金，由国务院或者省级人民政府及其财政、价格主管部门批准设立的行政事业性收费;②收取时开具省级以上财政部门印制的财政票据;③所收款项全额上缴财政。

(4)销售货物的同时代办保险等而向购买方收取的保险费,以及向购买方收取的代购买方缴纳的车辆购置税、车辆牌照费。

除上述各项外,纳税人在价外向购买方收取的各项费用,均属于价外费用。凡价外费用,无论纳税人在会计上如何核算,均应并入销售额计算应纳税额。

一般纳税人(包括纳税人自己或代其他部门)向购买方收取的价外费用和逾期包装物押金,应视为含税收入,在计税时应换算成不含税收入并入销售额计算增值税。[①]

一般纳税人销售货物或者应税劳务,采用销售额和销项税额合并定价方法的,计税时应将含税销售额换算为不含税销售额。

销售额=含税销售额÷(1+税率)

销售额以人民币计算。纳税人以人民币以外的货币结算销售额的,应当折合成人民币计算。人民币折合率可以选择销售额发生的当天或者当月1日的人民币汇率中间价。纳税人应事先确定采用何种折合率,确定后1年内不得变更。

2. 特殊情况下销售额的确定

在销售活动中,为了达到促销的目的,有多种销售方式。不同销售方式下,销售者取得的销售额会有所不同。在不同销售方式下,如何确定其计征增值税的销售额?税法对以下几种销售方式分别做了规定:

(1)采取折扣方式销售。

折扣销售是指销货方在销售货物时,因购货方购货数量较大等原因而给予购货方的价格优惠(如:购买5件,销售价格折扣10%;购买10件,折扣20%等)。纳税人采取折扣方式销售货物,如果销售额和折扣额在同一张发票上分别注明的,可按折扣后的销售额征收增值税;如果将折扣额另开发票,不论其在财务上如何处理,均不得从销售额中减除折扣额。[②]

纳税人发生应税行为,将价款和折扣额在同一张发票上分别注明的,以折扣后的价款为销售额;未在同一张发票上分别注明的,以价款为销售额,不得扣减折扣额。

在实际执行中,应注意以下三个问题:

①折扣销售不同于销售折扣。销售折扣是指销货方在销售货物或应税劳务和应税行为后,为了鼓励购货方及早偿还货款而协议许诺给予购货方的一种折扣优待(如:10天内付款,货款折扣20%;20天内付款,折扣10%;30天内全价付款)。销售折扣发生在销货之后,是一种融资性质的理财费用,因此,销售折扣不得从销售额中减除。企业在确定销售额时应把折扣销售与销售折扣严格区分开。

②销售折扣不同于销售折让。销售折让是指销货方在销售货物或提供应税劳务和应税行为后,由于其品种、质量等原因购货方未予退货,但销货方需给予购货方的一种价格折让。销售折让与销售折扣相比较,虽然都是在货物销售后发生的,但因为销售折让是由于货物的品种和质量引起销售额的减少,因此,对销售折让可以折让后的货款为销售额。

③折扣销售仅限于货物价格的折扣,如果销货者将自产、委托加工和购买的货物用于实物折扣的,则该实物款额不能从货物销售额中减除,且该实物应按增值税条例"视同销售货物"中的"赠送他人"计算征收增值税。

【例2-5】 某生产企业(一般纳税人)销售一批货物,不含税销售额200 000元,适用税率为17%。结算时,该厂按含税销售额给予购买方5%的现金折扣,开具红字发票入账。计算销项税额。

【答案】 该企业给予购买方的现金折扣,实际上是一笔理财费用,应作为财务费用处理,不得从

---

① 国家税务总局:《关于增值税若干征管问题的通知》,国税发〔1996〕155号,1996年9月9日。

② 国家税务总局:《增值税若干具体问题的规定》,国税发〔1993〕154号,1993年12月28日。

销售额中减除。

销项税额＝200 000×17％＝34 000(元)

(2)采取以旧换新方式销售。

以旧换新是指纳税人在销售自己的货物时，有偿收回旧货物的行为。根据税法规定，采取以旧换新方式销售货物的，应按新货物的同期销售价格确定销售额，不得扣减旧货物的收购价格。之所以这样规定，既是因为销售货物与收购货物是两个不同的业务活动，销售额与收购额不能相互抵减，也是为了严格增值税的计算征收，防止出现销售额不实、减少纳税的现象。

【例2－6】 某商场(一般纳税人)采取"以旧换新"方式销售电冰箱。5月30日向顾客销售1台电冰箱，零售价4 680元；顾客旧冰箱作价120元，商场收取现金4 560元。计算销项税额。

【答案】 销售额＝4 680÷(1＋17％)＝4 000(元)

或：(4 560＋120)÷(1＋17％)＝4 000(元)

销项税额＝4 000×17％＝680(元)

值得注意的是，考虑到金银首饰以旧换新业务的特殊情况，对金银首饰以旧换新业务，可以按销售方实际收取的不含增值税的全部价款(即差价)征收增值税。①

(3)采取还本方式销售。

还本销售是指纳税人在销售货物后，到一定期限由销售方一次或分次退还给购货方全部或部分价款。这种方式实际上是一种筹资，是以货物换取资金的使用价值，到期还本不付息的方法。税法规定，采取还本销售方式销售货物，其销售额就是货物的销售价格，不得从销售额中减除还本支出。

(4)采取以物易物方式销售。

以物易物是一种较为特殊的购销活动，是指购销双方不是以货币结算，而是以同等价款的货物相互结算，实现货物购销的一种方式。在实务中，有的纳税人以为以物易物不是购销行为，销货方收到购货方抵顶货款的货物，认为自己不是购货；购货方发出抵顶货款的货物，认为自己不是销货。这两种认识都是错误的。正确的方法应当是，以物易物双方都应作购销处理，以各自发出的货物核算销售额(销售额的确定参见特殊销售方式下的销售额的第13个问题)并计算销项税额，以各自收到的货物按规定核算购货额并计算进项税额。应注意，在以物易物活动中，应分别开具合法的票据，如收到的货物不能取得相应的增值税专用发票或其他合法票据的，不能抵扣进项税额。

(5)包装物押金计税问题。

包装物是指纳税人包装本单位货物的各种物品。纳税人销售货物时另收取包装物押金，目的是促使购货方及早退回包装物以便周转使用。那么，包装物押金是否计入货物销售额呢？根据《中华人民共和国增值税暂行条例》规定，纳税人为销售货物而出租出借包装物收取的押金，单独记账核算的，时间在1年以内且未过期的，不并入销售额征税，但对因逾期未收回包装物不再退还的押金，应按所包装货物的适用税率计算销项税额。

上述规定中，"逾期"是指按合同约定实际逾期或以1年为期限，对收取1年以上的押金，无论是否退还均并入销售额征税。当然，在将包装物押金并入销售额征税时，需要先将该押金换算为不含税价，再并入销售额征税。对于个别包装物周转使用期限较长的，报经税务机关确定后，可适当放宽逾期期限。

另外，包装物押金不应混同于包装物租金，包装物租金在销货时作为价外费用并入销售额计算销项税额("营改增"之后，销售货物同时包装物收取的租金可以理解为混合销售)。② 自1995年6月1日起，对销售除啤酒、黄酒外的其他酒类产品而收取的包装物押金，无论是否返还以及会计上如何核

① 财政部、国家税务总局：《关于金银首饰等货物征收增值税问题的通知》，财税字〔1996〕74号，1996年9月14日。

② 国家税务总局：《国家税务总局关于加强增值税征收管理若干问题的通知》，国税发〔1995〕192号文件，1995年10月18日。

算，均应并入当期销售额征税。对销售啤酒、黄酒所收取的押金，按上述一般押金的规定处理。

【例2—7】 某涂料厂（一般纳税人）于2016年1月份向某建材公司销售A种涂料200桶，出厂价格为80元/桶。同时，收取包装物押金4 680元，已单独设账核算。同年2月份，因上年销售涂料时出借的包装物无法收回，故没收上年收取的包装物押金2 340元。计算销项税额。

【答案】 2016年1月份销售涂料所收取的包装物押金4 680元，因单独设账核算而不予征税，这里应仅就销售涂料取得的销售额计税。

销项税额＝80×200×17％＝2 720(元)

2016年2月份没收上年收取的包装物押金2 340元，应按规定计税。

销项税额＝2 340÷(1＋17％)×17％＝340(元)

【例2—8】 某酒厂（一般纳税人）于2016年6月销售散装白酒20吨，出厂价格3 000元/吨，销售额60 000元。同时收取包装物押金3 510元，已单独设账核算。计算销项税额。

【答案】 销项税额＝[60 000＋3 510÷(1＋17％)]×17％＝10 710(元)

(6)销售已使用过的固定资产的销售额的确定。

对于纳税人销售已使用过固定资产，按固定资产的实际（不含税）销售额确定计税销售额。

对于纳税人发生《增值税暂行条例实施细则》第四条规定固定资产视同销售行为的，对已使用过的固定资产无法确定销售额的，以固定资产净值为计税销售额。

“已使用过的固定资产”是指纳税人根据财务会计制度已经计提折旧的固定资产。

(7)贷款服务，以提供贷款服务取得的全部利息及利息性质的收入为销售额。

(8)直接收费金融服务，以提供直接收费金融服务收取的手续费、佣金、酬金、管理费、服务费、经手费、开户费、过户费、结算费、转托管费等各类费用为销售额。

(9)金融商品转让，按照卖出价扣除买入价后的余额为销售额。

转让金融商品出现的正负差，按盈亏相抵后的余额为销售额。若相抵后出现负差，可结转下一纳税期与下期转让金融商品销售额相抵，但年末时仍出现负差的，不得转入下一个会计年度。

金融商品的买入价，可以选择按照加权平均法或者移动加权平均法进行核算，选择后36个月内不得变更。金融商品转让，不得开具增值税专用发票。

(10)经纪代理服务，以取得的全部价款和价外费用，扣除向委托方收取并代为支付的政府性基金或者行政事业性收费后的余额为销售额。向委托方收取的政府性基金或者行政事业性收费，不得开具增值税专用发票。

(11)融资租赁和融资性售后回租业务。

①经人民银行、银监会或者商务部批准从事融资租赁业务的试点纳税人，提供融资租赁服务，以取得的全部价款和价外费用，扣除支付的借款利息（包括外汇借款和人民币借款利息）、发行债券利息和车辆购置税后的余额为销售额。

②经人民银行、银监会或者商务部批准从事融资租赁业务的试点纳税人，提供融资性售后回租服务，以取得的全部价款和价外费用（不含本金），扣除对外支付的借款利息（包括外汇借款和人民币借款利息）、发行债券利息后的余额作为销售额。

③试点纳税人根据2016年4月30日前签订的有形动产融资性售后回租合同，在合同到期前提供的有形动产融资性售后回租服务，可继续按照有形动产融资租赁服务缴纳增值税。

④经商务部授权的省级商务主管部门和国家经济技术开发区批准的从事融资租赁业务的试点纳税人，2016年5月1日后实收资本达到1.7亿元的，从达到标准的当月起按照上述第①、②、③点规定执行；2016年5月1日后实收资本未达到1.7亿元但注册资本达到1.7亿元的，在2016年7月31日前仍可按照上述第①、②、③点规定执行，2016年8月1日后开展的融资租赁业务和融资性售后回租业务不得按照上述第①、②、③点规定执行。

(12)航空运输企业的销售额，不包括代收的机场建设费和代售其他航空运输企业客票而代收转付的价款。

(13)试点纳税人中的一般纳税人(以下简称“一般纳税人”)提供客运场站服务,以其取得的全部价款和价外费用,扣除支付给承运方运费后的余额为销售额。

(14)试点纳税人提供旅游服务,可以选择以取得的全部价款和价外费用,扣除向旅游服务购买方收取并支付给其他单位或者个人的住宿费、餐饮费、交通费、签证费、门票费和支付给其他接团旅游企业的旅游费用后的余额为销售额。

选择上述办法计算销售额的试点纳税人,向旅游服务购买方收取并支付的上述费用,不得开具增值税专用发票,可以开具普通发票。

(15)试点纳税人提供建筑服务适用简易计税方法的,以取得的全部价款和价外费用扣除支付的分包款后的余额为销售额。

(16)房地产开发企业中的一般纳税人销售其开发的房地产项目(选择简易计税方法的房地产老项目除外),以取得的全部价款和价外费用,扣除受让土地时向政府部门支付的土地价款后的余额为销售额。

房地产老项目,是指《建筑工程施工许可证》注明的合同开工日期在 2016 年 4 月 30 日前的房地产项目。

(17)试点纳税人中的一般纳税人提供的客运场站服务,以其取得的全部价款和价外费用,扣除支付给承运方运费后的余额为销售额,纳税人取得的上述凭证属于增值税扣税凭证的,其进项税额不得从销项税额中抵扣。

(18)试点纳税人提供知识产权代理服务、货物运输代理服务和代理报关服务,以其取得的全部价款和价外费用,扣除向委托方收取并代为支付的政府性基金或者行政事业性收费后的余额为销售额。

向委托方收取的政府性基金或者行政事业性收费,不得开具增值税专用发票。

(19)试点纳税人中的一般纳税人提供国际货物运输代理服务,以其取得的全部价款和价外费用,扣除支付给国际运输企业的国际运输费用后的余额为销售额。

国际货物运输代理服务,是指接受货物收货人或其代理人、发货人或其代理人、运输工具所有人、运输工具承租人或运输工具经营人的委托,以委托人的名义或者以自己的名义,在不直接提供货物运输服务的情况下,直接为委托人办理货物的国际运输、从事国际运输的运输工具进出港口、联系安排引航、靠泊、装卸等货物和船舶代理相关业务手续的业务活动。

(20)试点纳税人从全部价款和价外费用中扣除价款,应当取得符合法律、行政法规和国家税务总局规定的有效凭证;否则,不得扣除。

上述凭证是指:

①支付给境内单位或者个人的款项,以发票为合法有效凭证。

②支付给境外单位或者个人的款项,以该单位或者个人的签收单据为合法有效凭证,税务机关对签收单据有疑义的,可以要求其提供境外公证机构的确认证明。

③缴纳的税款,以完税凭证为合法有效凭证。

④融资性售后回租服务中向承租方收取的有形动产价款本金,以承租方开具的发票为合法有效凭证。

⑤扣除政府性基金或者行政事业性收费,以省级以上财政部门印制的财政票据为合法有效凭证。

⑥国家税务总局规定的其他凭证。

(21)对视同销售货物行为的销售额的确定

对单位和个体工商户 10 种视同销售货物行为,其销售额按下列顺序确定:

①按纳税人最近时期同类货物的平均销售价格确定。

②按其他纳税人最近时期同类货物的平均销售价格确定。

③按组成计税价格确定。组成计税价格的公式为:

组成计税价格＝成本×(1＋成本利润率)

征收增值税的货物，同时又征收消费税的，其组成计税价格中应加上消费税税额。其组成计税价格公式为：

组成计税价格＝成本×(1＋成本利润率)＋消费税税额

或：

组成计税价格＝成本×(1＋成本利润率)÷(1－消费税税率)

公式中的成本有两种情况：销售自产货物的为实际生产成本，销售外购货物的为实际采购成本。成本利润率，是指由国家税务总局确定的成本利润率(10%)。属于应征消费税的货物，其成本利润率为消费税制度中规定的成本利润率。①

“营改增”也规定：纳税人提供应税行为的价格明显偏低或者偏高且不具有合理商业目的的，或者视同提供应税行为而无销售额的，主管税务机关有权按照下列顺序确定销售额：

①按纳税人最近时期同类应税行为的平均价格确定。

②按其他纳税人最近时期同类应税行为的平均价格确定。

③按组成计税价格确定。组成计税价格的公式为：

组成计税价格＝成本×(1＋成本利润率)

公式中的成本利润率由国家税务总局确定。

(22)销货退回或者折让的税务处理

一般纳税人因销售货物退回或者折让而退还给购买方的增值税税额，应从发生销售货物退回或者折让当期的销项税额中扣减；因购进货物退出或者折让而收回的增值税税额，应从发生购进货物退出或者折让当期的进项税额中扣减。

一般纳税人开具增值税专用发票后，发生销售货物退回或者折让、开票有误等情形，应按照国家税务总局的规定开具红字增值税专用发票。未按规定开具红字增值税专用发票的，增值税税额不得从销项税额中扣减。

(二)进项税额的计算

进项税额，是指纳税人购进货物、加工修理修配劳务、服务、无形资产或者不动产，支付或者负担的增值税额。进项税额是与销项税额相对应的另一个概念。在开具增值税专用发票的情况下，它们之间的对应关系是，销售方收取的销项税额，就是购买方支付的进项税额。对于任何一个一般纳税人而言，由于其在经营活动中，既会发生销售货物或提供应税劳务，又会发生购进货物或接受应税劳务，因此，每一个一般纳税人都会有收取的销项税额和支付的进项税额。增值税的核心就是用纳税人收取的销项税额抵扣其支付的进项税额，其余额为纳税人实际应缴纳的增值税税额。这样，进项税额作为可抵扣的部分，对于纳税人实际纳税多少就产生了举足轻重的作用。

然而，需要注意的是，并不是纳税人支付的所有进项税额都可以从销项税额中抵扣。为体现增值税的配比原则，即购进项目金额与销售产品销售额之间应有配比性，当纳税人购进的货物或接受的应税劳务不是用于增值税应税项目，而是用于非应税项目，免税项目或用于集体福利、个人消费等情况时，其支付的进项税额就不能从销项税额中抵扣。税法对不能抵扣进项税额的项目做了严格的规定，如果违反税法规定，随意抵扣进项税额就将以偷税论处。因此，严格把握哪些进项税额可以抵扣、哪些进项税额不能抵扣是十分重要的，这些方面也是纳税人在缴纳增值税实务中差错出现最多的地方。

1. 准予从销项税额中抵扣的进项税额

根据《增值税暂行条例》和“营改增”的规定，准予从销项税额中抵扣的进项税额，限于下列增值税扣税凭证上注明的增值税税额和按规定的扣除率计算的进项税额：

(1)从销售方取得的增值税专用发票(含税控机动车销售统一发票，下同)上注明的增值税额。

① 国家税务总局：《增值税若干具体问题的规定》，国税发〔1993〕154号，1993年12月28日。

(2)从海关取得的海关进口增值税专用缴款书上注明的增值税额。

纳税人进口货物，凡已缴纳了进口环节增值税的，不论其是否已经支付货款，其取得的海关进口增值税专用缴款书均可作为增值税进项税额抵扣凭证。

上述规定说明，纳税人在进行增值税账务处理时，每抵扣一笔进项税额，就要有一份记录该进项税额的法定扣税凭证与之相对应；没有从销售方或海关取得注明增值税税额的法定扣税凭证，就不能抵扣进项税额。

(3)购进农产品，除取得增值税专用发票或者海关进口增值税专用缴款书外，按照农产品收购发票或者销售发票上注明的农产品买价和13%的扣除率计算的进项税额。进项税额的计算公式为：

进项税额＝买价×扣除率

对这项规定需要解释的是：

①买价，是指纳税人购进农产品在农产品收购发票或者销售发票上注明的价款和按照规定缴纳的烟叶税。

②购进农产品，按照《农产品增值税进项税额核定扣除试点实施办法》抵扣进项税额的除外。

③对烟叶税纳税人按规定缴纳的烟叶税，准予并入烟叶产品的买价计算增值税的进项税额，并在计算缴纳增值税时予以抵扣。即购进烟叶准予抵扣的增值税进项税额，按烟叶收购金额和烟叶税及法定扣除率计算。烟叶收购金额包括纳税人支付给烟叶销售者的烟叶收购价款和价外补贴，价外补贴统一暂按烟叶收购价款的10%计算。计算公式如下：

烟叶收购金额＝烟叶收购价款×(1＋10%)

烟叶税应纳税额＝烟叶收购金额×税率(20%)

准予抵扣的进项税额＝(烟叶收购金额＋烟叶税应纳税额)×扣除率

(4)不动产按比例分次抵扣进项税额的规定：

①适用一般计税方法的试点纳税人，2016年5月1日后取得并在会计制度上按固定资产核算的不动产，以及2016年5月1日后取得的不动产在建工程，其进项税额应自取得之日起分2年从销项税额中抵扣，第一年抵扣比例为60%，第二年抵扣比例为40%。

取得的不动产，包括以直接购买、接受捐赠、接受投资入股、自建以及抵债等各种形式取得的不动产。不包括房地产开发企业自行开发的房地产项目。

融资租入的不动产，以及在施工现场修建的临时建筑物、构筑物，其进项税额不适用上述分2年抵扣的规定。

②按照《试点实施办法》项规定，不得抵扣且未抵扣进项税额的固定资产、无形资产、不动产，发生用途改变，用于允许抵扣进项税额的应税项目，可在用途改变的次月按照下列公式计算可以抵扣的进项税额：

$$\text{可以抵扣的进项税额}=\frac{\text{固定资产、无形资产、不动产净值}}{1+\text{适用税率}}\times\text{适用税率}$$

上述可以抵扣的进项税额应取得合法有效的增值税扣税凭证。

【例2－9】 2016年6月5日，某增值税一般纳税人购进办公大楼一座，该大楼用于公司办公，计入固定资产，并于次月开始计提折旧。6月20日，该纳税人取得该大楼的增值税专用发票并认证相符，专用发票注明的增值税税额为1 000万元。试说明该业务应如何抵扣进项税。

【答案】 根据《不动产进项税额分期抵扣暂行办法》的相关规定，1 000万元进项税额中的60%将在本期(2016年6月)抵扣，剩余的40%于取得扣税凭证的当月起第13个月(2017年6月)抵扣。

(5)特殊条件抵扣：对海关代征进口环节增值税开具的增值税专用缴款书上标明有两个单位名称，既有代理进口单位名称，又有委托进口单位名称的，只准予其中取得专用缴款书原件的一个单位抵扣税款。申报抵扣税款的委托进口单位，必须提供相应的海关代征增值税专用缴款书原件、委托代理合同及付款凭证，否则，不予抵扣进项税额。

(6)自2010年10月1日起，项目运营方利用信托资金融资进行项目建设开发，在项目建设期内取得的增值税专用发票和其他抵扣凭证，允许其按现行增值税有关规定予以抵扣，此前未抵扣的允许抵扣。该经营模式是指项目运营方与经批准成立的信托公司合作进行项目建设开发，信托公司负责筹集资金并设立信托计划，项目运营方负责项目建设与运营，项目建设完成后，项目资产归项目运营方所有。

(7)增值税一般纳税人(以下简称"原纳税人")在资产重组过程中，将全部资产、负债和劳动力一并转让给其他增值税一般纳税人(以下简称"新纳税人")，并按程序办理注销税务登记的，其在办理注销登记前尚未抵扣的进项税额可结转至新纳税人处继续抵扣。

(8)从2013年8月1日起，原增值税一般纳税人自用的应征消费税的摩托车、汽车、游艇，其进项税额准予从销项税额中抵扣。

(9)原增值税一般纳税人接受境外单位或者个人提供的应税行为，按照规定应当扣缴增值税的，准予从销项税额中抵扣的进项税额为从税务机关或者代理人取得的解缴税款的完税凭证上注明的增值税税额。

2. 不得从销项税额中抵扣的进项税额

下列项目的进项税额不得从销项税额中抵扣：

(1)纳税人取得的增值税扣税凭证不符合法律、行政法规或者国家税务总局有关规定的，其进项税额不得从销项税额中抵扣。

增值税扣税凭证，是指增值税专用发票、海关进口增值税专用缴款书、农产品收购发票、农产品销售发票和完税凭证。

纳税人凭完税凭证抵扣进项税额的，应当具备书面合同、付款证明和境外单位的对账单或者发票。资料不全的，其进项税额不得从销项税额中抵扣。

(2)用于简易计税方法计税项目、免征增值税项目、集体福利或者个人消费的购进货物、加工修理修配劳务、服务、无形资产和不动产。其中涉及的固定资产、无形资产、不动产，仅指专用于上述项目的固定资产、无形资产(不包括其他权益性无形资产)、不动产。

固定资产，是指使用期限超过12个月的机器、机械、运输工具以及其他与生产经营有关的设备、工具、器具等有形动产。纳税人的交际应酬消费属于个人消费。

(3)非正常损失的购进货物，以及相关的加工修理修配劳务和交通运输服务。

非正常损失，是指因管理不善造成货物被盗、丢失、霉烂变质，以及因违反法律法规造成货物或者不动产被依法没收、销毁、拆除的情形。

【例2—10】 实木地板生产企业为增值税一般纳税人，2015年12月末盘库时发现因管理不善，上月已经抵扣进项税额的国内原木被盗400立方米。该原木购自木材公司，当时取得增值税专用发票。损失账面成本29.7万元(其中运输费2.7万元)。要求：进行12月份的税务处理。

【答案】 进项税额转出＝(29.7－2.7)×13%＋2.7×11%＝3.807(万元)

【提示】 若告知购自林场，损失账面成本29.7万元(其中运输费2.7万元)。则进项税额转出＝(29.7－2.7)÷(1－13%)×13%＋2.7×11%＝4.33(万元)

(4)非正常损失的在产品、产成品所耗用的购进货物(不包括固定资产)、加工修理修配劳务和交通运输服务。

(5)非正常损失的不动产，以及该不动产所耗用的购进货物、设计服务和建筑服务。

(6)非正常损失的不动产在建工程所耗用的购进货物、设计服务和建筑服务。

纳税人新建、改建、扩建、修缮、装饰不动产，均属于不动产在建工程。

(7)购进的旅客运输服务、贷款服务、餐饮服务、居民日常服务和娱乐服务。

(8)财政部和国家税务总局规定的其他情形。

上述第(5)项、第(6)项所称货物，是指构成不动产实体的材料和设备，包括建筑装饰材料和给排水、采暖、卫生、通风、照明、通讯、煤气、消防、中央空调、电梯、电气、智能化楼宇设备及配套设施。

(9)适用一般计税方法的纳税人，兼营简易计税方法计税项目、免征增值税项目而无法划分不得抵扣的进项税额，按照下列公式计算不得抵扣的进项税额：

$$\text{不得抵扣的进项税额}=\text{当期无法划分的全部进项税额}\times\left(\text{当期简易计税方法计税项目销售额}+\text{免征增值税项目销售额}\right)\div\text{当期全部销售额}$$

主管税务机关可以按照上述公式依据年度数据对不得抵扣的进项税额进行清算。

(10)已抵扣进项税额的购进货物(不含固定资产)、劳务、服务，发生上述不得从销项税额中抵扣情形(简易计税方法计税项目、免征增值税项目除外)的，应当将该进项税额从当期进项税额中扣减；无法确定该进项税额的，按照当期实际成本计算应扣减的进项税额。

(11)已抵扣进项税额的固定资产、无形资产或者不动产，发生上述不得从销项税额中抵扣情形的，按照下列公式计算不得抵扣的进项税额：

不得抵扣的进项税额＝固定资产、无形资产或者不动产净值×适用税率

固定资产、无形资产或者不动产净值，是指纳税人根据财务会计制度计提折旧或摊销后的余额。

【例2－11】 2016年5月1日，纳税人买了一座楼办公用，1 000万元，进项税额110万元，正常情况下，应在5月当月抵扣66万元，2017年5月(第13个月)再抵扣剩余的44万元。可是在2017年4月，纳税人就将办公楼改造成员工食堂，用于集体福利，其进项转出应如何处理呢？

【答案】 如果2017年4月该不动产的净值为800万元(不动产净值率就是80%)，不得抵扣的进项税额为800×11%＝88万元，大于已抵扣的进项税额66万元，按照政策规定，这时应将已抵扣的66万元全部进项税额转出，并在待抵扣进项税额中扣减不得抵扣进项税额与已抵扣进项税额的差额88－66＝22(万元)。余额22万元(44－22)在2017年5月允许抵扣。

如果2017年4月该不动产的净值为500万元(不动产净值率就是50%)，不得抵扣的进项税额为500×11%＝55(万元)，小于已抵扣的进项税额66万元，按照政策规定，这时将已抵扣的66万元进项税额转出55万元即可。剩余的44万元仍在2017年5月允许抵扣。

(12)纳税人适用一般计税方法计税的，因销售折让、中止或者退回而退还给购买方的增值税额，应当从当期的销项税额中扣减；因销售折让、中止或者退回而收回的增值税额，应当从当期的进项税额中扣减。

(13)纳税人接受贷款服务向贷款方支付的与该笔贷款直接相关的投融资顾问费、手续费、咨询费等费用，其进项税额不得从销项税额中抵扣。

(三)应纳税额的计算

一般纳税人在计算出销项税额和进项税额后就可以得出实际应纳税额。为了正确计算增值税的应纳税额，在实际操作中还需要掌握以下几项重要规定：

1. 计算应纳税额的时间限定

为了保证计算应纳税额的合理、准确性，纳税人必须严格把握当期进项税额从当期销项税额中抵扣这个要点。“当期”是一个重要的时间限定，具体是指税务机关依照税法规定对纳税人确定的纳税期限；只有在纳税期限内实际发生的销项税额、进项税额，才是法定的当期销项税额或当期进项税额。

(1)计算销项税额的时间限定

销项税额是增值税一般纳税人销售货物或提供应税劳务和应税行为按照实现的销售额计算的税额。大多数情况下，税法中的销项当期和会计的销售实现的时间是一致的，所以在做会计分录的时候，往往是记收入的同时记增值税的销项税额。但是，纳税人在什么时间计算销项税额，《增值税暂行条例》及《增值税暂行条例实施细则》都做了严格的规定，如会计收入实现与税法销项税额确认的时间不一致，在计算销项税额时以税法为准。例如，采取直接收款方式销售货物，不论货物是否发出，均为收到销售款或者取得索取销售款凭据的当天；采取托收承付和委托银行收款方式销售货物，为发出货物并办妥托收手续的当天；纳税人发生增值税条例所视同销售货物行为中第(3)至第(8)项的，为货物移送的当天(详见《增值税暂行条例》中“纳税义务发生的时间”)，以保证准时、准确记录和核算当期销项税额。

(2)增值税扣税凭证抵扣期限的规定

①增值税一般纳税人取得2010年1月1日以后开具的增值税专用发票和机动车销售统一发票，应在开具之日起180日内到税务机关办理认证，并在认证通过的次月申报期内，向主管税务机关申报抵扣进项税额。

需要注意的是，为贯彻落实《深化国税地税征管体制改革方案》精神，进一步优化纳税服务，方便纳税人办税，自2016年3月1日起，对纳税信用A级增值税一般纳税人取消增值税发票认证。

②自2013年7月1日起，增值税一般纳税人(以下简称“纳税人”)进口货物取得的属于增值税扣税范围的海关缴款书，需经税务机关稽核比对相符后，其增值税额方能作为进项税额在销项税额中抵扣。增纳税人进口货物取得的属于增值税扣税范围的海关缴款书，自开具之日起180天内向主管税务机关报送《海关完税凭证抵扣清单》(电子数据)，申请稽核比对，逾期未申请的其进项税额不予抵扣。

③增值税一般纳税人取得2010年1月1日以后开具的增值税专用发票、公路内河货物运输业统一发票、机动车销售统一发票以及海关缴款书，未在规定期限内到税务机关办理认证、申报抵扣或者申请稽核比对的，不得作为合法的增值税扣税凭证，不得计算进项税额抵扣。

④未按期申报抵扣增值税扣税凭证抵扣管理办法：增值税一般纳税人取得的增值税扣税凭证已认证或已采集上报信息但未按照规定期限申报抵扣；实行纳税辅导期管理的增值税一般纳税人以及实行海关进口增值税专用缴款书“先比对、后抵扣”管理办法的增值税一般纳税人，取得的增值税扣税凭证稽核比对结果相符但未按规定期限申报抵扣，属于发生真实交易且符合客观原因的，经主管税务机关审核，允许纳税人继续申报抵扣其进项税额。

2. 计算应纳税额时进项税额不足抵扣的处理

由于增值税实行购进扣税法，有时企业当期购进的货物很多，在计算应纳税额时会出现当期销项税额小于当期进项税额不足抵扣的情况。根据税法规定，当期进项税额不足抵扣的部分可以结转下期继续抵扣。

3. 扣减发生期进项税额的规定

由于增值税实行以当期销项税额抵扣当期进项税额的“购进扣税法”，当期购进的货物或应税劳务和应税行为如果事先并未确定将用于非生产经营项目，其进项税额会在当期销项税额中予以抵扣。但已抵扣进项税额的购进货物或应税劳务和应税行为如果事后改变用途，发生用于非增值税应税项目、用于免征增值税项目、用于集体福利或者个人消费、购进货物发生非正常损失、在产品或产成品发生非正常损失等，将如何处理？根据《增值税暂行条例》及《增值税暂行条例实施细则》和“营改增”的规定，应当将该项购进货物或者应税劳务和应税行为的进项税额从当期的进项税额中扣减；无法确定该项进项税额的，按当期实际成本计算应扣减的进项税额。

$$实际成本＝进价＋运费＋保险费＋其他有关费用$$

上述实际成本的计算公式，如果属于进口货物，就是完全适用的；如果是国内购进的货物，主要包括进价和运费两大部分。

如已抵扣进项税额的购进货物或接受应税劳务和应税行为事后改变用途，用于简易计税办法计税项目、非增值税应税项目、免征增值税项目的，应按销售额比例划分作为进项税额转出处理。

4. 销货退回或折让涉及销项税额和进项税额的税务处理

一般纳税人销售货物或者提供应税劳务和应税行为，开具增值税专用发票后，发生销售货物退回或者折让、开票有误等情形，应按国家税务总局的规定开具红字增值税专用发票。未按规定开具红字增值税专用发票的，增值税税额不得从销项税额中扣减。

纳税人在货物购销活动中，因货物质量、规格等原因常会发生销货退回或销售折让的情况。由于销货退回或折让不仅涉及销货价款或折让价款的退回，还涉及增值税的退回，这样，销货方和购货方应相应对当期的销项税额或进项税额进行调整。为此，《增值税暂行条例》及《增值税暂行条例实施细则》规定，增值税一般纳税人因销售货物退回或者折让而退还给购买方的增值税税额，应从发生销售货物退回或者折让当期的销项税额中扣减；因购进货物退出或者折让而收回的增值税税额，应从发生购进货物退出或者折让当期的进项税额中扣减。

"营改增"也规定：纳税人提供的适用一般计税方法计税的应税行为，因销售折让、中止或者退回而退还给购买方的增值税税额，应当从当期进项税额中扣减。

目前，一些企业在发生进货退出或折让并收回价款和增值税税额时，没有相应减少当期进项税额，造成进项税额虚增、减少纳税的现象，这是税法所不允许的。对于纳税人进货退出或折让而不扣减当期进项税额，造成不纳税或少纳税的，都将被认定为是偷税行为，并按偷税予以处罚。

5. 向供货方取得返还收入的税务处理

自 2004 年 7 月 1 日起，对商业企业向供货方收取的与商品销售量、销售额挂钩（如以一定比例、金额、数量计算）的各种返还收入，均应按照平销返利行为的有关规定冲减当期增值税进项税金。应冲减进项税金的计算公式调整为：

$$当期应冲减进项税金=\frac{当期取得的}{返还资金}\div\left(1+\frac{所购货物适用}{增值税税率}\right)\times\frac{所购货物适用}{增值税税率}$$

商业企业向供货方收取的各种返还收入，一律不得开具增值税专用发票。

6. 一般纳税人注销时进项税额的处理

一般纳税人注销或取消辅导期一般纳税人资格，转为小规模纳税人时，其存货不做进项税额转出处理，其留抵税额也不予以退税。

7. 关于增值税税控系统专用设备和技术维护费用抵减增值税税额的有关政策

（1）增值税纳税人 2011 年 12 月 1 日（含，下同）以后初次购买增值税税控系统专用设备（包括分开票机）支付的费用，可凭购买增值税税控系统专用设备取得的增值税专用发票，在增值税应纳税额中全额抵减（抵减额为价税合计额），不足抵减的可结转下期继续抵减。增值税纳税人非初次购买增值税税控系统专用设备支付的费用，由其自行负担，不得在增值税应纳税额中抵减。

增值税税控系统包括：增值税防伪税控系统、增值税专用发票税控系统、机动车销售统一发票税控系统和公路、内河货物运输业发票税控系统。

增值税防伪税控系统的专用设备包括金税卡、IC 卡、读卡器或金税盘和报税盘；增值税专用发票税控系统专用设备包括税控盘和报税盘；机动车销售统一发票税控系统和公路、内河货物运输业发票税控系统专用设备包括税控盘和传输盘。

（2）增值税纳税人 2011 年 12 月 1 日以后缴纳的技术维护费（不含补缴的 2011 年 11 月 30 日以前的技术维护费），可凭技术维护服务单位开具的技术维护费发票，在增值税应纳税额中全额抵减，不足抵减的可结转下期继续抵减。技术维护费按照价格主管部门核定的标准执行。

（3）增值税一般纳税人支付的上述两项费用在增值税应纳税额中全额抵减的，其增值税专用发票不作为增值税抵扣凭证，其进项税额不得从销项税额中抵扣。

（4）纳税人购买的增值税税控系统专用设备自购买之日起 3 年内因质量问题无法正常使用的，由专用设备供应商负责免费维修，无法维修的免费更换。

8. 总分机构试点纳税人增值税计算缴纳暂行办法

（1）总机构应当汇总计算总机构及其分支机构发生《应税行为范围注释》所列业务的应交增值税，抵减分支机构发生《应税行为范围注释》所列业务已缴纳的增值税税款（包括预缴和补缴的增值税税款）后，在总机构所在地解缴入库。总机构销售货物，提供加工、修理修配劳务，按照《增值税暂行条例》及相关规定就地申报缴纳增值税。

（2）总机构汇总的应征增值税销售额，为总机构及其分支机构发生《应税行为范围注释》所列业务的应征增值税销售额。

(3)总机构汇总的进项税额，是指总机构及其分支机构因发生《应税行为范围注释》所列业务而购进货物或者接受加工、修理修配劳务和应税行为，支付或者负担的增值税税额。总机构及其分支机构用于发生《应税行为范围注释》所列业务之外的进项税额不得汇总。

(4)分支机构发生《应税行为范围注释》所列业务，按照应征增值税销售额和预征率计算缴纳增值税。计算公式如下：

应预缴的增值税＝应征增值税销售额×预征率

预征率由财政部和国家税务总局规定，并适时予以调整。

分支机构销售货物，提供加工、修理修配劳务，按照《增值税暂行条例》及相关规定就地申报缴纳增值税。

航空运输企业、邮政企业、电信企业和铁路运输企业增值税征收管理参见相关规定，在此不再列举。

二、简易计税方法应纳税额的计算

按简易计税方法销售货物或者提供应税劳务和应税行为，实行按照销售额和征收率计算应纳税额的简易办法，并且不得抵扣进项税额。其应纳税额的计算公式是：

应纳税额＝销售额×征收率(3%或5%)

公式中的销售额与一般纳税人的销售额规定相同。

根据“营改增”的规定，一般纳税人应该按照一般计税方法计算缴纳增值税，但是下列情形属于可在两种方法中选择的范畴：

(一)一般纳税人发生下列应税行为可以选择适用简易计税方法计税

(1)公共交通运输服务。

公共交通运输服务，包括轮客渡、公交客运、地铁、城市轻轨、出租车、长途客运、班车。

班车，是指按固定路线、固定时间运营并在固定站点停靠的运送旅客的陆路运输服务。

(2)经认定的动漫企业为开发动漫产品提供的动漫脚本编撰、形象设计、背景设计、动画设计、分镜、动画制作、摄制、描线、上色、画面合成、配音、配乐、音效合成、剪辑、字幕制作、压缩转码(面向网络动漫、手机动漫格式适配)服务，以及在境内转让动漫版权(包括动漫品牌、形象或者内容的授权及再授权)。

动漫企业和自主开发、生产动漫产品的认定标准和认定程序，按照《文化部财政部国家税务总局关于印发〈动漫企业认定管理办法(试行)〉的通知》(文市发〔2008〕51号)的规定执行。

(3)电影放映服务、仓储服务、装卸搬运服务、收派服务和文化体育服务。

(4)以纳入营改增试点之日前取得的有形动产为标的物提供的经营租赁服务。

(5)在纳入营改增试点之日前签订的尚未执行完毕的有形动产租赁合同。

(二)建筑服务

(1)一般纳税人以清包工方式提供的建筑服务，可以选择适用简易计税方法计税。

以清包工方式提供建筑服务，是指施工方不采购建筑工程所需的材料或只采购辅助材料，并收取人工费、管理费或者其他费用的建筑服务。

(2)一般纳税人为甲供工程提供的建筑服务，可以选择适用简易计税方法计税。

甲供工程，是指全部或部分设备、材料、动力由工程发包方自行采购的建筑工程。

(3)一般纳税人为建筑工程老项目提供的建筑服务，可以选择适用简易计税方法计税。

建筑工程老项目，是指：

①《建筑工程施工许可证》注明的合同开工日期在2016年4月30日前的建筑工程项目。

②未取得《建筑工程施工许可证》的，建筑工程承包合同注明的开工日期在2016年4月30日前的建筑工程项目。

(4)一般纳税人跨县(市)提供建筑服务,适用一般计税方法计税的,应以取得的全部价款和价外费用为销售额计算应纳税额。纳税人应以取得的全部价款和价外费用扣除支付的分包款后的余额,按照2%的预征率在建筑服务发生地预缴税款后,向机构所在地主管税务机关进行纳税申报。

(5)一般纳税人跨县(市)提供建筑服务,选择适用简易计税方法计税的,应以取得的全部价款和价外费用扣除支付的分包款后的余额为销售额,按照3%的征收率计算应纳税额。纳税人应按照上述计税方法在建筑服务发生地预缴税款后,向机构所在地主管税务机关进行纳税申报。

(6)试点纳税人中的小规模纳税人(以下简称"小规模纳税人")跨县(市)提供建筑服务,应以取得的全部价款和价外费用扣除支付的分包款后的余额为销售额,按照3%的征收率计算应纳税额。纳税人应按照上述计税方法在建筑服务发生地预缴税款后,向机构所在地主管税务机关进行纳税申报。

(三)销售不动产

(1)一般纳税人销售其2016年4月30日前取得(不含自建)的不动产,可以选择适用简易计税方法,以取得的全部价款和价外费用减去该项不动产购置原价或者取得不动产时的作价后的余额为销售额,按照5%的征收率计算应纳税额。纳税人应按照上述计税方法在不动产所在地预缴税款后,向机构所在地主管税务机关进行纳税申报。

(2)一般纳税人销售其2016年4月30日前自建的不动产,可以选择适用简易计税方法,以取得的全部价款和价外费用为销售额,按照5%的征收率计算应纳税额。纳税人应按照上述计税方法在不动产所在地预缴税款后,向机构所在地主管税务机关进行纳税申报。

(3)一般纳税人销售其2016年5月1日后取得(不含自建)的不动产,应适用一般计税方法,以取得的全部价款和价外费用为销售额计算应纳税额。纳税人应以取得的全部价款和价外费用减去该项不动产购置原价或者取得不动产时的作价后的余额,按照5%的预征率在不动产所在地预缴税款后,向机构所在地主管税务机关进行纳税申报。

(4)一般纳税人销售其2016年5月1日后自建的不动产,应适用一般计税方法,以取得的全部价款和价外费用为销售额计算应纳税额。纳税人应以取得的全部价款和价外费用,按照5%的预征率在不动产所在地预缴税款后,向机构所在地主管税务机关进行纳税申报。

(5)小规模纳税人销售其取得(不含自建)的不动产(不含个体工商户销售购买的住房和其他个人销售不动产),应以取得的全部价款和价外费用减去该项不动产购置原价或者取得不动产时的作价后的余额为销售额,按照5%的征收率计算应纳税额。纳税人应按照上述计税方法在不动产所在地预缴税款后,向机构所在地主管税务机关进行纳税申报。

(6)小规模纳税人销售其自建的不动产,应以取得的全部价款和价外费用为销售额,按照5%的征收率计算应纳税额。纳税人应按照上述计税方法在不动产所在地预缴税款后,向机构所在地主管税务机关进行纳税申报。

(7)房地产开发企业中的一般纳税人,销售自行开发的房地产老项目,可以选择适用简易计税方法按照5%的征收率计税。

(8)房地产开发企业中的小规模纳税人,销售自行开发的房地产项目,按照5%的征收率计税。

(9)房地产开发企业采取预收款方式销售所开发的房地产项目,在收到预收款时按照3%的预征率预缴增值税。

(10)个体工商户销售购买的住房,参照个人销售购买住房规定。纳税人应按照上述计税方法在不动产所在地预缴税款后,向机构所在地主管税务机关进行纳税申报。

(11)其他个人销售其取得(不含自建)的不动产(不含其购买的住房),应以取得的全部价款和价外费用减去该项不动产购置原价或者取得不动产时的作价后的余额为销售额,按照5%的征收率计算应纳税额。

(12)纳税人按规定从取得的全部价款和价外费用中扣除不动产购置原价或者取得不动产时的作价的,应当取得符合法律、行政法规和国家税务总局规定的合法有效凭证;否则,不得扣除。在实际执行中，部分纳税人由于丢失等原因无法提供取得不动产时的发票，但可以提供其他能证明契税计税金额的完税凭证等资料的，进行差额扣除。纳税人同时保留取得不动产时的发票和其他能证明契税计税金额的完税凭证等资料的，应当凭发票进行差额扣除。

纳税人以契税计税金额进行差额扣除的，按照下列公式计算增值税应纳税额：

①2016 年 4 月 30 日及以前缴纳契税的

增值税应纳税额＝[全部交易价格(含增值税)－契税计税金额(含营业税)]÷(1＋5%)×5%

②2016 年 5 月 1 日及以后缴纳契税的

增值税应纳税额＝[全部交易价格(含增值税)÷(1＋5%)－契税计税金额(不含营业税)]×5%

附件：销售不动产计税依据及税率、征收率的运用①

1. 一般纳税人转让其 2016 年 4 月 30 日前取得的不动产，可以选择适用简易计税方法计税；也可以选择适用一般计税方法计税，计税规则归纳见下表。

来　源	税率或征收率	计税依据与预缴依据
直接购买、接受捐赠、接受投资入股以及抵债	选择适用简易计税方法计税的，按照 5%的征收率向不动产所在地主管地税机关预缴税款，向机构所在地主管国税机关申报纳税	以取得的全部价款和价外费用扣除不动产购置原价或者取得不动产时的作价后的余额为销售额 【归纳】差价征收率(5%)计税、属地差价征收率(5%)预缴
	选择适用一般计税方法计税的，按照 5%的预征率向不动产所在地主管地税机关预缴税款，向机构所在地主管国税机关申报纳税(销售不动产税率为 11%)	以取得的全部价款和价外费用为销售额计算应纳税额；以取得的全部价款和价外费用扣除不动产购置原价或者取得不动产时的作价后的余额按照 5%的预征率预缴 【归纳】全价税率(11%)计销项、属地差价预征率(5%)预缴
自建	选择适用简易计税方法计税的，按照 5%的征收率向不动产所在地主管地税机关预缴税款，向机构所在地主管国税机关申报纳税	以取得的全部价款和价外费用为销售额 【归纳】全价征收率(5%)计税、属地全价征收率(5%)预缴
	选择适用一般计税方法计税的，应以取得的全部价款和价外费用，按照 5%的预征率向不动产所在地主管地税机关预缴税款，向机构所在地主管国税机关申报纳税	以取得的全部价款和价外费用为销售额计算应纳税额；以取得的全部价款和价外费用按照 5%的预征率预缴 【归纳】全价税率(11%)计销项、属地全价预征率(5%)预缴

2. 一般纳税人转让其 2016 年 5 月 1 日后取得的不动产的，适用一般计税方法计税，计税规则归纳见下表。

来　源	税率或征收率	计税依据
直接购买、接受捐赠、接受投资入股以及抵债	按照 5%的预征率向不动产所在地主管地税机关预缴税款，向机构所在地主管国税机关申报纳税(销售不动产税率为 11%)	以取得的全部价款和价外费用扣除不动产购置原价或者取得不动产时的作价后的余额按照 5%的预征率预缴 【归纳】全价税率(11%)计销项、属地差价预征率(5%)预缴
自建	按照 5%的预征率向不动产所在地主管地税机关预缴税款，向机构所在地主管国税机关申报纳税	以取得的全部价款和价外费用按照 5%的预征率预缴 【归纳】全价税率(11%)计销项、属地全价预征率(5%)预缴

① 资料来源：东奥会计辅导教材。

【特别提示】上述全价、差价均为不含增值税的金额。要注意区分税率、征收率、预征率的不同表述。

3. 小规模纳税人转让其取得的不动产的(除个人转让其购买的住房),适用简易计税方法计税,计税规则归纳见下表。

<table>
<tr><th>来 源</th><th>计税依据</th><th>征收率</th><th>纳税地点</th></tr>
<tr><td>直接购买、接受捐赠、接受投资入股以及抵债</td><td>以取得的全部价款和价外费用扣除不动产购置原价或者取得不动产时的作价后的余额为销售额</td><td rowspan="2">5%</td><td rowspan="2">除其他个人之外的小规模纳税人,应按照本条规定的计税方法向不动产所在地主管地税机关预缴税款,向机构所在地主管国税机关申报纳税;其他个人按照本条规定的计税方法向不动产所在地主管地税机关申报纳税</td></tr>
<tr><td>自建</td><td>以取得的全部价款和价外费用为销售额</td></tr>
</table>

(四)不动产经营租赁服务

(1)一般纳税人出租其2016年4月30日前取得的不动产,可以选择适用简易计税方法,按照5%的征收率计算应纳税额。纳税人出租其2016年4月30日前取得的与机构所在地不在同一县(市)的不动产,应按照上述计税方法在不动产所在地预缴税款后,向机构所在地主管税务机关进行纳税申报。

(2)公路经营企业中的一般纳税人收取试点前开工的高速公路的车辆通行费,可以选择适用简易计税方法,减按3%的征收率计算应纳税额。

试点前开工的高速公路,是指相关施工许可证明上注明的合同开工日期在2016年4月30日前的高速公路。

(3)一般纳税人出租其2016年5月1日后取得的、与机构所在地不在同一县(市)的不动产,应按照3%的预征率在不动产所在地预缴税款后,向机构所在地主管税务机关进行纳税申报。

(4)小规模纳税人出租其取得的不动产(不含个人出租住房),应按照5%的征收率计算应纳税额。纳税人出租与机构所在地不在同一县(市)的不动产,应按照上述计税方法在不动产所在地预缴税款后,向机构所在地主管税务机关进行纳税申报。

(5)其他个人出租其取得的不动产(不含住房),应按照5%的征收率计算应纳税额。

(6)个人出租住房,应按照5%的征收率减按1.5%计算应纳税额。

(五)销售房地产老项目及出租不动产

房地产开发企业中的一般纳税人销售房地产老项目,以及一般纳税人出租其2016年4月30日前取得的不动产,适用一般计税方法计税的,应以取得的全部价款和价外费用,按照3%的预征率在不动产所在地预缴税款后,向机构所在地主管税务机关进行纳税申报。

(六)销售使用过的固定资产

一般纳税人销售自己使用过的、纳入营改增试点之日前取得的固定资产,按照现行旧货相关增值税政策执行。

使用过的固定资产,是指纳税人符合《试点实施办法》规定并根据财务会计制度已经计提折旧的固定资产。

(七)扣缴增值税适用税率

境内的购买方为境外单位和个人扣缴增值税的,按照适用税率扣缴增值税。

(八)其他规定

(1)试点纳税人销售电信服务时,附带赠送用户识别卡、电信终端等货物或者电信服务的,应将其取得的全部价款和价外费用进行分别核算,按各自适用的税率计算缴纳增值税。

(2)油气田企业发生应税行为,适用《试点实施办法》规定的增值税税率,不再适用《财政部国家税务总局关于印发〈油气田企业增值税管理办法〉的通知》(财税〔2009〕8号)规定的增值税税率。

小规模纳税人销售货物或者提供应税劳务和应税行为采用销售额和应纳税额合并定价方法的,按下列公式计算销售额:

销售额＝含税销售额÷(1＋征收率)

小规模纳税人因销售货物退回或者折让退还给购买方的销售额,应从发生销售货物退回或者折让当期的销售额中扣减。

三、纳税人销售自己使用过的物品和旧货的税额计算①

(一)自2014年7月1日起,纳税人销售自己使用过的物品,应执行的政策

纳税人销售自己使用过的物品,应区分以下不同情形处理:

(1)一般纳税人销售自己使用过的属于《增值税暂行条例》规定不得抵扣且未抵扣进项税额的固定资产,按简易办法依3%征收率减按2%征收增值税。

【例2－12】 某外资企业(一般纳税人)2014年8月5日,出售已自用1年的1辆小轿车,取得价款133 900元。该辆小轿车是企业于2009年1月份购入的,原值(包括增值税和其他税费)169 600元。企业确定的折旧年限为8年,现已计提折旧10 600元。计算应纳增值税税额。

【答案】 应纳增值税税额＝133 900÷(1＋3%)×2%＝2 600(元)

(2)一般纳税人销售自己使用过的已经按规定抵扣进项的固定资产和除固定资产以外的物品,应当按照适用税率征收增值税。

【例2－13】 某生产企业(一般纳税人)因转产出售1台生产设备,取得价款234 000元。该台生产设备是企业于2009年1月份购入的,购入时取得的增值税专用发票上注明的价款190 000元、增值税税额32 300元,未发生其他税费。企业已将其作为固定资产核算,原值190 000元。企业确定的折旧年限为10年,现已使用1年,已提折旧19 000元。计算应纳增值税税额。

【答案】 销项税额＝234 000÷(1＋17%)×17%＝34 000(元)

(3)小规模纳税人(除其他个人外,下同)销售自己使用过的固定资产,减按2%征收率征收增值税。

(4)小规模纳税人销售自己使用过的除固定资产以外的物品,应按3%征收率征收增值税。

值得注意的是,纳税人发生固定资产视同销售行为,对已使用过的固定资产无法确定销售额的,以固定资产净值为销售额。固定资产净值,是指纳税人按照财务会计制度计提折旧后计算的固定资产净值。

(二)自2014年7月1日起,纳税人销售旧货,按照简易办法依照3%征收率减按2%征收增值税

所称旧货,是指进入二次流通的具有部分使用价值的货物(含旧汽车、旧摩托车和旧游艇),但不包括自己使用过的物品。

(1)一般纳税人销售自己使用过的物品和旧货,适用按简易办法依3%征收率减按2%征收增值税政策的,按下列公式确定销售额和应纳税额:

销售额＝含税销售额÷(1＋3%)

应纳税额＝销售额×2%

(2)小规模纳税人销售自己使用过的固定资产和旧货,按下列公式确定销售额和应纳税额:

销售额＝含税销售额÷(1＋3%)　　应纳税额＝销售额×2%

【例2－14】 某旧机动车交易公司(增值税一般纳税人)2016年3月收购旧机动车50辆,支付收购款350万元;销售旧机动车60辆,取得含税销售收入480万元,同时协助客户办理车辆过户手续,取得收入3万元。计算该旧机动车交易公司应纳增值税。

【答案】 一般纳税人销售旧货按简易办法依照3%征收率减按2%征收增值税。

应纳增值税＝(480＋3)÷(1＋3%)×2%＝9.38(万元)

---

① 财政部、国家税务总局:《关于全国实施增值税转型改革若干问题的通知》,财税〔2008〕170号,2008年12月19日;《关于部分货物适用增值税低税率和简易办法征收增值税政策的通知》,财税〔2009〕9号,2009年1月19日。

四、扣缴税额的计算

境外单位或者个人在境内发生应税行为，在境内未设有经营机构的，扣缴义务人按照下列公式计算应扣缴税额：

应扣缴税额＝购买方支付的价款÷(1＋税率)×税率

【例 2－15】 境外公司为我国境内某纳税人提供咨询服务，合同价款 106 万元，且该境外公司没有在境内设立经营机构，应以服务购买方为增值税扣缴义务人。计算购买方应当扣缴的增值税税额。

【答案】 应扣缴增值税＝106 ÷(1＋6%)×6%＝6(万元)

五、进口货物应纳税额的计算

(一)进口货物征税的范围

从纳税义务上看，凡申报进入中华人民共和国海关境内的货物均应征收增值税。

国家在规定对进口货物征税的同时，对某些进口货物制定了减免税的特殊规定。如属于“来料加工、进料加工”贸易方式进口国外的原材料、零部件等在国内加工后复出口的，对进口的料、件按规定给予免税或减税，但这些进口免、减税的料件若不能加工复出口，而是销往国内的，就要予以补税。对进口货物是否减免税由国务院统一规定，任何地方、部门都无权规定减免税项目。

(二)进口货物的纳税人

进口货物的收货人或办理报关手续的单位和个人，为进口货物增值税的纳税义务人。也就是说，进口货物增值税纳税人的范围较宽，包括国内一切从事进口业务的企事业单位、机关团体和个人。

对于企事业单位和个人委托代理进口应征增值税的货物，鉴于代理进口货物的海关完税凭证，有的开具给委托方、有的开具给受托方的特殊性，对代理进口货物以海关开具的完税凭证上的纳税人为增值税纳税人。在实际工作中，一般由进口代理者代缴进口环节增值税。纳税后，由代理者将已纳税款和进口货物价款费用等与委托方结算，由委托者承担已纳税款。

(三)进口货物适用的增值税税率

进口货物适用的增值税税率与境内销售货物相同。

(四)进口货物的具体计算方法

纳税人进口货物，按照组成计税价格和规定的税率计算应纳税额，不得抵扣任何税额。

组成计税价格＝关税完税价格＋关税＋消费税

应纳税额＝组成计税价格×税率

纳税人在计算进口货物的增值税时应该注意以下问题：

(1)进口货物增值税的组成计税价格中包括已纳关税税额，如果进口货物属于消费税应税消费品，其组成计税价格中还要包括进口环节已纳消费税税额。

(2)在计算进口环节的应纳增值税税额时不得抵扣任何税额，即在计算进口环节的应纳增值税税额时，不得抵扣发生在我国境外的各种税金。

由于货物出口时出口国并没有征收过流转税，因此在进口时计算增值税就不用进行进项税额抵扣。

(3)按照《海关法》和《进出口关税条例》的规定，一般贸易下进口货物的关税完税价格以海关审定的成交价格为基础的到岸价格作为完税价格。所谓成交价格，是指一般贸易项下进口货物的买方为购买该项货物向卖方实际支付或应当支付的价格；到岸价格，包括货价，加上货物运抵我国关境内输入地点起卸前的包装费、运费、保险费和其他劳务费等费用构成的一种价格。特殊贸易下进口的货物，由于进口时没有“成交价格”可作依据，为此，《进出口关税条例》对这些进口货物制定了确定其完税价格的具体办法。

(4)纳税人进口货物取得的合法海关完税凭证，是计算增值税进项税额的唯一依据，其价格差额部分以及从境外供应商取得的退还或返还的资金，不作进项税额转出处理。

(五)进口货物的税收管理

进口货物的增值税由海关代征。个人携带或者邮寄进境自用物品的增值税连同关税一并计征。具体办法由国务院关税税则委员会会同有关部门制定。

进口货物，增值税纳税义务发生时间为报关进口的当天，其纳税地点应当由进口人或其代理人向报关地海关申报纳税，其纳税期限应当自海关填发海关进口增值税专用缴款书之日起15日内缴纳税款。

进口货物增值税的征收管理，依据《税收征收管理法》《海关法》《进出口关税条例》和《进出口税则》的有关规定执行。

五、税款的缴纳

(一)纳税义务发生的时间

《增值税暂行条例》和“营改增”明确规定了增值税纳税义务的发生时间。纳税义务发生时间，是纳税人发生应税行为应当承担纳税义务的起始时间。税法明确规定纳税义务发生时间的作用在于：第一，正式确认纳税人已经发生属于税法规定的应税行为，应承担纳税义务；第二，有利于税务机关实施税务管理，合理规定申报期限和纳税期限，监督纳税人切实履行纳税义务。

销售货物或者应税劳务的纳税义务发生时间可以分为一般规定和具体规定。

1. 一般规定

(1)纳税人销售货物或者提供应税劳务和应税行为，其纳税义务发生时间为收讫销售款项或者取得索取销售款项凭据的当天；先开具发票的，为开具发票的当天。

(2)纳税人进口货物，其纳税义务发生时间为报关进口的当天。

(3)增值税扣缴义务发生时间为纳税人增值税纳税义务发生的当天。

2. 具体规定

纳税人收讫销售款项或者取得索取销售款项凭据的当天，按销售结算方式的不同，具体分为：

(1)采取直接收款方式销售货物，不论货物是否发出，均为收到销售款或者取得索取销售款凭据的当天。自2011年8月1日起，纳税人生产经营活动中采取直接收款方式销售货物，已将货物移送对方并暂估销售收入入账，但既未取得销售款或取得索取销售款凭据也未开具销售发票的，其增值税纳税义务发生时间为取得销售款或取得索取销售款凭据的当天；先开具发票的，为开具发票的当天。

(2)采取托收承付和委托银行收款方式销售货物，为发出货物并办妥托收手续的当天。

(3)采取赊销和分期收款方式销售货物，为书面合同约定的收款日期的当天，无书面合同的或者书面合同没有约定收款日期的，为货物发出的当天。

(4)采取预收货款方式销售货物，为货物发出的当天，但生产销售生产工期超过12个月的大型机械设备、船舶、飞机等货物，为收到预收款或者书面合同约定的收款日期的当天。

纳税人提供建筑服务、租赁服务采取预收款方式的，其纳税义务发生时间为收到预收款的当天。

(5)委托其他纳税人代销货物，为收到代销单位的代销清单或者收到全部或者部分货款的当天。未收到代销清单及货款的，为发出代销货物满180日的当天。

(6)纳税人发生应税行为并收讫销售款项或者取得索取销售款项凭据的当天；先开具发票的，为开具发票的当天。

收讫销售款项，是指纳税人销售服务、无形资产、不动产过程中或者完成后收到款项。

取得索取销售款项凭据的当天，是指书面合同确定的付款日期；未签订书面合同或者书面合同未确定付款日期的，为服务、无形资产转让完成的当天或者不动产权属变更的当天。

(7)纳税人发生视同销售货物行为，为货物移送的当天。

视同销售服务、无形资产或者不动产，其纳税义务发生时间为服务、无形资产转让完成的当天或者不动产权属变更的当天。

(8)纳税人从事金融商品转让的,为金融商品所有权转移的当天。

(9)增值税扣缴义务发生时间为纳税人增值税纳税义务发生的当天。

(二)纳税期限

在明确了增值税纳税义务发生时间后,还需要掌握具体纳税期限,以保证按期缴纳税款。根据《增值税暂行条例》的规定,增值税的纳税期限分别为 1 日、3 日、5 日、10 日、15 日、1 个月或者 1 个季度。

纳税人的具体纳税期限,由主管税务机关根据纳税人应纳税额的大小分别核定。以 1 个季度为纳税期限的规定适用于小规模纳税人、银行、财务公司、信托投资公司、信用社,以及财政部和国家税务总局规定的其他纳税人。不能按照固定期限纳税的,可以按次纳税。

纳税人以 1 个月或者 1 个季度为 1 个纳税期的,自期满之日起 15 日内申报纳税;以 1 日、3 日、5 日、10 日或者 15 日为 1 个纳税期的,自期满之日起 5 日内预缴税款,于次月 1 日起 15 日内申报纳税并结清上月应纳税款。

扣缴义务人解缴税款的期限,按照前两款规定执行。

纳税人进口货物,应当自海关填发进口增值税专用缴纳书之日起 15 日内缴纳税款。

纳税人出口货物适用退(免)税规定的,应当向海关办理出口手续,凭出口报关单等有关凭证,在规定的出口退(免)税申报期内按月向主管税务机关申报办理。具体办法由国务院财政、税务主管部门制定。

出口货物办理退税后发生退货或者退关的,纳税人应当依法补缴已退的税款。

(三)纳税地点

为了保证纳税人按期申报纳税,根据企业跨地区经营和搞活商品流通的特点及不同情况,税法还具体规定了增值税的纳税地点:

(1)固定业户应当向其机构所在地的主管税务机关申报纳税。总机构和分支机构不在同一县(市)的,应当分别向各自所在地的主管税务机关申报纳税;经国务院财政、税务主管部门或者其授权的财政、税务机关批准,可以由总机构汇总向总机构所在地的主管税务机关申报纳税。

(2)固定业户到外县(市)销售货物或者应税劳务,应当向其机构所在地的主管税务机关申请开具外出经营活动税收管理证明,并向其机构所在地的主管税务机关申报纳税;未开具证明的,应当向销售地或者劳务发生地的主管税务机关申报纳税;未向销售地或者劳务发生地的主管税务机关申报纳税的,由其机构所在地的主管税务机关补征税款。

(3)非固定业户销售货物或者应税劳务,应当向销售地或者劳务发生地的主管税务机关申报纳税;未向销售地或者劳务发生地的主管税务机关申报纳税的,由其机构所在地或者居住地的主管税务机关补征税款。

其他个人提供建筑服务,销售或者租赁不动产,转让自然资源使用权,应向建筑服务发生地、不动产所在地、自然资源所在地主管税务机关申报纳税。

(4)进口货物,应当向报关地海关申报纳税。

(5)扣缴义务人应当向其机构所在地或者居住地的主管税务机关申报缴纳其扣缴的税款。

(四)营业税改增值税后的征收机关

营业税改征的增值税,由国家税务局负责征收。纳税人销售取得的不动产和其他个人出租不动产的增值税,国家税务局暂委托地方税务局代为征收。

六、案例分析

【案例 2-1】 一般纳税人销售应税货物应纳税额的计算

某家用电器商场为增值税一般纳税人。2016 年 6 月份发生如下经济业务:

(1)销售特种空调取得含税销售收入 160 000 元,同时提供安装服务收取安装费 20 000 元。

(2)销售电视机 80 台，每台含税零售单价为 2 400 元；每售出一台可取得厂家给予的返利收入 200 元。

(3)代销一批数码相机并开具普通发票，企业按含税销售总额的 5%提取代销手续费 15 000 元，当月尚未将代销清单交付给委托方。

(4)当月该商场其他商品含税销售额为 175 500 元。

(5)购进热水器 50 台，不含税单价 800 元，货款已付；购进 DVD 播放机 100 台，不含税单价 600 元；另外支付购货的运输费用 1 万元(不含税价)，取得运输公司开具的增值税专用发票，取得的增值税专用发票均已经税务机关认证，还有 40 台 DVD 播放机未向厂家付款。

(6)购置生产设备一台，取得的增值税专用发票上注明的价款 70 000 元，增值税税额 11 900 元。

(7)另知该商场上期有未抵扣进项税额 6 000 元。

当期获得的增值税专用发票以及运费发票已经通过认证并申报抵扣。

要求：

(1)计算该商场 6 月份的可抵扣的进项税额。

(2)计算该商场 6 月份的销项税额。

(3)计算该商场 6 月份的应纳增值税税额。

【解析】

(1)6 月份可抵扣的进项税额＝(800×50＋600×100)×17%＋10 000×11%＋11 900－80×200÷(1＋17%)×17%＋6 000＝33 675.21(元)

(2)6 月份的销项税额＝160 000÷(1＋17%)×17%＋20 000÷(1＋17%)×17%＋2 400÷(1＋17%)×80×17%＋(15 000÷5%)÷(1＋17%)×17%＋175 500÷(1＋17%)×17%＝123 141.03(元)

(3)6 月份的应纳增值税税额＝123 141.03－33 675.21＝89 465.82(元)

【案例 2—2】　一般纳税人销售应税服务应纳税额的计算

某一增值税一般纳税人于 2016 年 10 月取得交通运输收入 111 万元(含税)，当月外购汽油 10 万元(不含税金额，取得增值税专用发票上注明的增值税额为 1.7 万元)，购入运输车辆 20 万元(不含税金额，取得机动车销售统一发票上注明的增值税额为 3.4 万元)，发生的联运支出 50 万元(不含税金额，取得增值税专用发票上注明的增值税额为 5.5 万元)。计算该纳税人 10 月份的应纳增值税税额。

【解析】　该纳税人 2016 年 10 月的应纳税额＝111÷(1＋11%)×11%－1.7－3.4－5.5＝0.4(万元)

【案例 2—3】　一般纳税人选择按简易计税方式下应纳税额的计算

甲建筑公司为增值税一般纳税人，2016 年 10 月发生如下业务：

(1)10 月 1 日承接 A 工程项目，10 月 30 日发包方按进度支付工程价款 222 万元，该项目当月发生工程成本为 100 万元，其中购买材料、动力、机械等取得增值税专用发票上注明的金额为 50 万元。

(2)10 月 3 日以清包工方式承接 A 工程项目，10 月 30 日发包方按工程进度支付工程价款 200 万元，该项目当月发生工程成本为 100 万元，其中购买材料、动力、机械等取得增值税专用发票上注明的金额为 50 万元。

(3)10 月 5 日销售一套 2016 年 4 月 28 日取得的商品房，当天开具发票。购买方于 11 月 5 日支付了 105 万总房款。

(4)10 月 15 日出租一幢上月竣工验收的办公楼，取得租金收入 300 万元(租期 1 年)；10 月 20 日在市中心从小规模纳税人处租入一间房用作办事处，支付租金 35 万，取得增值税税专用发票。

计算该建筑公司 10 月应纳增值税(以上业务可以选用简易计税方式的按简易计税方法计算)。

【解析】

(1)适用一般计税方法

应纳税额＝当期销项税额－当期进项税额

销项税额＝222÷(1＋11%)×11%＝22(万元)

进项税额＝50×17%＝8.5(万元)

应纳增值税额＝22－8.5＝13.5(万元)

(2)企业以清包工方式提供建筑服务或为甲供工程提供建筑服务可以选用简易计税方式，其进项税额不能抵扣

应纳税额＝销售额×征收率

应纳增值税额＝200÷(1＋3%)×3%＝5.83(万元)

(3)销售2016年4月30日前取得的不动产可以选用简易计税方式

增值税纳税业务发生时间为：纳税人发生应税行为并收讫销售款项或者取得索取销售款项凭据的当天；先开具发票的，为开具发票的当天。

收讫销售款、取得索取销售款项凭据、先开具发票，此3个条件采用孰先原则，只要满足一个，即发生了增值税纳税义务。

应纳增值税额＝105÷(1＋5%)×5%＝5(万元)

(4)适用一般计税方法

应纳税额＝当期销项税额－当期进项税额

销项税额＝300÷(1＋11%)×11%＝29.73(万元)

进项税额＝35÷(1＋5%)×5%＝1.66(万元)

应纳增值税额＝29.73－1.66＝28.07(万元)

10月应纳增值税＝13.5＋5.83＋5＋28.07＝52.4(万元)

【案例2－4】 小规模纳税人应纳税额的计算

某商场是增值税小规模纳税人，2016年6月，该商场取得零售收入总额18.54万元，还销售了自己使用过的固定资产一批，开具普通发票，取得含税销售额5.2万元，原值4万元。计算该商场当月的应纳增值税税额。

【解析】

(1)零售收入应纳增值税税额＝18.54÷(1＋3%)×3%＝0.54(万元)

(2)销售自己使用过的固定资产应纳增值税税额＝5.2÷(1＋3%)×2%＝0.1(万元)

(3)当月应纳增值税税额＝0.54＋0.1＝0.64(万元)

【案例2－5】 进口货物应纳税额的计算

某商场10月份进口货物一批。该批货物在国外的买价为40万元，另该批货物运抵我国海关前发生的包装费、运输费、保险费等共计20万元。货物报关后，商场按规定缴纳了进口环节的增值税并取得了海关开具的完税凭证。假定该批进口货物在国内全部销售，取得不含税销售额80万元。

已知货物进口关税税率15%，增值税税率17%。

要求：

(1)计算关税的组成计税价格；

(2)计算进口环节应纳的进口关税；

(3)计算进口环节应纳增值税的组成计税价格；

(4)计算进口环节应缴纳增值税的税额；

(5)计算国内销售环节的销项税额；

(6)计算国内销售环节应缴纳增值税的税额。

【解析】

(1)关税的组成计税价格＝40＋20＝60(万元)

(2)应缴纳进口关税＝60×15%＝9(万元)

(3)进口环节应纳增值税的组成计税价格＝60＋9＝69(万元)

(4)进口环节应缴纳增值税的税额＝69×17%＝11.73(万元)

(5)国内销售环节的销项税额＝80×17%＝13.6(万元)

(6)国内销售环节应缴纳增值税的税额＝13.6－11.73＝1.87(万元)

第五节 出口货物和服务的退(免)税

一、出口货物退(免)税基本政策

出口货物退(免)税是国际社会的通行惯例。通过退(免)税,出口货物不受税收因素影响,有利于各国出口货物公平竞争。我国对出口货物,在遵循“征多少、退多少”、“未征不退和彻底退税”基本原则的基础上,实行免税和退税相结合的政策。具体可分为以下三种形式:

(一)出口免税并退税

出口免税,是指对出口货物在出口环节免征增值税、消费税。出口退税,是指对出口货物在出口前实际承担的税款,按规定的退税率计算后退还给出口企业。

(二)出口免税但不退税

对某些出口货物,免征出口环节的增值税,但不退税。适用这一政策的,一般是因为货物在出口前的诸环节是免税的,所以,在出口环节无须退税。另外,国家出于某种政策考虑,规定某些出口货物适用免税但不退税的政策。

(三)出口不免税也不退税

对某些出口货物,按照内销货物的征收办法照章征税,不免税也不退税。适用这一政策的主要是税法列举限制或禁止出口的货物等。

二、出口货物和劳务及应税行为增值税退(免)税政策

(一)适用增值税退(免)税政策的范围

对下列出口货物和劳务及应税行为,除适用《关于增值税若干征管问题的通知》第六条(适用增值税免税政策的出口货物和劳务)和第七条(适用增值税征税政策的出口货物和劳务)规定以外,实行免征和退还增值税[以下简称“增值税退(免)税”]政策:

1. 出口企业出口货物

出口企业,是指依法办理工商登记、税务登记、对外贸易经营者备案登记,自营或委托出口货物的单位或个体工商户,以及依法办理工商登记、税务登记但未办理对外贸易经营者备案登记,委托出口货物的生产企业。

出口货物,是指向海关报关后实际离境并销售给境外单位或个人的货物,分为自营出口货物和委托出口货物两类。

生产企业,是指具有生产能力(包括加工修理修配能力)的单位或个体工商户。

2. 出口企业或其他单位视同出口货物

具体是指:

(1)出口企业对外援助、对外承包、境外投资的出口货物。

(2)出口企业经海关报关进入国家批准的出口加工区、保税物流园区、保税港区、综合保税区、珠澳跨境工业区(珠海园区)、中哈霍尔果斯国际边境合作中心(中方配套区域)、保税物流中心(B型)

(以下统称“特殊区域”)并销售给特殊区域内单位或境外单位、个人的货物。

(3)免税品经营企业(如中国免税品(集团)有限责任公司)销售的货物(国家规定不允许经营和限制出口的货物、卷烟和超出免税品经营企业《企业法人营业执照》规定经营范围的货物除外)。

(4)出口企业或其他单位销售给用于国际金融组织或外国政府贷款国际招标建设项目的中标机电产品(以下简称“中标机电产品”)。上述中标机电产品,包括外国企业中标再分包给出口企业或其他单位的机电产品。

(5)生产企业向海上石油天然气开采企业销售的自产的海洋工程结构物。

(6)出口企业或其他单位销售给国际运输企业用于国际运输工具上的货物。上述规定暂仅适用于外轮供应公司、远洋运输供应公司销售给外轮、远洋国轮的货物,国内航空供应公司生产销售给国内和国外航空公司国际航班的航空食品。

(7)出口企业或其他单位销售给特殊区域内生产企业生产耗用且不向海关报关而输入特殊区域的水(包括蒸汽)、电力、燃气(以下简称“输入特殊区域的水电气”)。

3. 出口企业对外提供加工、修理修配劳务

对外提供加工、修理修配劳务,是指对进境复出口货物或从事国际运输的运输工具进行的加工、修理修配。

4. 应税行为的零税率政策

(1)境内的单位和个人提供的国际运输服务、向境外单位提供的研发服务和设计服务,适用增值税零税率。

国际运输服务,是指在境内载运旅客或货物出境,在境外载运旅客或货物入境,在境外载运旅客或货物。航天运输服务参照国际运输服务,适用增值税零税率。

向境外单位提供设计服务,不包括对境内不动产提供的设计服务。

(2)境内的单位和个人提供的往返香港、澳门、台湾地区的交通运输服务以及在香港、澳门、台湾地区提供的交通运输服务,适用增值税零税率。

(3)自 2013 年 8 月 1 日起,境内的单位或个人提供程租服务,如果租赁的交通工具用于国际运输服务和港澳台运输服务,由出租方按规定申请适用增值税零税率。

(4)境内的单位和个人提供适用增值税零税率的应税行为,如果属于适用简易计税方法的,实行免征增值税办法。如果属于适用增值税一般计税方法的,生产企业实行“免、抵、退”税办法;外贸企业外购研发服务和设计服务出口实行免退税办法;外贸企业自己开发的研发服务和设计服务出口,视同生产企业连同其出口货物统一实行“免、抵、退”税办法。

(5)境内的单位和个人提供适用增值税零税率应税行为的,可以放弃适用增值税零税率,选择免税或按规定缴纳增值税。放弃适用增值税零税率后,36 个月内不得再申请适用增值税零税率。

境内的单位和个人提供适用增值税零税率的应税行为,如果属于适用简易计税方法的,实行免征增值税办法。如果属于适用增值税一般计税方法的,生产企业实行“免、抵、退”税办法,外贸企业外购研发服务和设计服务出口实行免退税办法,外贸企业自己开发的研发服务和设计服务出口,视同生产企业连同其出口货物统一实行“免、抵、退”税办法。实行退(免)税办法的研发服务和设计服务,如果主管税务机关认定出口价格偏高的,有权按照核定的出口价格计算退(免)税,核定的出口价格低于外贸企业购进价格的,低于部分对应的进项税额不予退税,转入成本。

5. 可以放弃适用增值税零税率的境内单位和个人

境内的单位和个人提供适用增值税零税率应税行为的,可以放弃适用增值税零税率,选择免税或按规定缴纳增值税。放弃适用增值税零税率后,36 个月内不得再申请适用增值税零税率。

6. 提供适用增值税税零税率的应税行为的境内单位和个人

境内的单位和个人提供适用增值税零税率的应税行为,按月向主管退税的税务机关申报办理增值税免抵退税或免税手续。

(二)一般纳税人提供适用增值税零税率的应税服务的退(免)税

(1)根据财税〔2016〕36号文件规定,自2016年5月1日起,跨境应税行为适用增值税零税率。跨境应税行为是指中华人民共和国境内的单位和个人销售的规定服务和无形资产。

(2)增值税零税率应税服务提供者是指,提供适用增值税零税率应税服务,且认定为增值税一般纳税人,实行增值税一般计税方法的境内单位和个人。属于汇总缴纳增值税的,为经财政部和国家税务总局批准的汇总缴纳增值税的总机构。

增值税零税率应税服务适用范围按财政部、国家税务总局的规定执行。

(3)起点或终点在境外的运单、提单或客票所对应的各航段或路段的运输服务,属于国际运输服务。

起点或终点在港澳台的运单、提单或客票所对应的各航段或路段的运输服务,属于港澳台运输服务。

(4)从境内载运旅客或货物至国内海关特殊监管区域及场所、从国内海关特殊监管区域及场所载运旅客或货物至国内其他地区或者国内海关特殊监管区域及场所,以及向国内海关特殊监管区域及场所内单位提供的研发服务、设计服务,不属于增值税零税率应税服务适用范围。

(5)增值税零税率应税服务退(免)税办法包括免、抵、退税办法和免退税办法,具体办法及计算公式按有关出口货物劳务退(免)税的规定执行。

(6)实行免抵退税办法的增值税零税率应税服务提供者如果同时出口货物劳务且未分别核算的,应一并计算免抵退税。税务机关在审批时,应按照增值税零税率应税服务、出口货物劳务免抵退税额的比例划分其退税额和免抵税额。

(三)增值税退(免)税办法

适用增值税退(免)税政策的出口货物、劳务及服务,按照下列规定实行增值税"免、抵、退"税或免退税办法。

1."免、抵、退"税办法

生产企业出口自产货物和视同自产货物及对外提供加工、修理修配劳务,以及列名的74家生产企业出口非自产货物,免征增值税,相应的进项税额抵减应纳增值税税额(不包括适用增值税即征即退、先征后退政策的应纳增值税税额),未抵减完的部分予以退还。

零税率应税行为提供者提供零税率应税行为,如果属于适用增值税一般计税方法的,免征增值税,相应的进项税额抵减应纳增值税税额(不包括适用增值税即征即退、先征后退政策的应纳增值税税额),未抵减完的部分予以退还。

2. 免退税办法

不具有生产能力的出口企业(以下简称"外贸企业")或其他单位出口货物劳务,免征增值税,相应的进项税额予以退还。

三、增值税出口退税率

(一)一般规定

除财政部和国家税务总局根据国务院决定而明确的增值税出口退税率外,出口货物的退税率为其适用税率。国家税务总局根据上述规定将退税率通过出口货物劳务退税率文库予以发布,供征纳双方执行。退税率有调整的,除另有规定外,其执行时间以货物(包括被加工修理修配的货物)出口货物报关单(出口退税专用)上注明的出口日期为准。

(二)出口应税服务的退税率

应税服务退税率为应税服务适用的增值税税率。即有形动产租赁服务退税率为17%;交通运输服务、邮政服务退税率为11%;现代服务(有形动产租赁服务除外)退税率为6%。

(三)特殊规定

(1)外贸企业购进按简易办法征税的出口货物、从小规模纳税人购进的出口货物,其退税率分别为简易办法实际执行的征收率、小规模纳税人征收率。

上述出口货物取得增值税专用发票的,退税率按照增值税专用发票上的税率和出口货物退税率孰低的原则确定。

(2)出口企业委托加工修理修配货物,其加工修理修配费用的退税率,为出口货物的退税率。

(3)中标机电产品、出口企业向海关报关进入特殊区域销售给特殊区域内生产企业生产耗用的列名原材料、输入特殊区域的水电气,其退税率为适用税率。如果国家调整列名原材料的退税率,列名原材料应当自调整之日起按调整后的退税率执行。

(4)海洋工程结构物退税率分不同项目适用列举的17%或15%的退税率。

(四)适用不同退税率的货物劳务,应分开报关、核算并申报退(免)税,未分开报关、核算或划分不清的,从低适用退税率

四、增值税"免、抵、退"税和免退税的计算

(一)生产企业出口货物劳务增值税"免、抵、退"税的计算

1. 计算当期"免、抵、退"税不得免征和抵扣的税额

$$\text{免抵退税不得免征和抵扣税额}=\text{当期出口货物离岸价}\times\text{外汇人民币折合率}\times\left(\text{出口货物征税率}-\text{出口货物退税率}\right)-\text{免抵退税不得免征和抵扣税额抵减额}$$

其中:

$$\text{免抵退税不得免征和抵扣税额抵减额}=\text{免税购进原材料价格}\times(\text{出口货物征税率}-\text{出口货物退税率})$$

免税购进原材料,包括从国内购进免税原材料和进料加工免税进口料件,其中进料加工免税进口料件的价格为组成计税价格。

$$\text{进料加工免税进口料件的组成计税价格}=\text{货物到岸价}+\text{海关实征关税}+\text{海关实征消费税}$$

2. 计算当期应纳税额

$$\text{当期应纳税额}=\text{当期内销货物的销项税额}-\left(\text{上期留抵税额}+\text{当期进项税额}-\text{当期免抵退税不得免征和抵扣税额}\right)$$

如果计算结果为正数,则为内销货物销项税额与所有进项税额相抵后的应纳税额,也就是说,是内销货物应纳税额与出口货物退税额抵顶后的应纳税额。

如果计算结果为负数,则为内销货物销项税额与所有进项税额相抵后,尚未抵扣完的进项税额。也就是说,是内销货物应纳税额与出口货物退税额抵顶后,尚未抵顶完的进项税额。

3. 计算免、抵、退税额

免、抵、退税额,是指按出口货物离岸价计算的应退税额。

$$\text{免抵退税额}=\text{出口货物离岸价}\times\text{外汇人民币折合率}\times\text{出口货物退税率}-\text{免抵退税额抵减额}$$

其中:

$$\text{免抵退税额抵减额}=\text{免税购进原材料价格}\times\text{出口货物退税率}$$

出口货物离岸价(FOB)以出口发票计算的离岸价为准。出口发票不能如实反映实际离岸价的,由主管税务机关核定。

4. 计算当期应退税额和当期免抵税额

当第1项"当期应纳税额"为正数,则为当期应纳税额;当期退税额为0,则免抵税额等于当期免抵退税额。

当第2项"当期应纳税额"为负数,则为内销货物销项税额尚未抵扣完的进项税额,即退税前的期末留抵税额。此时,应分别以下两种情况确定退税额和免抵税额:

第一种:退税前的期末留抵税额小于或等于当期免抵退税额。

当期退税额＝退税前的期末留抵税额

当期免抵税额＝当期免抵退税额－当期退税额

【例 2－16】 某生产企业(有进出口经营权)本期有关资料如下:报关离境出口货物离岸价折合人民币 840 万元。国内销售货物取得销售额(不含税)250 万元人民币。购进生产经营用货物和应税劳务,按法定扣税凭证确定的进项税额为 136 万元。因管理不善毁损生产用材料,实际成本 50 万元,该材料在购进时已取得增值税专用发票。

该企业各类货物适用的增值税税率均为 17%,且无免税购进货物;出口退税率为 13%;该企业采用"免、抵、退"办法办理出口货物退(免)税。计算免抵退税额。

【答案】

不得免征或不得抵扣税额＝840×(17%－13%)＝33.60(万元)

当期应纳税额＝250×17%－(136－50×17%－33.60)＝－51.40(万元)

当期免抵退税额＝840×13%＝109.20(万元)

因退税前的期末留抵税额 51.40 万元小于当期免抵退税额 109.20 万元,故当期实际应退税额为 51.40 万元

当期免抵税额＝109.20－51.40＝57.80(万元)

第二种:退税前的期末留抵税额大于当期免抵退税额。

当期退税额＝当期免抵退税额　　当期免抵税额＝0

留待下期抵扣税额＝退税前的期末留抵税额－当期退税额

【例 2－17】 某生产企业(有进出口经营权)本期有关资料如下:报关离境出口货物离岸价折合人民币 420 万元。国内销售货物取得销售额(不含税)250 万元人民币。购进生产经营用货物和应税劳务,按扣税凭证确定的进项税额为 136 万元;上期留抵税额 10 万元。

该企业各类货物适用的增值税税率均为 17%,且无免税购进货物;出口退税率为 13%;该企业采用"免、抵、退"办法办理出口货物退(免)税。计算免抵退税额。

【答案】

不得免征或不得抵扣税额＝420×(17%－13%)＝16.80(万元)

当期应纳税额＝250×17%－(10＋136－16.8)＝－86.70(万元)

当期免抵退税额＝420×13%＝54.60(万元)

因退税前的期末留抵税额 86.70 万元大于当期免抵退税额 54.60 万元,故当期实际应退税额为 54.60 万元。

当期免抵税额＝0

留待下期抵扣税额＝86.70－54.60＝32.10(万元)

5. 零税率应税行为增值税退(免)税的计算

零税率应税行为增值税免抵退税,依下列公式计算:

$$\text{当期零税率应税行为免抵退税额}=\text{当期零税率应税行为实际收入}\times\text{外汇人民币折合率}\times\text{零税率应税行为增值税退税率}$$

(1)退税前的期末留抵税额小于或等于当期免抵退税额。

当期退税额＝退税前的期末留抵税额

当期免抵税额＝当期免抵退税额－当期退税额

(2)退税前的期末留抵税额大于当期免抵退税额。

当期退税额＝当期免抵退税额

当期免抵税额＝0

留待下期抵扣税额＝退税前的期末留抵税额－当期退税额

【例 2－18】 2016 年 1 月 A 生产企业(增值税一般纳税人)进口货物,海关审定的关税完税价格为 500 万元,关税税率为 10%,海关代征了进口环节的增值税,取得海关进口增值税专用缴款

书。进料加工复出口业务保税进口料件一批，到岸价格400万元，海关暂免征税予以放行，从国内市场购进原材料支付的价款为1 400万元，取得增值税专用发票上注明的增值税为238万元。进料加工复出口货物的出口离岸价为1 000万元人民币。内销货物的销售额为1 200万元（不含税）。该企业出口货物适用“免抵退”税的税收政策，上期留抵税额50万元。要求计算当期应缴纳或应退的增值税税额、免抵税额及实际留到下期抵扣的税额。（该企业按“实耗法”计算保税料件的组成计税价格，进料加工计划分配率为23%；假定上述货物内销时均适用17%的增值税税率，出口退税率为11%。）

【答案】

(1)计算当期进项税额

进口环节海关代征增值税＝500×(1＋10%)×17%＝93.5(万元)

国内采购环节的进项税额为238万元。

进料加工保税进口料件由于没有缴纳过增值税，因此计算不得免征和抵扣税额时不能与纳过税的情况一样对待，需要计算不得免征和抵扣税额抵减额。

进料加工出口货物耗用的保税进口料件金额＝1 000×23%＝230(万元)

出口货物当期不得免征和抵扣税额＝(1 000－230)×(17%－11%)＝46.2(万元)

上期留抵税额50万元。

当期允许抵扣的进项税额合计＝93.5＋238－46.2＋50＝335.3(万元)

(2)计算当期销项税额

出口货物免税。

内销货物销项税额＝1 200×17%＝204(万元)

(3)当期应纳税额＝204－335.3＝－131.3(万元)

(4)由于进料加工保税进口料件享受了免税的优惠，计算出口货物免抵退税的限额时要扣减进料加工出口货物耗用的保税进口料件金额。

当期免抵退税额＝(1 000－230)×11%＝84.7(万元)

由于期末留抵税额131.3万元＞当期免抵退税额84.7万元，当期应退税额＝84.7(万元)

当期免抵税额＝0

当期留抵税额＝131.3－84.7＝46.6(万元)

(二)外贸企业出口货物劳务增值税免退税的计算①

1. 外贸企业出口委托加工、修理修配货物以外的货物

增值税应退税额＝购进货物时所取得的增值税专用发票上列明的买价金额×出口货物退税率

2. 外贸企业出口委托加工、修理修配货物

出口委托加工、修理修配货物的增值税税额＝取得加工、修理修配发票上列明的金额(含材料金额)×出口货物退税率

五、出口货物退(免)税的管理

为减少出口退(免)税申报的差错率和疑点，进一步提高申报和审批效率，加快出口退税进度，税务总局决定调整出口退(免)税申报办法。

(一)预申报管理

企业出口货物劳务及适用增值税零税率的应税行为(以下简称“出口货物劳务及服务”)，在正式申报出口退(免)税之前，应按现行申报办法向主管税务机关进行预申报，在主管税务机关确认申报凭证的内容与对应的管理部门电子信息无误后，方可提供规定的申报退(免)税凭证、资料及正式申报电

① 国家税务总局：《出口货物退(免)税管理办法》，国税发〔1994〕31号，1994年2月18日。

子数据，向主管税务机关进行正式申报。

在退（免）税申报期截止之日前，如果企业出口的货物劳务及服务申报退（免）税的凭证仍没有对应管理部门电子信息或凭证的内容与电子信息比对不符，无法完成预申报的，企业应在退（免）税申报期截止之日前，向主管税务机关报送以下资料：(1)《出口退（免）税凭证无相关电子信息申报表》及其电子数据；(2)退（免）税申报凭证及资料。

经主管税务机关核实，企业报送的退（免）税凭证资料齐全，且《出口退（免）税凭证无相关电子信息申报表》及其电子数据与凭证内容一致的，企业退（免）税正式申报时间不受退（免）税申报期截止之日限制。未按上述规定在退（免）税申报期截止之日前向主管税务机关报送退（免）税凭证资料的，企业在退（免）税申报期限截止之日后不得进行退（免）税申报，应按规定进行免税申报或纳税申报。

(二)审核结果管理

税务机关受理企业出口退（免）税预申报后，应及时审核并向企业反馈审核结果。如果审核发现申报退（免）税的凭证没有对应的管理部门电子信息或凭证的内容与电子信息不符的，企业应按下列方法处理：

(1)属于凭证信息录入错误的，应更正后再次进行预申报。

(2)属于未在“中国电子口岸出口退税子系统”中进行出口货物报关单确认操作或未按规定进行增值税专用发票认证操作的，应进行上述操作后，再次进行预申报。

(3)除上述原因外，可填写《出口企业信息查询申请表》，将缺失对应凭证管理部门电子信息或凭证的内容与电子信息不符的数据和原始凭证报送至主管税务机关，由主管税务机关协助查找相关信息。

(三)违章处理

(1)出口企业和其他单位有下列行为之一的，主管税务机关应按照《中华人民共和国税收征收管理法》第六十条的规定予以处罚：

①未按规定设置、使用和保管有关出口货物退（免）税账簿、凭证、资料的；

②未按规定装订、存放和保管备案单证的。

(2)出口企业和其他单位拒绝税务机关检查或拒绝提供有关出口货物退（免）税账簿、凭证、资料的，税务机关应按照《中华人民共和国税收征收管理法》第七十条规定予以处罚。

(3)出口企业提供虚假备案单证的，主管税务机关应按照《中华人民共和国税收征收管理法》第七十条的规定处罚。

(4)从事进料加工业务的生产企业，未按规定期限办理进料加工登记、申报、核销手续的，主管税务机关在按照《中华人民共和国税收征收管理法》第六十二条有关规定进行处理后再办理相关手续。

(5)出口企业和其他单位有违反发票管理规定行为的，主管税务机关应按照《中华人民共和国发票管理办法》有关规定予以处罚。

(6)出口企业和其他单位以假报出口或者其他欺骗手段，骗取国家出口退税款，由主管税务机关追缴其骗取的退税款，并处骗取税款1倍以上5倍以下的罚款；构成犯罪的，依法追究刑事责任。

对骗取国家出口退税款的，由省级以上（含本级）税务机关批准，按下列规定停止其出口退（免）税资格：

①骗取国家出口退税款不满5万元的，可以停止为其办理出口退税半年以上1年以下。

②骗取国家出口退税款5万元以上不满50万元的，可以停止为其办理出口退税1年以上1.5年以下。

③骗取国家出口退税款50万元以上不满250万元，或因骗取出口退税行为受过行政处罚、2年内又骗取国家出口退税款数额在30万元以上不满150万元的，停止为其办理出口退税1.5年以上2年以下。

④骗取国家出口退税款250万元以上，或因骗取出口退税行为受过行政处罚、2年内又骗取国家出口退税款数额在150万元以上的，停止为其办理出口退税2年以上3年以下。

符合《财政部、国家税务总局关于出口货物劳务增值税和消费税政策的通知》(财税〔2012〕39号)第九条第(四)项规定的生产企业，不适用本公告，其免抵退税申报仍按原办法执行。

第六节 增值税专用发票使用管理

一、专用发票的基本规定

专用发票是增值税一般纳税人销售货物或者提供应税劳务和应税行为开具的发票，是购买方支付增值税税额并可按照增值税有关规定据以抵扣增值税进项税额的凭证。

(一)防伪税控系统

一般纳税人应通过增值税防伪税控系统(以下简称“防伪税控系统”)使用专用发票。使用，包括领购、开具、缴销、认证纸质专用发票及其相应的数据电文。

防伪税控系统，是指经国务院同意推行的，使用专用设备和通用设备、运用数字密码和电子存储技术管理专用发票的计算机管理系统。

专用设备，是指金税卡、IC卡、读卡器、金税盘、报税盘和其他设备。

通用设备，是指计算机、打印机、扫描器具和其他设备。

(二)专用发票联次

专用发票由基本联次或者基本联次附加其他联次构成。基本联次为3联：发票联、抵扣联和记账联。发票联，作为购买方核算采购成本和增值税进项税额的记账凭证；抵扣联，作为购买方报送主管税务机关认证和留存备查的凭证；记账联，作为销售方核算销售收入和增值税销项税额的记账凭证。其他联次用途，由一般纳税人自行确定。

(三)最高开票限额管理

专用发票实行最高开票限额管理。最高开票限额，是指单份专用发票开具的销售额合计数不得达到的上限额度。

最高开票限额由一般纳税人申请，税务机关依法审批。最高开票限额为10万元及以下的，由区县级税务机关审批；最高开票限额为100万元的，由地市级税务机关审批；最高开票限额为1 000万元及以上的，由省级税务机关审批。防伪税控系统的具体发行工作由区县级税务机关负责。

税务机关审批最高开票限额应进行实地核查。批准使用最高开票限额为10万元及以下的，由区县级税务机关派人实地核查；批准使用最高开票限额为100万元的，由地市级税务机关派人实地核查；批准使用最高开票限额为1 000万元及以上的，由地市级税务机关派人实地核查后将核查资料报省级税务机关审核。

一般纳税人申请最高开票限额时，需填报《最高开票限额申请表》。

(四)初始发行

一般纳税人领购专用设备后，凭《最高开票限额申请表》《发票领购簿》到主管税务机关办理初始发行。

初始发行，是指主管税务机关将一般纳税人的下列信息载入空白金税卡和IC卡的行为：企业名称；税务登记代码；开票限额；购票限量；购票人员姓名、密码；开票机数量；国家税务总局规定的其他信息。

一般纳税人的税务登记代码发生变化，应向主管税务机关申请注销发行；其他各项信息发生变化，应向主管税务机关申请变更发行。

二、专用发票的领购与开具

（一）专用发票的领购

一般纳税人凭《发票领购簿》、IC卡和经办人身份证明领购专用发票。

一般纳税人有下列情形之一的，不得领购开具专用发票：

(1)核算不健全，不能向税务机关准确提供增值税销项税额、进项税额、应纳税额数据及其他有关增值税税务资料的。其他有关增值税税务资料的内容，由省、自治区、直辖市和计划单列市国家税务局确定。

(2)有《税收征管法》规定的税收违法行为，拒不接受税务机关处理的。

(3)有下列行为之一，经税务机关责令限期改正而仍未改正的：

①虚开增值税专用发票。

②私自印制专用发票。

③向税务机关以外的单位和个人买取专用发票。

④借用他人专用发票。

⑤未按本规定开具专用发票。

⑥未按规定保管专用发票和专用设备，即有下列情形之一的：未设专人保管专用发票和专用设备；未按税务机关要求存放专用发票和专用设备；未将认证相符的专用发票抵扣联、《认证结果通知书》和《认证结果清单》装订成册；未经税务机关查验，擅自销毁专用发票基本联次。

⑦未按规定申请办理防伪税控系统变更发行。

⑧未按规定接受税务机关检查。

有上述情形的，如已领购专用发票，主管税务机关应暂扣其结存的专用发票和IC卡。

（二）专用发票的开具

1. 开具范围

《增值税暂行条例》规定，一般纳税人销售货物或者提供应税劳务，应当向索取增值税专用发票的购买方开具增值税专用发票，并在增值税专用发票上分别注明销售额和销项税额。

属于下列情形之一的，不得开具增值税专用发票：(1)向消费者个人销售货物或者提供应税劳务的；(2)销售货物或者提供应税劳务适用免税规定的；(3)小规模纳税人销售货物或者提供应税劳务的。

另外，商业企业一般纳税人零售的烟、酒、食品、服装、鞋帽(不包括劳保专用部分)、化妆品等消费品不得开具专用发票。

增值税小规模纳税人需要开具专用发票的，可向主管税务机关申请代开。

2. 开具要求

增值税专用发票的开具要求如下：(1)项目齐全，与实际交易相符；(2)字迹清楚，不得压线、错格；(3)发票联和抵扣联加盖财务专用章或者发票专用章；(4)按照增值税纳税义务的发生时间开具。

对不符合上述要求的专用发票，购买方有权拒收。

一般纳税人销售货物或者提供应税劳务可汇总开具专用发票。汇总开具专用发票的，同时使用防伪税控系统开具《销售货物或者提供应税劳务清单》，并加盖财务专用章或者发票专用章。

3. 货运专票的使用

一般纳税人提供应税货物运输服务，使用货运专票；提供其他增值税应税项目、免税项目或非增值税应税项目的，不得使用货运专用发票。

4. 发生销货退回或开票有误等情形的处理

(1)一般纳税人在开具专用发票当月，发生销货退回、开票有误等情形，收到退回的发票联、抵扣联符合作废条件的，按作废处理；开具时发现有误的，可即时作废。

同时具有下列情形的，即为所称的作废条件：一是收到退回的发票联、抵扣联时间未超过销售方开票当月；二是销售方未抄税（抄税，即报税前用 IC 卡或者 IC 卡和软盘抄取开票数据电文）并且未记账；三是购买方未认证或者认证结果为"纳税人识别号认证不符"、"专用发票代码、号码认证不符"。

作废专用发票须在防伪税控系统中将相应的数据电文按作废处理，在纸质专用发票（含未打印的专用发票）各联次上注明"作废"字样，全联次留存。

(2)一般纳税人开具增值税专用发票后，发生销货退回、销售折让以及开票有误等情况需要开具红字专用发票的，视不同情况分别按以下办法处理：[①]

①因专用发票抵扣联、发票联均无法认证的，由购买方填报《开具红字增值税专用发票申请单》（以下简称"申请单"），并在申请单上填写具体原因以及相对应蓝字专用发票的信息，主管税务机关审核后出具《开具红字增值税专用发票通知单》（以下简称"通知单"）。购买方不作进项税额转出处理。

②购买方所购货物不属于增值税扣税项目范围，取得的专用发票未经认证的，由购买方填报申请单，并在申请单上填写具体原因以及相对应蓝字专用发票的信息，主管税务机关审核后出具通知单。购买方不作进项税额转出处理。

③因开票有误购买方拒收专用发票的，销售方须在专用发票认证期限内向主管税务机关填报申请单，并在申请单上填写具体原因以及相对应蓝字专用发票的信息，同时提供由购买方出具的写明拒收理由、错误具体项目以及正确内容的书面材料，主管税务机关审核确认后出具通知单。销售方凭通知单开具红字专用发票。

④因开票有误等原因尚未将专用发票交付购买方的，销售方须在开具有误专用发票的次月内向主管税务机关填报申请单，并在申请单上填写具体原因以及相对应蓝字专用发票的信息，同时提供由销售方出具的写明具体理由、错误具体项目以及正确内容的书面材料，主管税务机关审核确认后出具通知单。销售方凭通知单开具红字专用发票。

⑤发生销货退回或销售折让的，除按照《关于修订增值税专用发票使用规定的通知》的规定进行处理外，销售方还应在开具红字专用发票后将该笔业务的相应记账凭证复印件报送主管税务机关备案。

税务机关为小规模纳税人代开专用发票需要开具红字专用发票的，比照一般纳税人开具红字专用发票的处理办法，通知单第二联交代开税务机关。

三、报税与缴销

(一)报税

报税，是纳税人持 IC 卡或者 IC 卡和软盘（2014 年 8 月 1 日起为金税盘、报税盘，下同）向税务机关报送开票数据电文。

一般纳税人开具专用发票，应在增值税纳税申报期内向主管税务机关报税，在申报所属月份内可分次向主管税务机关报税。

因 IC 卡、软盘质量等问题无法报税的，应更换 IC 卡、软盘。因硬盘损坏、更换金税卡等原因不能正常报税的，应提供已开具未向税务机关报税的专用发票记账联原件或者复印件，由主管税务机关补采开票数据。

(二)专用发票的缴销

专用发票的缴销，是指主管税务机关在纸质专用发票监制章处按"V"字剪角作废，同时作废相应的专用发票数据电文。

---

① 国家税务总局：《关于修订增值税专用发票使用规定的通知》，国税发〔2007〕18 号，2007 年 2 月 16 日。

一般纳税人注销税务登记或者转为小规模纳税人，应将专用设备和结存未用的纸质专用发票送交主管税务机关。主管税务机关应缴销其专用发票，并按有关安全管理的要求处理专用设备。被缴销的纸质专用发票应退还纳税人。

四、认证与税额抵扣

（一）专用发票的认证

用于抵扣增值税进项税额的专用发票，应经税务机关认证相符（国家税务总局另有规定的除外）。认证相符的专用发票应作为购买方的记账凭证，不得退还销售方。

认证，是税务机关通过防伪税控系统对专用发票所列数据的识别、确认。

认证相符，是指纳税人识别号无误，专用发票所列密文解译后与明文一致。

（二）不得作为抵扣凭证的情形

（1）经认证，有下列情形之一的，不得作为增值税进项税额的抵扣凭证，税务机关退还原件，购买方可要求销售方重新开具专用发票：

①无法认证，即专用发票所列密文或者明文不能辨认，无法产生认证结果；

②纳税人识别号认证不符，即专用发票所列购买方纳税人识别号有误；

③专用发票代码、号码认证不符，即专用发票所列密文解译后与明文的代码或者号码不一致。

（2）经认证，有下列情形之一的，暂不得作为增值税进项税额的抵扣凭证，税务机关扣留原件，查明原因，分别情况进行处理：

①重复认证，即已经认证相符的同一张专用发票再次认证；

②密文有误，即专用发票所列密文无法解译；

③认证不符，即纳税人识别号有误，或者专用发票所列密文解译后与明文不一致；

④列为失控专用发票，即认证时的专用发票已被登记为失控专用发票。

（三）已开具专用发票丢失的处理

一般纳税人丢失已开具专用发票的发票联和抵扣联，如果丢失前已认证相符的，购买方凭销售方提供的相应专用发票记账联复印件及销售方所在地主管税务机关出具的《丢失增值税专用发票已报税证明单》，经购买方主管税务机关审核同意后，可作为增值税进项税额的抵扣凭证；如果丢失前未认证的，购买方凭销售方提供的相应专用发票记账联复印件到主管税务机关进行认证，认证相符的，凭该专用发票记账联复印件及销售方所在地主管税务机关出具的《丢失增值税专用发票已报税证明单》，经购买方主管税务机关审核同意后，可作为增值税进项税额的抵扣凭证。

一般纳税人丢失已开具专用发票的抵扣联，如果丢失前已认证相符的，可使用专用发票发票联复印件留存备查；如果丢失前未认证的，可使用专用发票发票联到主管税务机关认证，专用发票发票联复印件留存备查。

一般纳税人丢失已开具专用发票的发票联，可将专用发票抵扣联作为记账凭证，专用发票抵扣联复印件留存备查。

专用发票抵扣联无法认证的，可使用专用发票发票联到主管税务机关认证。专用发票发票联复印件留存备查。

复习思考题

1. 我国增值税具有哪些特点？
2. 一般纳税人和小规模纳税人应当如何认定？
3. 增值税应税销售额的确认标准是什么？
4. 混合销售与兼营有何区别？如何进行税务处理？
5. 增值税法定扣税凭证有哪些？

6. 增值税优惠形式有哪些?

7. 出口货物退(免)增值税的基本政策有哪些?

8. 根据"营改增"的规定,一般纳税人在什么情况下可以选择按简易计税方法计算缴纳增值税?

自我测试题

一、单项选择题

1. 自2009年1月1日起,我国实行的增值税属于(　　)。

A. 消费型增值税　B. 收入型增值税　C. 生产型增值税　D. 实耗型增值税

2. 某工业企业系增值税一般纳税人,2002年3月份同时生产免税甲产品和应税乙产品,本期外购燃料柴油50吨,已知该批柴油外购时取得增值税专用发票上注明价款87 300元,税额为14 841元,当月实现产品不含税销售收入总额为250 000元,其中甲产品收入100 000元,已知乙产品适用13%税率,该企业当月应纳增值税额为(　　)元。

A. 17 659　B. 13 563.6　C. 4 659　D. 10 595.4

3. 下列有关增值税税率的描述中,错误的是(　　)。

A. 提供有形动产租赁服务,税率为17%

B. 提供交通运输业服务,税率为11%

C. 提供部分现代服务业服务(有形动产租赁服务除外),税率为6%

D. 小规模纳税人提供应税行为,征收率为3%

4. 某果汁加工厂为增值税一般纳税人,2016年8月,外购的一批免税农产品因管理不善全部毁损,账面成本22 620元(不考虑运费),外购库存的一批包装物因发生自然灾害全部毁损,账面成本32 000元,农产品和包装物的进项税额均已抵扣,该加工厂2013年8月应转出进项税额(　　)元。

A. 2 940.6　B. 3 380.0　C. 8 380.6　D. 8 820.0

5. 甲企业销售给乙企业一批货物,乙企业因资金紧张,无法支付货币资金,经双方友好协商,乙企业用自产的产品抵顶款。下列表述中,正确的是(　　)。

A. 甲企业收到乙企业的抵顶货物不应作购货处理

B. 乙企业发出抵顶货款的货物不应作销售处理,不应计算销项税额

C. 甲、乙双方发出货物都作销售处理,但收到货物所含增值税额一律不能计入进项税额

D. 甲、乙双方都应作购销处理,可对开增值税专用发票,分别核算销售额和购进额,并计算销项税额和进项税额

6. 某商场以"买一赠一"方式销售货物。本期销售A商品50台,每台售价(含税)23 400元,同时赠送B商品50件(B商品不含税单价为1 200元/件)。A、B商品适用税率均为17%。该商场此项业务应申报的销项税额是(　　)元。

A. 170 000　B. 178 718　C. 180 000　D. 180 200

7. 下列关于增值税的税务处理说法中,不正确的是(　　)。

A. 纳税人兼营不同税率应税项目对收入划分不清的,一律从高从重计税

B. 纳税人兼营增值税应税项目与非应税项目对收入划分不清的,一律征收增值税

C. 一项销售行为既涉及增值税应税货物,又涉及非增值税应税劳务是混合销售

D. 一般情况下,缴纳增值税为主的企业的混合销售交增值税,缴纳营业税为主的企业的混合销售交营业税

8. 某企业为增值税一般纳税人,2016年2月,该企业将一台自己使用过的设备捐赠给本市一家福利机构,该设备于2011年2月购进,取得增值税专用发票,注明价款80万元,增值税13.6万元(进项税额已抵扣),该设备已提折旧38万元,该企业捐赠此设备应缴纳增值税(　　)万元。

A. 0　B. 1.07　C. 7.14　D. 8.08

9. 下列说法中，不正确的是(　　)。

A. 古旧图书销售应当免征增值税

B. 金银首饰以旧换新销售业务，以其价格差额作为计税销售额

C. 黄金冶炼企业生产销售的黄金免征增值税

D. 残疾人组织进口供残疾人专用的物品免征增值税

10. 某工厂系增值税小规模纳税人，2014 年 1 月份销售使用过的旧设备一台，取得价款 8.24 万元，已知该设备 2013 年 1 月购入时的不含税价款为 9 万元，已计提折旧 2.8 万元，另销售自己使用过的物品，取得价款 1.2 万元，则该工厂应缴纳的增值税为(　　)万元。

A. 0　　B. 0.19　　C. 0.24　　D. 1.20

11. 下列选项中，不符合增值税免税政策规定的是(　　)。

A. 个人转让著作权

B. 残疾人个人提供应税行为

C. 一般纳税人提供管道运输服务

D. 试点纳税人提供技术转让、技术开发和与之相关的技术咨询、技术服务

12. 某服装厂为增值税小规模纳税人，2016 年 7 月销售自己使用过 3 年的固定资产，取得含税销售额 100 000 元；销售自己使用过的包装物，取得含税销售额 40 000 元，未放弃享受减税优惠。2016 年 7 月该服装厂上述业务应纳增值税(　　)元。

A. 2 718.45　　B. 3 106.80　　C. 3 125.83　　D. 4 077.67

13. 某超市为增值税小规模纳税人。2016 年 1 月，该超市取得货物零售收入 120 000 元；向受灾地区捐赠部分外购商品，该批商品为数月前从关联企业以成本价购入，买价为 4 200 元，市场零售价为 5 000 元；向职工发放部分外购商品作为节日礼品，市场含税售价为 3 700 元；销售已使用 1 年的冰柜一台，取得含税收入 1 400 元，该冰柜原购进价 2 200 元。该超市当月应纳增值税(　　)元。

A. 3 667.70　　B. 3 667.96　　C. 3 748.54　　D. 3 775.46

14. 某食品厂为增值税小规模纳税人，2012 年 8 月购进一批模具，取得的增值税普通发票注明金额 4 000 元；以赊销方式销售一批饼干，货已发出，开具了普通发票，金额 60 000 元，截至当月底收到 50 000 元货款。当月该食品厂应纳增值税(　　)元。

A. 776.31　　B. 1 067.57　　C. 1 456.31　　D. 1 747.57

15. 某具有进出口经营权的企业为增值税小规模纳税人，2016 年 2 月从国外进口小汽车一辆，关税完税价格折合人民币 85 500 元，假定小汽车的关税税率 20%，消费税税率 5%，其进口环节应纳增值税(　　)元。

二、多项选择题

1. 下列项目中，属于在中国境内提供应税服务的有(　　)。

A. 境外单位向境内单位提供完全在境外消费的应税服务

B. 境内单位向境外单位提供完全在境内消费的应税服务

C. 境外单位向境内单位出租完全在境外使用的有形动产

D. 境内单位向境外单位出租完全在境内使用的有形动产

2. 根据现行增值税的规定，下列选项中，(　　)为增值税小规模纳税人或者可以按小规模纳税人纳税。

A. 某生产企业年应税销售额为 45 万元

B. 某商业企业年批发及零售应税销售额为 90 万元

C. 某生产企业销售自产产品，并兼营设备修理，取得年应税销售额为 40 万元

D. 偶尔发生应税行为的非企业性单位

3. 下列关于增值税的涉税政策陈述中，正确的有(　　)。

A. 纳税人兼营不同税率货物或者劳务，未分别核算的，从高适用税率

B. 增值税一般纳税人取得2010年1月1日以后开具的增值税专用发票，应在开具之日起180日内到税务机关办理认证，并在认证通过的次月申报期内，向主管税务机关申报抵扣进项税额

C. 电影制片厂及其他电影企业取得的销售电影拷贝收入、转让电影版权收入、电影发行收入以及在农村取得的电影放映收入免征增值税和营业税

D. 按债转股企业与金融资产管理公司签订的债转股协议，债转股原企业将货物资产作为投资提供给债转股新公司的，征收增值税

4. 某商场为增值税一般纳税人，与其供货企业达成协议，按销售量挂钩进行平销返利。2011年5月向供货方购进商品取得税控增值税专用发票，注明价款金额120万元、进项税额20.4万元并通过主管税务机关认证，当月按平价全部销售，月末供货方向该商场支付返利4.8万元。下列对该项业务的处理中，符合有关规定的有(　　)。

A. 商场应按120万元计算销项税额　　B. 商场应按124.8万元计算销项税额

C. 商场当月应抵扣的进项税额为20.4万元　　D. 商场当月应抵扣的进项税额为19.7万元

5. 下列各项中，应视同销售货物行为征收增值税的有(　　)。

A. 将外购的货物用于对外捐赠　　B. 动力设备的安装

C. 销售代销的货物　　D. 邮政局出售集邮商品

6. 下列行为中，按税法规定应征收增值税的有(　　)。

A. 纳税人受托开发软件产品，著作权属于受托方

B. 银行经营融资租赁业务收取的租赁费

C. 生产企业销售货物时收取的优质服务费

D. 招待所预订火车票的手续费

7. 下列行为中，涉及的进项税额不得从销项税额中抵扣的有(　　)。

A. 将专门购进货物一批用于本单位集体福利

B. 将上年委托加工收回的材料用于偿还债务

C. 将外购的货物用于交换生产所需材料

D. 外购货物因管理不善造成损失

8. 下列关于增值税的计税销售额规定中，说法正确的有(　　)。

A. 以物易物方式销售货物，由多交付货物的一方以价差计算缴纳增值税

B. 以旧换新方式销售货物，以新货物不含增值税的价款计算缴纳增值税(金银首饰除外)

C. 还本销售方式销售货物，以实际销售额计算缴纳增值税，不得从销售额中减除还本支出

D. 销售折扣方式销售货物，不得从计税销售额中扣减折扣额

9. 下列项目中，适用6%增值税税率的有(　　)。

A. 有形动产租赁　　B. 文化创意服务　　C. 装卸搬运服务　　D. 基础电信服务

10. 下列项目中，符合增值税纳税义务发生时间规定的有(　　)。

A. 有形动产出租的为收到预收款的当天

B. 视同销售的应税服务为服务完成的当天

C. 采取预收货款方式销售货物的为货物发出的当天

D. 采取托收承付方式销售货物的为发出货物并办妥托收手续的当天

11. 根据“营改增”关于不动产抵扣进项税的规定，2016年5月1日后取得的不动产，其进项税额分2年从销项税额中抵扣，第一年抵扣比例为60%，第二年抵扣比例为40%。以下适用该政策的取得的不动产有(　　)。

A. 直接购买的不动产　　B. 融资租入的不动产

C. 接受捐赠的不动产　　D. 抵债取得的不动产

12."营改增"一般纳税人所从事的下列应税服务,可选择简易计税方法计算缴纳增值税的有(　　)。

A. 仓储服务　　B. 收派服务　　C. 铁路客运服务　　D. 装卸搬运服务

13. 下列货物的出口,享受增值税出口免税不退税政策的有(　　)。

A. 来料加工复出口的货物

B. 小规模纳税人的生产企业出口的自产货物

C. 外贸企业出口避孕药品

D. 非出口企业委托出口的货物

14. 小规模纳税人进口货物,海关进口环节代征增值税可能适用(　　)。

A. 3%的征收率　　B. 5%的征收率　　C. 13%的税率　　D. 17%的税率

15. 根据"营改增"关于不动产抵扣进项税的规定,2016 年 5 月 1 日后发生的不动产在建工程,其进项税额分 2 年从销项税额中抵扣,第一年抵扣比例为 60%,第二年抵扣比例为 40%。以下适用该政策的取得的不动产有(　　)。

A. 接受投资入股的不动产　　B. 融资租入的不动产

C. 接受捐赠的不动产　　D. 抵债取得的不动产

三、判断题

1. 从商品生产经营全过程看,商品的最后销售总值应等于该商品从生产到流通的各个环节的增值税之和。(　　)

2. 增值税的税收负担由商品的最终消费者承担。(　　)

3. 由于增值税是对销售货物征税,所以纳税人销售的电力、热力、气体不属于增值税的征税范围。(　　)

4. 增值税规定,纳税人将购进货物作为投资,提供给其他单位或者个体工商户,不得抵扣进项税额。(　　)

5. 纳税人将购进货物用于非增值税应税项目应视同销售征收增值税。(　　)

6. 已抵扣进项税额的购进货物,如果作为集体福利发放给职工个人的,发放时应视同销售计算增值税的销项税额。(　　)

7. 纳税人一经认定为增值税一般纳税人,就不得再转为小规模纳税人。(　　)

8. 财政部、国家税务总局将小规模纳税人标准暂定为应税行为年销售额 500 万元(含本数)以下。纳税人提供应税行为销售额超过小规模纳税人标准的,应申请认定为增值税一般纳税人。(　　)

9. 纳税人将自产、委托加工或购买的货物用于实物折扣,属于折扣销售的一种形式,折扣的实物款额只要与销售额同开在一张发票上,就可以从销售额中扣除。(　　)

10. 增值税的一般纳税人,购买货物时支付的运费可以计算抵扣进项税额;销售货物时支付的运费不可以计算抵扣进项税额。(　　)

四、案例分析题

1. 北京某传媒有限责任公司主要经营电视剧、电影等广播影视节目的制作和发行,2016 年 11 月企业发生如下业务:

(1)9 日,传媒公司为某电视剧提供片头、片尾、片花制作服务,取得含税服务费 106 万元。

(2)同日,公司购入 8 台计算机,用于公司的日常生产经营,支付含税价款 4.68 万元,取得增值税专用发票,当月通过认证。

(3)10 日,公司购入一台小汽车,取得机动车销售统一发票,支付价税合计金额 23.4 万元。

(4)11 日,代理某小成本新电影的发行服务,共向制片方收取含税价款 53 万元。

(5)22 日,该电影在某影院开始上映,传媒公司向影院支付含税上映费用 15 万元,取得增值税专用发票。(影院选择采用一般计税方法核算)

(6)25 日,支付增值税税控系统技术维护费用合计付款 700 元,取得增值税专用发票注明价款 660.38 元,税额 39.62 元。

(7)26 日,出租闲置的办公室,预收租金 30 万元,同进向承租方收取管理费 2 万元。(选择按一般计税方法计税)

(已知:上述企业为增值税一般纳税人,取得的专用发票当月认证当月抵扣。)

【要求】 每项需计算出合计数。

(1)提供片头、片尾、片花制作服务取得收入应计算的增值税销项税。

(2)计算购入计算机和小汽车可以抵扣的增值税进项税。

(3)计算该公司当月的销项税额。

(4)计算该公司当月应缴纳的增值税。

2. 某运输公司为增值税一般纳税人,具备国际运输资质。2015 年 7 月经营业务如下:

(1)国内运送旅客,按售票统计取得价税合计金额 177.6 万元;运送旅客至境外,按售票统计取得价税合计金额 53.28 万元。

(2)运送货物,开具增值税专用发票注明运输收入金额 260 万元、装卸收入金额 18 万元。

(3)提供仓储服务,开具增值税专用发票注明仓储收入金额 70 万元、装卸收入金额 6 万元。

(4)修理、修配各类车辆,开具普通发票注明价税合计金额 31.59 万元。

(5)销售使用过的未抵扣进项税额的货运汽车 6 辆,开具普通发票注明价税合计金额 24.72 万元。

(6)进口轻型商用客车 3 辆自用,经海关核定的成交价共计 57 万元,运抵我国境内输入地点起卸前的运费 6 万元,保险费 3 万元。

(7)购进小汽车 4 辆自用,每辆单价 16 万元,取得销售公司开具的增值税专用发票注明金额 64 万元、税额 10.88 万元,另支付销售公司运输费用,取得运输业增值税专用发票注明运费金额 4 万元、税额 0.44 万元。

(8)购进汽油取得增值税专用发票注明金额 10 万元、税额 1.7 万元,90%用于公司运送旅客,10%用于公司接送员工上下班,购进矿泉水一批,取得增值税专用发票注明金额 2 万元,税额 0.34 万元,70%赠送给公司运送的旅客,30%用于公司集体福利。

(其他相关资料:假定进口轻型商用客车的关税税率为 20%,消费税税率 5%。)

【要求】 每项需计算出合计数。

(1)计算业务(1)~(4)的销项税额。

(2)计算业务(5)应缴纳的增值税。

(3)计算业务(6)进口轻型商用客车应缴纳的增值税。

(4)计算业务(7)购进小汽车可抵扣的进项税额。

(5)计算业务(8)购进汽油、矿泉水可抵扣的进项税额。

(6)计算该公司 7 月应向主管税务机关缴纳的增值税。

3. 某商业企业是增值税一般纳税人,2016 年 8 月初留抵税额 2 000 元,8 月发生下列业务:

(1)购入商品一批,取得认证税控发票,价款 10 000 元,税款 1 700 元;支付运费 1 000 元(不含税),取得专用发票。

(2)3 个月前从农民手中收购的一批粮食毁损,账面成本 5 220 元。

(3)从农民手中收购大豆1吨,税务机关规定的收购凭证上注明收购款1 500元。

(4)从小规模纳税人处购买商品一批,取得税务机关代开的增值税专用发票,价款30 000元,税款900元,款已付,货物未入库,发票已认证。

(5)购买建材一批用于修缮仓库,价款20 000元,税款3 400元。

(6)零售日用商品,取得含税收入150 000元。

(7)将一批库存布料捐赠受灾地区,账面成本20 000元,同类不含税销售价格30 000元。

(8)外购电脑20台,取得增值税专用发票,每台不含税单价6 000元,购入后5台办公使用,5台捐赠希望小学,另10台全部零售,零售价每台8 000元。

(9)将自用过3年的一辆小轿车转让,取得支票注明价款83 200元。

相关可抵扣进项税的发票均经过认证。

【要求】

(1)计算当期全部可以抵扣的增值税进项税(考虑转出的进项税)。

(2)计算当期销售货物的增值税销项税。

(3)计算转让使用过的旧轿车应纳的增值税。

(4)计算当期应纳增值税。

4. 某实行出口免抵退税的机械厂2016年7月末留抵税额3 000元,8月发生下列业务:

(1)购入生产用A材料10吨,取得增值税专用发票,价税合计351 000元。

(2)购入生产用B材料10吨,取得增值税普通发票,价税合计11 700元。

(3)支付A材料运费2 000元(不含税),取得专用发票。

(4)销售自产产品甲机器4台,开具增值税发票,含税价款160 000元;支付甲机器运输费2 000元(不含税),取得专用发票。

(5)购买生产设备1台,取得增值税专用发票,价款40 000元,税款6 800元。

(6)购买小轿车一辆自用,取得增值税专用发票,价款200 000元,税款34 000元。

(7)该企业将自产的3台甲机器出口,离岸价格合计14 600美元,美元与人民币比价为6.5 : 1。

(8)当期发现因保管不当毁损以前购入的包装物一批,账面成本20 000元(含运费1 860元)。

增值税退税率为15%,需要认证的发票都已通过认证。

【要求】

(1)计算当期发生的增值税进项税。

(2)计算当期进项税转出的合计数。

(3)计算当期增值税销项税。

(4)计算当期免抵退税额。

(5)计算当期该企业申请的出口退税。

(6)计算当期该企业的留抵税额。

5. 某食品零售商是增值税一般纳税人,2016年5月末留抵税额5 000元,6月发生下列业务:

(1)购入食品添加剂一批,取得增值税专用发票上注明价款10 000元,增值税税款1 700元。

(2)3个月前从农民手中收购的一批大麦由于管理不善丢失,账面成本5 406元(含运费186元)。

(3)从农民手中收购大豆一批,税务机关规定的收购凭证上注明收购款15 000元,另支付不含税运输费254.55元,取得运输企业(一般纳税人)开具的增值税专用发票。

(4)从小规模纳税人处购买包装物一批,取得税务机关代开的增值税专用发票,价款30 000元,增值税税款900元,款项已付。

(5)销售玉米渣,取得含税收入45 000元;销售切面,取得含税收入20 000元;销售饺子皮,取得含税收入2 800元;销售速冻饺子,取得含税收入70 200元。

(6)转让2012年自建的仓库一栋,选择简易计税方法计税,取得价税合计收入5 000 000元。

(7)进口食品加工机一台,关税完税价格20 000元,关税税率6%,缴纳进口环节相关税金后,海关放行并填发了进口增值税专用缴款书。

(8)转让2008年购入的已使用过的设备1台,原值100万元,扣除折旧的账面净值90万元,按照市场价转让获取含税收入70万元。

(其他相关资料:该零售商未放弃相关减税优惠;上述应认证的发票均经过认证并在当期抵扣。)

【要求】

(1)计算进口环节缴纳税金的合计数。

(2)计算当期可抵扣的增值税进项税额的合计数。

(3)计算当期增值税销项税额。

(4)计算当期应向税务机关缴纳的增值税税额。

第三章　消费税法

本章要点

◇消费税征税对象和纳税人
◇消费税的纳税环节
◇税目税率和计税依据
◇消费税的计算与缴纳
◇出口应税消费品退(免)税

情境导入

我国现行消费税并不是普遍征收的,而是对特定货物作为特殊调节征收的一种税。这是因为:一些货物的过度消费会对人们的身体健康、社会秩序、生态环境造成危害,如烟酒、鞭炮焰火等;一些货物属于非生活必需品的高档消费商品,即人们通常所说的奢侈品,如贵重首饰、高档化妆品、高尔夫球、高档手表、游艇等,对这些货物征税,体现了国家调节收入分配的意图;还有一些货物属于资源性产品,如成品油、实木地板、木制的一次性筷子等,国家对此征税可促进资源的合理开发利用;对于一些属于消耗能源、污染环境的消费品,如小汽车和摩托车等,通过征税可有助于减少能源的消耗和环境污染。

消费税属于价内税,税额含在销售价格中,人们在购买应税消费品时,已经成为消费税的负税人。思考:我们作为消费者购买应税消费品的同时向国家"贡献"了多少消费税呢?

第一节　消费税概述

消费税法是指国家制定的用以调整消费税征收与缴纳之间权利及义务关系的法律规范。现行消费税法的基本规范,是2008年11月5日经国务院第34次常务会议修订通过并颁布,自2009年1月1日起施行的《中华人民共和国消费税暂行条例》,以及2008年12月15日财政部、国家税务总局第51号令颁布的《中华人民共和国消费税暂行条例实施细则》。

2014年11月末,消费税有部分调整。财政部、国家税务总局联合在2014年11月25日和2014年11月28日分别发出两项通知:《关于调整消费税政策的通知》财税〔2014〕93号和《关于提高成品油消费税的通知》财税〔2014〕94号。同时,2014年11月28日国家税务总局发布《关于成品油消费税有关问题的公告》2014年第65号文件。

2014年12月12日,为促进环境治理和节能减排,财政部、国家税务总局发布《关于进一步提高成品油消费税的通知》财税〔2014〕106号。

一、消费税的概念

消费税是指对消费品和特定的消费行为按消费流转额征收的一种商品税。消费税可分为一般消费税和特别消费税,前者主要是指对所有消费品包括必需品和日用品普遍课税,后者主要是指对特定消费品或特定消费行为如奢侈品等课税。消费税以消费品为课税对象,在此情况下,税收随价格转嫁给消费者负担,消费者是间接纳税人、实际负税人。消费税的征收具有较强的选择性,是国家贯彻消费政策、引导消费结构从而引导产业结构的重要手段,因而在保证国家财政收入、体现国家经济政策等方面具有十分重要的意义。

我国现行消费税是对在我国境内从事生产、委托加工和进口应税消费品(个别消费品在批发或零售环节征收,本章第二节对此有详细说明)的单位和个人就其应税消费品征收的一种税。它选择部分消费品征税,因而属于特别消费税。

二、消费税的特点

(一)征收范围具有选择性

我国仅选择部分消费品征收消费税,而不是对所有消费品都征收消费税。我国消费税目前共设置15个税目,征收的具体品目采用正列举,征税界限清晰,征税范围有限。只有消费税税目税率表上列举的应税消费品才征收消费税,没有列举的则不应征收消费税。

(二)征税环节具有单一性

消费税的最终负担人是消费者,但是,为了加强源泉控制、防止税款流失,消费税的纳税环节主要确定在产制环节或进口环节。也就是说,应税消费品在生产环节或进口环节征税之后,除个别消费品的纳税环节为零售环节外,再继续转销该消费品不再征收消费税。但无论在哪个环节征税,都实行单环节征收,以零售环节为纳税环节的应税消费品,在零售环节以前的诸环节都不征收消费税。这样,既可以减少纳税人的数量、降低税款征收费用和税源流失的风险,又可以防止重复征税。

征税环节具有单一性是我国消费税的传统特点。不过,经国务院批准,财政部、国家税务总局对烟产品消费税政策做了调整,自2009年5月1日起,卷烟批发环节加征一道从价税;自2016年12月1日起对超豪华小汽车在零售环节加征一道从价税。从这两项政策来说,消费税征税环节具有单一性的特点已经被打破。但这只是极个别情况,为了有利于大家理解消费税,目前这个提法本书还保留。

(三)平均税率水平较高且税负差异大

消费税属于国家运用税收杠杆对某些消费品进行特殊调节的税种。为了有效体现国家政策,消费税的平均税率水平一般定得比较高,并且不同征税项目的税负差异较大,对需要限制或控制消费的消费品,通常税负较重。我国现行消费税是同增值税相互配合而设置的。这种办法在对某些需要特殊调节的消费品在征收增值税的同时,再征收一道消费税,从而形成了一种交叉调节的间接税体系。

(四)征收方法具有灵活性

消费税在征收方法上,既可以采用对消费品制定单位税额,依消费品的数量实行从量定额的征收方法,也可以采用对消费品制定比例税率,依消费品的价格实行从价定率的征收方法。目前,对烟和酒两类消费品既采用从价征收,同时又采用从量征收。

(五)税负具有转嫁性

消费税是对应税消费品的课税。因此,税负归宿应为消费者。但为了简化征收管理,我国消费税直接以应税消费品的生产经营者为纳税人,于产制销售环节、进口环节或零售环节缴纳税款,并成为商品价格的一个组成部分向购买者收取,消费者为税负的最终负担者。

第二节 消费税的纳税人、征税范围与税目税率

一、纳税人

在我国境内生产、委托加工和进口应税消费品的单位和个人,以及国务院确定的销售应税消费品的其他单位和个人,为消费税纳税人。金银首饰、钻石及钻石饰品消费税以零售者为纳税人。将超豪华小汽车销售给消费者的单位和个人为超豪华小汽车零售环节的纳税人。① 卷烟消费税以在我国境内生产、委托加工和进口卷烟的单位和个人,以及从事卷烟批发业务的单位和个人为纳税人。但是,

① 财政部、国家税务总局:《关于对超豪华小汽车加征消费税有关事项的通知》,财税〔2016〕129号,2016年11月30日。

卷烟批发者之间销售卷烟不缴纳消费税。[①]

所称单位，是指企业、行政单位、事业单位、军事单位、社会团体及其他单位。所称个人，是指个体工商户及其他个人。所称在我国境内，是指生产、委托加工和进口应税消费品的起运地或者所在地在境内。

二、征税范围

目前，消费税的征税范围分布于六个环节：

（一）生产应税消费品

生产应税消费品的销售是消费税征收的主要环节。因消费税具有单一环节征税的特点，在生产销售环节征税以后，货物在流通环节无论再转销多少次，都不用再缴税。

另外，自2013年1月1日起，工业企业以外的单位和个人的下列行为视为应税消费品的生产行为，按规定征收消费税：

（1）将外购的消费税非应税产品以消费税应税产品对外销售的；

（2）将外购的消费税低税率应税产品以高税率应税产品对外销售的。

（二）自产自用用于其他方面的应税消费品

生产应税消费品除了直接对外销售应征收消费税外，纳税人将生产的应税消费品换取生产资料、消费资料、投资入股、偿还债务及用于继续生产应税消费品以外的其他方面都应缴纳消费税。

（三）委托加工应税消费品

委托加工应税消费品是指委托方提供原料和主要材料，受托方只收取加工费和代垫部分辅助材料加工的应税消费品。由受托方提供原材料或其他情形的，一律不能视同加工应税消费品。委托加工的应税消费品收回后，再继续用于生产应税消费品销售的，其加工环节缴纳的消费税款可以扣除。

（四）进口应税消费品

单位和个人进口货物属于消费税征税范围的，在进口环节也要缴纳消费税。为了减少征税成本，进口环节缴纳的消费税由海关代征。

（五）零售应税消费品

经国务院批准，自1995年1月1日起，金银首饰消费税由生产销售环节征收改为零售环节征收。改在零售环节征收消费税的金银首饰仅限于金基、银基合金首饰以及金、银和金基、银基合金的镶嵌首饰。零售环节适用税率为5%，在纳税人销售金银首饰、钻石及钻石饰品时征收。其计税依据是不含增值税的销售额。

对既销售金银首饰又销售非金银首饰的生产、经营单位，应将两类商品划分清楚，分别核算销售额。凡划分不清楚或不能分别核算的并在生产环节销售的，一律从高适用税率征收消费税；在零售环节销售的，一律按金银首饰征收消费税。金银首饰与其他产品组成成套消费品销售的，应按销售额全额征收消费税。

金银首饰连同包装物销售的，无论包装物是否单独计价，也无论会计上如何核算，均应并入金银首饰的销售额，计征消费税。

带料加工的金银首饰，应按受托方销售同类金银首饰的销售价格确定计税依据征收消费税。没有同类金银首饰销售价格的，按照组成计税价格计算纳税。

纳税人采用以旧换新（含翻新改制）方式销售的金银首饰，应按实际收取的不含增值税的全部价款确定计税依据征收消费税。

经国务院批准，自2016年12月1日起，将超豪华小汽车销售给消费者的单位和个人，每辆零售价格130万元（不含增值税）及以上的乘用车和中轻型商用客车，税率为10%。

超豪华小汽车零售环节消费税应纳税额的计算公式为：

---

① 财政部、国家税务总局：《关于调整烟产品消费税政策的通知》，财税〔2009〕84号，2009年5月26日。

应纳税额＝零售环节销售额(不含增值税,下同)×零售环节税率

国内汽车生产企业直接销售给消费者的超豪华小汽车,消费税税率按照生产环节税率和零售环节税率加总计算。消费税应纳税额的计算公式为:

应纳税额＝销售额×(生产环节税率＋零售环节税率)

(六)批发应税消费品

自2015年5月10日起,在中华人民共和国境内从事卷烟批发业务的单位和个人,批发销售的所有牌号规格的卷烟,都要按批发卷烟的销售额(不含增值税)乘以11%的税率,并按0.005元/支加征从量税缴纳批发环节的消费税。①

三、税目、税率

(一)税目

消费税有15个税目,有的税目还进一步划分为若干子目。

1. 烟

凡是以烟叶为原料加工生产的产品,不论使用何种辅料,均属于本税目的征收范围,包括卷烟(进口卷烟、白包卷烟、手工卷烟和未经国务院批准纳入计划的企业及个人生产的卷烟)、雪茄烟和烟丝。

2. 酒

酒是酒精度在1度以上的各种酒类饮料。酒精又名乙醇,是指用蒸馏或合成方法生产的酒精度在95度以上的无色透明液体。酒类包括粮食白酒、薯类白酒、黄酒、啤酒、果啤和其他酒。酒精包括各种工业酒精、医用酒精和食用酒精。

自2014年12月1日起酒精不再征收消费税。该税目由"酒及酒精"更改为"酒"②。原酒精消费税税率为5%,本书税目表中不再体现。

对饮食业、商业、娱乐业举办的啤酒屋(啤酒坊)利用啤酒生产设备生产的啤酒,应当征收消费税。

自2011年10月1日起,配制酒(露酒)是指以发酵酒、蒸馏酒或食用酒精为酒基,加入可食用或药食两用的辅料或食品添加剂,进行调配、混合或再加工制成的并改变了其原酒基风格的饮料酒。具体规定如下:

(1)以蒸馏酒或食用酒精为酒基,具有国家相关部门批准的国食健字或卫食健字文号并且酒精度低于38度(含)的配制酒,按消费税税目税率表"其他酒"10%适用税率征收消费税。

(2)以发酵酒为酒基,酒精度低于20度(含)的配制酒,按消费税税目税率表"其他酒"10%适用税率征收消费税。

(3)其他配制酒,按消费税税目税率表"白酒"适用税率征收消费税。

3. 高档化妆品③

自2016年10月1日起,取消对普通美容、修饰类化妆品征收消费税本税目征收范围包括高档美容、修饰类化妆品,高档护肤类化妆品和成套化妆品。

高档美容、修饰类化妆品和高档护肤类化妆品是指生产(进口)环节销售(完税)价格(不含增值税)在10元/毫升(克)或15元/片(张)及以上的美容、修饰类化妆品和护肤类化妆品。

美容、修饰类化妆品是指香水、香水精、香粉、口红、指甲油、胭脂、眉笔、唇笔、蓝眼油,以及成套化妆品。

舞台、戏剧、影视演员化妆用的上妆油、卸装油、油彩不属于本税目的征收范围。

---

① 财政部、国家税务总局:《关于调整卷烟消费税的通知》,财税〔2015〕60号,2015年5月7日。

② 财政部、国家税务总局:《关于调整消费税政策的通知》,财税〔2014〕93号,2014年11月25日。

③ 财政部、国家税务总局:《关于调整化妆品消费税政策的通知》,财税〔2016〕103号,2016年9月30日。

4. 贵重首饰及珠宝玉石

凡以金、银、白金、宝石、珍珠、钻石、翡翠、珊瑚、玛瑙等高贵稀有物质以及其他金属、人造宝石等制作的各种纯金银首饰及镶嵌首饰和经采掘、打磨、加工的各种珠宝玉石。对出国人员免税商店销售的金银首饰征收消费税。

5. 鞭炮、焰火

各种鞭炮、焰火。体育上用的发令纸、鞭炮药引线，不按本税目征收。

6. 成品油

本税目包括汽油、柴油、石脑油、溶剂油、航空煤油、润滑油、燃料油7个子目。

(1)汽油。汽油是指用原油或其他原料加工生产的辛烷值不小于66的可用作汽油发动机燃料的各种轻质油。含铅汽油是指铅含量每升超过0.013克的汽油。汽油分为车用汽油和航空汽油。

以汽油、汽油组分调和生产的甲醇汽油、乙醇汽油也属于本税目征收范围。

(2)柴油。柴油是指用原油或其他原料加工生产的凝点或倾点在－50号～30号的可用作柴油发动机燃料的各种轻质油和以柴油成分为主，经调和精制可用作柴油发动机燃料的非标油。

以柴油、柴油组分调和生产的生物柴油也属于本税目征收范围。

(3)石脑油。石脑油又称化工轻油，是以原油或其他原料加工生产的用于化工原料的轻质油。

石脑油的征收范围包括除汽油、柴油、航空煤油、溶剂油以外的各种轻质油。非标汽油、重整生成油、拔头油、戊烷原料油、轻裂解料(减压柴油VGO和常压柴油AGO)、重裂解料、加氢裂化尾油、芳烃抽余油均属轻质油，属于石脑油征收范围。

(4)溶剂油。溶剂油是用原油或其他原料加工生产的用于涂料、油漆、食用油、印刷油墨、皮革、农药、橡胶、化妆品生产和机械清洗、胶粘行业的轻质油。

橡胶填充油、溶剂油原料，属于溶剂油征收范围。

(5)航空煤油。航空煤油也称喷气燃料，是用原油或其他原料加工生产的用作喷气发动机和喷气推进系统燃料的各种轻质油。航空煤油暂缓征收。

(6)润滑油。润滑油是用原油或其他原料加工生产的用于内燃机、机械加工过程的润滑产品。润滑油分为矿物性润滑油、植物性润滑油、动物性润滑油和化工原料合成润滑油。

润滑油的征收范围包括矿物性润滑油、矿物性润滑油基础油、植物性润滑油、动物性润滑油和化工原料合成润滑油。以植物性、动物性和矿物性基础油(或矿物性润滑油)混合掺配而成的“混合性”润滑油，不论矿物性基础油(或矿物性润滑油)所占比例高低，均属润滑油的征收范围。

(7)燃料油。燃料油也称重油、渣油，是用原油或其他原料加工生产，主要用作电厂发电、锅炉用燃料、加热炉燃料、冶金和其他工业炉燃料。腊油、船用重油、常压重油、减压重油、180CTS燃料油、7号燃料油、糠醛油、工业燃料、4～6号燃料油等油品的主要用途是作为燃料燃烧，属于燃料油征收范围。

7. 摩托车

包括轻便摩托车和摩托车两种。对最大设计车速不超过50千米/时，发动机汽缸总工作容量不超过50毫升的三轮摩托车不征收消费税。

自2014年12月1日起，取消汽缸容量250毫升(不含)以下的小排量摩托车消费税。[①]

8. 小汽车

汽车是指由动力驱动，具有4个或4个以上车轮的非轨道承载的车辆。

本税目征收范围包括含驾驶员座位在内最多不超过9个座位(含)的、在设计和技术特性上用于载运乘客和货物的各类乘用车，以及含驾驶员座位在内的座位数在10～23座之间(含23座)的、在设计和技术特性上用于载运乘客和货物的各类中轻型商用客车。

用排气量小于1.5升(含)的乘用车底盘(车架)改装、改制的车辆属于乘用车征收范围。用排气

① 财政部、国家税务总局:《关于调整消费税政策的通知》，财税〔2014〕93号，2014年11月25日。

量大于1.5升的乘用车底盘(车架)或用中轻型商用客车底盘(车架)改装、改制的车辆属于中轻型商用客车征收范围。

含驾驶员人数(额定载客)为区间值的(如8～10人、17～26人)小汽车,按其区间值下限人数确定征收范围。

电动汽车不属于本税目征收范围。车身长度大于7米(含),并且座位在10～23座(含)以下的商用客车,不属于中轻型商用客车征税范围,不征收消费税。沙滩车、雪地车、卡丁车、高尔夫车不属于消费税征收范围,不征收消费税。

自2016年12月1日起对超豪华小汽车加征消费税。征收范围为每辆零售价格为130万元(不含增值税)及以上的乘用车和中轻型商用客车,即乘用车和中轻型商用客车子税目中的超豪华小汽车。对超豪华小汽车,在生产(进口)环节按现行税率征收消费税的基础上,在零售环节加征消费税。

9. 高尔夫球及球具

高尔夫球及球具是指从事高尔夫球运动所需的各种专用装备,包括高尔夫球、高尔夫球杆及高尔夫球包(袋)等。

高尔夫球是指重量不超过45.93克、直径不超过42.67毫米的高尔夫球运动比赛、练习用球;高尔夫球杆是指被设计用来打高尔夫球的工具,由杆头、杆身和握把三部分组成;高尔夫球包(袋)是指专用于盛装高尔夫球及球杆的包(袋)。

本税目征收范围包括高尔夫球、高尔夫球杆、高尔夫球包(袋)。高尔夫球杆的杆头、杆身和握把属于本税目的征收范围。

10. 高档手表

高档手表是指销售价格(不含增值税)每只在10 000元(含)以上的各类手表。

本税目征收范围包括符合以上标准的各类手表。

11. 游艇

游艇是指长度大于8米小于90米,船体由玻璃钢、钢、铝合金、塑料等多种材料制作而成,可以在水上移动的水上浮载体。按照动力划分,游艇分为无动力艇、帆艇和机动艇。

本税目征收范围包括艇身长度大于8米(含)小于90米(含),内置发动机,可以在水上移动,一般为私人或团体购置,主要是指用于水上运动和休闲娱乐等非牟利活动的各类机动艇。

12. 木制一次性筷子

木制一次性筷子,又称卫生筷子,是指以木材为原料,经过锯段、浸泡、旋切、刨切、烘干、筛选、打磨、倒角、包装等环节加工而成的各类一次性使用的筷子。

本税目征收范围包括各种规格的木制一次性筷子。未经打磨、倒角的木制一次性筷子属于本税目征税范围。

13. 实木地板

实木地板是指以木材为原料,经锯割、干燥、刨光、截断、开榫、涂漆等工序加工而成的块状或条状的地面装饰材料。实木地板按生产工艺不同,可分为独板(块)实木地板、实木指接地板、实木复合地板三类;按表面处理状态不同,可分为未涂饰地板(白坯板、素板)和漆饰地板两类。

本税目征收范围包括各类规格的实木地板、实木指接地板、实木复合地板及用于装饰墙壁、天棚的侧端面为榫、槽的实木装饰板。未经涂饰的素板也属于本税目征税范围。

14. 涂料、电池①

为促进节能环保,经国务院批准,自2015年2月1日起对涂料、电池征收消费税。将涂料、电池列入消费税征收范围,在生产、委托加工和进口环节征收,适用税率均为4%。

对无汞原电池、金属氢化物镍蓄电池(又称“氢镍蓄电池”或“镍氢蓄电池”)、锂原电池、锂离子蓄

---

① 财政部、国家税务总局:《关于对电池涂料征收消费税的通知》,财税〔2015〕16号,2015年1月26日。

电池、太阳能电池、燃料电池和全钒液流电池免征消费税。

2015 年 12 月 31 日前对铅蓄电池缓征消费税；自 2016 年 1 月 1 日起，对铅蓄电池按 4%税率征收消费税。

对施工状态下挥发性有机物(Volatile Organic Compounds，VOC)含量低于 420 克/升(含)的涂料免征消费税。

(二)税率

消费税采用比例税率和定额税率两种形式，以适应不同应税消费品的实际情况，详见表 3－1、表 3－2和表 3－3。

表 3－1　消费税税目税率表

税　目	税　率
一、烟	
1. 卷烟	
生产环节、进口环节：	
(1)甲类卷烟	56%加 0.003 元/支
(2)乙类卷烟	36%加 0.003 元/支
(3)批发环节	11%加 0.005 元/支
2. 雪茄烟	36%
3. 烟丝	30%
二、酒	
1. 白酒	20%加 0.5 元/500 克(或者 500 毫升)
2. 黄酒	240 元/吨
3. 啤酒	
(1)甲类啤酒	250 元/吨
(2)乙类啤酒	220 元/吨
4. 其他酒	10%
三、高档化妆品	15%
四、贵重首饰及珠宝玉石	
1. 金银首饰、铂金首饰和钻石及钻石饰品	5%
2. 其他贵重首饰和珠宝玉石 10%	
五、鞭炮、焰火	15%
六、成品油①	
1. 汽油	1.52 元/升
2. 石脑油	1.52 元/升
3. 溶剂油	1.52 元/升
4. 润滑油	1.52 元/升
5. 柴油	1.2 元/升
6. 航空煤油	1.2 元/升
7. 燃料油	1.2 元/升
七、摩托车	
1. 气缸容量(排气量，下同)250 毫升	3%
2. 气缸容量在 250 毫升以上的	10%

① 财政部、国家税务总局：《关于继续提高成品油消费税的通知》，财税〔2015〕11 号，2015 年 1 月 12 日。

续表

税 目	税 率	
八、小汽车	生产(进口环节)	零售环节
1. 乘用车		
(1)气缸容量(排气量,下同)在1.0升(含1.0升)以下的	1%	
(2)气缸容量在1.0升以上至1.5升(含1.5升)的	3%	
(3)气缸容量在1.5升以上至2.0升(含2.0升)的	5%	
(4)气缸容量在2.0升以上至2.5升(含2.5升)的	9%	
(5)气缸容量在2.5升以上至3.0升(含3.0升)的	12%	
(6)气缸容量在3.0升以上至4.0升(含4.0升)的	25%	
(7)气缸容量在4.0升以上的	40%	
2. 中轻型商用客车	5%	
3. 超豪华小汽车	按子税目1和子税目2的规定征收	10%
九、高尔夫球及球具	10%	
十、高档手表	20%	
十一、游艇	10%	
十二、木制一次性筷子	5%	
十三、实木地板	5%	
十四、涂料	4%	
十五、电池	4%	

注:计量单位的换算标准:黄酒1吨=962升;啤酒1吨=988升;汽油1吨=1 388升;柴油1吨=1 176升;航空煤油1吨=1 246升;石脑油1吨=1 385升;溶剂油1吨=1 282升;润滑油1吨=1 126升;燃料油1吨=1 015升。

表3-2　　成品油进口环节消费税税率表①

税则号列	商品名称(简称)	税率(元/升)
27101210	车用汽油及航空汽油	1.52
27101220	石脑油	1.52
27101230	橡胶溶剂油、油漆溶剂油、抽提溶剂油	1.52
27101911	航空煤油	1.2
27101912	灯用煤油	1.2
27101919	其他煤油馏分产品	1.2
27101922	5~7号燃料油	1.2
27101923	柴油	1.2
27101929	其他燃料油	1.2
27101991	润滑油	1.52
27101992	润滑脂	1.52

① 财政部、国家税务总局:《关于继续提高成品油消费税的通知》,财税〔2015〕11号,2015年1月12日。

续表

税则号列	商品名称(简称)	税率(元/升)
27101993	润滑油基础油	1.52
27101999	其他重油及重油制品	1.2
27102000	石油及从沥青矿物提取的油类以及以上述油为基本成分(按重量计不低于70%)的其他税目未列名制品,含有生物柴油,但废油除外	1.2
ex38260000	不符合国家《柴油机燃料调合用生物柴油(BD100)》标准的生物柴油及其混合物	1.2

表3—3　　化妆品进口环节消费税税目税率表

税则号列	商品名称(简称)	税率
3030000	香水及花露水	15%
33041000	唇用化妆品	15%
33042000	眼用化妆品	15%
33043000	指(趾)甲化妆品	15%
33049100	粉,不论是否压紧	15%
33049900	其他美容化妆品	15%

注:仅对上表进口完税价格在10元/毫升(克)或15元/片(张)及以上的商品征收消费税。

纳税人兼营不同税率的应税消费品,应分别核算其销售额、销售数量;未分别核算的,或者将不同税率的应税消费品组成成套消费品销售的,从高适用税率。所称兼营不同税率的应税消费品,是指纳税人生产销售两种税率以上的应税消费品。

需要说明的是,表3—1中的卷烟及啤酒甲、乙类划分的标准为:

(1)在生产环节和进口环节,甲类卷烟,是指每标准条(200支,下同)调拨价格或进口的完税价格在70元(不含增值税)以上(含70元)的卷烟;乙类卷烟,是指每标准条调拨价格或进口的完税价格在70元(不含增值税)以下的卷烟。

(2)甲类啤酒,是指每吨啤酒出厂价格(含包装物及包装物押金)在3 000元(含3 000元,不含增值税)以上的,以及娱乐业、饮食业自制啤酒;乙类啤酒,是指每吨啤酒出厂价格在3 000元(不含3 000元,不含增值税)以下的啤酒。[①] 在确定出厂价格(含包装物及包装物押金)时,上述包装物押金不包括供重复使用的塑料周转箱的押金。[②]

第三节　消费税的纳税环节与计税依据

一、纳税环节

消费税一般在应税消费品的生产环节、委托加工环节和进口环节征收,在批发、零售环节不再征收。但是,金银首饰、钻石及钻石饰品消费税由生产环节、进口环节改在零售环节征收;卷烟消费税除在生产环节、委托加工环节和进口环节征收外,自2009年5月1日起,还在批发环节征收,其中批发

① 财政部、国家税务总局:《关于调整酒类产品消费税政策的通知》,财税〔2001〕84号,2001年5月11日。
② 财政部、国家税务总局:《关于明确啤酒包装物押金消费税政策的通知》,财税〔2006〕20号,2006年2月27日。

环节的征收是指纳税人销售给纳税人以外的单位和个人的卷烟于销售时纳税，纳税人之间销售的卷烟不缴纳消费税。① 卷烟批发企业的机构所在地，总机构与分支机构不在同一地区的，由总机构申报纳税。卷烟消费税在生产和批发两个环节征收后，批发企业在计算纳税时不得扣除已含的生产环节的消费税税款。

二、计税依据

(一)从价定率:销售额

采用从价定率计税办法的应税消费品，消费税的计税依据是销售额。

1. 销售额的确定

纳税人生产的应税消费品，于纳税人销售时纳税。所谓销售，是指有偿转让应税消费品的所有权。所称有偿，是指从购买方取得货币、货物或者其他经济利益。

在这一环节，销售额是纳税人销售应税消费品向购买方收取的全部价款和价外费用，但不包括向购货方收取的增值税税款。所谓价外费用，是指价外向购买方收取的手续费、补贴、基金、集资费、返还利润、奖励费、违约金、滞纳金、延期付款利息、赔偿金、代收款项、代垫款项、包装费、包装物租金、储备费、优质费、运输装卸费以及其他各种性质的价外收费。但下列项目不包括在价外费用之内：

(1)同时符合以下条件的代垫运输费用：

①承运部门的运输费用发票开具给购买方的；

②纳税人将该项发票转交给购买方的。

(2)同时符合以下条件代为收取的政府性基金或者行政事业性收费：

①由国务院或者财政部批准设立的政府性基金，由国务院或者省级人民政府及其财政、价格主管部门批准设立的行政事业性收费；

②收取时开具省级以上财政部门印制的财政票据；

③所收款项全额上缴财政。

应税消费品连同包装物销售的，无论包装物是否单独计价以及在会计上如何核算，均应并入应税消费品的销售额中缴纳消费税。如果包装物不作价随同产品销售，而是收取押金，此项押金则不应并入应税消费品的销售额中征税；但对因逾期未收回的包装物不再退还的或者已收取的时间超过 12 个月的押金，应并入应税消费品的销售额，按照应税消费品的适用税率缴纳消费税。对既作价随同应税消费品销售，又另外收取押金的包装物押金，凡纳税人在规定的期限内没有退还的，均应并入应税消费品的销售额，按照应税消费品的适用税率缴纳消费税。

纳税人销售的应税消费品，以人民币计算销售额。纳税人以人民币以外的货币结算销售额的，可以选择销售额发生的当天或者当月 1 日的人民币汇率中间价折合成人民币销售额。纳税人应事先确定采用何种折合率，确定后 1 年内不得变更。

实际上，在生产销售环节，计算消费税所依据的销售额与计算增值税销项税额(或应纳税额)所依据的销售额基本相同。消费税是价内税，增值税是价外税，计算消费税、增值税销项税额(或应纳税额)所依据的销售额，都是含消费税但不包括增值税的销售额。

【例 3—1】 某化妆品厂(一般纳税人)本期向商场销售一批高档化妆品，开具的增值税专用发票上注明的销售额(不含增值税)为 100 万元。计算应纳增值税销项税额和应纳消费税。

【答案】 应纳增值税销项税额＝100×17%＝17(万元)

应纳消费税税额＝100×15%＝15(万元)

2. 含增值税销售额的换算

在计算消费税时所依据的销售额，不包括向购货方收取的增值税税款。如果纳税人应税消费品

---

① 财政部、国家税务总局：《关于调整烟产品消费税政策的通知》，财税〔2009〕84 号，2009 年 5 月 26 日。

的销售额中未扣除增值税税款或者因不得开具增值税专用发票而发生价款和增值税税款合并收取的，在计算消费税时，应换算为不含增值税税款的销售额。其换算公式为：

应税消费品的销售额＝含增值税的销售额÷(1＋增值税税率或者征收率)

(二)从量定额：计税数量

采用从量定额计税办法计算消费税的应税消费品(啤酒、黄酒、成品油)，以其生产、进口或委托加工的数量作为计税数量。

生产销售应税消费品的，计税数量为应税消费品的销售数量；自产自用应税消费品的，计税数量为应税消费品的移送使用数量；委托加工应税消费品的，计税数量为纳税人收回的应税消费品数量；进口的应税消费品，计税数量为海关核定的应税消费品进口征税数量。

(三)复合计税：计税数量和销售额

在生产、委托加工和进口环节，卷烟和白酒适用复合计税办法计算征收消费税。其计税依据是计税数量和销售额。

1. 计税数量

生产销售卷烟、白酒从量定额计税依据为实际销售数量。进口、委托加工、自产自用卷烟、白酒从量定额计税依据分别为海关核定的进口征税数量、委托方收回数量、移送使用数量。

2. 销售额

(1)卷烟从价定率部分计税依据为调拨价格或核定价格。

调拨价格是指卷烟生产企业通过卷烟交易市场与购货方签订的卷烟交易价格。计税调拨价格由国家税务总局按照中国烟草交易中心和各省烟草交易(订货)会2000年各牌号、规格卷烟的调拨价格确定。

(2)酒类关联企业间关联交易消费税问题的处理。

纳税人与关联企业之间的购销业务，不按照独立企业之间的业务往来作价的，税务机关可以按照下列方法调整其计税收入额或者所得额，核定其应纳税额：

①按照独立企业之间进行相同或者类似业务活动的价格。

②按照再销售给无关联关系的第三者的价格所取得的收入和利润水平。

③按照成本加合理的费用和利润。

④按照其他合理的方法。

对已检查出的酒类生产企业在检查年度内发生的利用关联企业关联交易行为规避消费税问题的，各省、自治区、直辖市、计划单列市国家税务局可根据本地区被查酒类生产企业与其关联企业间不同的核算方式，选择以上处理方法调整其酒类产品消费税计税收入额，核定应纳税额，补缴消费税。

(3)白酒生产企业向商业销售单位收取的"品牌使用费"是随着应税白酒的销售而向购货方收取的，属于应税白酒销售价款的组成部分，因此，不论企业采取何种方式或以何种名义收取价款，均应并入白酒的销售额中缴纳消费税。

(四)计税依据的特殊规定

(1)纳税人通过自设非独立核算门市部销售的自产应税消费品，应按照门市部对外销售额或者销售数量计算消费税。

(2)纳税人用于换取生产资料和消费资料、投资入股和抵偿债务等方面的应税消费品，应当以纳税人同类应税消费品的最高销售价格作为计税依据计算消费税。

(3)纳税人将自产的应税消费品与外购或自产的非应税消费品组成套装销售的，以套装产品的销售额(不含增值税)为计税依据。①

(4)纳税人兼营不同税率的应税消费品，应当分别核算不同税率应税消费品的销售额、销售数量。

---

① 财政部、国家税务总局：《关于调整和完善消费税政策的通知》，财税〔2006〕33号，2006年3月20日。

未分别核算销售额、销售数量，或者将不同税率的应税消费品组成成套消费品销售的，从高适用税率。

第四节 消费税的计算与缴纳

一、消费税的计算

（一）生产销售应税消费品应纳税额的计算

对于生产的应税消费品直接对外销售的，依照下列公式计算。

(1)实行从价定率计税办法的，应纳消费税税额的计算公式为：

应纳税额＝销售额×税率

(2)实行从量定额计税办法的，应纳消费税税额的计算公式为：

应纳税额＝计税数量×单位税额

(3)实行复合计税办法的，应纳消费税税额的计算公式为：

应纳税额＝销售额×税率＋计税数量×单位税额

【例 3－2】 某白酒生产企业为增值税一般纳税人，2016 年 4 月份销售粮食白酒 50 吨，取得不含增值税的销售额 1 500 000 元。计算白酒企业 4 月份应缴纳的消费税税额。

【答案】 白酒适用比例税率 20％，定额税率每 500 克 0.5 元。

应纳税额＝50×2 000×0.5＋1 500 000×20％＝350 000(元)

（二）自产自用应税消费品应纳税额的计算

所谓自产自用，就是纳税人生产应税消费品后，不是用于直接对外销售，而是用于自己连续生产应税消费品或用于其他方面。这种自产自用应税消费品形式，在实际经济活动中是常见的，但也是在是否纳税或如何纳税上最容易出现问题的。例如，有的企业把自己生产的应税消费品，以福利或奖励等形式发给本厂职工，以为不是对外销售，不必计入销售额，无须纳税，这样就出现了漏缴税款的现象。因此，很有必要认真理解税法对自产自用应税消费品的有关规定。

1. 用于连续生产的应税消费品

纳税人自产自用的应税消费品，用于连续生产应税消费品的不纳税。所谓“纳税人自产自用的应税消费品，用于连续生产应税消费品的”，是指作为生产最终应税消费品的直接材料并构成最终产品实体的应税消费品。例如，卷烟厂生产出烟丝，烟丝已是应税消费品，卷烟厂再用生产出的烟丝连续生产卷烟，这样，用于连续生产卷烟的烟丝就不缴纳消费税，只对生产的卷烟征收消费税。当然，生产出的烟丝如果是直接销售的，则烟丝仍要缴纳消费税。税法规定对自产自用的应税消费品，用于连续生产应税消费品的不征税，体现了税不重征且计税简便的原则。

2. 用于其他方面的应税消费品

纳税人自产自用的应税消费品，除用于连续生产应税消费品外，凡用于其他方面的，于移送使用时纳税。用于其他方面的是指纳税人用于生产非应税消费品、在建工程、管理部门、非生产机构、提供劳务，以及用于馈赠、赞助、集资、广告、样品、职工福利、奖励等方面。所谓“用于生产非应税消费品”，是指把自产的应税消费品用于生产消费税条例税目、税率表所列 15 类产品以外的产品。例如，原油加工厂用生产出的应税消费品汽油调和制成溶剂汽油，该溶剂汽油就属于非应税消费品。所谓“用于在建工程”，是指把自产的应税消费品用于本单位的各项建设工程。例如，石化工厂把自己生产的柴油用于本厂基建工程的车辆、设备使用。所谓“用于管理部门、非生产机构”，是指把自己生产的应税消费品用于与本单位有隶属关系的管理部门或非生产机构。例如，汽车制造厂把生产出的小汽车提供给上级主管部门使用。所谓“用于馈赠、赞助、集资、广告、样品、职工福利、奖励”，是指把自己生产的应税消费品无偿赠送给他人或以资金的形式投资于外单位某些事业或作为商品广告、经销样品或以福利、奖励的形式发给职工。例如，摩托车厂把自己生产的摩托车赠送或赞助给摩托车拉力赛车手使用，兼作商品广告；酒厂把生产的滋补药酒以福利的形式发给职工等。

总之，企业自产的应税消费品虽然没有用于销售或连续生产应税消费品，但只要是用于税法所规定的范围的都要视同销售，依法缴纳消费税。

3. 组成计税价格及税额的计算

纳税人自产自用的应税消费品，凡用于其他方面，应当纳税的，按照纳税人生产的同类消费品的销售价格计算纳税。同类消费品的销售价格是指纳税人当月销售的同类消费品的销售价格，如果当月同类消费品各期销售价格高低不同，应按销售数量加权平均计算。但销售的应税消费品有下列情况之一的，不得列入加权平均计算：(1)销售价格明显偏低又无正当理由的；(2)无销售价格的。

如果当月无销售或者当月未完结，应按照同类消费品上月或者最近月份的销售价格计算纳税。

没有同类消费品销售价格的，按照组成计税价格计算纳税。

实行从价定率办法计算纳税的组成计税价格的计算公式为：

组成计税价格＝(成本＋利润)÷(1－比例税率)

应纳税额＝组成计税价格×比例税率

实行复合计税办法计算纳税的组成计税价格的计算公式为：

组成计税价格＝(成本＋利润＋自产自用数量×定额税率)÷(1－比例税率)

应纳税额＝组成计税价格×比例税率＋自产自用数量×定额税率

上式中的“成本”，是指应税消费品的产品生产成本；“利润”，是指根据应税消费品的全国平均成本利润率计算的利润。应税消费品全国平均成本利润率由国家税务总局确定。

4. 应税消费品全国平均成本利润率

公式中的成本，是指应税消费品的产品生产成本。公式中的利润，是指根据应税消费品的全国平均成本利润率计算的利润。应税消费品全国平均成本利润率由国家税务总局确定。具体规定如下：甲类卷烟10%，乙类卷烟5%，雪茄烟5%，烟丝5%；粮食白酒10%，薯类白酒5%，其他酒5%，酒精5%；高档化妆品5%；鞭炮、焰火5%；贵重首饰及珠宝玉石6%；汽车轮胎5%；摩托车6%；高尔夫球及球具10%；高档手表20%；游艇10%；木制一次性筷子5%；实木地板5%；乘用车8%；中轻型商用客车5%。①

【例3－3】 某化妆品公司将一批自产的高档化妆品用作职工福利，高档化妆品的成本为10 000元，该高档化妆品无同类产品市场销售价格，但已知其成本利润率为5%，消费税税率为15%。计算该批高档化妆品应缴纳的消费税税额。

【答案】 组成计税价格＝成本×(1＋成本利润率)÷(1－消费税税率)

＝10 000×(1＋5%)÷(1－15%)

＝12 352.94(元)

应纳税额＝12 352.94×15%＝1 852.94(元)

(三)委托加工应税消费品应纳税额的计算

企业、单位或个人由于设备、技术、人力等方面的局限，或其他方面的原因，常常要委托其他单位代为加工应税消费品，然后，将加工好的应税消费品收回，直接销售或自己使用。这是生产应税消费品的另一种形式，也需要纳入消费税征收的范围。

1. 委托加工应税消费品的确定

委托加工的应税消费品是指由委托方提供原料和主要材料，受托方只收取加工费和代垫部分辅助材料加工的应税消费品。对于由受托方提供原材料生产的应税消费品，或者受托方先将原材料卖给委托方，然后再接受加工的应税消费品，以及由受托方以委托方名义购进原材料生产的应税消费品，不论纳税人在财务上是否作销售处理，都不得作为委托加工应税消费品，而应当按照销售自制应

---

① 财政部、国家税务总局：《关于调整和完善消费税政策的通知》，财税〔2006〕33号，2006年3月20日。

税消费品缴纳消费税。

2. 代收代缴税款的规定

对于确实属于委托方提供原料和主要材料，受托方只收取加工费和代垫部分辅助材料加工的应税消费品，应由受托方在向委托方交货时代收代缴消费税。这样，受托方就是法定的代收代缴义务人。如果受托方对委托加工的应税消费品没有代收代缴或少代收代缴消费税，就要按照税收征收管理法的规定，承担代收代缴的法律责任。

为了加强对受托方代收代缴税款的管理，税法规定对纳税人委托个体经营者加工应税消费品，一律于委托方收回后在委托方所在地缴纳消费税。①

自 2012 年 9 月 1 日起，委托加工的应税消费品，受托方在交货时已代收代缴消费税，委托方将收回的应税消费品，以不高于受托方的计税价格出售的，为直接出售，不再缴纳消费税；委托方以高于受托方的计税价格出售的，不属于直接出售，需按照规定申报缴纳消费税，在计税时准予扣除受托方已代收代缴的消费税。

对于受托方没有按规定代收代缴税款的，并不能因此免除委托方补缴税款的责任。在对委托方进行税务检查中，如果发现其委托加工的应税消费品受托方没有代收代缴税款，委托方要补缴税款（对受托方不再重复补税，但要按税收征收管理法的规定，处以应代收代缴税款 50%以上 3 倍以下的罚款）。

对委托方补征税款的计税依据是：如果在检查时，收回的应税消费品已经直接销售的，按销售额计税；收回的应税消费品尚未销售或不能直接销售的（如收回后用于连续生产等），按组成计税价格计税。组成计税价格的计算公式与下文中组成计税价格的计算公式相同。

委托加工的应税消费品，受托方在交货时已代收代缴消费税，委托方收回后直接销售的，不再征收消费税。

3. 组成计税价格及应纳税额的计算

委托加工的应税消费品，按照受托方的同类消费品的销售价格计算纳税，同类消费品的销售价格是指受托方（即代收代缴义务人）当月销售的同类消费品的销售价格，如果当月同类消费品各期销售价格高低不同，应按销售数量加权平均计算。但销售的应税消费品有下列情况之一的，不得列入加权平均计算：(1)销售价格明显偏低又无正当理由的；(2)无销售价格的。

如果当月无销售或者当月未完结，应按照同类消费品上月或最近月份的销售价格计算纳税。没有同类消费品销售价格的，按照组成计税价格计算纳税。组成计税价格的计算公式有两种。

一是实行从价定率办法计算纳税的组成计税价格计算公式：

组成计税价格＝(材料成本＋加工费)÷(1－比例税率)

二是实行复合计税办法计算纳税的组成计税价格计算公式：

组成计税价格＝(材料成本＋加工费＋委托加工数量×定额税率)÷(1－比例税率)

上述公式中的“材料成本”是指委托方所提供加工材料的实际成本。

委托加工应税消费品的纳税人，必须在委托加工合同上如实注明（或以其他方式提供）材料成本，凡未提供材料成本的，受托方所在地主管税务机关有权核定其材料成本。

上述公式中的“加工费”是指受托方加工应税消费品向委托方所收取的全部费用（包括代垫辅助材料的实际成本，不包括增值税税金）。

【例 3－4】 某酒厂 2016 年 4 月受托为某单位加工一批药酒，委托单位提供的原材料金额为 40 万元，收取委托单位不含增值税的加工费 4 万元、辅料费 1 万元，受托企业当地无加工药酒的同类产品市场价格。计算酒厂应代收代缴的消费税。

【答案】 组成计税价格＝(40＋5)÷(1－10%)＝50(万元)

---

① 财政部、国家税务总局，第 51 号令《消费税暂行条例实施细则》，2008 年 12 月 15 日。

应代收代缴消费税＝50×10％＝5(万元)

(四)进口应税消费品应纳税额的计算

纳税人进口应税消费品，按照组成计税价格或进口数量和规定的税率计算应纳税额。计算方法如下：

一是实行从价定率计征应纳税额。

组成计税价格＝(关税完税价格＋关税)÷(1－消费税比例税率)

应纳税额＝组成计税价格×消费税比例税率

公式中所称“关税完税价格”，是指海关核定的关税计税价格。

【例3－5】 某商贸公司，2016年7月从国外进口一批应税消费品，已知该批应税消费品的关税完税价格为90万元，按规定应缴纳关税18万元。假定进口的应税消费品的消费税税率为10％。计算该批消费品进口环节应缴纳的消费税税额。

【答案】 组成计税价格＝(90＋18)÷(1－10％)＝120(万元)

应缴纳消费税税额＝120×10％＝12(万元)

二是实行从量定额计征应纳税额。

应纳税额＝应税消费品数量×消费税定额税率

三是实行从价定率和从量定额复合计税办法计征应纳税额。

组成计税价格＝(关税完税价格＋关税＋进口数量×消费税定额税率)÷(1－消费税比例税率)

应纳税额＝组成计税价格×消费税税率＋应税消费品进口数量×消费税定额税额

进口环节消费税除国务院另有规定者外，一律不得给予减税、免税。

(五)已纳消费税扣除的计算

为了避免重复征税，现行消费税规定，将外购应税消费品和委托加工收回的应税消费品继续生产应税消费品销售的，可以将外购应税消费品和委托加工收回应税消费品已缴纳的消费税给予扣除。

1. 外购应税消费品已纳税款的扣除

由于某些应税消费品是用外购已缴纳消费税的应税消费品连续生产出来的，在对这些连续生产出来的应税消费品计算征税时，税法规定应按当期生产领用数量计算准予扣除外购的应税消费品已纳的消费税税款。扣除范围包括：

(1)外购已税烟丝生产的卷烟；

(2)外购已税高档化妆品生产的高档化妆品；

(3)外购已税珠宝、玉石生产的贵重首饰及珠宝、玉石；

(4)外购已税鞭炮、焰火生产的鞭炮、焰火；

(5)外购已税摩托车连续生产的摩托车(如用外购两轮摩托车改装三轮摩托车)；

(6)外购已税杆头、杆身和握把为原料生产的高尔夫球杆；

(7)外购已税木制一次性筷子为原料生产的木制一次性筷子；

(8)外购已税实木地板为原料生产的实木地板；

(9)外购已税石脑油、燃料油为原料生产的应税消费品；

(10)外购已税润滑油为原料生产的润滑油；

(11)外购的汽油、柴油用于连续生产甲醇汽油、生物柴油。

上述当期准予扣除外购应税消费品已纳消费税税款的计算公式为：

$$\text{当期准予扣除的外购应税消费品已纳税款}=\text{当期准予扣除的外购应税消费品买价}\times\text{外购应税消费品适用税率}$$

$$\text{当期准予扣除的外购应税消费品买价}=\text{期初库存的外购应税消费品的买价}+\text{当期购进的应税消费品的买价}-\text{期末库存的外购应税消费品的买价}$$

需要说明的是，纳税人用外购的已税珠宝、玉石生产的改在零售环节征收消费税的金银首饰(镶嵌首饰)，在计税时一律不得扣除外购珠宝、玉石的已纳税款。

对自己不生产应税消费品，而只是购进后再销售应税消费品的工业企业，其销售的高档化妆品、鞭炮、焰火和珠宝、玉石，凡不能构成最终消费品直接进入消费品市场，而需进一步生产加工的(如需进一步深加工、包装、贴标、组合的珠宝、玉石，高档化妆品，酒，鞭炮焰火等)，应当征收消费税，同时允许扣除上述外购应税消费品的已纳税款。

2. 委托加工收回的应税消费品已纳税款的扣除

委托加工的应税消费品因为已由受托方代收代缴消费税，因此，委托方收回货物后用于连续生产应税消费品的，其已纳税款准予按照规定从连续生产的应税消费品应纳消费税税额中抵扣。按照国家税务总局的规定，下列连续生产的应税消费品准予从应纳消费税税额中按当期生产领用数量计算扣除委托加工收回的应税消费品已纳消费税税款：

(1)以委托加工收回的已税烟丝为原料生产的卷烟；

(2)以委托加工收回的已税高档化妆品为原料生产的高档化妆品；

(3)以委托加工收回的已税珠宝、玉石为原料生产的贵重首饰及珠宝、玉石；

(4)以委托加工收回的已税鞭炮、焰火为原料生产的鞭炮、焰火；

(5)以委托加工收回的已税杆头、杆身和握把为原料生产的高尔夫球杆；

(6)以委托加工收回的已税木制一次性筷子为原料生产的木制一次性筷子；

(7)以委托加工收回的已税实木地板为原料生产的实木地板；

(8)以委托加工收回的汽油、柴油用于连续生产甲醇汽油、生物柴油；

(9)以委托加工收回的已税润滑油为原料生产的润滑油；

(10)以委托加工收回的已税摩托车连续生产的摩托车(如用外购两轮摩托车改装三轮摩托车)；

(11)以委托加工收回的已税石脑油、燃料油为原料生产的应税消费品。

上述当期准予扣除委托加工收回的应税消费品已纳消费税税款的计算公式是：

$$\begin{matrix}\text{当期准予扣除的委托}\\\text{加工应税消费品已纳税款}\end{matrix}=\begin{matrix}\text{期初库存的委托加工}\\\text{应税消费品已纳税款}\end{matrix}+\begin{matrix}\text{当期收回的委托加工}\\\text{应税消费品已纳税款}\end{matrix}-\begin{matrix}\text{期末库存的委托加工}\\\text{应税消费品已纳税款}\end{matrix}$$

需要说明的是，纳税人用委托加工收回的已税珠宝、玉石生产的改在零售环节征收消费税的金银首饰，在计税时一律不得扣除委托加工收回的珠宝、玉石原料的已纳消费税税款。

【例 3－6】 某地板加工厂月初结存委托加工的素板(实木地板的一种)2万平方米；本月收回委托加工的素板10万平方米。期末库存委托加工的素板4万平方米(每平方米受托方同类价80元)。当月领用委托加工的素板全部用于生产实木地板。计算当月准予扣除的委托加工收回素板已纳的消费税税额。

【答案】 实木地板消费税税率为5%，每平方米消费税＝80×5%＝4(元)

当月准予扣除的委托加工收回素板已纳的消费税税额＝20 000×4＋100 000×4－40 000×4
＝320 000(元)

二、消费税的缴纳

(一)纳税义务发生时间

(1)纳税人销售应税消费品的，纳税义务发生时间分别为：采取赊销和分期收款结算方式的，为书面合同约定的收款日期的当天，书面合同没有约定收款日期或者无书面合同的，为发出应税消费品的当天；采取预收货款结算方式的，为发出应税消费品的当天；采取托收承付和委托银行收款方式的，为发出应税消费品并办妥托收手续的当天；采取其他结算方式的，为收讫销售款或者取得索取销售款凭据的当天。

(2)纳税人自产自用应税消费品的，纳税义务发生时间为移送使用的当天。

(3)纳税人委托加工应税消费品的，纳税义务发生时间为纳税人提货的当天。

(4)纳税人进口应税消费品的，纳税义务发生时间为报关进口的当天。

(二)纳税期限

(1)消费税的纳税期限分别为1日、3日、5日、10日、15日、1个月或者1个季度。纳税人的具体纳税期限,由主管税务机关根据纳税人应纳税额的大小分别核定;不能按照固定期限纳税的,可以按次纳税。

(2)纳税人以1个月或者1个季度为1个纳税期的,自期满之日起15日内申报纳税;以1日、3日、5日、10日或者15日为1个纳税期的,自期满之日起5日内预缴税款,于次月1日起15日内申报纳税并结清上月应纳税款。

(3)纳税人进口应税消费品,应当自海关填发海关进口消费税专用缴款书之日起15日内缴纳税款。

(三)纳税地点

(1)纳税人销售的应税消费品,以及自产自用的应税消费品,除国务院财政、税务主管部门另有规定外,应当向纳税人机构所在地或者居住地的主管税务机关申报纳税。

(2)纳税人到外县(市)销售或者委托外县(市)代销自产应税消费品的,于应税消费品销售后,向机构所在地或者居住地主管税务机关申报纳税。

(3)纳税人的总机构与分支机构不在同一县(市)的,应当分别向各自机构所在地的主管税务机关申报纳税;经财政部、国家税务总局或者其授权的财政、税务机关批准,可以由总机构汇总向总机构所在地的主管税务机关申报纳税。

(4)纳税人批发销售卷烟,其消费税纳税地点为卷烟批发企业的机构所在地;总机构与分支机构不在同一地区的,由总机构申报纳税。①

(5)纳税人委托加工的应税消费品,除受托方为个人外,由受托方向机构所在地或者居住地的主管税务机关解缴消费税税款。委托个人加工的应税消费品,由委托方向其机构所在地或者居住地主管税务机关申报纳税。

(6)进口的应税消费品,由进口人或者其代理人向报关地海关申报纳税。

(四)销货退回的税务处理

纳税人销售的应税消费品,如因质量等原因由购买者退回时,经机构所在地或者居住地主管税务机关审核批准后,可退还已缴纳的消费税税款。

三、案例分析

【案例3—1】 从价定率征收消费税应纳税额的计算

甲企业为高尔夫球及球具生产厂家,是增值税一般纳税人,2016年10月发生以下业务:

(1)购进一批PU材料,增值税专用发票注明价款10万元、增值税税款1.7万元,委托乙企业将其加工成100个高尔夫球包,支付加工费2万元、增值税税款0.34万元;乙企业当月销售同类球包不含税销售价格为0.25万元/个。

(2)将委托加工收回的球包批发给代理商,收到不含税价款28万元。

(3)购进一批碳素材料、钛合金,增值税专用发票注明价款150万元、增值税税款25.5万元,委托丙企业将其加工成高尔夫球杆,支付加工费用30万元、增值税税款5.1万元。

(4)委托加工收回的高尔夫球杆的80%当月已经销售,收到不含税款300万元,尚有20%留存仓库。

(5)主管税务机关在11月初对甲企业进行税务检查时发现,乙企业已经履行了代收代缴消费税义务,丙企业未履行代收代缴消费税义务。

(其他相关资料:高尔夫球及球具消费税税率为10%,以上取得的增值税专用发票均已通过主管

① 财政部、国家税务总局:《关于调整烟产品消费税政策的通知》,财税〔2009〕84号,2009年5月26日。

税务机关认证。)

要求:

(1)计算乙企业应代收代缴的消费税;

(2)计算甲企业批发球包应缴纳的消费税;

(3)计算甲企业销售高尔夫球杆应缴纳的消费税;

(4)计算甲企业留存仓库的高尔夫球杆应缴纳的消费税;

(5)计算甲企业当月应缴纳的增值税;

(6)主管税务机关对丙企业未代收代缴消费税的行为应如何处理?

【解析】

(1)乙企业应代收代缴的消费税=0.25×100×10%=2.5(万元)

(2)甲企业加价销售委托加工收回的高尔夫球包应缴纳的消费税=28×10%-2.5=0.3(万元)

(3)甲企业销售高尔夫球杆应缴纳的消费税=300×10%=30(万元)

(4)甲企业留存仓库的高尔夫球杆应缴纳的消费税=(150+30)÷(1-10%)×10%×20%=4(万元)

(5)进项税额=1.7+0.34+25.5+5.1=32.64(万元)

销项税额=28×17%+300×17%=55.76(万元)

应纳增值税=55.76-32.64=23.12(万元)

(6)丙企业未代收代缴消费税,主管税务机关应处以丙企业应代收代缴消费税的50%以上3倍以下的罚款。

【案例3-2】 从量定额征收消费税应纳税额的计算

某啤酒厂生产甲、乙两种啤酒,2016年8月销售情况如下:

(1)销售甲种啤酒500吨,每吨不含税售价3 400元;收取包装物押金28 000元,又送给酒厂自设独立核算餐厅自产啤酒6吨,以抵顶厂部本月一次招待活动的餐费。

(2)销售乙种啤酒800吨,每吨不含税售价2 500元;随同产品出售的包装物不含税价格170 000元。

(3)收回上月包装物押金10 000元,没收已逾期的包装物押金46 800元。

(4)将自产特种啤酒(乙类)10吨赠送某啤酒节,无同类产品售价,每吨成本2 300元。

(5)购进原料,取得增值税专用发票上注明价款700 000元;购进啤酒瓶5 000个,每个0.1元。取得增值税专用发票,注明金额500元。

要求:

(1)计算本月应纳消费税;

(2)计算本月应纳增值税。

【解析】

(1)本月应纳消费税=(500+6)×250+800×220+10×220=126 500+176 000+2 200
=30 4700(元)

(2)本月应纳增值税:

销项税额=[3 400×(500+6)+2 500×800+170 000+46 800÷1.17+2 300×10×(1+10%)+220×10]×17%=672 843(元)

进项税额=700 000×17%+0.1×5 000×17%=119 000+50=119 085(元)

应纳增值税=672 843-119 085=553 758(元)

【案例3-3】 复合计税办法征收消费税应纳税额的计算

某市卷烟生产企业为增值税一般纳税人,2016年8月发生以下业务:

(1)收购烟叶一批,向农民支付的价款是1 000万元,并按规定支付了100万元价外补贴及缴纳了烟叶税,烟叶当期验收入库。

(2)将收购的烟叶委托乙加工厂加工烟丝,支付不含税加工费20.6万元,取得增值税专用发票,收回后,40%用于当期继续加工卷烟;60%直接对外销售,取得不含税收入1 200万元。

(3)从国内某工业企业购进已税烟丝一批,取得增值税专用发票,发票上注明不含税买价260万元,款未付,支付运费10万元(不含税),取得增值税专用发票。

(4)将外购的烟丝委托乙加工厂加工w牌卷烟,支付不含税加工费50.2万元,取得增值税专用发票,收回加工卷烟700箱,乙加工厂无同类卷烟。

(5)自产q牌卷烟销售350箱,取得不含税收入650万元。

(6)上月增值税留抵税额为9.76万元。

已知烟丝的消费税税率为30%,卷烟的消费税税率为36%,定额税率为0.003元/支。

要求:

(1)计算收购烟叶可抵扣的增值税进项税额;

(2)计算烟叶的实际成本;

(3)计算乙代收代缴的烟丝的消费税;

(4)计算乙代收代缴的卷烟的消费税;

(5)计算该企业当期应缴纳的消费税;

(6)计算该企业当期应缴纳的增值税。

【解析】

(1)收购烟叶可抵扣的增值税进项税额=1 000×(1+10%)×(1+20%)×13%=171.60(万元)

(2)烟叶的实际成本=1 000×(1+10%)×(1+20%)×87%=1148.40(万元)

(3)乙加工厂代收代缴烟丝消费税=(1 148.4+20.6)÷(1-30%)×30%=501(万元)

(4)乙加工厂代收代缴卷烟消费税=[(260+10)+50.2+700×5×0.003]÷(1-36%)×36%+700×5×0.003=196.52(万元)

(5)该企业应纳消费税=650×36%+350×5×0.003-501×40%+1 200×30%-501×60%=98.25(万元)

(6)该企业当期应缴纳的增值税:

当期销项税额=(1 200+650)×17%=314.50(万元)

当期进项税额=171.60+20.60×17%+260×17%+10×11%+50.20×17%=228.94(万元)

应纳增值税=314.50-228.94-9.76=75.80(万元)

复习思考题

1. 消费税的概念和特点是什么?
2. 消费税的纳税环节有哪些?
3. 如何理解消费税的征税范围具有选择性?
4. 如何理解消费税的征税环节具有单一性?
5. 消费税的委托加工与增值税的提供加工劳务是什么关系? 哪一方是纳税人?
6. 消费税的销售额与增值税的销售额有哪些不一致的地方?

自我测试题

一、单项选择题

1. 下列项目中,属于消费税征收范围的是(　　)。

A. 电动汽车　　　　B. 体育用发令纸

C. 9 900元的高档手表　　D. 航空煤油

2. 下列各项中，应同时征收增值税和消费税的是(　　)。

A. 零售环节销售的卷烟　　B. 零售环节销售的鞭炮

C. 生产环节销售的普通护肤护发品　　D. 进口环节购进的小汽车

3. 下列项目中，应视同销售，需要缴纳消费税的是(　　)。

A. 用外购已税烟丝继续加工成卷烟

B. 用自制的烟丝继续加工成卷烟

C. 某汽车厂将自制的小汽车作为试驾车辆供客户试用

D. 委托加工收回的烟丝继续加工成卷烟

4. 2016年5月，某白酒企业(一般纳税人)从农业生产者手中购进大米，农产品收购凭证注明价款120万元，委托某加工企业(小规模纳税人)加工成粮食白酒50吨，取得税务机关代开的专用发票，发票上注明加工费67.02万元，加工企业没有同类白酒的销售价格，受托方应代收代缴的消费税为(　　)万元。

A. 53.005　　B. 8.94　　C. 8.9　　D. 49.105

5. 税务机关在税务检查中发现，张某委托本地个体户李某加工实木地板。张某已将实木地板收回并销售，但未入账，也不能出示消费税完税证明。下列关于税务机关征管行为的表述中，正确的是(　　)。

A. 要求李某补缴税款

B. 要求张某补缴税款

C. 应对张某处以未缴消费税额0.5～3倍的罚款

D. 应对李某处以未代收代缴消费税额0.5～3倍的罚款

6. 某酒厂2月销售粮食白酒12 000斤，售价为5元/斤，随同销售的包装物价格6 200元；本月销售礼品盒6 000套，售价为300元/套，每套包括粮食白酒2斤、单价80元，干红葡萄酒2斤、单价70元。该企业2月应纳消费税(　　)元。(题中的价格均为不含税价格)

A. 199 240　　B. 379 240　　C. 391 240　　D. 484 550

7. 某化妆品厂(增值税一般纳税人)下设一非独立核算门市部，该厂将一批高档化妆品交门市部销售，计价60万元。门市部零售取得含增值税的销售收入77.22万元。高档化妆品的消费税税率为15%。该企业应纳消费税为(　　)万元。

A. 18　　B. 23.2　　C. 9.9　　D. 77.2

8. 某酒厂2016年12月销售粮食白酒12 000斤，不含税售价为5元/斤，随同销售的包装物价格7 254元；本月销售礼品盒6 000套，不含税售价为300元/套，每套包括粮食白酒2斤、单价80元，干红葡萄酒2斤、单价70元。该企业12月应纳消费税为(　　)元。

A. 483 000　　B. 478 550　　C. 352 550　　D. 391 240

9. 下列各项中，符合消费税纳税义务发生时间规定的是(　　)。

A. 进口的应税消费品，为取得进口货物的当天

B. 自产自用的应税消费品，为移送使用的当天

C. 委托加工的应税消费品，为支付加工费的当天

D. 采取预收货款结算方式的，为收到预收款的当天

10. 下列关于消费税的计税依据的规定中，不正确的是(　　)。

A. 非标准条包装卷烟应当折算成标准条包装卷烟的数量，依其实际销售收入计算确定其折算成标准条包装后的实际销售价格，并确定适用的比例税率

B. 对酒类产品生产企业销售酒类产品(黄酒、啤酒除外)而收取的包装物押金，无论押金是否返还与会计上如何核算，均需并入酒类产品销售额中，依酒类产品的适用税率征收消费税

C. 纳税人将自产的应税消费品与外购或自产的非应税消费品组成套装销售的，以套装产品的销售额(不含增值税)为计税依据

D. 用于抵债的应税消费品应做销售处理，发出货物的一方按应税消费品的最高售价计征增值税、消费税

二、多项选择题

1. 下列各项中，应当征收消费税的有(　　)。

A. 高档化妆品厂作为样品赠送给客户的香水

B. 用于产品质量检验耗费的高尔夫球杆

C. 白酒生产企业向百货公司销售的试制药酒

D. 卷烟厂移送非独立核算门市部待销售的卷烟

2. 自 2009 年 5 月 1 日起，卷烟在批发环节加征一道从价消费税。下列关于批发环节消费税的规定中，正确的有(　　)。

A. 从事卷烟批发业务的单位和个人批发销售的所有牌号规格的卷烟，均按统一税率计算消费税

B. 纳税人应将卷烟销售额与其他商品销售额分开核算，未分开核算的，一并征收消费税

C. 从事卷烟批发业务的单位和个人之间销售卷烟，不缴纳消费税

D. 批发企业在计算纳税时，可以扣除已含的生产环节的消费税税款

3. 某汽车制造厂 2014 年 10 月生产达到低污染排放值的越野车(消费税税率为 5%)70 辆，当月售出 60 辆，每辆不含税价格为 12 万元，当期进项税为零。下列处理方法中，正确的有(　　)。

A. 应纳消费税 25.2 万元　　B. 应纳消费税 36 万元

C. 应纳增值税 122.4 万元　　D. 应纳增值税 85.68 万元

4. 某白酒生产企业为增值税一般纳税人，2016 年 2 月将自产粮食白酒与某生产企业进行交换，用 10 吨粮食白酒换进生产材料一批，并取得对方开具的增值税专用发票，已知同期白酒的最高售价是每吨 4 万元，平均售价是每吨 3.8 万元(以上售价均为不含税价，白酒适用比例税率 20%，定额税率每斤 0.5 元)。则下列说法中，正确的有(　　)。

A. 该企业可以做进项抵扣　　B. 该企业增值税的计税销售额是 40 万元

C. 该企业就上述业务应缴纳消费税 9 万元　　D. 不需要缴纳消费税

5. 下列各项中，外购应税消费品已纳消费税款准予扣除的有(　　)。

A. 外购已税烟丝生产的卷烟　　B. 外购已税汽车轮胎生产的小轿车

C. 外购已税珠宝原料生产的金银镶嵌首饰　　D. 外购已税石脑油为原料生产的应税消费品

6. 下列各项中，不应在收回委托加工产品后征收消费税的有(　　)。

A. 商业批发企业销售委托其他企业加工的特制白酒，但受托方向委托方交货时没有代收代缴消费税税款的

B. 商业批发企业收回委托其他企业加工的特制白酒直接销售的

C. 商业批发企业销售其委托加工的特制白酒，但是由受托方以其名义购买原材料生产的应税消费品

D. 工业企业委托加工收回后用于连续生产其他酒的特制白酒

7. 既有自产卷烟，同时又委托联营企业加工与自产卷烟牌号、规格相同卷烟的工业企业(以下简称"回购企业")，从联营企业购进后再直接销售的卷烟，其不再征收消费税的条件有(　　)。

A. 联营企业按公示调拨价格申报纳税

B. 回购企业向联营企业提供所需加工卷烟的牌号

C. 回购企业能够分别核算回购卷烟与自产卷烟的销售收入

D. 回购企业向联营企业提供税务机关已公示的消费税计税价格

8. 下列有关消费税的表述中，正确的有（　　）。

A. 进口环节消费税除国务院另有规定外，一律不得给予减免税

B. 委托加工的已税汽车轮胎已由受托方代收代缴的消费税，准予按规定从连续生产汽车轮胎应缴纳的消费税税额中扣减

C. 纳税人委托个体经营者加工应税消费品的，于委托方收回后在委托方所在地缴纳消费税

D. 进口的应税消费品直接在国内销售时征收消费税

9. 下列各项中，不符合消费税纳税地点规定的有（　　）。

A. 委托加工的应税消费品，由委托方向所在地税务机关申报缴纳

B. 进口的应税消费品，由进口人或其代理人向报关地海关申报缴纳

C. 纳税人的总机构与分支机构不在同一县（市）的，分支机构应回总机构申报缴纳

D. 纳税人到外县（市）销售自产应税消费品的，应向机构所在地或居住地主管税务机关申报缴纳

10. 下列关于消费税的有关规定中，表述不正确的有（　　）。

A. 外贸企业出口应税消费品后发生退关或退货，必须及时补交已退消费税

B. 自产自用的应税消费品，一律于移送使用时缴纳消费税

C. 酒类生产企业向商业销售单位收取的"品牌使用费"不需缴纳消费税

D. 纳税人委托加工应税消费品一般回委托方所在地缴纳消费税

三、判断题

1. 生产销售摩托车、委托加工摩托车、进口摩托车都应缴纳消费税。（　　）

2. 鞭炮厂销售鞭炮应征收消费税，不征增值税。（　　）

3. 应税消费品征收增值税的，其计税依据中应含有消费税；应税消费品征收消费税的，其计税依据中不应含有增值税。（　　）

4. 在应税消费品 14 个应税项目中，只有烟和酒采用复合计算方法计算征收消费税。（　　）

5. 卷烟消费税在生产和批发两个环节征收后，批发企业在计算纳税时可以扣除已含的生产环节的消费税税款。（　　）

6. 零售环节征收消费税的金银首饰不能扣除外购、委托加工收回的珠宝玉石已纳的消费税税款。（　　）

7. 生产企业从其他工商企业购进的已税消费品，用于继续生产应税消费品销售的，在计征消费税时，生产耗用的外购应税消费品的已纳消费税税款准予扣除。（　　）

8. 各类酒类生产企业生产销售酒而收取的包装物押金，无论是否逾期以及会计上如何核算，押金均应并入销售额交增值税和消费税。（　　）

9. 纳税人自产自用的应税消费品用于连续生产应税消费品的，不纳税；用于生产非应税消费品的，于移送使用时纳税。（　　）

10. 委托加工应税消费品的组价公式中，加工费包括加工费和辅料费等向委托方收取的全部费用，但不含增值税税金。（　　）

四、案例分析题

1. 某首饰制造企业（增值税一般纳税人），主要生产加工并零售金银首饰、钻石饰品和其他非金银首饰，2016 年 2 月发生以下业务：

(1)销售玉石首饰取得不含税收入 129.8 万元，镀金首饰不含税收入 28 万元。

(2)采取"以旧换新"方式向消费者销售金项链 1 批，旧项链抵顶 12 万元，该批项链取得差价款（含税）合计 58.5 万元。

(3)为某企业定制特定款式的工艺玛瑙首饰和部分金银首饰（共 10 条）作为礼品赠送使用，取得

含税收入 117 万元(未能分别核算金银首饰的销售额)。

(4)用若干金项链和某工业企业抵偿债务,该批项链账面成本为 39 万元,零售价 70.2 万元。

(5)外购黄金一批,取得的增值税专用发票上注明的价款 58 万元;外购玉石(原矿)一批,取得增值税专用发票,注明价款 50 万元、增值税 8.5 万元。

(其他相关资料:金银首饰、铂金饰品和钻石及钻石饰品消费税税率为 5%,其他贵重首饰和珠宝玉石的消费税税率为 10%。)

【要求】 根据上述资料,计算以下各项,每项需计算出合计数:

(1)销售玉石首饰和镀金首饰应缴纳的消费税;

(2)"以旧换新"销售金项链应缴纳的消费税;

(3)定制特定款式首饰应缴纳的消费税;

(4)用金项链抵偿债务应缴纳的消费税;

(5)该企业 2 月份应缴纳的增值税。

2. 某白酒生产企业(以下简称"甲企业")为增值税一般纳税人,2016 年 9 月发生以下业务:

(1)向某烟酒专卖店销售粮食白酒 20 吨,开具普通发票,取得含税收入 200 万元,另收取品牌使用费 50 万元、包装物租金 10 万元。另支付运输费 10 万元(不含税),取得增值税专用发票。

(2)提供 10 万元的原材料委托乙企业加工散装药酒 1 000 千克,收回时向乙企业支付不含增值税的加工费 1 万元,乙企业已代收代缴消费税。

(3)委托加工收回后将其中 900 千克散装药酒继续加工成瓶装药酒 1 800 瓶,以每瓶不含税售价 100 元通过非独立核算门市部销售完毕;将剩余 100 千克散装药酒作为福利分给职工,同类散装药酒的不含税销售价为每千克 150 元。

【要求】 根据上述资料,计算以下各项,每项需计算出合计数:

(1)本月甲企业向专卖店销售白酒应缴纳的消费税;

(2)乙企业已代收代缴的消费税;

(3)本月甲企业销售瓶装药酒应缴纳的消费税;

(4)本月甲企业分给职工散装药酒应缴纳的消费税。

3. 位于某市一化妆品公司为增值税一般纳税人,2016 年 8 月发生以下各项业务:

(1)用生产成本为 70 000 元的 350 盒 A 系列高档化妆品换取原材料,约定按 A 高档化妆品当月销售平均不含税价格 250 元/盒进行结算,双方互开专用发票。

(2)将 A 高档化妆品 6 000 盒与外购的丝绸中国结组成成套化妆品 6 000 套,销售给某商场,每套不含税 360 元,丝绸中国结的成本为 35 元/只。

(3)从国外进口一批高档化妆品香粉,关税完税价格为 60 000 元;取得海关完税凭证当月已向税务机关申请并通过认证。当月将其中的 80%用于连续生产高档化妆品。

(4)本月附带为一个影视制作公司生产上妆油 5 000 盒,不含税售价为 60 元/盒。

(5)本期购进酒精 1 吨,取得专用发票,注明不含税售价为 70 000 元。

(6)本期自某药材基地购进一批中药材根茎,收购凭证注明价款 150 000 元,支付运费 18 000 元(不含税),取得增值税专用发票。

(7)本期取得电费和水费专用发票,注明税额分别为 25 800 元和 19 800 元。本期职工食堂和浴室耗用水、电各自占本期购进比例 15%。

(其他相关资料:高档化妆品的利润率为 5%,关税税率为 6%,本期专用发票均通过认证,A 高档化妆品当期最高不含税价格为 295 元/盒。)

【要求】 根据上述资料,计算以下各项,每项需计算出合计数:

(1)当期进口高档化妆品的关税;

(2)当期进口高档化妆品的进口环节的增值税；

(3)当期进口高档化妆品的进口环节的消费税。

(4)本期增值税税额；

(5)本期实际应向税务机关缴纳的消费税。

4. 某市烟草集团公司属增值税一般纳税人，持有烟草批发许可证，2016 年 3 月发生以下业务：

(1)购进已税烟丝 800 万元(不含增值税)；

(2)委托 M 企业加工甲类卷烟 500 箱(250 条/箱，200 支/条)，M 企业每箱按 0.1 万元(不含增值税)收取加工费；

(3)当月 M 企业按正常进度投料加工生产卷烟 200 箱交由集团公司收回；

(4)集团公司将收回的 20 箱销售给烟草批发商 N 企业，取得含税销售收入 86.58 万元；

(5)集团公司将收回的 80 箱销售给烟草零售商 Y 专卖店，取得不含税销售收入 320 万元。

【要求】 根据上述资料，计算以下各项，每项需计算出合计数：

(1)M 企业当月应代收代缴的消费税；

(2)集团公司向 N 企业销售卷烟应缴纳的消费税；

(3)集团公司向 Y 专卖店销售卷烟应缴纳的消费税。

5. 某酒厂(增值税一般纳税人)可以生产粮食白酒、薯类白酒和啤酒。2016 年 6 月发生以下业务：

(1)外购薯类酒精 10 吨，增值税专用发票上注明的单价为每吨 1 500 元；

(2)外购粮食酒精 20 吨，增值税专用发票上注明的单价为每吨 2 100 元；

(3)外购生产白酒的各种辅料，增值税专用发票上注明的价款共计 12 000 元；

(4)外购生产啤酒的各种原料，增值税专用发票上注明的价款共计 25 0000 元；

(5)当月用 8 吨薯类酒精及辅料生产薯类白酒 22 吨，销售了 20 吨，每吨 12 000 元；

(6)当月用 15 吨粮食酒精及辅料生产粮食白酒 32 吨，销售了 30 吨，每吨 18 000 元；

(7)用剩余的酒精和辅料生产白酒 10 吨，每吨的实际生产成本为 8 500 元，这部分白酒用于抵偿债务，已知该白酒的每吨销售价格分别为 9 000 元、10 000 元、11 000 元；

(8)当月销售啤酒 140 吨，每吨的出厂价为 3 500 元；

(9)当月销售乙类啤酒 100 吨，增值税专用发票上注明的出厂单价为每吨 2 800 元，另按照惯例开具收据收取每吨 200 元的包装物押金，限期 3 个月；

(10)当月销售果啤 140 吨，增值税专用发票上注明的出厂单价为每吨 2 900 元，另按照惯例开具收据收取每吨 200 元的包装物押金，限期 3 个月；

(11)当月没收超期包装物押金 5 000 元(生啤)、3 000 元(果啤)，财务会计上计入其他业务收入。

【要求】 根据上述资料，计算以下各项，每项需计算出合计数：

(1)该酒厂当月应纳的增值税；

(2)该酒厂当月应纳的消费税。

第四章　城市维护建设税法

本章要点

◇城市维护建设税的征税范围、纳税人、计税依据与税率

◇城市维护建设税的减免与缴纳

◇城市维护建设税的计算

◇教育费附加的计算

情境导入

2016 年 10 月山东省万良贸易集团公司所属子公司主要经营资料显示：中美万良轮胎有限公司是一家中外合资企业，股东万良集团公司占 51%，美国 PAT 公司占 49%，本月缴纳增值税 56 万元；另外万良发动机贸易公司，本月进口发动机一批，缴纳增值税 54 万元，本月未发生其他业务；同时万良娱乐有限公司本月缴纳增值税 60 万元，万良酒业有限公司本月缴纳消费税 260 万元，增值税 140 万元。

思考：如果你是山东省万良贸易集团公司的办税员，则各所属单位中哪些需要缴纳城市维护建设税，哪些不需要缴纳？如需缴纳，应缴纳多少？

第一节　城市维护建设税法

一、城市维护建设税概述

城市维护建设税法，是指国家制定的用以调整城市维护建设税征收与缴纳权利及义务关系的法律规范。现行城市维护建设税的基本规范，是 1985 年 2 月 8 日国务院发布并于同年 1 月 1 日实施的《中华人民共和国城市维护建设税暂行条例》(以下简称《城市维护建设税暂行条例》)。

(一)城市维护建设税的概念

城市维护建设税(以下简称"城建税")，是国家对缴纳增值税、消费税(简称"两税")的单位和个人就其实际缴纳的"两税"税额为计税依据而征收的一种税。它属于特定目的税，是国家为加强城市的建设维护，扩大和稳定城市维护建设资金的来源而采取的一种税收措施。

1979 年以前，我国用于城市维护建设的资金来源由当时的工商税附加、城市公用事业附加和国家下拨城市维护费组成。1979 年国家开始在部分大中城市试行从上年工商利润中提取 5%用于城市维护和建设的办法，但未能从根本上解决问题。1981 年国务院在批转财政部关于改革工商税制的设想中提出："根据城市建设的需要，开征城市维护建设税，作为县以上城市和工矿区市政建设的专项资金。"1985 年 2 月 8 日国务院颁布了《城市维护建设税暂行条例》，并于 1985 年 1 月 1 日在全国范围内施行。

(二)城市维护建设税的特点

1. 税款专款专用，具有受益税性质

城建税专款专用，用来保证用于城市公用事业和公共设施的维护和建设，是一种具有受益税性质

的税种。

2. 属于附加税

城建税与其他税种不同，没有独立的征税对象或税基，而是以纳税人实际缴纳的增值税、消费税税额为计税依据，随"两税"同时征收，其征管方法也完全比照"两税"的有关规定办理，本质上属于一种附加税。

3. 根据城镇规模设计不同的比例税率

城建税的负担水平，不是依据纳税人获取的利润水平或经营特点而定，而是根据纳税人所在城镇的规模及其资金需要设计的。城镇规模大的，税率高一些；反之，就低一些。这样能够使不同地区获取不同数量的城市维护建设资金，因地制宜地进行城市的维护和建设。

4. 征收范围较广

由于增值税、消费税在我国现行税制体系中居主体税种的地位，占全部税收收入总额的60%左右，其征税范围基本上包括了我国境内所有经营行为的单位和个人。而城建税又是其附加税，原则上讲，只要缴纳增值税、消费税的纳税人都要缴纳城建税。因此，它的征税范围比其他任何税种的征税范围都要广。

二、城市维护建设税的征税范围、纳税人、计税依据与税率

(一)征税范围

城建税的征税范围比较广，包括城市、县城、建制镇，以及税法规定征收"两税"的其他地区。城市、县城、建制镇的范围，应以行政区划为标准，不能随意扩大或缩小各自行政区域的管辖范围。

(二)纳税人

城建税的纳税义务人，是指负有缴纳增值税、消费税"两税"义务的单位和个人，包括国有企业、集体企业、私营企业、股份制企业、其他企业和行政单位、事业单位、军事单位、社会团体、其他单位，以及个体工商户及其他个人。

自2010年12月1日起，对外商投资企业、外国企业及外籍个人(以下简称"外资企业")征收城市维护建设税。① 对外资企业2010年12月1日(含)之后发生纳税义务的增值税、消费税征收城市维护建设税；对外资企业2010年12月1日之前发生纳税义务的"两税"，不征收城市维护建设税。②

(三)计税依据

城建税的计税依据，是指纳税人实际缴纳的"两税"税额。纳税人违反"两税"有关税法而加收的滞纳金和罚款，不作为城建税的计税依据，但纳税人在被查补"两税"和被处以罚款时，应同时对其偷漏的城建税进行补税、征收滞纳金和罚款。

城建税以"两税"税额为计税依据并同时征收，如果要免征或者减征"两税"，也就要同时免征或者减征城建税。

但对出口产品退还增值税、消费税的，不退还已缴纳的城建税。

自2005年1月1日起，经国家税务局正式审核批准的当期免抵的增值税税额应纳入城市维护建设税和教育费附加的计征范围，分别按规定的税(费)率征收城市维护建设税和教育费附加。

2005年1月1日前，已按免抵的增值税税额征收的城市维护建设税和教育费附加不再退还，未征的不再补征。③

---

① 国务院：《关于统一内外资企业和个人城市维护建设税和教育费附加制度的通知》，国发〔2010〕35号，2010年10月18日。

② 财政部、国家税务总局：《关于对外资企业征收城市维护建设税和教育费附加有关问题的通知》，财税〔2010〕103号，2010年11月4日。

③ 财政部、国家税务总局：《关于生产企业出口货物实行免抵退税办法后有关城市维护建设税、教育费附加政策的通知》，财税〔2005〕25号，2005年2月25日。

(四)税率

城建税按纳税人所在地的不同,设置了三档差别比例税率。纳税人所在地为市区的,税率为7%;纳税人所在地为县城、镇的,税率为5%;纳税人所在地不在市区、县城或者镇的,税率为1%。撤县建市后,城市维护建设税适用税率应为7%。①

在实际执行中,对下列两种情况,可以按缴纳"两税"所在地的适用税率就地缴纳城市维护建设税:

(1)由受托方代扣代缴、代收代缴"两税"的单位和个人,其代扣代缴、代收代缴的城建税按受托方所在地适用税率执行。

(2)流动经营等无固定纳税地点的单位和个人,在经营地缴纳"两税"的,其城建税的缴纳按经营地适用税率执行。

三、税额的计算、减免与缴纳

(一)应纳税额的计算

城建税纳税人的应纳税额大小是由纳税人实际缴纳的"两税"税额决定的,其计算公式为:

应纳税额=纳税人实际缴纳的增值税、消费税税额×适用税率

【例4-1】 长春市区一家外资企业2015年3月份实际缴纳增值税300 000元,缴纳消费税400 000元。计算该企业应纳的城建税税额。

【答案】 应纳城建税税额=(300 000+400 000)×7%=49 000(元)

(二)城建税的减免

城建税原则上不单独减免,但因城建税又具附加税性质,当主税发生减免时,城建税相应发生税收减免。城建税的税收减免具体有以下几种情况:

(1)城建税按减免后实际缴纳的"两税"税额计征,即随"两税"的减免而减免。

(2)对于因减免税而需进行"两税"退库的,城建税也可同时退库。

(3)海关对进口产品代征的增值税、消费税,不征收城建税。

(4)对"两税"实行先征后返、先征后退、即征即退办法的,除另有规定外,对随"两税"附征的城建税和教育费附加,一律不予退(返)还。

(5)对国家重大水利工程建设基金免征城建税。

(三)城建税的缴纳

1. 纳税环节

城建税的纳税环节,是指《城市维护建设税暂行条例》规定的纳税人应当缴纳城建税的环节。城建税的纳税环节,实际就是纳税人缴纳"两税"的环节。纳税人只要发生"两税"的纳税义务,就要在同样的环节,分别计算缴纳城建税。

2. 纳税地点

城建税以纳税人实际缴纳的增值税、消费税税额为计税依据,分别与"两税"同时缴纳。所以,纳税人缴纳"两税"的地点,就是该纳税人缴纳城建税的地点。但是,属于下列情况的,纳税地点有特定规定:

(1)代扣代缴、代收代缴"两税"的单位和个人,其城建税的纳税地点在代扣代收地。

(2)跨省开采的油田,下属生产单位与核算单位不在一个省内的,其生产的原油,在油井所在地缴纳增值税,其应纳税款由核算单位按照各油井的产量和规定税率,计算汇拨各油井缴纳。所以,各油井应纳的城建税,应由核算单位计算,随同增值税一并汇拨油井所在地,由油井在缴纳增值税的同时,一并缴纳城建税。

(3)对管道局输油部分的收入,由取得收入的各管道局于所在地缴纳增值税。所以,其应纳城建

① 国家税务总局:《关于撤县建市城市维护建设税适用税率问题的批复》,税总函〔2015〕511号,2015年9月23日。

税，也应由取得收入的各管道局于所在地缴纳增值税时同时一并缴纳。

(4)对流动经营等无固定纳税地点的单位和个人，应随同“两税”在经营地按适用税率缴纳。

3. 纳税期限

由于城建税是由纳税人在缴纳“两税”时同时缴纳的，所以其纳税期限分别与“两税”的纳税期限一致。根据增值税法和消费税法规定，增值税、消费税的纳税期限均分别为1日、3日、5日、10日、15日、1个月或者1个季度；不能按照固定期限纳税的，可以按次纳税。

第二节　教育费附加的有关规定

一、教育费附加的概念

教育费附加是对缴纳增值税、消费税的单位和个人，就其实际缴纳的“两税”税额为计税依据征收的一种附加费。

教育费附加是为加快地方教育事业、扩大地方教育经费的资金而征收的一项专用基金。为充分调动企、事业单位和其他各种社会力量办学的积极性，开辟多种渠道筹措经费，国务院于1986年4月28日颁布了《征收教育费附加的暂行规定》，决定从同年7月1日起开始在全国范围内征收教育费附加。

二、教育费附加的征收范围、纳税人、计征依据与计征比率

(一)征收范围

教育费附加对缴纳增值税、消费税的单位和个人征收，以其实际缴纳的增值税、消费税为计征依据，分别与增值税、消费税同时缴纳。

(二)纳税人

教育费附加的纳税人，是指负有缴纳“两税”义务的单位和个人。

自2010年12月1日起，对外商投资企业、外国企业及外籍个人(以下简称“外资企业”)征收教育费附加。[①] 对外资企业2010年12月1日(含)之后发生纳税义务的增值税、消费税征收教育费附加；对外资企业2010年12月1日之前发生纳税义务的“两税”，不征收教育费附加。[②]

(三)计征依据

教育费附加以纳税人实际缴纳的增值税、消费税税额为计征依据。纳税人违反“两税”有关规定而加收的滞纳金和罚款，不作为教育费附加的计征依据，但纳税人在被查补“两税”和被处以罚款时，应同时对其偷漏的教育费附加进行补税、征收滞纳金和罚款。

(四)计征比率

教育费附加征收比率为3%。

三、教育费附加的计算与征收

(一)应纳税额的计算

教育费附加的计算公式为：

应纳教育费附加＝实际缴纳的增值税、消费税×征收比率

【例4—2】 长春市区一家企业5月份实际缴纳增值税200 000元，缴纳消费税300 000元。计算

---

① 国务院：《关于统一内外资企业和个人城市维护建设税和教育费附加制度的通知》，国发〔2010〕35号，2010年10月18日。

② 财政部、国家税务总局：《关于对外资企业征收城市维护建设税和教育费附加有关问题的通知》，财税〔2010〕103号，2010年11月4日。

该企业应缴纳的教育费附加。

【答案】 应纳教育费附加＝(200 000＋300 000)×3%＝15 000(元)

(二)教育费附加的减免规定

(1)对海关进口的产品征收的增值税、消费税,不征收教育费附加。

(2)对由于减免增值税、消费税而发生退税的,可同时退还已征收的教育费附加。但对出口产品退还增值税、消费税的,不退还已征的教育费附加。

复习思考题

1. 城市维护建设税的纳税人包括哪些?

2. 城市维护建设税的税率是多少?

3. 城市维护建设税的计税依据是什么?

4. 城市维护建设税的减免包括哪些情形?

5. 教育费附加的计征依据是什么? 计征比率是多少?

自我测试题

一、单项选择题

1. 某流动经营等无固定纳税地点的单位,在经营地缴纳“两税”的,其城建税的缴纳按(　　)适用税率执行。

A. 经营地　　B. 由税务机关认定　　C. 按7%固定　　D. 按5%固定

2. 某市一居民企业5月被查补增值税50 000元、消费税20 000元、所得税30 000元,被加收滞纳金2 000元,被处罚款8 000元。该企业应补缴城市维护建设税和教育费附加(　　)元。

A. 5 000　　B. 7 000　　C. 8 000　　D. 10 000

3. 市区某专营进出口业务的生产企业在2015年11月,计算出口货物应退税额20万元,免抵税额为20万元;当月进口货物向海关缴纳增值税35万元、消费税25万元。该企业当月应缴纳城市维护建设税及教育费附加(　　)万元。

A. 5.6　　B. 1.4　　C. 4.2　　D. 2

4. 下列说法中不符合城建税规定的是(　　)。

A. 一般情况下,纳税人缴纳“两税”的地点,就是该纳税人缴纳城建税的地点

B. 城建税以“两税”税额为计税依据并同时征收,如果要免征或者减征“两税”,不能同时免征或者减征城建税

C. 海关对进口产品代征的增值税、消费税、不征收城市维护建设税

D. 纳税人因延迟缴纳而补缴“两税”的,城建税应同时补缴

5. 关于城建税及教育费附加的减免规定,下列表述正确的是(　　)。

A. 对国家重大水利工程建设基金照章征收城建税

B. 对“两税”实行先征后返、先征后退、即征即退办法的,除另有规定外,对随同“两税”附征的城市维护建设税,一律不予退(返)还

C. 对因减免税而需要增值税、消费税退库的,不可以同时退还已征的城建税及教育费附加

D. 对出口产品退还增值税、消费税的,可以同时退还已征的城建税及教育费附加

6. 下列各项中,不属于城市维护建设税纳税义务人的是(　　)。

A. 缴纳增值税的事业单位　　B. 缴纳消费税的国有企业

C. 缴纳增值税的外商投资企业　　D. 只缴纳个人所得税的公司职员

7. 撤县建市后,城市维护建设税适用的税率为(　　)。

A. 7%　　B. 5%　　C. 2%　　D. 1%

8. 位于市区的某公司 2015 年 12 月应缴纳增值税 170 万元，实际缴纳增值税 210 万元（包括缴纳以前年度欠缴的增值税 40 万元）。当月因享受增值税先征后退政策，获得增值税退税 60 万元。则该公司当月应缴纳的城市维护建设税和教育费附加合计为（　　）万元。（不考虑地方教育费附加）

A. 15　　B. 17　　C. 21　　D. 53

9. 某市一化妆品公司本月应纳消费税 10 万元。在税务检查过程中，税务机关发现，该企业上月隐瞒收入 40 万元，被查补消费税，并处 3 倍罚金，则应缴纳、查补和处罚的城市维护建设税为（　　）元。

A. 3 360　　B. 10 360　　C. 130 360　　D. 133 360

10. 某县城一生产企业为增值税一般纳税人。本期进口原材料一批，向海关缴纳进口环节增值税 10 万元；本期在国内销售甲产品缴纳增值税 30 万元、消费税 50 万元，由于缴纳消费税时超过纳税期限 10 天，被罚滞纳金 1 万元；本期出口乙产品一批，按规定退回增值税 5 万元。该企业本期应缴纳城市维护建设税（　　）万元。

A. 4.55　　B. 4　　C. 4.25　　D. 5.6

二、多项选择题

1. 下列选项中，属于现行城建税纳税义务人的有（　　）。

A. 国有上市公司　　B. 事业单位

C. 外国企业驻国内办事处　　D. 个体工商户

2. 城建税的适用税率有（　　）。

A. 1%　　B. 3%　　C. 5%　　D. 7%

3. 下列关于城市维护建设税减免税规定的表述中，正确的有（　　）。

A. 城市维护建设税随“两税”的减免而减免

B. 对国家重大水利工程建设基金免征城市维护建设税

C. 对由海关代征的进口产品增值税和消费税应减半征收城市维护建设税

D. 因减免税而对“两税”进行退库的，可同时对已征收的城市维护建设税实施退库

4. 下列关于城市维护建设税的适用税率，表述正确的有（　　）。

A. 城建税按纳税人所在地区的不同，设置了三档地区差别比例税率

B. 由受托方代收、代扣“两税”的纳税人可按纳税人缴纳“两税”所在地的规定税率就地缴纳城市维护建设税

C. 流动经营等无固定纳税地点的纳税人可按纳税人缴纳“两税”所在地的规定税率就地缴纳城市维护建设税

D. 城建税的税率是指纳税人应缴纳的城建税税额与纳税人实际缴纳的“两税”税额之间的比例

5. 某县城一家食品加工企业，为增值税小规模纳税人，2015 年 9 月份购进货物取得普通发票的销售额合计 50 000 元，销售货物开具普通发票销售额合计 70 000 元，出租设备取得收入 10 000 元。本月应纳城建税、教育费附加分别为（　　）。

A. 城建税 116.50 元　　B. 城建税 223.11 元

C. 教育费附加 69.90 元　　D. 教育费附加 46.60 元

6. 根据相关规定，下列选项中属于城市维护建设税特点的有（　　）。

A. 税款专款专用，具有受益税性质　　B. 征收范围广

C. 根据城建规模设计比例税率　　D. 属于一种附加税

7. 下列各项中，符合城市维护建设税纳税地点规定的有（　　）。

A. 无固定纳税地点的个人，为户籍所在地

B. 代收代缴“两税”的单位，为税款代收地

C. 代扣代缴“两税”的单位，为税款代扣地

D. 取得管道输油收入的单位，为管道机构所在地

8. 下列各项中，符合城市维护建设税依据规定的有(　　)。

A. 偷逃增值税而被查补的税款

B. 偷逃消费税而加收的滞纳金

C. 出口货物免抵的增值税税额

D. 出口产品征收的消费税税额和关税税额

9. 下列说法中，符合教育费附加规定的是(　　)。

A. 纳税人缴纳“两税”的地点，就是该纳税人缴纳教育费附加的地点

B. 只要缴纳增值税、消费税的企业都应缴纳教育费附加

C. 海关对进口产品代征的增值税、消费税，不征收教育费附加

D. 纳税人因延迟缴纳而补缴“两税”的，不需要补缴教育费附加

10. 北京大德经贸有限公司在上海转让位于上海市区的一处房产，购进价格 52 万元，转让价格 65 万元，则下列关于城市维护建设税的说法中，正确的有(　　)。

A. 城市维护建设税应在上海缴纳　　B. 城市维护建设税应在北京缴纳

C. 城市维护建设税的计算适用 7% 的税率　　D. 城市维护建设税为 0.032 5 万元

三、判断题

1. 凡是缴纳增值税、消费税的纳税人，须同时缴纳城市维护建设税。(　　)

2. 某纺织企业主要涉及增值税，而不涉及消费税，因此该纺织企业不用缴纳城市维护建设税。(　　)

3. 城市维护建设税随增值税、消费税的纳税环节分别在销售、进口等环节缴纳。(　　)

4. 某城市一卷烟厂委托某县城一卷烟厂加工一批雪茄烟，委托方提供原材料 40 000 元，支付加工费 5 000 元(不含增值税)，雪茄烟消费税税率为 25%，这批雪茄烟无同类产品市场价格。受托方代收代缴的城市维护建设税为 750 元。(　　)

5. 由受托方代收代缴消费税的，应代收代缴的城市维护建设税按委托方所在地的适用税率计算。(　　)

四、案例分析题

1. 某市进出口公司为增值税一般纳税人，2015 年 6 月进口小汽车(消费税税率 5%)一批，关税完税价格 100 万元，已纳关税 90 万元；进口后当月在国内全部售完，取得销售收入 300 万元(不含增值税)。

【要求】 计算进出口公司当月应纳城市维护建设税。

2. 某市酒厂主要生产销售各种粮食白酒，该企业被税务机关认定为增值税一般纳税人；2015 年 1 月份企业销售白酒 80 吨。每吨不含税销售价格 20 000 元，销售额 1 600 000 元，外购货物及应税劳务抵扣进项税 146 200 元。

【要求】 计算企业当月应纳城市维护建设税。

3. 位于县城的某化妆品生产企业(一般纳税人)委托位于市区的一家加工厂(一般纳税人)为其加工化妆品，化妆品生产企业提供的原材料价值为 100 000 元，受托方收取加工费 50 000 元，以上价格均为不含税价格。

【要求】

(1)计算加工厂当月应纳的城市维护建设税与教育费附加；

(2)计算加工厂当月应代收代缴化妆品生产企业应纳的城市维护建设税与教育费附加。

第五章　关税法

本章要点

◇征税对象、纳税人和适用税率　　◇进境物品进口税

◇关税完税价格的确定　　◇关税的计算与缴纳

◇关税的减免

情境导入

2009年9月，美国总统奥巴马决定对中国生产的轮胎征收35%的关税，北京在2009年9月27日开始调查并导致征收新关税措施。中国在2010年8月和9月分别对美国烤鸡产品征收55%～135%的关税，称美方补贴出口和以低于公平价对中国市场“倾销”。鸡肉关税也被看作是对美国国会禁止进口中国烤鸡的报复。实施新关税之前，美国是中国烤鸡产品的最大出口商。美国贸易官员说，随后美国对中国出口烤鸡产品量下降将近90%。

思考：结合上述资料，谈谈你对关税的认识。

第一节　关税概述

关税法是指国家制定的调整关税征收与缴纳权利及义务关系的法律规范。现行关税法律规范以全国人民代表大会于2000年7月修正颁布的《中华人民共和国海关法》(以下简称《海关法》)为法律依据，以国务院于2003年11月发布的《中华人民共和国进出口关税条例》(以下简称《进出口条例》)，以及由国务院关税税则委员会审定并报国务院批准，作为条例组成部分的《中华人民共和国海关进出口税则》和《中华人民共和国海关入境旅客行李物品和个人邮递物品征收进口税办法》为基本法规，由负责关税政策制定和征收管理的主管部门依据基本法规拟定的管理办法和实施细则为主要内容。

一、关税的概念及其分类

(一)关税的概念

关税是海关依法对进出境货物、物品征收的一种税。所谓“境”，是指关境，又称“海关境域”或“关税领域”，是国家海关法全面实施的领域。在通常情况下，一国关境与国境是一致的，包括国家全部的领土、领海、领空。但当某一国家在国境内设立了自由港、自由贸易区等，这些区域就进出口关税而言处在关境之外，这时，该国家的关境小于国境，如我国。根据《中华人民共和国香港特别行政区基本法》和《中华人民共和国澳门特别行政区基本法》，香港和澳门保持自由港地位，为我国单独的关税地区，即单独关境区。单独关境区是不完全适用该国海关法律、法规或实施单独海关管理制度的区域。当几个国家结成关税同盟、组成一个共同的关境、实施统一的关税法令和统一的对外税则时，这些国家彼此之间货物进出国境不征收关税，只对来自或运往其他国家的货物进出共同关境时征收关税，这些国家的关境大于国境，如欧盟。

(二)关税的分类

在各国每个阶段不同的关税政策下，各国采取不同的关税征收方法，关税也因此形成了不同的类

型。依据不同的分类标准和依据，关税可以划分为不同的种类。

1. 按征收对象划分

(1)进口税，是指海关在外国货物进口时所课征的关税。进口税通常在外国货物进入关境或国境时征收，或在外国货物从保税仓库提出运往国内市场时征收。

(2)出口税，是指海关在本国货物出口时所课征的关税。为了降低出口货物的成本，提高本国货物在国际市场上的竞争能力，世界各国一般少征或不征出口税。

(3)过境税，又称通过税，是对外国货物通过本国国境或关境时征收的一种关税。

2. 按征收目的划分

(1)财政关税，又称收入关税，是以增加国家财政收入为主要目的而课征的关税。

(2)保护关税，是以保护本国经济发展为主要目的而课征的关税。保护关税主要是进口税，税率较高，有的高达百分之几百。

3. 按计征方式划分

(1)从量关税，即以征税对象的数量为计税依据，按每单位数量预先制定的应税额计征。

(2)从价关税，即以征税对象的价格为计税依据，根据一定比例的税率进行计征。

(3)混合关税，是指对两种进口货物同时制定出从价、从量两种方式，分别计算税额，以两种税额之和作为该货物的应征税额。

(4)选择性关税，即对同一种货物在税则中规定从价、从量两种税率，在征税时选择其中征收税额较多的一种，以免因物价波动影响财政收入。

(5)滑动关税，又称滑准税，是指对某种货物在税则中预先按该商品的价格规定几档税率。同一种货物当价格高时适用较低税率，价格低时适用较高税率。

4. 按税率制定划分

(1)自主关税，又称国定关税，是指一个国家基于其主权，独立自主地制定并有权修订的关税，包括关税税率及各种法规、条例。国定税率一般高于协定税率，适用于没有签订关税贸易协定的国家。

(2)协定关税，是指两个或两个以上的国家，通过缔结关税贸易协定而制定的关税税率。协定关税有双边协定税率、多边协定税率和片面协定税率。

5. 按差别待遇和特定的实施情况划分

(1)进口附加税，是指除了征收一般进口税以外，还根据某种目的再加征额外的关税。它主要有反补贴税和反倾销税。

(2)差价税，又称差额税、差价税，是指当某种本国生产的产品国内价格高于同类的进口商品价格时，为了削弱进口商品的竞争能力，保护国内生产和国内市场，按国内价格与进口价格之间的差额征收关税。

(3)特惠税，又称优惠税，是指对某个国家或地区进口的全部商品或部分商品，给予特别优惠的低关税或免税待遇。但它不适用于从非优惠国家或地区进口的商品。特惠税有的是互惠的，有的是非互惠的。

(4)普遍优惠制，简称普惠制，它是发展中国家在联合国贸易与发展会议上经过长期斗争，在1968年通过建立普惠制决议后取得的。该决议规定，发达国家承诺对从发展中国家或地区输入的商品，特别是制成品和半成品，给予普遍的、非歧视性的和非互惠的优惠关税待遇。

二、关税的特点

(一)以进出国境或关境的货物和物品为征税对象

关税的征税对象是进出国境或关境的货物和物品。属于贸易性进出口的商品称为货物；属于入境旅客携带的、个人邮递的、运输工具服务人员携带的，以及用其他方式进口个人自用的非贸易性商品称为物品。关税不同于因商品交换或提供劳务取得收入而课征的流转税，也不同于因取得所得或拥有财产而课征的所得税或财产税，它是对特定货物和物品途经海关通道进出口征税。

（二）以货物进出口统一的国境或关境为征税环节

关税是主权国家对进出国境或关境的货物和物品统一征收的税种。在封建社会，由于封建割据导致国内关卡林立、重复征税，所以那时的关税主要为国内关税或内地关税，它严重地阻碍着商品经济发展。资本主义生产方式取代封建生产方式之后，新兴资产阶级建立起统一的国家，主张国内自由贸易和商品自由流通，因而纷纷废除旧时的内陆关税，实行统一的国境关税。现代关税只是在货物或者物品进口或者出口环节征收一次。

（三）实行复式税则

关税的税则是关税课税范围及其税率的法则。复式税则又称多栏税则，是指一个税目设有两个或两个以上的税率，根据进口货物原产国的不同，分别适用高低不同的税率。复式税则是一个国家对外贸易政策的体现。目前，在国际上除极个别国家外，各国关税普遍实行复式税则。

（四）关税具有涉外统一性，执行统一的对外经济政策

关税是一个国家的重要税种。国家征收关税不单纯是为了满足政府财政上的需要，更重要的是利用关税来贯彻执行统一的对外经济政策，实现国家的政治经济目的。在我国现阶段，关税被用来争取实现平等互利的对外贸易，保护并促进国内工农业生产发展，为社会主义市场经济服务。

（五）关税由海关机构代表国家征收

关税由海关总署及所属机构具体管理和征收，征收关税是海关工作的一个重要组成部分。《海关法》规定："中华人民共和国海关是国家的进出关境监督管理机关，海关依照本法和其他有关法律、法规，监督进出境的运输工具、货物、行李物品，征收关税和其他税费，查缉走私，并编制海关统计和其他海关业务。"

第二节 关税的征税对象、纳税人与税率

一、征税对象

关税的征税对象是准许进出境的货物和物品。货物是指贸易性商品；物品是指入境旅客随身携带的行李物品、个人邮递物品、各种运输工具上的服务人员携带进口的自用物品、馈赠物品以及其他方式进境的个人物品。

二、纳税人

进口货物的收货人、出口货物的发货人、进出境物品的所有人，是关税的纳税义务人。进出口货物的收、发货人是依法取得对外贸易经营权，并进口或者出口货物的法人或者其他社会团体。进出境物品的所有人包括该物品的所有人和推定为所有人的人。一般情况下，对于携带进境的物品，推定其携带人为所有人；对分离运输的行李，推定相应的进出境旅客为所有人；对以邮递方式进境的物品，推定其收件人为所有人；以邮递或其他运输方式出境的物品，推定其寄件人或托运人为所有人。

三、适用税率

（一）税率设置及适用对象

1. 进口关税税率

进口关税设置最惠国税率、协定税率、特惠税率、普通税率、关税配额税率等税率。对进口货物在一定期限内可以实行暂定税率。

（1）最惠国税率适用于：原产于共同适用最惠国待遇条款的世界贸易组织成员的进口货物，原产

于与我国签订含有相互给予最惠国待遇条款的双边贸易协定的国家或者地区的进口货物，以及原产于我国境内的进口货物。

(2)协定税率适用于：原产于与我国签订含有关税优惠条款的区域性贸易协定的国家或者地区的进口货物。

(3)特惠税率适用于：原产于与我国签订含有特殊关税优惠条款的贸易协定的国家或者地区的进口货物。

(4)普通税率适用于：原产于上述(1)、(2)、(3)所列以外国家或者地区的进口货物，以及原产地不明的进口货物。

适用最惠国税率的进口货物有暂定税率的，应当适用暂定税率；适用协定税率、特惠税率的进口货物有暂定税率的，应当从低适用税率；适用普通税率的进口货物，不适用暂定税率。

(5)关税配额税率适用于：按照国家规定实行关税配额管理的在关税配额内的进口货物。关税配额外的进口货物，不适用关税配额税率，而按上述规定适用税率。

2. 特别关税

特别关税包括报复性关税、反倾销税、反补贴税、保障性关税。

(1)报复性关税。任何国家或者地区违反与我国签订或者共同参加的贸易协定及相关协定，对我国在贸易方面采取禁止、限制、加征关税或者其他影响正常贸易的措施的，对原产于该国家或者地区的进口货物可以征收报复性关税，适用报复性关税税率。

征收报复性关税的货物、适用国别、税率、期限和征收办法，由国务院关税税则委员会决定并公布。

(2)反倾销税、反补贴税和保障性关税。按照有关法律、行政法规的规定对进口货物采取反倾销、反补贴、保障措施的，其税率的适用，按照反倾销条例、反补贴条例和保障措施条例的有关规定执行。

3. 出口关税税率

出口关税设置出口税率。

适用出口税率的出口货物有暂定税率的，应当适用暂定税率。

我国征收出口关税的商品较少，税率较低。

(二)税率的运用

(1)进出口货物，应当适用海关接受该货物申报进口或者出口之日实施的税率。进口货物到达前，经海关核准先行申报的，应当适用装载该货物的运输工具申报进境之日实施的税率。

转关运输货物税率的适用日期，由海关总署另行规定。

(2)有下列情形之一，需缴纳税款的，应当适用海关接受申报办理纳税手续之日实施的税率：

①保税货物经批准不复运出境的；

②减免税货物经批准转让或者移作他用的；

③暂准进境货物经批准不复运出境，以及暂准出境货物经批准不复运进境的；

④租赁进口货物，分期缴纳税款的。

(3)补征和退还进出口货物关税，应当按照上述规定，确定其适用的税率。

(4)因纳税义务人违反规定，需要追征税款的，应当适用该行为发生之日实施的税率；行为发生之日不能确定的，适用海关发现该行为之日实施的税率。

四、原产地规定①

确定进境货物原产地的主要原因之一，是为了正确运用进口货物所适用的税率。我国原产地规定基本上采用了“全部产地生产标准”“实质性加工标准”这两种国际上通用的原产地标准。

---

① 国务院第416号令：《中华人民共和国进出口货物原产地条例》，2004年9月3日。

(一)全部产地生产标准

全部产地生产标准是指进口货物“完全在一个国家内生产或制造”,生产或制造国即为该货物的原产国。

(二)实质性加工标准

实质性加工标准是适用于确定有两个或两个以上国家参与生产的产品的原产国的标准,其基本含义是:经过几个国家加工、制造的进口货物,以最后一个对货物进行经济上可以视为实质性加工的国家作为有关货物的原产国。“实质性加工”是指产品加工后,在进出口税则中四位数税号一级的税则归类已经有了改变;或者加工增值部分所占新产品总值的比例已超过30%及以上的。

(三)其他

对机器、仪器、器材或车辆所用零件、部件、配件、备件及工具,如与主件同时进口且数量合理的,其原产地按主件的原产地确定;分别进口的,则按各自的原产地确定。

第三节 关税完税价格的确定

一、一般进口货物的完税价格

(一)以成交价格为基础的完税价格

根据《海关法》规定,进口货物的完税价格包括货物的货价、货物运抵我国境内输入地点起卸前的运输及其相关费用、保险费。我国境内输入地为入境海关地,包括内陆河、江口岸,一般为第一口岸。货物的货价以成交价格为基础。进口货物的成交价格是指买方为购买该货物,并按《完税价格办法》有关规定调整后的实付或应付价格。

1. 对进口货物成交价格的要求

进口货物成交价格应当符合下列要求:

(1)买方对进口货物的处置或使用不受限制,但国内法律、行政法规规定的限制和对货物转售地域的限制,以及对货物价格无实质影响的限制除外;

(2)货物的价格不得受到使该货物成交价格无法确定的条件或因素的影响;

(3)卖方不得直接或间接获得因买方转售、处置或使用进口货物而产生的任何收益,除非能够按照《完税价格办法》有关规定做出调整;

(4)买卖双方之间没有特殊关系,如果有特殊关系,应当符合《完税价格办法》的有关规定。

2. 对实付或应付价格进行调整的有关规定

“实付或应付价格”是指买方为购买进口货物直接或间接支付的总额,即作为卖方销售进口货物的条件,由买方向卖方或为履行卖方义务向第三方已经支付或将要支付的全部款项。

(1)如下列费用或者价值未包括在进口货物的实付或者应付价格中,应当计入完税价格:

①由买方负担的除购货佣金以外的佣金和经纪费。“购货佣金”是指买方为购买进口货物向自己的采购代理人支付的劳务费用。“经纪费”是指买方为购买进口货物向代表买卖双方利益的经纪人支付的劳务费用。

②由买方负担的与该货物视为一体的容器费用。

③由买方负担的包装材料和包装劳务费用。

④与该货物的生产和向中华人民共和国境内销售有关的,由买方以免费或者以低于成本的方式提供并可以按适当比例分摊的料件、工具、模具、消耗材料及类似货物的价款,以及在境外开发、设计等相关服务的费用。

⑤与该货物有关并作为卖方向我国销售该货物的一项条件,应当由买方直接或间接支付的特许权使用费。“特许权使用费”是指买方为获得与进口货物相关的、受著作权保护的作品、专利、商标、专

有技术和其他权利的使用许可而支付的费用；但是在估定完税价格时，进口货物在境内的复制权费不得计入该货物的实付或应付价格之中。

⑥卖方直接或间接从买方对该货物进口后转售、处置或使用所得中获得的收益。

上列所述的费用或价值，应当由进口货物的收货人向海关提供客观量化的数据资料。如果没有客观量化的数据资料，完税价格由海关按《完税价格办法》规定的方法进行估定。

(2)下列费用，如能与该货物实付或者应付价格区分，不得计入完税价格：

①厂房、机械、设备等货物进口后的基建、安装、装配、维修和技术服务的费用；

②货物运抵境内输入地点之后的运输费用、保险费和其他相关费用；

③进口关税及其他国内税收。

3. 对买卖双方之间有特殊关系的规定

买卖双方之间有特殊关系的，经海关审定其特殊关系未对成交价格产生影响，或进口货物的收货人能证明其成交价格与同时或大约同时发生的下列任意两个价格相近，海关应当接受该成交价格：

(1)向境内无特殊关系的买方出售的相同或类似货物的成交价格。

(2)按照使用倒扣价格有关规定所确定的相同或类似货物的完税价格。

(3)按照使用计算价格有关规定所确定的相同或类似货物的完税价格。

海关在使用上述价格做比较时，应当考虑商业水平和进口数量的不同，以及实付或者应付价格的调整规定所列各项目和交易中买卖双方有无特殊关系造成的费用差异。

有下列情形之一的，应当认定买卖双方有特殊关系：买卖双方为同一家族成员；买卖双方互为商业上的高级职员或董事；一方直接或间接地受另一方控制；买卖双方都直接或间接地受第三方控制；买卖双方共同直接或间接地控制第三方；一方直接或间接地拥有、控制或持有对方5%或以上公开发行的有表决权的股票或股份；一方是另一方的雇员、高级职员或董事；买卖双方是同一合伙的成员。买卖双方在经营上相互有联系，一方是另一方的独家代理、经销或受让人，如果有上述关系的，也应当视为有特殊关系。

(二)进口货物海关估价方法

进口货物的价格不符合成交价格条件或者成交价格不能确定的，海关应当依次以相同货物成交价格方法、类似货物成交价格方法、倒扣价格方法、计算价格方法及其他合理方法确定的价格为基础，估定完税价格。如果进口货物的收货人提出要求，并提供相关资料，经海关同意，可以选择倒扣价格方法和计算价格方法的适用次序。

1. 相同或类似货物成交价格方法

相同或类似货物成交价格方法，即以与被估的进口货物同时或大约同时(在海关接受申报进口之日的前后各45日以内)进口的相同或类似货物的成交价格为基础，估定完税价格。

以该方法估定完税价格时，应使用与该货物相同商业水平且进口数量基本一致的相同或类似货物的成交价格，但对因运输距离和运输方式不同，在成本和其他费用方面产生的差异应当进行调整。在没有上述的相同或类似货物的成交价格的情况下，可以使用不同商业水平或不同进口数量的相同或类似货物的成交价格，但对因商业水平、进口数量、运输距离和运输方式不同，在价格、成本和其他费用方面产生的差异应当做出调整。

以该方法估定完税价格时，应当首先使用同一生产商生产的相同或类似货物的成交价格，只有在没有这一成交价格的情况下，才可以使用同一生产国或地区生产的相同或类似货物的成交价格。如果有多个相同或类似货物的成交价格，应当以最低的成交价格为基础，估定进口货物的完税价格。

上述“相同货物”是指与进口货物在同一国家或地区生产的，在物理性质、质量和信誉等所有方面都相同的货物，但表面的微小差异允许存在；“类似货物”是指与进口货物在同一国家或地区生产的，虽然不是在所有方面都相同，但却具有相似的特征、相似的组成材料、同样的功能，并且在商业中可以互换的货物。

2. 倒扣价格方法

倒扣价格方法即以被估的进口货物、相同或类似进口货物在境内销售的价格为基础估定完税价格。按该价格销售的货物应当同时符合五个条件:在被估货物进口时或大约同时销售;按照进口时的状态销售;在境内第一环节销售;合计的货物销售总量最大;向境内无特殊关系方的销售。

以该方法估定完税价格时,下列各项应当扣除:

(1)该货物的同等级或同种类货物,在境内销售时的利润和一般费用及通常支付的佣金;

(2)货物运抵境内输入地点之后的运费、保险费、装卸费及其他相关费用;

(3)进口关税、进口环节税和其他与进口或销售上述货物有关的国内税。

3. 计算价格方法

计算价格方法即按下列各项的总和计算出的价格估定完税价格。有关项为:

(1)生产该货物所使用的原材料价值和进行装配或其他加工的费用;

(2)与向境内出口销售同等级或同种类货物的利润、一般费用相符的利润和一般费用;

(3)货物运抵境内输入地点起卸前的运输及相关费用、保险费。

4. 其他合理方法

使用其他合理方法时,应当根据《完税价格办法》规定的估价原则,以在境内获得的数据资料为基础估定完税价格。但不得使用以下价格:

(1)境内生产的货物在境内的销售价格;

(2)可供选择的价格中较高的价格;

(3)货物在出口地市场的销售价格;

(4)以计算价格方法规定的有关各项之外的价值或费用计算的价格;

(5)出口到第三国或地区的货物的销售价格;

(6)最低限价或武断虚构的价格。

二、特殊进口货物的完税价格

(一)加工贸易进口料件及其制成品

加工贸易进口料件及其制成品需征税或内销补税的,海关按照一般进口货物的完税价格规定,审定完税价格。其中:

(1)进口时需征税的进料加工进口料件,以该料件申报进口时的价格估定。

(2)内销的进料加工进口料件或其制成品(包括残次品、副产品),以料件原进口时的价格估定。

(3)内销的来料加工进口料件或其制成品(包括残次品、副产品),以料件申报内销时的价格估定。

(4)出口加工区内的加工企业内销的制成品(包括残次品、副产品),以制成品申报内销时的价格估定。

(5)保税区内的加工企业内销的进口料件或其制成品(包括残次品、副产品),分别以料件或制成品申报内销时的价格估定。如果内销的制成品中含有从境内采购的料件,则以所含从境外购入的料件原进口时的价格估定。

(6)加工贸易加工过程中产生的边角料,以申报内销时的价格估定。

(二)保税区、出口加工区货物

从保税区或出口加工区销往区外、从保税仓库出库内销的进口货物(加工贸易进口料件及其制成品除外),以海关审定的价格估定完税价格。对经审核销售价格不能确定的,海关应当按照一般进口货物估价办法的规定,估定完税价格。如销售价格中未包括在保税区、出口加工区或保税仓库中发生的仓储、运输及其他相关费用的,应当按照客观量化的数据资料予以计入。

(三)运往境外修理的货物

运往境外修理的机械器具、运输工具或其他货物,出境时已向海关报明,并在海关规定期限内复运进境的,应当以海关审定的境外修理费和料件费为完税价格。

(四)运往境外加工的货物

运往境外加工的货物,出境时已向海关报明,并在海关规定期限内复运进境的,应当以海关审定的境外加工费和料件费,以及该货物复运进境的运输及其相关费用、保险费估定完税价格。

(五)暂时进境货物

对于经海关批准的暂时进境的货物,应当按照一般进口货物估价办法的规定,估定完税价格。

(六)租赁方式进口的货物

租赁方式进口的货物中,以租金方式对外支付的租赁货物,在租赁期间以海关审定的租金作为完税价格;留购的租赁货物,以海关审定的留购价格作为完税价格;承租人申请一次性缴纳税款的,经海关同意,按照一般进口货物估价办法的规定估定完税价格。

(七)留购的进口货样等

对于境内留购的进口货样、展览品和广告陈列品,以海关审定的留购价格作为完税价格。

(八)予以补税的减免税货物①

减税或免税进口的货物需予补税时,应当以海关审定的该货物原进口时的价格,扣除折旧部分价值作为完税价格,计算公式为:

完税价格=海关审定的该货物原进口时的价格×[1-申请补税时实际已使用的时间(月)÷(监管年限×12)]

(九)以其他方式进口的货物

以易货贸易、寄售、捐赠、赠送等其他方式进口的货物,应当按照一般进口货物估价办法的规定,估定完税价格。

三、出口货物的完税价格

(一)以成交价格为基础的完税价格

出口货物的完税价格,由海关以该货物向境外销售的成交价格为基础审查确定,并应包括货物运至我国境内输出地点装载前的运输及其相关费用、保险费。但其中包含的出口关税税额,应当扣除。

出口货物的成交价格,是指该货物出口销售到我国境外时买方向卖方实付或应付的价格。出口货物的成交价格中含有支付给境外的佣金的,如果单独列明,应当扣除。

(二)出口货物海关估价方法

出口货物的成交价格不能确定时,完税价格由海关依次使用下列方法估定:

(1)同时或大约同时向同一国家或地区出口的相同货物的成交价格;

(2)同时或大约同时向同一国家或地区出口的类似货物的成交价格;

(3)根据境内生产相同或类似货物的成本、利润和一般费用、境内发生的运输及其相关费用、保险费计算所得的价格;

(4)按照合理方法估定的价格。

四、进出口货物完税价格中的运保险费的计算②

(一)以一般陆运、空运、海运方式进口的货物

在进口货物的运输及相关费用、保险费计算中,海运进口货物,计算至该货物运抵境内的卸货口

---

① 海关总署第95号令:《中华人民共和国海关审定进出口货物完税价格办法》,2001年12月31日。

② 海关总署第95号令:《中华人民共和国海关审定进出口货物完税价格办法》,2001年12月31日。

岸;如果该货物的卸货口岸是内河(江)口岸,则应当计算至内河(江)口岸。陆运进口货物,计算至该货物运抵境内的第一口岸;如果运输及其相关费用、保险费支付至目的地口岸,则计算至目的地口岸。空运进口货物,计算至该货物运抵境内的第一口岸;如果该货物的目的地为境内的第一口岸外的其他口岸,则计算至目的地口岸。

陆运、空运和海运进口货物的运费和保险费,应当按照实际支付的费用计算。如果进口货物的运费无法确定或未实际发生,海关应当按照该货物进口同期运输行业公布的运费率(额)计算运费;按照“货价加运费”两者总额的3‰计算保险费。

(二)以其他方式进口的货物

邮运的进口货物,应当以邮费作为运输及其相关费用、保险费;以境外边境口岸价格条件成交的铁路或公路运输进口货物,海关应当按照货价的1%计算运输及其相关费用、保险费;作为进口货物的自驾进口的运输工具,海关在审定完税价格时,可以不另行计入运费。

(三)出口货物

出口货物的销售价格如果包括离境口岸至境外口岸之间的运输、保险费的,该运费、保险费应当扣除。

五、完税价格的审定

进出口货物的收发货人应当向海关如实申报进出口货物的成交价格,提供包括发票、合同、装箱清单及其他证明申报价格真实、完整的单证、书面资料和电子数据。海关认为必要时,还应当向海关补充申报反映买卖双方关系和成交活动的情况,以及其他与成交价格有关的资料。

海关为审查申报价格的真实性和准确性,可以查阅、复制与进出口货物有关的合同、发票、账册、结付汇凭证、单据、业务函电和其他反映买卖双方关系及交易活动的书面资料和电子数据;可以向进出口货物的收发货人及与其有资金往来或有其他业务往来的公司、企业调查与进出口货物价格有关的问题;可以对进出口货物进行查验或提取货样进行检验或化验;可以进入进出口货物收发货人的生产经营场所、货物存放场所,检查与进出口活动有关的货物和生产经营情况;可以向有关金融机构或税务部门查询了解与进出口货物有关的收付汇资料或缴纳国内税的情况。

海关对申报价格的真实性或准确性有疑问时,应当书面将怀疑的理由告知进出口货物的收发货人,要求其以书面形式做进一步说明,提供资料或其他证据,证明其申报价格是真实、准确的。自海关书面通知发出之日起15日内,进出口货物的收发货人未能提供进一步说明,或海关审核所提供的资料或证据后,仍有理由怀疑申报价格的真实性或准确性时,海关可以不接受其申报价格,并按照一般进口货物海关估价方法估定完税价格。

海关有理由认为买卖双方之间的特殊关系影响成交价格时,应当书面将怀疑的理由告知进出口货物的收发货人,要求其以书面形式做进一步说明,提供资料或其他证据,证明双方之间的关系未影响成交价格。自海关书面通知发出之日起15日内,进口货物的收货人未能提供进一步说明,或海关审核所提供的资料或证据后,仍有理由认为买卖双方的关系影响成交价格时,海关可以不接受其申报价格,并按照一般进口货物海关估价方法估定完税价格。

海关不接受申报价格,按照相同货物或类似货物成交价格的规定估定完税价格时,为获得合适的相同或类似进出口货物的成交价格,可以与进出口货物的纳税义务人进行价格磋商。

进出口货物的收发货人可以提供书面申请,要求海关就如何确定其进出口货物的完税价格做出书面说明。

海关为确定进出口货物的完税价格需要推迟做出估价决定时,进出口货物的收发货人可以在依法向海关提供担保后,先行提取货物。海关对于实行担保放行的货物,应当自具保之日起90日内核查完毕,并将核查结果通知进出口货物收发货人。

第四节　关税的税收优惠

一、法定减免税

法定减免税是税法中明确列出的减税或免税。符合税法规定可予减免税的进出口货物，纳税义务人无须提出申请，海关可按规定直接予以减免税。海关对法定减免税货物一般不进行后续管理。

我国《海关法》和《进出口条例》明确规定，下列货物、物品予以减免关税：

(1)关税税额在人民币 50 元以下的一票货物，可免征关税。

(2)无商业价值的广告品和货样，可免征关税。

(3)外国政府、国际组织无偿赠送的物资，可免征关税。

(4)进出境运输工具装载的途中必需的燃料、物料和饮食用品，可予免税。

(5)经海关核准暂时进境或者暂时出境，并在 6 个月内复运出境或者复运进境的货样、展览品、施工机械、工程车辆、工程船舶、供安装设备时使用的仪器和工具、电视或者电影摄制器械、盛装货物的容器以及剧团服装道具，在货物收发货人向海关缴纳相当于税款的保证金或者提供担保后，可予暂时免税。

(6)为境外厂商加工、装配成品和为制造外销产品而进口的原材料、辅料、零件、部件、配套件和包装物料，海关按照实际加工出口的成品数量免征进口关税；或者对进口料、件先征进口关税，再按照实际加工出口的成品数量予以退税。

(7)因故退还的中国出口货物，经海关审查属实，可予免征进口关税，但已征收的出口关税不予退还。

(8)因故退还的境外进口货物，经海关审查属实，可予免征出口关税，但已征收的进口关税不予退还。

(9)进口货物如有以下情形，经海关查明属实，可酌情减免进口关税：①在境外运输途中或者在起卸时，遭受损坏或者损失的；②起卸后海关放行前，因不可抗力遭受损坏或者损失的；③海关查验时已经破漏、损坏或者腐烂，经证明不是保管不慎造成的。

(10)无代价抵偿货物，即进口货物在征税放行后，发现货物残损、短少或品质不良，而由国外承运人、发货人或保险公司免费补偿或更换的同类货物，可以免税。但有残损或质量问题的原进口货物如未退运国外，其进口的无代价抵偿货物应照章征税。

(11)我国缔结或者参加的国际条约规定减征、免征关税的货物、物品，按照规定予以减免关税。

(12)法律规定减征、免征的其他货物。

二、特定减免税

特定减免税也称政策性减免税，是指在法定减免税之外，国家按照国际通行规则和我国实际情况，制定发布的有关进出口货物减免关税的政策。

(一)科教用品

为有利于我国科研、教育事业发展，国务院制定了《科学研究和教学用品免征进口税收暂行规定》，对科学研究机构和学校，不以营利为目的，在合理数量范围内进口国内不能生产的科学研究和教学用品，直接用于科学研究或者教学的，免征进口关税和进口环节增值税、消费税。该规定对享受该优惠的科研机构和学校资格、类别以及可以免税的物品都做了明确规定。

(二)残疾人专用品

为支持残疾人的康复工作，国务院制定了《残疾人专用品免征进口税收暂行规定》，对规定的残疾人个人专用品，免征进口关税和进口环节增值税、消费税；对康复、福利机构、假肢厂和荣誉军人康复医院进口国内不能生产的、该规定明确的残疾人专用品，免征进口关税和进口环节增值税。该规定对可以免税的残疾人专用品种类和品名做了明确规定。

(三)扶贫、慈善性捐赠物资

为促进公益事业的健康发展，经国务院批准，财政部、国家税务总局、海关总署发布了《扶贫、慈善性捐赠物资免征进口税收的暂行办法》。对境外自然人、法人或者其他组织等境外捐赠人，无偿向经国务院主管部门依法批准成立的，以人道救助和发展扶贫、慈善事业为宗旨的社会团体以及国务院有关部门和各省、自治区、直辖市人民政府捐赠的，直接用于扶贫、慈善事业的物资，免征进口关税和进口环节增值税。所称扶贫、慈善事业，是指非营利性的扶贫济困、慈善救助等社会慈善和福利事业。该办法对可以免税的捐赠物资种类和品名做了明确规定。

(四)加工贸易产品

1. 加工装配和补偿贸易

加工装配即来料加工、来样加工及来件装配，是指由境外客商提供全部或部分原辅料、零配件和包装物料，必要时提供设备，由我方按客商要求进行加工装配，成品交外商销售，我方收取工缴费。客商提供的作价设备价款，我方用工缴费偿还。补偿贸易是指由境外客商提供或国内单位利用国外出口信贷进口生产技术或设备，由我方生产，以返销产品方式分期偿还对方技术、设备价款或贷款本息的交易方式。因有利于较快地提高出口产品生产技术，改善我国产品质量和品种，扩大出口，增加我国外汇收入，国家给予一定的关税优惠：进境料件不予征税，准许在境内保税加工为成品后返销出口；进口外商的不作价设备和作价设备，分别比照外商投资项目和国内投资项目的免税规定执行；剩余料件或增产的产品，经批准转内销时，价值在进口料件总值2%以内，且总价值在3 000元以下的，可予免税。

2. 进料加工

经批准有权经营进出口业务的企业使用进料加工专项外汇进口料件，并在1年内加工或装配成品外销出口的业务，称为进料加工业务。对其关税优惠为：对专为加工出口商品而进口的料件，海关按实际加工复出口的数量，免征进口税；加工的成品出口，免征出口税，但内销料件及成品照章征税；对加工过程中产生的副产品、次品、边角料，海关根据其使用价值分析估价征税或者酌情减免税；剩余料件或增产的产品，经批准转内销时，价值在进口料件总值2%以内，且总价值在5 000元以下的，可予免税。

(五)边境贸易进口物资

为了鼓励我国边境地区积极发展与我国毗邻国家间的边境贸易与经济合作，国家制定了有关扶持、鼓励边境贸易和边境地区发展对外经济合作的政策措施。边境贸易有边民互市贸易和边境小额贸易两种形式。

(六)保税区进出口货物

为了创造完善的投资、运营环境，开展为出口贸易服务的加工整理、包装、运输、仓储、商品展出和转口贸易，国家在境内设立了保税区，即与外界隔离的全封闭方式，在海关监控管理下进行存放和加工保税货物的特定区域。

(七)出口加工区进出口货物

为加强与完善加工贸易管理，严格控制加工贸易产品内销，保护国内相关产业，并为出口加工企业提供更宽松的经营环境，带动国产原材料、零配件的出口，国家设立了出口加工区。

(八)进口设备

为进一步扩大利用外资，引进国外先进技术和设备，促进产业结构的调整和技术进步，保持国民经济持续、快速、健康发展，国务院决定自1998年1月1日起，对国家鼓励发展的国内投资项目和外商投资项目进口设备，在规定范围内免征进口关税和进口环节增值税。

(九)特定行业或用途的减免税政策

为鼓励、支持部分行业或特定产品的发展,国家制定了部分特定行业或用途的减免税政策,这类政策一般对可减免税的商品列有具体清单。

三、临时减免税

临时减免税是指以上法定和特定减免税以外的其他减免税,即由国务院根据《海关法》对某个单位、某类商品、某个项目或某批进出口货物的特殊情况,给予特别照顾,一案一批,专文下达的减免税。一般有单位、品种、期限、金额或数量等限制,不能比照执行。

在加入世界贸易组织后,为遵循统一、规范、公平、公开的原则,有利于统一税法、公平税负、平等竞争,我国严格控制减免税,一般不办理个案临时性减免税,对特定减免税也在逐步规范、清理,对不符合国际惯例的税收优惠政策将逐步予以废止。

第五节　进境物品进口税

一、进口税的纳税人

进境物品的关税以及进口环节海关代征税合并为进口税,由海关依法征收。

进境物品的纳税人是指,携带物品进境的入境人员、进境邮递物品的收件人以及以其他方式进口物品的收件人。

二、进口税的计算与缴纳

进口税采用从价计征,适用海关填发税款缴款书之日实施的税率和完税价格。完税价格由海关参照该项物品的境外正常零售平均价格确定。

进口税税额＝完税价格×进口税税率

进口税应在进境物品放行前按照规定缴纳。纳税人可以自行办理纳税手续,也可以委托他人办理纳税手续。

三、征免规定

海关总署规定数额以内的个人自用进境物品,免征进口税。超过海关总署规定数额但仍在合理数量以内的个人自用进境物品,由进境物品的纳税人在进境物品放行前按照规定缴纳进口税。超过合理、自用数量的进境物品应当按照进口货物依法办理相关手续。

进口税的减征、免征、补征、追征、退还以及对暂准进境物品征收进口税,参照《进出口关税条例》对货物征收进口关税的有关规定执行。

第六节　关税的计算与缴纳

一、关税的计算

(一)从价税应纳税额的计算

从价计征的计算公式为:

应纳税额＝完税价格×关税税率

(二)从量税应纳税额的计算

从量计征的计算公式为:

应纳税额＝货物数量×单位税额

二、关税的缴纳

(一)关税的申报

进口货物的纳税人应当自运输工具申报进境之日起14日内，出口货物的纳税人除海关特准的外，在货物运抵海关监管区后、装货的24小时以前，向货物的进出境地海关申报。进出口货物转关运输的，按照海关总署的规定执行。

进口货物到达前，纳税人经海关核准可以先行申报。

(二)关税的缴纳

纳税人应当自海关填发税款缴款书之日起15日内向指定银行缴纳税款。纳税人未按期缴纳税款的，从滞纳税款之日起，按日加收滞纳税款5‰的滞纳金。

滞纳金自关税缴纳期限届满之次日起，至纳税义务人缴纳关税之日止，按滞纳税款5‰的比例按日征收，周末或法定节假日不予扣除。

关税滞纳金金额＝滞纳关税税额×滞纳金征收比率×滞纳天数

海关可以对纳税人欠缴税款的情况予以公告。

海关征收关税、滞纳金等，按人民币计征。进出口货物的成交价格以及有关费用以外币计价的，以中国人民银行公布的基准汇率折合为人民币计算完税价格；以基准汇率币种以外的外币计价的，按照国家有关规定套算为人民币计算完税价格。适用汇率的日期由海关总署规定。

纳税人因不可抗力或者在国家税收政策调整的情形下，不能按期缴纳税款的，经海关总署批准，可以延期缴纳税款，但是最长不得超过6个月。

三、关税的退补

(一)关税保全与强制执行

进出口货物的纳税人在规定的纳税期限内有明显的转移、藏匿其应税货物以及其他财产迹象的，海关可以责令纳税人提供担保；纳税人不能提供担保的，海关可以按照《海关法》的规定采取税收保全措施。

纳税人、担保人自缴纳税款期限届满之日起超过3个月仍未缴纳税款的，海关可以按照《海关法》的规定采取强制措施。

(二)关税的退还

海关发现多征税款的，应立即通知纳税人办理退还手续。纳税人发现多缴税款的，自缴纳税款之日起1年内，可以书面形式要求海关退还多缴的税款并加算银行同期活期存款利息；海关应自受理退税申请之日起30日内查实并通知纳税人办理退还手续。纳税人应自收到通知之日起3个月内办理有关退税手续。退还税款、利息涉及从国库中退库的，按照法律、行政法规有关国库管理的规定执行。

有下列情形之一的，纳税人自缴纳税款之日起1年内，可以申请退还关税，并以书面形式向海关说明理由，提供原缴款凭证及相关资料：

(1)已征进口关税的货物，因品质或者规格原因，原状退货复运出境的；

(2)已征出口关税的货物，因品质或者规格原因，原状退货复运进境，并已重新缴纳因出口而退还的国内环节有关税收的；

(3)已征出口关税的货物，因故未装运出口，申报退关的。

按照其他有关法律、行政法规规定应当退还关税的，海关应按照有关法律、行政法规的规定退税。

(三)关税的补征与追征

由于纳税人违反海关规定造成短征关税的，称为追征；非因纳税人违反海关规定造成短征关税的，称为补征。

《进出口条例》规定，进出口货物放行后，海关发现少征或者漏征税款的，应自缴纳税款或者货物放行之日起1年内，向纳税义务人补征税款。但因纳税人违反规定造成少征或者漏征税款的，海关可以自缴纳税款或者货物放行之日起3年内追征税款，并从缴纳税款或者货物放行之日起按日加收少征或者漏征税款5‰的滞纳金。

海关发现海关监管货物因纳税人违反规定造成少征或者漏征税款的，应自纳税义务人应缴纳税款之日起3年内追征税款，并从应缴纳税款之日起按日加收少征或者漏征税款5‰的滞纳金。

四、案例分析

【案例5－1】 进口货物应纳税额的计算

某外贸进出口公司2014年10月份进口一批化妆品，支付款项如下：

(1)该批货物成交价折合人民币2 170万元。

(2)货物运抵我国关境内输入地点起卸前、起卸后的运费分别为70万元、4万元，保险费分别为10万元、0.8万元。

(3)包装材料费用和包装劳务费20万元。

(4)与货物视为一体的包装用具的费用30万元。

(5)与该货物有关的特许权使用费100万元。

已知：该批货物关税税率为20%，消费税税率为30%，增值税税率为17%。

要求：

(1)计算该公司在进口环节应缴纳的关税；

(2)计算该公司在进口环节应缴纳的消费税；

(3)计算该公司在进口环节应缴纳的增值税。

【解析】

(1)关税完税价格＝2 170＋70＋10＋20＋30＋100＝2 400(万元)

应纳关税＝2 400×20%＝480(万元)

说明：进口货物运抵境内输入地点起卸后的运输费、保险费不计入该货物的完税价格。

(2)应纳消费税＝(2 400＋480)÷(1－30%)×30%＝1 234.28(万元)

(3)应纳增值税＝(2 400＋480)÷(1－30%)×17%＝699.42(万元)

【案例5－2】 进口货物应纳税额的计算与缴纳

某企业为增值税一般纳税人。本月份进口一批应税消费品，成交价折合1 970万元人民币，支付该货物运抵我国关境内输入地点起卸前的运费、保险费20万元，另支付与货物有关的境外研发费用210万元，货物进口后又发生运输费用50万元。

该公司报关进口后，未按规定时间缴纳各项税款，滞纳天数为35天。该货物进口关税税率为50%，消费税税率为30%，增值税税率为17%。

要求：

(1)计算该公司在进口环节应缴纳的各项税款；

(2)计算该公司应缴纳的税收滞纳金。

【解析】

(1)关税完税价格＝1 970＋20＋210＝2 200(万元)

应纳关税＝2 200×50%＝1 100(万元)

应纳消费税＝(2 200＋1 100)÷(1－30%)×30%＝1 414.29(万元)

应纳增值税＝(2 200＋1 100)÷(1－30%)×17%＝801.43(万元)

(2)关税滞纳金＝1 100×0.5‰×35＝19.25(万元)

消费税滞纳金＝1 414.29×0.5‰×35＝24.75(万元)

增值税滞纳金=801.43×0.5‰×35=14.03(万元)

复习思考题

1. 关税的征税对象是什么？关税纳税人是谁？
2. 进口关税的税率有哪几种？其适用对象包括哪些？
3. 如何确定进口货物的关税完税价格？
4. 如何确定出口货物的关税完税价格？
5. 关税减免的类型有哪几种？
6. 关税补征与追征的规定有哪些？

自我测试题

一、单项选择题

1. 以下各项中，不属于按计征方式划分关税的是( )。

A. 收入关税　B. 混合关税　C. 从价关税　D. 选择性关税

2. 下列不属于关税纳税义务人的是( )。

A. 进口货物的收货人　B. 出口货物的发货人

C. 邮递出口物品的寄件人　D. 进出境物品的寄件人

3. 关于关税的完税价格，下列说法中正确的是( )。

A. 进料加工进口料件申报内销时，海关应以料件销售时成交价格为基础审查确定完税价格

B. 进口货物的成交价格无法确定时，海关应直接采用倒扣价格估价方法

C. 由买方负担的经纪费用应计入完税价格中

D. 设备进口后发生的安装费用，应计入完税价格中

4. 下列说法中，符合关税规定的是( )。

A. 进口时需征税的进料加工进口料件，以该料件申报进口时的价格估定

B. 运往境外加工的货物，出境时向海关报明，在规定期限内复运入境的，以加工费和料件费为完税价格

C. 运往境外修理的货物，出境时向海关报明，在规定期限内入境的，以加工费和料件费以及海关审定的运费、保险费为完税价格

D. 加工贸易加工过程中产生的边角料，以原进口价格为完税价格

5. 某企业2014年将以前年度进口的设备运往境外修理，设备进口时成交价格60万元，发生境外运费和保险费共计16万元；在海关规定的期限内复运进境，进境时同类设备价格65万元；发生境外修理费12万元，料件费9万元，境外运输费和保险费共计3万元，进口关税税率为20%。运往境外修理的设备报关进口时应纳进口环节税金( )万元。

A. 4　B. 6.86　C. 8.48　D. 12.8

6. 关税申报时间，符合我国规定的是( )。

A. 进口货物自运输工具申报进境之日起15日内，出口货物在运抵海关监管区后的装货的12小时之前

B. 进口货物自运输工具申报进境之日起14日内，出口货物在运抵海关监管区后的卸货的24小时之前

C. 进口货物自运输工具申报进境之日起14日内，出口货物在运抵海关监管区后的装货的15日以内

D. 进口货物自运输工具申报进境之日起14日内，出口货物在运抵海关监管区后的装货的24小时之前

7. 下列各项中，符合关税法有关规定的是(　　)。
A. 进口货物由于完税价格审定需要补税的，一律按照原进口之日的税率计税
B. 溢卸进口货物事后确定需要补税的，按照确定补税当天实施的税率计税
C. 暂时进口货物转为正式进口需要补税的，按照原报关进口之日的税率计税
D. 进口货物由于税则归类改变需要补税的，按照原征税日期实施的税率计税
8. 下列各项中，属于我国确定进口货物原产地的标准之一的是(　　)。
A. 主要产地生产标准　　B. 最后产地生产标准
C. 最初产地生产标准　　D. 全部产地生产标准
9. 下列项目中，不计入关税的进口完税价格的有(　　)。
A. 货物价款
B. 由买方负担的包装材料和包装劳务费
C. 进口关税、其他国内税
D. 买方为购买进口货物向代表买卖双方利益的经纪人支付的劳务费用
10. 下列项目中，属于进口完税价格组成部分的是(　　)。
A. 进口人向境外自己的采购代理人支付的劳务费
B. 进口人向中介机构支付的经纪费
C. 设备进口后的安装调试费用
D. 进口关税

二、多项选择题

1. 下列各项中，属于关税征税对象的是(　　)。
A. 贸易性商品　　B. 个人邮寄物品
C. 入境旅客随身携带的高级化妆品　　D. 获赠的进入国境的个人使用的小汽车
2. 下列关于税则的陈述中，正确的有(　　)。
A. 进出口税则是一国政府根据国家关税政策和经济政策，通过一定的立法程序制定公布实施的进出口货物和物品应税的关税税率表
B. 进出口税则以税率表为主体，通常还包括实施税则的法令、使用税则的有关说明和附录等
C.《中华人民共和国海关进出口税则》是我国海关凭以征收关税的法律依据，也是我国关税政策的具体体现
D. 税率表作为税则主体，包括税则商品分类目录和税率栏两大部分
3. 下列各项中，不符合关税有关对特殊进口货物完税价格规定的有(　　)。
A. 运往境外修理的机械，应当以海关审定的境外修理费和料件费，以及该货物复运进境的运输及其相关费用、保险费估定完税价格
B. 准予暂时进口的施工机械，应当按照一般进口货物估价办法的规定估定完税价格
C. 减税或免税进口的货物需予补税时，以原入境的到岸价为完税价格
D. 分期支付租金的租赁进口货物，应以该项货物原进口之日实施的税率征税
4. 出口货物离岸价格可扣除(　　)，作为出口关税的完税价格。
A. 出口关税
B. 包含在成交价格中的支付给境外的佣金
C. 售价中包含的离境口岸至境外口岸之间的运输费用
D. 出口货物国内段运输、装卸等费用
5. 行邮税包含了在进口环节征收的(　　)。
A. 增值税　　B. 消费税　　C. 城市维护建设税　　D. 关税

6. 下列关于出口货物完税价格的陈述中，正确的有（　　）。

A. 出口货物的完税价格由海关以该货物的成交价格为基础审查确定

B. 应当包括货物运至中华人民共和国境内输出地点装载前的运输及相关费用、保险费、增值税

C. 出口关税不计入完税价

D. 在货物价款中单独列明由卖方承担的佣金，计入完税价中

7. 下列进口货物中，经海关审查属实，可酌情减免进口关税的有（　　）。

A. 在境外运输途中损失的货物

B. 在口岸起卸时遭受损坏的货物

C. 在起卸后海关放行前因不可抗力损失的货物

D. 因保管不慎原因在海关查验时已经损坏的货物

8. 按征收目的划分，关税可以分为（　　）。

A. 收入关税　　B. 成本关税　　C. 保护关税　　D. 协作关税

9. 进口货物如有以下情形中的（　　），经海关查明属实，可酌情减免进口关税。

A. 在境外运输途中或者在起卸时，遭受损坏或者损失的

B. 起卸后海关放行前，因不可抗力遭受损坏或者损失的

C. 海关查验时已经破漏、损坏或者腐烂，经证明不是保管不慎造成的

D. 海关放行后，在运输途中，因大雨全部损失

10. 下列费用未包括在进口货物的实付或者应付价格中，应当计入完税价格的有（　　）。

A. 由买方负担的代表双方利益的采购代理人的劳务费

B. 由买方负担的在审查确定完税价格时与该货物视为一体的容器费用

C. 货物运抵境内输入地点之后的运输费用和保险费

D. 由买方负担的包装材料和包装劳务费用

三、判断题

1. 通常情形下，一国关境略小于国境。（　　）

2. 行李和邮递物品进口税简称行邮税，是海关对入境旅客行李物品和个人邮递物品征收的进口税。其中，包含在进口环节征收的增值税、消费税。（　　）

3. 进口关税税率设有优惠税率和普通税率两档。（　　）

4. 在海关对进出口货物进行完税价格审定时，如海关不接受申报价格，而认为有必要估定完税价格时，可以与进出口货物的纳税义务人进行价格磋商。（　　）

5. 减税或免税进口的货物需予补税时，应当以海关审定的该货物原进口时的价格作为完税价格。（　　）

6. 邮运的进口货物，应当以邮费和相关费用、保险费作为运费和相关费用保险费。（　　）

7. 我国某单位自马来西亚的一家设备生产厂家进口一套生产线，该设备所需一套备件自邻国购进，一同进口，则备件和生产线的原产地确定为马来西亚。（　　）

8. 出口货物的完税价格，由海关以该货物向境外销售的成交价格为基础审查确定，并应包括货物运至我国境内输出地点装卸前的运输及其相关费用、保险费及出口关税税额。（　　）

9. 出口货物的销售价格如果包括离境口岸至境外口岸之间的运输、保险费的，该运费、保险费应当扣除。（　　）

10. 准许应税进口的旅客行李物品，个人邮递物品以及其他个人自用物品，除另有规定的以外，均由海关按照《入境旅客行李物品和个人邮递物品进口税税率表》征收进口税。（　　）

四、案例分析题

有进出口经营权的某外贸公司，2015 年 10 月经批准从境外进口小轿车 20 辆，每辆小轿车货价 22.5 万元，运抵我国海关前发生的运输费用、保险费用无法确定，经海关查实其他运输公司相同业务的运输费用占货价的比例为 2%。该公司向海关缴纳了相关税款，并取得了完税凭证。

【要求】 计算该公司进口环节应缴纳的关税、消费税、增值税。（提示：小轿车关税税率为 60%，消费税税率为 9%。）

第六章　企业所得税法

本章要点

◇企业所得税的纳税人、征税对象与所得来源地
◇企业所得税适用税率
◇企业所得税应纳税所得额的计算
◇企业所得税税收优惠
◇企业所得税的计算与缴纳

情境导入

深圳市一家新办企业2015年度的经营业务如下:收入情况为,销售收入2 500万元,营业外收入90万元;成本费用情况为,销售成本1 300万元,销售费用600万元,管理费用480万元(其中业务招待费30万元);财务费用为80万元;销售税金为180万元(其中增值税130万元);营业外支出为100万元(含工商机关罚款12万元,税收滞纳金10万元)。该企业计算的会计利润为—20万元。

在申报企业所得税时,该企业认为企业当年利润为零,不需要纳税。

思考:企业的会计利润只有在大于零时才需要缴纳企业所得税吗?会计利润是否是企业所得税的计税依据?

第一节　企业所得税概述

企业所得税法是指国家制定的用以调整企业所得税征收与缴纳之间权利及义务关系的法律规范。现行企业所得税法的基本规范,是2007年3月16日第十届全国人民代表大会第五次全体会议通过的《中华人民共和国企业所得税法》(以下简称《企业所得税法》)和2007年11月28日国务院第197次常务会议通过的《中华人民共和国企业所得税法实施条例》(以下简称《企业所得税法实施条例》)。

一、企业所得税的概念

企业所得税是对我国境内的企业和其他取得收入的组织的生产经营所得和其他所得征收的所得税。其中,企业分为居民企业和非居民企业。

二、企业所得税的特点

我国的企业所得税具有以下特点:

(一)计税依据为应纳税所得额

应纳税所得额既不等于企业实现的会计利润额,也不是销售额或营业额,而是纳税人的收入总额扣除各项成本、费用、税金、损失等支出后的净所得额。

(二)企业所得税属于直接税

纳税人和实际负税人通常是一致的,因此在调节纳税人收入、调节经济等方面具有较明显的作用。

(三)实行按年计征、分期预缴的征收管理办法

企业所得税以全年的应纳税所得额作为计税依据,分月或分季预缴,年终汇算清缴,与会计年度及核算期限一致,有利于税收的征收管理和企业核算期限的一致性。

第二节 企业所得税的纳税人、征税对象与税率

一、纳税人

企业所得税的纳税义务人是指在中华人民共和国境内的企业和其他取得收入的组织,不包括个人独资企业和合伙企业。

企业所得税的纳税人分为居民企业和非居民企业,这是根据企业纳税义务范围的宽窄进行的分类方法,不同的企业在向中国政府缴纳所得税时,纳税义务不同。把企业分为居民企业和非居民企业,是为了更好地保障我国税收管辖权的有效行使。税收管辖权是一国政府在征税方面的主权,是国家主权的重要组成部分。根据国际上的通行做法,我国选择了地域管辖权和居民管辖权的双重管辖权标准,最大限度地维护我国的税收利益。

(一)居民企业

居民企业是指依法在中国境内成立,或者依照外国(地区)法律成立但实际管理机构在中国境内的企业。这里的企业包括国有企业、集体企业、私营企业、联营企业、股份制企业、外商投资企业、外国企业,以及有生产、经营所得和其他所得的其他组织。其中,有生产、经营所得和其他所得的其他组织,是指经国家有关部门批准,依法注册、登记的事业单位、社会团体等组织。由于我国的一些社会团体组织、事业单位在完成国家事业计划的过程中,开展多种经营和有偿服务活动,取得除财政部门各项拨款、财政部和国家价格主管部门批准的各项规费收入以外的经营收入,具有了经营的特点,应当视同企业纳入征税范围。其中,实际管理机构是指对企业的生产经营、人员、账务、财产等实施实质性全面管理和控制的机构。

(二)非居民企业

非居民企业是指依照外国(地区)法律成立且实际管理机构不在中国境内,但在中国境内设立机构、场所的,或者在中国境内未设立机构、场所,但有来源于中国境内所得的企业。

上述所称机构、场所是指在中国境内从事生产经营活动的机构、场所,包括:

(1)管理机构、营业机构、办事机构。

(2)工厂、农场、开采自然资源的场所。

(3)提供劳务的场所。

(4)从事建筑、安装、装配、修理、勘探等工程作业的场所。

(5)其他从事生产经营活动的机构、场所。

非居民企业委托营业代理人在中国境内从事生产经营活动的,包括委托单位或者个人经常代其签订合同,或者储存、交付货物等,该营业代理人视为非居民企业在中国境内设立的机构、场所。

二、征税对象

企业所得税的征税对象是指企业的生产经营所得、其他所得和清算所得。

(一)居民企业的征税对象

居民企业应就来源于中国境内、境外的所得作为征税对象。所得,包括销售货物所得、提供劳务所得、转让财产所得、股息红利等权益性投资所得,以及利息所得、租金所得、特许权使用费所得、接受捐赠所得和其他所得。

(二)非居民企业的征税对象

非居民企业在中国境内设立机构、场所的,应当就其所设机构、场所取得的来源于中国境内的所得,以及发生在中国境外但与其所设机构、场所有实际联系的所得,缴纳企业所得税,非居民企业在中国境内未设立机构、场所的,或者虽设立机构、场所但取得的所得与其所设机构、场所没有实际联系的,应当就其来源于中国境内的所得缴纳企业所得税。

上述所称实际联系,是指非居民企业在中国境内设立的机构、场所拥有的据以取得所得的股权、债权,以及拥有、管理、控制据以取得所得的财产。

(三)所得来源的确定

(1)销售货物所得,按照交易活动发生地确定。

(2)提供劳务所得,按照劳务发生地确定。

(3)转让财产所得。

①不动产转让所得按照不动产所在地确定。

②动产转让所得按照转让动产的企业或者机构、场所所在地确定。

③权益性投资资产转让所得按照被投资企业所在地确定。

(4)股息、红利等权益性投资所得,按照分配所得的企业所在地确定。

(5)利息所得、租金所得、特许权使用费所得,按照负担、支付所得的企业或者机构、场所所在地确定,或者按照负担、支付所得的个人的住所地确定。

(6)其他所得,由国务院财政、税务主管部门确定。

三、税率

企业所得税税率是体现国家与企业分配关系的核心要素。税率设计的原则是兼顾国家、企业、职工个人三者利益,既要保证财政收入的稳定增长,又要使企业在发展生产、经营方面有一定的财力保证。既要考虑企业的实际情况和负担能力,又要维护税率的统一性。

企业所得税实行比例税率。比例税率简便易行,透明度高,不会因征税而改变企业间收入分配比例,有利于促进效率的提高。现行规定是:

(1)基本税率为25%,适用于居民企业和在中国境内设有机构、场所且所得与机构、场所有关联的非居民企业。

(2)低税率为20%,适用于在中国境内未设立机构、场所,或者虽设立机构、场所但取得的所得与其所设机构、场所没有实际联系的非居民企业。但实际征税时适用10%的税率。

第三节 应纳税所得额的确定

应纳税所得额是企业所得税的计税依据,按照《企业所得税法》的规定,应纳税所得额为企业每一个纳税年度的收入总额,减除不征税收入、免税收入、各项扣除,以及允许弥补的以前年度亏损后的余额。基本计算公式为:

应纳税所得额=收入总额-不征税收入-免税收入-各项扣除-以前年度亏损

企业应纳税所得额的计算以权责发生制为原则,属于当期的收入和费用,不论款项是否收付,均作为当期的收入和费用;不属于当期的收入和费用,即使款项已经在当期收付,均不作为当期的收入和费用。应纳税所得额的正确计算直接关系到国家财政收入和企业的税收负担,并且同成本、费用核算关系密切。因此,《企业所得税法》对应纳税所得额计算做了明确规定,主要内容包括收入总额、扣除范围和标准、资产的税务处理、亏损弥补等。

一、收入总额

企业的收入总额包括以货币形式和非货币形式从各种来源取得的收入,具体有销售货物收入、提供劳务收入、转让财产收入、股息、红利等权益性投资收益,以及利息收入、租金收入、特许权使用费收入、接受捐赠收入、其他收入。

企业取得收入的货币形式,包括现金、存款、应收账款、应收票据、准备持有至到期的债券投资以及债务的豁免等;纳税人以非货币形式取得的收入,包括固定资产、生物资产、无形资产、股权投资、存货、不准备持有至到期的债券投资、劳务以及有关权益等,这些非货币资产应当按照公允价值确定收入额,公允价值是指按照市场价格确定的价值。收入的具体构成如下:

(一)一般收入的确认

1. 销售货物收入

它是指企业销售商品、产品、原材料、包装物、低值易耗品以及其他存货取得的收入。

2. 劳务收入

它是指企业从事建筑安装、修理修配、交通运输、仓储租赁、金融保险、邮电通信、咨询经纪、文化体育、科学研究、技术服务、教育培训、餐饮住宿、中介代理、卫生保健、社区服务、旅游、娱乐、加工以及其他劳务服务活动取得的收入。

3. 财产转让收入

它是指企业转让固定资产、生物资产、无形资产、股权、债权等财产取得的收入。

4. 股息、红利等权益性投资收益

它是指企业因权益性投资从被投资方取得的收入。股息、红利等权益性投资收益,除国务院财政、税务主管部门另有规定外,按照被投资方做出利润分配决定的日期确认收入的实现。

5. 利息收入

它是指企业将资金提供他人使用但不构成权益性投资,或者因他人占用企业资金取得的收入,包括存款利息、贷款利息、债券利息、欠款利息等收入。利息收入,按照合同约定的债务人应付利息的日期确认收入的实现。

6. 租金收入

它是指企业提供固定资产、包装物或者其他有形财产使用权取得的收入。租金收入,按照合同约定的承租人应付租金的日期确认收入的实现。

7. 特许权使用费收入

它是指企业提供专利权、非专利技术、商标权、著作权以及其他特许权的使用权而取得的收入。特许权使用费收入,按照合同约定的特许权使用人应付特许权使用费的日期确认收入的实现。

8. 接受捐赠收入

它是指企业接受的来自其他企业、组织或者个人无偿给予的货币性资产、非货币性资产。接受捐赠收入,按照实际收到的捐赠资产的日期确认收入的实现。

9. 其他收入

它是指企业取得的除以上收入外的其他收入,包括企业资产溢余收入、逾期未退包装物押金收入、确实无法偿付的应付款项、已做坏账损失处理后又收回的应收款项、债务重组收入、补贴收入、违约金收入、汇兑收益等。

(二)特殊收入的确认

(1)以分期收款方式销售货物的,按照合同约定的收款日期确认收入的实现。

(2)企业受托加工制造大型机械设备、船舶、飞机,以及从事建筑、安装、装配工程业务或者提供其他劳务等,持续时间超过12个月的,按照纳税年度内完工进度或者完成的工作量确认收入的实现。

(3)采取产品分成方式取得收入的,按照企业分得产品的日期确认收入的实现,其收入额按照产品的公允价值确定。

(4)企业发生非货币性资产交换,以及将货物、财产、劳务用于捐赠、偿债、赞助、集资、广告、样品、职工福利或者利润分配等用途的，应当视同销售货物、转让财产或者提供劳务，但国务院财政、税务主管部门另有规定的除外。

(三)处置资产收入的确认

根据《企业所得税法实施条例》第二十五条的规定，企业处置资产的所得税处理按以下规定执行：该规定自2008年1月1日起执行，对2008年1月1日以前发生的处置资产，2008年1月1日以后尚未进行税务处理的，也按该规定执行。

(1)企业发生下列情形的处置资产，除将资产转移至境外以外，由于资产所有权属在形式和实质上均不发生改变，可作为内部处置资产，不视同销售确认收入，相关资产的计税基础延续计算：

①将资产用于生产、制造、加工另一产品。

②改变资产形状、结构或性能。

③改变资产用途(如自建商品房转为自用或经营)。

④将资产在总机构及其分支机构之间转移。

⑤上述两种或两种以上情形的混合。

⑥其他不改变资产所有权属的用途。

(2)企业将资产移送他人的下列情形，因资产所有权属已发生改变而不属于内部处置资产，应按规定视同销售确定收入：

①用于市场推广或销售。

②用于交际应酬。

③用于职工奖励或福利。

④用于股息分配。

⑤用于对外捐赠。

⑥其他改变资产所有权属的用途。

(3)企业发生第(2)条规定情形的，除另有规定外，应按照被移送资产的公允价值确定销售收入。

【例6-1】 纳税人的下列行为中，应视同销售确认所得税收入的有(　　)。

A. 将货物用于投资　　　　B. 将商品用于捐赠

C. 将产品用于职工福利　　　　D. 将产品用于在建工程

【答案】 ABC

(四)相关收入实现的确认

除《企业所得税法》及《企业所得税法实施条例》前述收入的规定外，企业销售收入的确认，还必须遵循权责发生制原则和实质重于形式原则。

(1)企业销售商品同时满足下列条件的，应确认收入的实现：

①商品销售合同已经签订，企业已将商品所有权相关的主要风险和报酬转移给购货方。

②企业对已售出的商品既没有保留通常与所有权相联系的继续管理权，也没有实施有效控制。

③收入的金额能够可靠地计量。

④已发生或将发生的销售方的成本能够可靠地核算。

(2)符合上款收入确认条件，采取下列商品销售方式的，应按以下规定确认收入实现时间：

①销售商品采用托收承付方式的，在办妥托收手续时确认收入。

②销售商品采取预收款方式的，在发出商品时确认收入。

③销售商品需要安装和检验的，在购买方接受商品以及安装和检验完毕时确认收入。如果安装程序比较简单，可在发出商品时确认收入。

④销售商品采用支付手续费方式委托代销的，在收到代销清单时确认收入。

(3)采用售后回购方式销售商品的，销售的商品按售价确认收入，回购的商品作为购进商品处理。有证据表明不符合销售收入确认条件的，如以销售商品方式进行融资，收到的款项应确认为负债，回购价格大于原售价的，差额应在回购期间确认为利息费用。

(4)销售商品以旧换新的，销售商品应当按照销售商品收入确认条件确认收入，回收的商品作为购进商品处理。

(5)企业为促进商品销售而在商品价格上给予的价格扣除属于商业折扣，商品销售涉及商业折扣的，应当按照扣除商业折扣后的金额确定销售商品收入金额。

债权人为鼓励债务人在规定的期限内付款而向债务人提供的债务扣除属于现金折扣，销售商品涉及现金折扣的，应当按扣除现金折扣前的金额确定销售商品收入金额，现金折扣在实际发生时作为财务费用扣除。

企业因售出商品的质量不合格等原因而在售价上给予的减让属于销售折让；企业因售出商品质量、品种不符合要求等原因而发生的退货属于销售退回。企业已经确认销售收入的售出商品发生销售折让和销售退回，应当在发生当期冲减当期销售商品收入。

(6)企业在各个纳税期期末，提供劳务交易的结果能够可靠估计的，应采用完工进度(完工百分比)法确认提供劳务收入。

①提供劳务交易的结果能够可靠估计，是指同时满足下列条件：a. 收入的金额能够可靠地计量；b. 交易的完工进度能够可靠地确定；c. 交易中已发生和将发生的成本能够可靠地核算。

②企业提供劳务完工进度的确定，可选用下列方法：a. 已完工作的测量；b. 已提供劳务占劳务总量的比例；c. 发生成本占总成本的比例。

③企业应按照从接受劳务方已收或应收的合同或协议价款确定劳务收入总额，根据纳税期期末提供劳务收入总额乘以完工进度扣除以前纳税年度累计已确认提供劳务收入后的金额，确认为当期劳务收入；同时，按照提供劳务估计总成本乘以完工进度扣除以前纳税期间累计已确认劳务成本后的金额，结转为当期劳务成本。

④下列提供劳务满足收入确认条件的，应按规定确认收入：

a. 安装费。应根据安装完工进度确认收入。安装工作是商品销售附带条件的，安装费在确认商品销售实现时确认收入。

b. 宣传媒介的收费。应在相关的广告或商业行为出现于公众面前时确认收入。广告的制作费，应根据制作广告的完工进度确认收入。

c. 软件费。为特定客户开发软件的收费，应根据开发的完工进度确认收入。

d. 服务费。包含在商品售价内可区分的服务费，在提供服务的期间分期确认收入。

e. 艺术表演、招待宴会和其他特殊活动的收费，在相关活动发生时确认收入。收费涉及几项活动的，预收的款项应合理分配给每项活动，分别确认收入。

f. 会员费。申请入会或加入会员，只允许取得会籍，所有其他服务或商品都要另行收费的，在取得该会员费时确认收入。申请入会或加入会员后，会员在会员期内不再付费就可得到各种服务或商品，或者以低于非会员的价格销售商品或提供服务的，该会员费应在整个受益期内分期确认收入。

g. 特许权费。属于提供设备和其他有形资产的特许权费，在交付资产或转移资产所有权时确认收入；属于提供初始及后续服务的特许权费，在提供服务时确认收入。

h. 劳务费。长期为客户提供重复的劳务收取的劳务费，在相关劳务活动发生时确认收入。

(7)企业以“买一赠一”等方式组合销售本企业商品的，不属于捐赠，应将总的销售金额按各项商品的公允价值的比例来分摊确认各项的销售收入。

二、不征税收入和免税收入

(一)不征税收入

1. 财政拨款

财政拨款，是指各级人民政府对纳入预算管理的事业单位、社会团体等组织拨付的财政资金，但国务院和国务院财政、税务主管部门另有规定的除外。

2. 依法收取并纳入财政管理的行政事业性收费、政府性基金

这是指依照法律法规等有关规定，按照国务院规定程序批准，在实施社会公共管理，以及在向公民、法人或者其他组织提供特定公共服务过程中，向特定对象收取并纳入财政管理的费用。政府性基金，是指企业依照法律、行政法规等有关规定，代政府收取的具有专项用途的财政资金。具体规定如下：

(1)企业按照规定缴纳的、由国务院或财政部批准设立的政府性基金以及由国务院和省、自治区、直辖市人民政府及其财政、价格主管部门批准设立的行政事业性收费，准予在计算应纳税所得额时扣除。

企业缴纳的不符合上述第(1)条审批管理权限设立的基金、收费，不得在计算应纳税所得额时扣除。

(2)企业收取的各种基金、收费，应计入企业当年收入总额。

(3)对企业依照法律、法规及国务院有关规定收取并上缴财政的政府性基金和行政事业性收费，准予作为不征税收入，于上缴财政的当年在计算应纳税所得额时从收入总额中减除；未上缴财政的部分，不得从收入总额中减除。

3. 国务院规定的其他不征税收入

这是指企业取得的，由国务院财政、税务主管部门规定专项用途并经国务院批准的财政性资金。

财政性资金，是指企业取得的来源于政府及其有关部门的财政补助、补贴、贷款贴息，以及其他各类财政专项资金，包括直接减免的增值税和即征即退、先征后退、先征后返的各种税收。但不包括企业按规定取得的出口退税款。

值得注意的是：企业的不征税收入用于支出所形成的费用，不得在计算应纳税所得额时扣除；企业的不征税收入用于支出所形成的资产，其计算的折旧、摊销不得在计算应纳税所得额时扣除。

(二)免税收入

1. 国债利息收入

为鼓励企业积极购买国债，支援国家建设项目，税法规定，企业因购买国债所得的利息收入，免征企业所得税。

2. 符合条件的居民企业之间的股息、红利等权益性收益

这是指居民企业直接投资于其他居民企业取得的投资收益。

3. 在中国境内设立机构、场所的非居民企业从居民企业取得与该机构、场所有实际联系的股息、红利等权益性投资收益

该收益都不包括连续持有居民企业公开发行并上市流通的股票不足12个月取得的投资收益。

4. 符合条件的非营利组织的收入

符合条件的非营利组织是指：

(1)依法履行非营利组织登记手续。

(2)从事公益性或者非营利性活动。

(3)取得的收入除用于与该组织有关的、合理的支出外，全部用于登记核定或者章程规定的公益性或者非营利性事业。

(4)财产及其孳生息不用于分配。

(5)按照登记核定或者章程规定，该组织注销后的剩余财产用于公益性或者非营利性目的，或者由登记管理机关转赠给与该组织性质、宗旨相同的组织，并向社会公告。

(6)投入人对投入该组织的财产不保留或者享有任何财产权利。

(7)工作人员工资福利开支控制在规定的比例内，不变相分配该组织的财产。

(8)国务院财政、税务主管部门规定的其他条件。

《企业所得税法》第二十六条第4项所称符合条件的非营利组织的收入，不包括非营利组织从事营利性活动取得的收入，但国务院财政、税务主管部门另有规定的除外。

三、扣除项目和不得扣除项目

(一)税前扣除项目的原则

企业申报的扣除项目和金额要真实、合法。所谓真实，是指能提供证明有关支出确属已经实际发生；合法是指符合国家税法的规定，若其他法规规定与税收法规规定不一致，应以税收法规的规定为标准。除税收法规另有规定外，税前扣除一般应遵循以下原则：

(1)权责发生制原则，是指企业费用应在发生的所属期扣除，而不是在实际支付时确认扣除。

(2)配比原则，是指企业发生的费用应当与收入配比扣除。除特殊规定外，企业发生的费用不得提前或滞后申报扣除。

(3)相关性原则，是指企业可扣除的费用从性质和根源上必须与取得应税收入直接相关。

(4)确定性原则，即企业可扣除的费用不论何时支付，其金额必须是确定的。

(5)合理性原则，即符合生产经营活动常规，应当计入当期损益或者有关资产成本的必要和正常的支出。

(二)扣除项目的范围

《企业所得税法》规定，企业实际发生的与取得收入有关的、合理的支出，包括成本、费用、税金、损失和其他支出，准予在计算应纳税所得额时扣除。在实际中，计算应纳税所得额时还应注意三方面的内容：(1)企业发生的支出应当区分收益性支出和资本性支出。收益性支出在发生当期直接扣除；资本性支出应当分期扣除或者计入有关资产成本，不得在发生当期直接扣除。(2)企业的不征税收入用于支出所形成的费用或者财产，不得扣除或者计算对应的折旧、摊销扣除。(3)除《企业所得税法》和相关条例另有规定外，企业实际发生的成本、费用、税金、损失和其他支出，不得重复扣除。

1. 成本

成本是指企业在生产经营活动中发生的销售成本、销货成本、业务支出，以及其他耗费，即企业销售商品(产品、材料、下脚料、废料、废旧物资等)，提供劳务，转让固定资产、无形资产(包括技术转让)的成本。

企业必须将经营活动中发生的成本合理划分为直接成本和间接成本。直接成本是指可直接计入有关成本计算对象或劳务的经营成本中的直接材料、直接人工等。间接成本是指多个部门为同一成本对象提供服务的共同成本，或者同一种投入可以制造、提供两种或两种以上的产品或劳务的联合成本。

直接成本可根据有关会计凭证、记录直接计入有关成本计算对象或劳务的经营成本中。间接成本必须根据与成本计算对象之间的因果关系、成本计算对象的产量等，以合理的方法分配计入有关成本计算对象中。

2. 费用

费用是指企业每一个纳税年度为生产、经营商品和提供劳务等所发生的销售(经营)费用、管理费用和财务费用。已计入成本的有关费用除外。

销售费用是指应由企业负担的为销售商品而发生的费用，包括广告费、运输费、装卸费、包装费、展览费、保险费、销售佣金(能直接认定的进口佣金调整商品进价成本)、代销手续费、经营性租赁费及销售部门发生的差旅费、工资、福利费等费用。

管理费用是指企业的行政管理部门为管理组织经营活动提供各项支援性服务而发生的费用。

财务费用是指企业筹集经营性资金而发生的费用，包括利息净支出、汇兑净损失、金融机构手续费以及其他非资本化支出。

3. 税金

税金是指企业发生的除企业所得税和允许抵扣的增值税以外的企业缴纳的各项税金及其附加,即企业按规定缴纳的消费税、城市维护建设税、关税、资源税、土地增值税、房产税、车船税、土地使用税、印花税、教育费附加等产品销售税金及附加。这些已纳税金准予税前扣除。准许扣除的税金有两种方式:一是在发生当期扣除;二是在发生当期计入相关资产的成本,在以后各期分摊扣除。

4. 损失

损失是指企业在生产经营活动中发生的固定资产和存货的盘亏、毁损、报废损失,转让财产损失,呆账损失,坏账损失,自然灾害等不可抗力因素造成的损失以及其他损失。

企业发生的损失减除责任人赔偿和保险赔款后的余额,依照国务院财政、税务主管部门的规定扣除。

企业已经作为损失处理的资产,在以后纳税年度又全部收回或者部分收回时,应当计入当期收入。

5. 扣除的其他支出

这是指除成本、费用、税金、损失外,企业在生产经营活动中发生的与生产经营活动有关的、合理的支出。

(三)扣除项目的标准

在计算应纳税所得额时,下列项目可按照实际发生额或规定的标准扣除:

1. 工资、薪金支出

企业发生的合理的工资、薪金支出准予据实扣除。工资、薪金支出是企业每一纳税年度支付给本企业任职或与其有雇佣关系的员工的所有现金或非现金形式的劳动报酬,包括基本工资、资金、津贴、补贴、年终加薪、加班工资,以及与任职或者是受雇有关的其他支出。

"合理的工资、薪金",是指企业按照股东大会、董事会、薪酬委员会或相关管理机构制定的工资薪金制度规定实际发放给员工的工资、薪金。税务机关在对工资、薪金进行合理性确认时,可按以下原则掌握:①

(1)企业制定了较为规范的员工工资、薪金制度。

(2)企业所制定的工资、薪金制度符合行业及地区水平。

(3)企业在一定时期所发放的工资、薪金是相对固定的,工资、薪金的调整是有序进行的。

(4)企业对实际发放的工资、薪金,已依法履行代扣代缴个人所得税义务。

(5)有关工资、薪金的安排,不以减少或逃避税款为目的。

2. 职工福利费、工会经费、职工教育经费

企业发生的职工福利费、工会经费、职工教育经费按标准扣除,未超过标准的按实际数扣除,超过标准的只能按标准扣除。

(1)企业发生的职工福利费支出,不超过工资、薪金总额14%的部分准予扣除。

企业职工福利费,包括以下内容:②

①尚未实行分离办社会职能的企业,其内设福利部门所发生的设备、设施和人员费用,包括职工食堂、职工浴室、理发室、医务所、托儿所、疗养院等集体福利部门的设备、设施及维修保养费用和福利部门工作人员的工资、薪金、社会保险费、住房公积金、劳务费等。

②为职工卫生保健、生活、住房、交通等所发放的各项补贴和非货币性福利,包括企业向职工发放的因公外地就医费用、未实行医疗统筹企业职工医疗费用、职工供养直系亲属医疗补贴、供暖费补贴、

---

① 国家税务总局:《关于工资薪金及职工福利费扣除问题的通知》,国税函〔2009〕3号,2009年1月4日。

② 国家税务总局:《关于工资薪金及职工福利费扣除问题的通知》,国税函〔2009〕3号,2009年1月4日。

职工防暑降温费、职工困难补贴、救济费、职工食堂经费补贴、职工交通补贴等。

③按照其他规定发生的其他职工福利费，包括丧葬补助费、抚恤费、安家费、探亲假路费等。

值得注意的是：企业发生的职工福利费，应该单独设置账册，进行准确核算。没有单独设置账册准确核算的，税务机关应责令企业在规定的期限内进行改正。逾期仍未改正的，税务机关可对企业发生的职工福利费进行合理的核定。

(2)企业拨缴的工会经费，不超过工资、薪金总额2%的部分准予扣除。

自2010年7月1日起，企业拨缴的职工工会经费，不超过工资、薪金总额2%的部分，凭工会组织开具的《工会经费收入专用收据》在企业所得税税前扣除。[①]

(3)除国务院财政、税务主管部门另有规定外，企业发生的职工教育经费支出，不超过工资、薪金总额2.5%的部分准予扣除，超过部分准予结转以后纳税年度扣除。

特殊：自2015年1月1日起，注册在中国境内、实行查账征收，经认定的高新技术企业发生的职工教育经费支出，不超过工资薪金总额8%的部分，准予在计算企业所得税应纳税所得额时扣除；超过部分，准予在以后年度结转扣除。[②]

上述计算职工福利费、工会经费、职工教育经费的"工资、薪金总额"，是指企业按照上述第(1)条规定实际发放的工资、薪金总和，不包括企业的职工福利费、职工教育经费、工会经费以及养老保险费、医疗保险费、失业保险费、工伤保险费、生育保险费等社会保险费和住房公积金。属于国有性质的企业，其工资、薪金，不得超过政府有关部门给予的限定数额；超过部分，不得计入企业工资、薪金总额，也不得在计算企业应纳税所得额时扣除。[③]

3. 社会保险费

(1)企业依照国务院有关主管部门或者省级人民政府规定的范围和标准为职工缴纳的"五险一金"，即基本养老保险费、基本医疗保险费、失业保险费、工伤保险费、生育保险费等基本社会保险费和住房公积金，准予扣除。

(2)企业为投资者或者职工支付的补充养老保险费、补充医疗保险费，在国务院财政、税务主管部门规定的范围和标准内，准予扣除。企业依照国家有关规定为特殊工种职工支付的人身安全保险费和符合国务院财政、税务主管部门规定可以扣除的商业保险费，准予扣除。

(3)企业参加财产保险，按照规定缴纳的保险费，准予扣除。企业为投资者或者职工支付的商业保险费，不得扣除。

4. 利息费用

企业在生产、经营活动中发生的利息费用，按下列规定扣除：

(1)非金融企业向金融企业借款的利息支出、金融企业的各项存款利息支出和同业拆借利息支出、企业经批准发行债券的利息支出可据实扣除。

(2)非金融企业向非金融企业借款的利息支出，不超过按照金融企业同期同类贷款利率计算的数额的部分可据实扣除，超过部分不允许扣除。

其中，所谓金融机构，是指各类银行、保险公司及经中国人民银行批准从事金融业务的非银行金融机构。包括国家专业银行、区域性银行、股份制银行、外资银行、中外合资银行以及其他综合性银行；还包括全国性保险企业、区域性保险企业、股份制保险企业、中外合资保险企业以及其他专业性保险企业；城市、农村信用社、各类财务公司，以及其他从事信托投资、租赁等业务的专业和综合性非银行金融机构。非金融机构，是指除上述金融机构以外的所有企业、事业单位以及社会团体等企业或组织。

---

① 国家税务总局：《关于工会经费企业所得税税前扣除凭据问题的公告》，国税函〔2010〕24号，2010年11月25日。

② 财政部、国家税务总局：《关于高新技术企业职工教育经费税前扣除政策的通知》，财税〔2015〕63号，2015年6月9日。

③ 国家税务总局：《关于工资薪金及职工福利费扣除问题的通知》，国税函〔2009〕3号，2009年1月4日。

5. 借款费用

(1)企业在生产经营活动中发生的合理的不需要资本化的借款费用,准予扣除。

(2)企业为购置、建造固定资产、无形资产和经过12个月以上的建造才能达到预定可销售状态的存货发生的借款的,在有关资产购置、建造期间发生的合理的借款费用,应予以资本化,作为资本性支出计入有关资产的成本;有关资产交付使用后发生的借款利息,可在发生当期扣除。

6. 汇兑损失

企业在货币交易中,以及纳税年度终了时将人民币以外的货币性资产、负债按照期末即期人民币汇率中间价折算为人民币时产生的汇兑损失,除已经计入有关资产成本以及与向所有者进行利润分配相关的部分外,准予扣除。

7. 业务招待费

企业发生的与其生产、经营业务有关的业务招待费支出,按照发生额的60%扣除,但最高不得超过当年销售(营业)收入的5‰。

【例6—2】 某企业2014年实现销售收入8 000万元,其中:主营业务收入7 600万元,其他业务收入400万元;当年实际发生业务招待费30万元。计算该企业不得在税前扣除的业务招待费。

【答案】 业务招待费最高扣除额=8 000×5‰=40(万元)

实际发生额的60%=30×60%=18(万元)<40(万元)

故2014年准予在税前扣除的业务招待费为18万元。

不得在税前扣除的业务招待费=30−18=12(万元)

【例6—3】 沿用例6—2的资料。假如该企业2015年实际发生业务招待费70万元。计算该企业不得在税前扣除的业务招待费。

【答案】 业务招待费最高扣除额=8 000×5‰=40(万元)

实际发生额的60%=70×60%=42(万元)>40万元

故2015年准予在税前扣除的业务招待费为40万元。

不得在税前扣除的业务招待费=70−40=30(万元)

8. 广告费和业务宣传费

企业发生的符合条件的广告费和业务宣传费支出,除国务院财政、税务主管部门另有规定外,不超过当年销售(营业)收入15%的部分,准予扣除;超过部分,准予结转以后纳税年度扣除。

企业申报扣除的广告费支出应与赞助支出严格区分。企业申报扣除的广告费支出,必须符合下列条件:广告是通过工商部门批准的专门机构制作的;已实际支付费用,并已取得相应发票;通过一定的媒体传播。

【例6—4】 A公司2014年实现销售收入5 000万元。其中:主营业务收入4 800万元,其他业务收入200万元;实际发生广告费和业务宣传费800万元。计算税前可以扣除的广告费和业务宣传费。

【答案】 扣除限额=5 000×15%=750(万元)

2014年实际发生额800万元超过扣除限额,故准予在税前扣除的金额为750万元。超标准的50万元可以结转以后年度扣除。

【例6—5】 假定A公司2015年实现销售收入6 000万元。其中:主营业务收入5 800万元,其他业务收入200万元;实际发生广告费和业务宣传费780万元。计算税前可以扣除的广告费和业务宣传费。

【答案】 扣除限额=6 000×15%=900(万元)

2015年实际发生额780万元和上年结转金额50万元,共计830万元,未超过扣除限额900万元。故2015年可在税前扣除的金额为830万元。

9. 环境保护专项资金

企业依照法律、行政法规有关规定提取的用于环境保护、生态恢复等方面的专项资金，准予扣除。上述专项资金提取后改变用途的，不得扣除。

10. 保险费

企业参加财产保险，按照规定缴纳的保险费，准予扣除。

11. 租赁费

企业根据生产经营需要租入固定资产支付的租赁费，按照以下方法扣除：

(1)以经营租赁方式租入固定资产发生的租赁费支出，按照租赁期限均匀扣除。经营租赁是指所有权不转移的租赁。

(2)以融资租赁方式租入固定资产发生的租赁费支出，按照规定构成融资租入固定资产价值的部分应当提取折旧费用，分期扣除。融资租赁是指在实质上转移与一项资产所有权有关的全部风险和报酬的一种租赁。

12. 劳动保护费

企业发生的合理的劳动保护支出，准予扣除。

13. 公益性捐赠支出

公益性捐赠，是指企业通过公益性社会团体或者县级以上人民政府及其部门，用于《中华人民共和国公益事业捐赠法》规定的公益事业的捐赠。

企业发生的公益性捐赠支出，不超过年度利润总额12%的部分，准予扣除。年度利润总额，是指企业依照国家统一会计制度的规定计算的年度会计利润。

(1)用于公益事业的捐赠支出，是指《中华人民共和国公益事业捐赠法》规定的向公益事业的捐赠支出，具体范围包括：

①救助灾害、救济贫困、扶助残疾人等困难的社会群体和个人的活动。

②教育、科学、文化、卫生、体育事业。

③环境保护、社会公共设施建设。

④促进社会发展和进步的其他社会公共和福利事业。

企事业单位、社会团体以及其他组织捐赠住房作为廉租住房的视同公益性捐赠，按上述规定执行。

(2)公益性社会团体，是指同时符合下列条件的基金会、慈善组织等社会团体：

①依法登记，具有法人资格。

②以发展公益事业为宗旨，且不以营利为目的。

③全部资产及其增值为该法人所有。

④收益和营运结余主要用于符合该法人设立目的的事业。

⑤终止后的剩余财产不归属任何个人或者营利组织。

⑥不经营与其设立目的无关的业务。

⑦有健全的财务会计制度。

⑧捐赠者不以任何形式参与社会团体财产的分配。

⑨国务院财政、税务主管部门会同国务院民政部门等登记管理部门规定的其他条件。

(3)公益性社会团体和县级以上人民政府及其组成部门和直属机构在接受捐赠时，捐赠资产的价值，按以下原则确认：

①接受捐赠的货币性资产，应当按照实际收到的金额计算。

②接受捐赠的非货币性资产，应当以其公允价值计算。捐赠方在向公益性社会团体和县级以上人民政府及其组成部门和直属机构捐赠时，应当提供注明捐赠非货币性资产公允价值的证明，如果不能提供上述证明，公益性社会团体和县级以上人民政府及其组成部门和直属机构不得向其开具公益

性捐赠票据。

(4)公益性社会团体与县级以上人民政府及其组成部门和直属机构在接受捐赠时，应按照行政管理级次分别使用由财政部或省、自治区、直辖市财政部门印制的公益性捐赠票据，并加盖本单位的印章；对个人索取捐赠票据的，应予以开具。

新设立的基金会在申请获得捐赠税前扣除资格后，原始基金的捐赠人可凭捐赠票据依法享受税前扣除。

(5)对符合条件的公益性群众团体，按照上述管理权限，由财政部、国家税务总局和省、自治区、直辖市、计划单列市财政、税务部门分别每年联合公布名单。名单应当包括继续获得公益性捐赠税前扣除资格和新获得公益性捐赠税前扣除资格的群众团体，企业和个人在名单所属年度内向名单内的群众团体进行的公益性捐赠支出，可以按规定进行税前扣除。

对存在以下情形之一的公益性群众团体，应取消其公益性捐赠税前扣除资格：

①前 3 年接受捐赠的总收入中用于公益事业的支出比例低于 70%的；

②在申请公益性捐赠税前扣除资格时有弄虚作假行为的；

③存在逃避缴纳税款行为或为他人逃避缴纳税款提供便利的；

④存在违反该组织章程的活动，或接受的捐赠款项用于组织章程规定用途之外的支出等情况的；

⑤受到行政处罚的。

被取消公益性捐赠税前扣除资格的公益性群众团体，3 年内不得重新申请公益性捐赠税前扣除资格。

(6)对于通过公益性群众团体发生的公益性捐赠支出，主管税务机关应对照财政、税务部门联合发布的名单，接受捐赠的群众团体位于名单内，则企业或个人在名单所属年度发生的公益性捐赠支出可按规定进行税前扣除；接受捐赠的群众团体不在名单内，或虽在名单内但企业或个人发生的公益性捐赠支出不属于名单所属年度的，不得扣除。[①]

【例 6－6】 某服装厂(一般纳税人)通过民政局向灾区捐赠钱物。其中，现金 10 万元；自产棉被一批，账面成本 80 万元，售价金额(不含增值税)100 万元；已取得民政局开具的公益性捐赠票据。假定该厂当年实现利润总额 1 050 万元。计算税前可以扣除的捐赠额。

【答案】 视同销售：视同销售收入 100 万元，应计入收入总额；视同销售成本 80 万元，计入扣除项目，在税前扣除。

对外捐赠：按税法确认的捐赠额＝10＋117＝127(万元)

捐赠扣除限额＝1 050×12%＝126(万元)

而实际捐赠额为 127 万元，超过扣除限额。故当年可在税前扣除的捐赠额为 126 万元。

14. 有关资产的费用

企业转让各类固定资产发生的费用，允许扣除。企业按规定计算的固定资产折旧费、无形资产和递延资产的摊销费，准予扣除。

15. 总机构分摊的费用

非居民企业在中国境内设立的机构、场所，就其中国境外总机构发生的与该机构、场所生产经营有关的费用，能够提供总机构出具的费用汇集范围、定额、分配依据和方法等证明文件，并合理分摊的，准予扣除。

16. 资产损失

企业当期发生的固定资产和流动资产盘亏、毁损净损失，由其提供清查盘存资料经主管理税务机关审核后，准予扣除；企业因存货盘亏、毁损、报废等原因不得从销项税金中抵扣的进项税金，应视同

---

① 财政部、国家税务总局：《关于通过公益性群众团体的公益性捐赠税前扣除有关问题的通知》，财税〔2009〕124 号，2009 年 12 月 8 日。

企业财产损失，准予与存货损失一起在所得税前按规定扣除。

17. 依照有关法律、行政法规和国家有关税法规定准予扣除的其他项目

18. 手续费及佣金支出①

(1)企业发生与生产经营有关的手续费及佣金支出，不超过以下规定计算限额以内的部分，准予扣除；超过部分，不得扣除：

①保险企业。财产保险企业按当年全部保费收入扣除退保金等后余额的15%（含本数，下同）计算限额；人身保险企业按当年全部保费收入扣除退保金等后余额的10%计算限额。

②其他企业。按与具有合法经营资格中介服务机构或个人（不含交易双方及其雇员、代理人和代表人等）所签订服务协议或合同确认的收入金额的5%计算限额。

(2)企业应与具有合法经营资格中介服务企业或个人签订代办协议或合同，并按国家有关规定支付手续费及佣金。除委托个人代理外，企业以现金等非转账方式支付的手续费及佣金不得在税前扣除。企业为发行权益性证券支付给有关证券承销机构的手续费及佣金不得在税前扣除。

(3)企业不得将手续费及佣金支出计入回扣、业务提成、返利、进场费等费用。

(4)企业已计入固定资产、无形资产等相关资产的手续费及佣金支出，应当通过折旧、摊销等方式分期扣除，不得在发生当期直接扣除。

(5)企业支付的手续费及佣金不得直接冲减服务协议或合同金额，并如实入账。

(6)企业应当如实向当地主管税务机关提供当年手续费及佣金计算分配表和其他相关资料，并依法取得合法真实凭证。

(四)在计算应纳税所得额时，不得扣除的支出

(1)向投资者支付的股息、红利等权益性投资收益款项。

(2)企业所得税税款。

(3)税收滞纳金，是指纳税人违反税收法规，被税务机关处以的滞纳金。

(4)罚金、罚款和被没收财物的损失，是指纳税人违反国家有关法律、法规规定，被有关部门处以的罚款，以及被司法机关处以的罚金和被没收财物。

(5)超过规定标准的捐赠支出。

(6)赞助支出，是指企业发生的与生产经营活动无关的各种非广告性质支出。

(7)未经核定的准备金支出，是指不符合国务院财政、税务主管部门规定的各项资产减值准备、风险准备等准备金支出。

(8)企业之间支付的管理费、企业内营业机构之间支付的租金和特许权使用费，以及非银行企业内营业机构之间支付的利息，不得扣除。

(9)与取得收入无关的其他支出。

【例6—7】 下列项目中，不可以从应纳税所得额中扣除的有（　　）。

A. 企业支付的违约金　　B. 企业之间支付的管理费

C. 企业内营业机构之间支付的租金　　D. 非银行企业内营业机构之间支付的利息

【答案】 BCD

四、亏损弥补

(一)正常情况下的亏损弥补

亏损，是指企业依照《企业所得税法》及其暂行条例的规定，将每一纳税年度的收入总额减除不征税收入、免税收入和各项扣除后小于零的数额。税法规定，企业某一纳税年度发生的亏损可以用下一年度的所得弥补，下一年度的所得不足以弥补的，可以逐年延续弥补，但最长不得超过5年。而且，企

① 财政部、国家税务总局：《关于企业手续费及佣金支出税前扣除政策的通知》，财税〔2009〕29号，2009年3月19日。

业在汇总计算缴纳企业所得税时，其境外营业机构的亏损不得抵减境内营业机构的盈利。

(二)税务机关查增应纳税所得额的亏损弥补

税务机关对企业以前年度纳税情况进行检查时调增的应纳税所得额，凡企业以前年度发生亏损，且该亏损属于企业所得税法规定允许弥补的，应允许调增的应纳税所得额弥补该亏损。

弥补该亏损后仍有余额的，按照企业所得税法规定计算缴纳企业所得税。对检查调增的应纳税所得额应根据其情节，依照《中华人民共和国税收征收管理法》有关规定进行处理或处罚。该规定自2010年12月1日起开始执行。以前(含2008年度之前)没有处理的事项，按该规定执行。①

五、非居民企业应纳税所得额的确定

前已述及，非居民企业在中国境内未设立机构、场所而有来源于中国境内的所得，或虽设立机构、场所但取得的来源于中国境内的所得与其所设机构、场所没有实际联系的，其应缴纳企业所得税，实行源泉扣缴。采取这种方式征收企业所得税，习惯上称为预提所得税。

(一)股息、红利等权益性投资收益和利息、租金、特许权使用费所得

以收入全额为应纳税所得额。收入全额是指非居民企业向支付人收取的全部价款和价外费用，不得扣除税法规定之外的税费支出。

(二)转让财产所得

以收入全额减除财产净值后的余额为应纳税所得额。

(三)其他所得

参照前两项规定的方法计算应纳税所得额。

值得注意的是，扣缴义务人对外支付或者到期应支付的款项是人民币以外的其他货币的，在申报扣缴企业所得税时，按扣缴当日国家公布的人民币汇率中间价，折合成人民币计算应纳税所得额。若合同约定由扣缴义务人负担应纳税款的，应将非居民企业取得的不含税所得换算为含税所得后计算税款。②

第四节 资产的税务处理

资产是由于资本投资而形成的财产，对于资本性支出以及无形资产受让、开办、开发费用，不允许作为成本、费用从纳税人的收入总额中做一次性扣除，只能采取分次计提折旧或分次摊销的方式予以扣除。即纳税人经营活动中使用的固定资产的折旧费用、无形资产和长期待摊费用的摊销费用可以扣除。税法规定，纳入税务处理范围的资产形式主要有固定资产、生物资产、无形资产、长期待摊费用、投资资产、存货等，均以历史成本为计税基础。历史成本是指企业取得该项资产时实际发生的支出。企业持有各项资产期间资产增值或者减值，除国务院财政、税务主管部门规定可以确认损益外，不得调整该资产的计税基础。

一、固定资产的税务处理

固定资产是指企业为生产产品、提供劳务、出租或者经营管理而持有的、使用期限超过12个月的非货币性资产，包括房屋、建筑物、机器、机械、运输工具，以及其他与生产经营活动有关的设备、器具、工具等。

(一)固定资产的确认及计税基础

(1)外购的固定资产，以购买价款和支付的相关税费以及直接归属于使该资产达到预定用途发生

① 国家税务总局:《关于查增应纳税所得额弥补以前年度亏损处理问题的公告》，国家税务总局公告2010年第20号，2010年10月27日。

② 国家税务总局:《非居民企业所得税源泉扣缴管理暂行办法》，国税发〔2009〕3号，2009年1月9日。

的其他支出为计税基础。

(2)自行建造的固定资产，以竣工结算前发生的支出为计税基础。

(3)融资租入的固定资产，以租赁合同约定的付款总额和承租人在签订租赁合同过程中发生的相关费用为计税基础，租赁合同未约定付款总额的，以该资产的公允价值和承租人在签订租赁合同过程中发生的相关费用为计税基础。

(4)盘盈的固定资产，以同类固定资产的重置完全价值为计税基础。

(5)通过捐赠、投资、非货币性资产交换、债务重组等方式取得的固定资产，以该资产的公允价值和支付的相关税费为计税基础。

(6)改建的固定资产，除已足额提取折旧的固定资产和租入的固定资产以外的其他固定资产，以改建过程中发生的改建支出增加计税基础。

根据财税〔2014〕75号《关于完善固定资产加速折旧企业所得税政策的通知》，自2014年1月1日起下列情形不列入固定资产：对所有行业企业2014年1月1日后新购进的专门用于研发的仪器、设备，单位价值不超过100万元的，允许一次性计入当期成本费用在计算应纳税所得额时扣除，不再分年度计算折旧；单位价值超过100万元的，可缩短折旧年限或采取加速折旧的方法；对所有行业企业持有的单位价值不超过5 000元的固定资产，允许一次性计入当期成本费用在计算应纳税所得额时扣除，不再分年度计算折旧。

(二)固定资产折旧的范围

在计算应纳税所得额时，企业按照规定计算的固定资产折旧，准予扣除。下列固定资产不得计算折旧扣除：

(1)房屋、建筑物以外未投入使用的固定资产。

(2)以经营租赁方式租入的固定资产。

(3)以融资租赁方式租出的固定资产。

(4)已提足折旧继续使用的固定资产。

(5)与经营活动无关的固定资产。

(6)单独估价作为固定资产入账的土地。

(7)其他不得计提折旧扣除的固定资产。

(三)固定资产折旧的计提方法

(1)企业应当自固定资产投入使用月份的次月起计提折旧；停止使用的固定资产，应当从停止使用月份的次月起停止计提折旧。

(2)企业应当根据固定资产的性质和使用情况，合理确定固定资产的预计净残值。固定资产的预计净残值一经确定，不得变更。

(3)固定资产按照直线法计算的折旧，准予扣除。

(四)固定资产折旧的计提年限

除国务院财政、税务主管部门另有规定外，固定资产计算折旧的最低年限如下：

(1)房屋、建筑物，为20年。

(2)飞机、火车、轮船、机器、机械和其他生产设备，为10年。

(3)与生产经营活动有关的器具、工具、家具等，为5年。

(4)飞机、火车、轮船以外的运输工具，为4年。

(5)电子设备，为3年。

从事开采石油、天然气等矿产资源的企业，在开始商业性生产前发生的费用和有关固定资产的折耗、折旧方法，由国务院财政、税务主管部门另行规定。

二、生物资产的税务处理

生物资产是指有生命的动物和植物。生物资产分为消耗性生物资产、生产性生物资产和公益性生物资产。消耗性生物资产，是指为出售而持有的，或在将来收获为农产品的生物资产，包括生长中的农田作物、蔬菜、用材林以及存栏待售的牲畜等。生产性生物资产，是指为产出农产品、提供劳务或出租等目的而持有的生物资产，包括经济林、薪炭林、产畜和役畜等。公益性生物资产，是指以防护、环境保护为主要目的的生物资产，包括防风固沙林、水土保持林和水源涵养林等。

(一)生物资产的计税基础

生产性生物资产按照以下方法确定计税基础：

(1)外购的生产性生物资产，以购买价款和支付的相关税费为计税基础。

(2)通过捐赠、投资、非货币性资产交换、债务重组等方式取得的生产性生物资产，以该资产的公允价值和支付的相关税费为计税基础。

(二)生物资产的折旧方法和折旧年限

生产性生物资产按照直线法计算的折旧，准予扣除。企业应当自生产性生物资产投入使用月份的次月起计算折旧；停止使用的生产性生物资产应当自停止使用月份的次月起停止计算折旧。

企业应当根据生产性生物资产的性质和使用情况，合理确定生产性生物资产的预计净残值。生产性生物资产的预计净残值一经确定，不得变更。

生产性生物资产计算折旧的最低年限如下：

(1)林木类生产性生物资产，为 10 年。

(2)畜类生产性生物资产，为 3 年。

三、无形资产的税务处理

无形资产是指企业长期使用但没有实物形态的资产，包括专利权、商标权、著作权、土地使用权、非专利技术、商誉等。

(一)无形资产的计税基础

无形资产按照以下方法确定计税基础：

(1)外购的无形资产，以购买价款和支付的相关税费，以及直接归属于使该资产达到预定用途发生的其他支出为计税基础。

(2)自行开发的无形资产，以开发过程中该资产符合资本化条件后至达到预定用途前发生的支出为计税基础。

(3)通过捐赠、投资、非货币性资产交换、债务重组等方式取得的无形资产，以该资产的公允价值和支付的相关税费为计算基础。

(二)无形资产摊销的范围

在计算应纳税所得额时，企业按照规定计算的无形资产摊销费用，准予扣除。

下列无形资产不得计算摊销费用扣除：

(1)自行开发的支出已在计算应纳税所得额时扣除的无形资产。

(2)自创商誉。

(3)与经营活动无关的无形资产。

(4)其他不得计算摊销费用扣除的无形资产。

(三)无形资产的摊销方法及年限

无形资产的摊销采取直线法计算。无形资产的摊销年限不得低于 10 年。作为投资或者受让的无形资产，有关法律规定或者合同约定了使用年限的，可以按照规定或者约定的使用年限分期摊销。外购商誉的支出，在企业整体转让或者清算时准予扣除。

四、长期待摊费用的税务处理

长期待摊费用，是指企业发生的应在一个年度以上或几个年度进行摊销的费用。在计算应纳税所得额时，企业发生的下列支出作为长期待摊费用，按照规定摊销的，准予扣除：

(1)已足额提取折旧的固定资产的改建支出。

(2)租入固定资产的改建支出。

(3)固定资产的大修理支出。

(4)其他应当作为长期待摊费用的支出。

企业的固定资产修理支出可在发生当期直接扣除。企业的固定资产改良支出，如果有关固定资产尚未提足折旧，可增加固定资产价值；如有关固定资产已提足折旧，可作为长期待摊费用，在规定的期间内平均摊销。

固定资产的改建支出，是指改变房屋或者建筑物结构、延长使用年限等发生的支出。已足额提取折旧的固定资产的改建支出，按照固定资产预计尚可使用年限分期摊销；租入固定资产的改建支出，按照合同约定的剩余租赁期限分期摊销；改建的固定资产延长使用年限的，除已足额提取折旧的固定资产、租入固定资产的改建支出外，其他的固定资产发生改建支出，应当适当延长折旧年限。

大修理支出，按照固定资产尚可使用年限分期摊销。

《企业所得税法》所指固定资产的大修理支出，是指同时符合下列条件的支出：

(1)修理支出达到取得固定资产时的计税基础50%以上。

(2)修理后固定资产的使用年限延长2年以上。

其他应当作为长期待摊费用的支出，自支出发生月份的次月起，分期摊销，摊销年限不得低于3年。

五、投资资产的税务处理

投资资产，是指企业对外进行权益性投资和债权性投资而形成的资产。

(一)投资资产的成本

投资资产按以下方法确定投资成本：

(1)通过支付现金方式取得的投资资产，以购买价款为成本。

(2)通过支付现金以外的方式取得的投资资产，以该资产的公允价值和支付的相关税费为成本。

(二)投资资产成本的扣除方法

企业对外投资期间，投资资产的成本在计算应纳税所得额时不得扣除，企业在转让或者处置投资资产时，投资资产的成本准予扣除。

第五节 税收优惠

一、企业可以免征、减征企业所得税的所得

企业的下列所得，可以免征、减征企业所得税。企业如果从事国家限制和禁止发展的项目，不得享受企业所得税优惠。

(一)从事农、林、牧、渔业项目的所得

企业从事农、林、牧、渔业项目的所得，包括免征和减征两部分。

1. 企业免征企业所得税的所得

企业从事下列项目的所得，免征企业所得税：

(1)蔬菜、谷物、薯类、油料、豆类、棉花、麻类、糖料、水果、坚果的种植。

(2)农作物新品种的选育。

(3)中药材的种植。

(4)林木的培育和种植。

(5)牲畜、家禽的饲养。

(6)林产品的采集。

(7)灌溉、农产品初加工、兽医、农技推广、农机作业和维修等农、林、牧、渔服务业项目。

(8)远洋捕捞。

2. 企业减征企业所得税的所得

企业从事下列项目的所得,减半征收企业所得税:

(1)花卉、茶以及其他饮料作物和香料作物的种植。

(2)海水养殖、内陆养殖。

(二)从事国家重点扶持的公共基础设施项目投资经营的所得

《企业所得税法》所称国家重点扶持的公共基础设施项目,是指《公共基础设施项目企业所得税优惠目录》规定的港口码头、机场、铁路、公路、电力、水利等项目。

企业从事国家重点扶持的公共基础设施项目的投资经营的所得,自项目取得第一笔生产经营收入所属纳税年度起,第1年至第3年免征企业所得税,第4年至第6年减半征收企业所得税。

企业承包经营、承包建设和内部自建自用本条规定的项目,不得享受本条规定的企业所得税优惠。

(三)从事符合条件的环境保护、节能节水项目的所得

环境保护、节能节水项目的所得,自项目取得第一笔生产经营收入所属纳税年度起,第1年至第3年免征企业所得税,第4年至第6年减半征收企业所得税。

符合条件的环境保护、节能节水项目,包括公共污水处理、公共垃圾处理、沼气综合开发利用、节能减排技术改造、海水淡化等。项目的具体条件和范围由国务财政、税务主管部门会同国务院有关部门制定,报国务院批准后公布施行。

但是以上规定享受减免税优惠的项目,在减免税期限内转让的,受让方自受让之日起,可以在剩余期限内享受规定的减免税优惠;减免税期限届满后转让的,受让方不得就该项目重复享受减免税优惠。

(四)符合条件的技术转让所得

企业所得税法所称符合条件的技术转让所得免征、减征企业所得税,是指一个纳税年度内,居民企业转让技术所有权所得不超过500万元的部分,免征企业所得税;超过500万元的部分,减半征收企业所得税。

二、小型微利企业的税收优惠

小型微利企业减按20%的所得税税率征收企业所得税。小型微利企业的条件如下:

(一)工业企业

年度应纳税所得额不超过30万元,从业人数不超过100人,资产总额不超过3 000万元。

(二)其他企业

年度应纳税所得额不超过30万元,从业人数不超过80人,资产总额不超过1 000万元。

上述"从业人数"按企业全年平均从业人数计算,"资产总额"按企业年初和年末的资产总额平均计算。

小型微利企业,是指从事国家非禁止和限制的行业,并且企业的全部生产经营活动产生的所得均负有我国企业所得税纳税义务的企业。仅就来源于我国所得负有我国纳税义务的非居民企业,不适用上述规定。

特别指出:为巩固和扩大应对国际金融危机冲击的成果,发挥小企业在促进经济发展、增加就业等方面的积极作用,国家先后出台了以下这些税收优惠政策:

自2012年1月1日至2015年12月31日，对年应纳税所得额低于6万元(含6万元)的小型微利企业，其所得减按50%计入应纳税所得额，按20%的税率缴纳企业所得税。①

自2014年1月1日至2016年12月31日，对年应纳税所得额低于10万元(含10万元)的小型微利企业，其所得减按50%计入应纳税所得额，按20%的税率缴纳企业所得税。②

自2015年1月1日至2017年12月31日，对年应纳税所得额低于20万元(含20万元)的小型微利企业，其所得减按50%计入应纳税所得额，按20%的税率缴纳企业所得税。

财税2015(99号)规定，自2015年10月1日起至2017年12月31日，对年应纳税所得额在20万元到30万元(含30万元)之间的小型微利企业，其所得减按50%计入应纳税所得额，按20%的税率缴纳企业所得税。

三、高新技术企业的税收优惠

(一)国家需要重点扶持的高新技术企业减按15%的所得税税率征收企业所得税

国家需要重点扶持的高新技术企业是指在《国家重点支持的高新技术领域》内，持续进行研究开发与技术成果转化，形成企业核心自主知识产权，并以此为基础开展经营活动，在中国境内(不包括港、澳、台地区)注册的居民企业。③

认定为高新技术企业须同时满足以下条件：

(1)企业申请认定时须注册成立1年以上。

(2)企业通过自主研发、受让、受赠、并购等方式，获得对其主要产品(服务)在技术上发挥核心支持作用的知识产权的所有权。

(3)对企业主要产品(服务)发挥核心支持作用的技术属于《国家重点支持的高新技术领域》规定的范围。

(4)企业从事研发和相关技术创新活动的科技人员占企业当年职工总数的比例不低于10%。

(5)企业近3个会计年度(实际经营期不满3年的按实际经营时间计算，下同)的研究开发费用总额占同期销售收入总额的比例符合如下要求：①最近1年销售收入小于5 000万元(含)的企业，比例不低于5%；②最近1年销售收入在5 000万元至2亿元(含)的企业，比例不低于4%；③最近1年销售收入在2亿元以上的企业，比例不低于3%。

其中，企业在中国境内发生的研究开发费用总额占全部研究开发费用总额的比例不低于60%。

(6)近1年高新技术产品(服务)收入占企业同期总收入的比例不低于60%。

(7)企业创新能力评价应达到相应要求。

(8)企业申请认定前1年内未发生重大安全、重大质量事故或严重环境违法行为。

(二)经济特区和上海浦东新区新设立高新技术企业过渡性税收优惠④

(1)对经济特区和上海浦东新区内在2008年1月1日(含)之后完成登记注册的国家需要重点扶持的高新技术企业(以下简称"新设高新技术企业")，在经济特区和上海浦东新区内取得的所得，自取得第一笔生产经营收入所属纳税年度起，第1年至第2年免征企业所得税，第3年至第4年按照25%的法定税率减半征收企业所得税。

(2)经济特区和上海浦东新区内新设高新技术企业同时在经济特区和上海浦东新区以外的地区从事生产经营的，应当单独计算其在经济特区和上海浦东新区内取得的所得，并合理分摊企业的期间费用；没有单独计算的，不得享受企业所得税优惠。

---

① 财政部、国家税务总局：《关于小型微利企业所得税优惠政策有关问题的通知》，财税〔2011〕117号，2011年12月9日。

② 财政部、国家税务总局：《关于小型微利企业所得税优惠政策有关问题的通知》，财税〔2014〕34号，2014年4月8日。

③ 科技部、财政部、国家税务总局：《高新技术企业认定管理办法》，国科发火〔2016〕32号，2016年1月29日。

④ 国务院：《关于经济特区和上海浦东新区新设立高新技术企业实行过渡性税收优惠的通知》，国发〔2007〕40号，2007年12月26日。

(3)经济特区和上海浦东新区内新设高新技术企业在按照通知[①]的规定享受过渡性税收优惠期间，由于复审或抽查不合格而不再具有高新技术企业资格的，从其不再具有高新技术企业资格年度起，停止享受过渡性税收优惠；以后再次被认定为高新技术企业的，不得继续享受或者重新享受过渡性税收优惠。

四、民族自治地方的税收优惠

民族自治地方的自治机关对本民族自治地方的企业应缴纳的企业所得税中属于地方分享的部分，可以决定减征或者免征。自治州、自治县决定减征或者免征的，须报省、自治区、直辖市人民政府批准。

企业所得税法所称民族自治地方，是指依照《中华人民共和国民族区域自治法》的规定，实行民族区域自治的自治区、自治州、自治县。

对民族自治地方内国家限制和禁止行业的企业，不得减征或者免征企业所得税。

民族自治地方在新税法实施前已经按照《财政部、国家税务总局、海关总署〈关于西部大开发税收优惠政策问题〉的通知》(财税〔2001〕202号)第二条第2款有关减免税规定批准享受减免企业所得税(包括减免中央分享企业所得税的部分)的，自2008年1月1日起计算，对减免税期限在5年以内(含5年)的，继续执行至期满后停止；对减免税期限超过5年的，从第6年起按新《税法》第二十九条规定执行。

五、加计扣除所得额的税收优惠

加计扣除优惠包括以下两项内容：

(一)研究开发费

研究开发费，是指企业为开发新技术、新产品、新工艺发生的研究开发费用，未形成无形资产计入当期损益的，在按照规定据实扣除的基础上，按照研究开发费用的50%加计扣除；形成无形资产的，按照无形资产成本的150%摊销。

从2008年1月1日起，可以加计扣除的研究开发费按下列相关规定执行：

(1)研究开发费，是指从事规定范围内的研究开发活动发生的相关费用。研究开发活动是指企业为获得科学与技术(不包括人文、社会科学)新知识，创造性运用科学技术新知识，或实质性改进技术、工艺、产品(服务)而持续进行的具有明确目标的研究开发活动。

创造性运用科学技术新知识，或实质性改进技术、工艺、产品(服务)，是指企业通过研究开发活动在技术、工艺、产品(服务)方面的创新取得了有价值的成果，对本地区(省、自治区、直辖市或计划单列市)相关行业的技术、工艺领先具有推动作用，不包括企业产品(服务)的常规性升级或对公开的科研成果直接应用等活动(如直接采用公开的新工艺、材料、装置、产品、服务或知识等)。

(2)企业从事《国家重点支持的高新技术领域》以及国家发展和改革委员会等部门公布的《当前优先发展的高技术产业化重点领域指南(2007年度)》规定项目的研究开发活动，其在一个纳税年度中实际发生的下列费用支出，允许在计算应纳税所得额时按照规定实行加计扣除：

①新产品设计费、新工艺规程制定费以及与研发活动直接相关的技术图书资料费、资料翻译费。

②从事研发活动直接消耗的材料、燃料和动力费用。

③在职直接从事研发活动人员的工资、薪金、奖金、津贴、补贴。

④专门用于研发活动的仪器、设备的折旧费或租赁费。

⑤专门用于研发活动的软件、专利权、非专利技术等无形资产的摊销费用。

---

① 国务院：《关于经济特区和上海浦东新区新设立高新技术企业实行过渡性税收优惠的通知》，国发〔2007〕40号，2007年12月26日。

⑥专门用于中间试验和产品试制的模具、工艺装备开发及制造费。

⑦勘探开发技术的现场试验费。

⑧研发成果的论证、评审、验收费用。

(3)对企业共同合作开发的项目，凡符合上述条件的，由合作各方就自身承担的研发费用分别按照规定计算加计扣除。

(4)对企业委托给外单位进行开发的研发费用，凡符合上述条件的，由委托方按照规定计算加计扣除，受托方不得再进行加计扣除。

对委托开发的项目，受托方应向委托方提供该研发项目的费用支出明细情况，否则，该委托开发项目的费用支出不得实行加计扣除。

(5)企业根据财务会计核算和研发项目的实际情况，对发生的研发费用进行收益化或资本化处理的，可按上述规定计算加计扣除：

①研发费用计入当期损益未形成无形资产的，允许再按其当年研发费用实际发生额的50%，直接抵扣当年的应纳税所得额。

②研发费用形成无形资产的，按照该无形资产成本的150%在税前摊销。除法律另有规定外，摊销年限不得低于10年。

(6)法律、行政法规和国家税务总局规定不允许企业所得税前扣除的费用和支出项目，均不允许计入研究开发费用。

(7)企业未设立专门的研发机构或企业研发机构同时承担生产经营任务的，应对研发费用和生产经营费用分开进行核算，准确、合理地计算各项研究开发费用支出，对划分不清的，不得实行加计扣除。

(8)企业必须对研究开发费用实行专账管理，同时必须按照规定项目，准确归集填写年度可加计扣除的各项研究开发费用实际发生金额。企业应于年度汇算清缴所得税申报时向主管税务机关报送本办法规定的相应资料。申报的研究开发费用不真实或者资料不齐全的，不得享受研究开发费用加计扣除，主管税务机关有权对企业申报的结果进行合理调整。

企业在一个纳税年度内进行多个研究开发活动的，应按照不同开发项目分别归集可加计扣除的研究开发费用额。

(9)企业申请研究开发费加计扣除时，应向主管税务机关报送如下资料：

①自主、委托、合作研究开发项目计划书和研究开发费预算。

②自主、委托、合作研究开发专门机构或项目组的编制情况和专业人员名单。

③自主、委托、合作研究开发项目当年研究开发费用发生情况归集表。

④企业总经理办公会或董事会关于自主、委托、合作研究开发项目立项的决议文件。

⑤委托、合作研究开发项目的合同或协议。

⑥研究开发项目的效用情况说明、研究成果报告等资料。

(10)企业实际发生的研究开发费，在年度中间预缴所得税时，允许据实计算扣除，在年度终了进行所得税年度申报和汇算清缴时，再依照本办法的规定计算加计扣除。

(11)主管税务机关对企业申报的研究开发项目有异议的，可要求企业提供政府科技部门的鉴定意见书。

(12)企业研究开发费各项目的实际发生额归集不准确、汇总额计算不准确的，主管税务机关有权调整其税前扣除额或加计扣除额。

(13)企业集团研究开发费用按下列规定处理：

①企业集团根据生产经营和科技开发的实际情况，对技术要求高、投资数额大，需要由集团公司进行集中开发的研究开发项目，其实际发生的研究开发费，可以按照合理的分摊方法在受益集团成员公司间进行分摊。

②企业集团采取合理分摊研究开发费的，企业集团应提供集中研究开发项目的协议或合同，该协议或合同应明确规定参与各方在该研究开发项目中的权利和义务、费用分摊方法等内容。如不提供协议或合同，研究开发费不得加计扣除。

③企业集团采取合理分摊研究开发费的，企业集团集中研究开发项目实际发生的研究开发费，应当按照权利和义务、费用支出和收益分享一致的原则，合理确定研究开发费用的分摊方法。

④企业集团采取合理分摊研究开发费的，企业集团母公司负责编制集中研究开发项目的立项书、研究开发费用预算表、决算表和决算分摊表。

⑤税企双方对企业集团集中研究开发费的分摊方法和金额有争议的，如企业集团成员公司设在不同省、自治区、直辖市和计划单列市的，企业按照国家税务总局的裁决意见扣除实际分摊的研究开发费；企业集团成员公司在同一省、自治区、直辖市和计划单列市的，企业按照省税务机关的裁决意见扣除实际分摊的研究开发费。

(二)企业安置残疾人员所支付的工资

企业安置残疾人员所支付工资费用的加计扣除，是指企业安置残疾人员的，在按照支付给残疾职工工资据实扣除的基础上，按照支付给残疾职工工资的100%加计扣除。残疾人员的范围适用《中华人民共和国残疾人保障法》的有关规定。企业安置国家鼓励安置的其他就业人员所支付的工资的加计扣除办法，由国务院另行规定。

六、创投企业的税收优惠

创投企业从事国家需要重点扶持和鼓励的创业投资，可以按投资额的一定比例抵扣应纳税所得额。

创投企业优惠，是指创业投资企业采取股权投资方式投资于未上市的中小高新技术企业2年以上的，可以按照其投资额的70%在股权持有满2年的当年抵扣该创业投资企业的应纳税所得额；当年不足抵扣的，可在以后纳税年度结转抵扣。

【例6－8】 甲企业2014年1月1日向乙企业(未上市的中小高新技术企业)投资100万元，股权持有到2015年12月31日。计算甲企业2015年度可抵扣的应纳税所得额。

【答案】 70万元。

七、减计收入的税收优惠

减计收入优惠，是指企业综合利用资源，生产符合国家产业政策规定的产品所取得的收入，可以在计算应纳税所得额时减计收入。

综合利用资源，是指企业以《资源综合利用企业所得税优惠目录》规定的资源作为主要原材料，生产国家非限制和禁止并符合国家和行业相关标准的产品取得的收入，减按90%计入收入总额。

上述所称原材料占生产产品材料的比例不得低于《资源综合利用企业所得税优惠目录》规定的标准。

八、固定资产加速折旧的税收优惠

企业的固定资产由于技术进步等原因，确需加速折旧的，可以缩短折旧年限或者采取加速折旧的方法。可采用以上折旧方法的固定资产是指：(1)由于技术进步，产品更新换代较快的固定资产。(2)常年处于强震动、高腐蚀状态的固定资产。

另据财政部、国家税务总局《关于完善固定资产加速折旧企业所得税政策的通知》(财税〔2014〕75号)文件精神，有关固定资产加速折旧企业所得税政策问题做如下处理：

(1)对生物药品制造业，专用设备制造业，铁路、船舶、航空航天和其他运输设备制造业，计算机、通信和其他电子设备制造业，仪器仪表制造业，信息传输、软件和信息技术服务业6个行业的企业

2014年1月1日后新购进的固定资产,可缩短折旧年限或采取加速折旧的方法。

对上述6个行业的小型微利企业2014年1月1日后新购进的研发和生产经营共用的仪器、设备,单位价值不超过100万元的,允许一次性计入当期成本费用在计算应纳税所得额时扣除,不再分年度计算折旧;单位价值超过100万元的,可缩短折旧年限或采取加速折旧的方法。

(2)对所有行业企业2014年1月1日后新购进的专门用于研发的仪器、设备,单位价值不超过100万元的,允许一次性计入当期成本费用在计算应纳税所得额时扣除,不再分年度计算折旧;单位价值超过100万元的,可缩短折旧年限或采取加速折旧的方法。

(3)对所有行业企业持有的单位价值不超过5 000元的固定资产,允许一次性计入当期成本费用在计算应纳税所得额时扣除,不再分年度计算折旧。

采取缩短折旧年限方法的,最低折旧年限不得低于规定折旧年限的60%;采取加速折旧方法的,可以采取双倍余额递减法或者年数总和法。

九、税额抵免的税收优惠

税额抵免,是指企业购置并实际使用《环境保护专用设备企业所得税优惠目录》《节能节水专用设备企业所得税优惠目录》和《安全生产专用设备企业所得税优惠目录》规定的环境保护、节能节水、安全生产等专用设备的,该专用设备的投资额的10%可以从企业当年的应纳税额中抵免;当年不足抵免的,可以在以后5个纳税年度结转抵免。

享受前款规定的企业所得税优惠的企业,应当实际购置并自身实际投入使用前款规定的专用设备;企业购置上述专用设备在5年内转让、出租的,应当停止享受企业所得税优惠,并补缴已经抵免的企业所得税税款。

企业所得税优惠目录,由国务院财政、税务主管部门会同国务院有关部门制定,报国务院批准后公布施行。

企业同时从事适用不同企业所得税待遇的项目的,其优惠项目应当单独计算所得,并合理分摊企业的期间费用;没有单独计算的,不得享受企业所得税优惠。

自2008年1月1日起,停止执行企业购买国产设备投资抵免企业所得税的政策。

十、"走出去"企业的税收优惠

国家鼓励企业"走出去",对于"走出去"企业境外缴纳的税额境内可予以抵免。

(1)居民企业以及非居民企业在中国境内设立的机构、场所依照《企业所得税法》的有关规定,其境外所得在境外已纳税额在抵免限额内部分,可在应纳税额中抵免。

(2)境外所得税收抵免限额计算采取分国不分项原则。

(3)居民企业从其直接或间接控制的外国企业分得的来源于中国境外的股息、红利等权益性投资收益,外国企业在境外实际缴纳的所得税税额中属于该项所得负担的部分,可以作为该居民企业可抵免境外所得税税额,在抵免限额内抵免。

十一、西部大开发的税收优惠

(一)适用范围

本政策的适用范围包括重庆市、四川省、贵州省、云南省、西藏自治区、陕西省、甘肃省、宁夏回族自治区、青海省、新疆维吾尔自治区、新疆生产建设兵团、内蒙古自治区和广西壮族自治区(上述地区统称"西部地区")。湖南省湘西土家族苗族自治州、湖北省恩施土家族苗族自治州、吉林省延边朝鲜族自治州,可以比照西部地区的税收优惠政策执行。

(二)具体内容

(1)对设在西部地区国家鼓励类产业的内资企业,在2011年1月1日至2020年12月31日期间,减按15%的所得税税率征收企业所得税。

国家鼓励类产业的内资企业，是指以《当前国有重点鼓励发展的产业、产品和技术目录(2000年修订)》中规定的产业项目为主营业务，其主营业务收入占企业总收入70%以上的企业。

收入达到比例的，实行企业自行申请、税务机关审核的管理办法。经税务机关审核确认后，企业方可减按15%所得税税率缴纳企业所得税。企业未按规定提出申请或未经税务机关审核确认的，不得享受上述税收优惠政策。

(2)经省级人民政府批准，民族自治地方的内资企业可以定期减征或免征企业所得税；凡减免税款涉及中央收入100万元(含100万元)以上的，需报国家税务总局批准。

(3)对在西部地区新办交通、电力、水利、邮政、广播电视企业，上述项目业务收入占企业总收入70%以上的，可以享受企业所得税如下优惠政策：内资企业自开始生产经营之日起，第1年至第2年免征企业所得税，第3年至第5年减半征收企业所得税。

新办交通企业，是指投资新办从事公路、铁路、航空、港口、码头运营和管道运输的企业；新办电力企业，是指投资新办从事电力运营的企业；新办水利企业，是指投资新办从事江河湖泊综合治理、防洪除涝、灌溉、供水、水资源保护、水力发电、水土保持、河道疏浚、河海堤防建设等开发水利、防治水害的企业；新办邮政企业，是指投资新办从事邮政运营的企业；新办广播电视企业，是指投资新办从事广播电视运营的企业。

上述企业同时符合本规定条件的，第3年至第5年减半征收所得时，按15%所得税税率计算出应纳所得税税额后减半执行。

上述所称企业，是指投资主体自建、运营上述项目的企业，单纯承揽上述项目建设的施工企业不得享受2年免征、3年减半征收企业所得税的政策。

(三)实行汇总(合并)纳税企业的税收缴纳

对实行汇总(合并)纳税企业，应当将西部地区的成员企业与西部地区以外的成员企业分开，分别汇总(合并)申报纳税、分别适用所得税税率。

第六节　企业所得税的计算与缴纳

一、企业所得税的计算

(一)税额的计算公式

企业应缴纳的企业所得税税额，为应纳税所得额乘以适用税率，再减除依照规定减免和抵免的税额后的余额。

应纳税额＝应纳税所得额×适用税率－减免税额－抵免税额

公式中的减免税额和抵免税额，是指依照《企业所得税法》和国务院的税收优惠规定减征、免征和抵免的应纳税额。

(二)境外所得的税收抵免

为了消除对同一所得的国际间重复征税问题，我国同大多数国家一样，对本国纳税人来源于境外的所得采取抵免法进行税务处理。按照适用对象不同，可将税收抵免划分为直接抵免和间接抵免。直接抵免，一般适用于同一法人实体的总公司与海外分公司(或分支机构)的税收抵免。间接抵免，一般适用于母公司与海外子公司之间分配股息的税收抵免。

我国现行的税收抵免包括直接抵免和间接抵免。我国政府同外国政府订立的有关税收的协定与现行《企业所得税法》有不同规定的，依照协定的规定办理。

1. 基本政策

企业取得的下列所得已在境外缴纳的所得税税额，可以从其当期应纳税额中抵免，抵免限额为该项所得依照中国《税法》规定计算的应纳税额；超过抵免限额的部分，可以在以后5个年度内，用每年度抵免限额抵免当年应抵税额后的余额进行抵补：居民企业来源于中国境外的应税所得；非居民企业在中国境内设立机构、场所，取得发生在中国境外但与该机构、场所有实际联系的应税所得。

居民企业从其直接或间接控制的外国企业分得的来源于中国境外的股息、红利等权益性投资收益，外国企业在境外实际缴纳的所得税税额中属于该项所得负担的部分，可以作为该居民企业的可抵免境外所得税税额，在规定的抵免限额（即依照中国税法计算的应纳税额）内抵免。

直接控制是指居民企业直接持有外国企业20%以上股份。间接控制是指居民企业以间接持股方式持有外国企业20%以上股份，具体认定办法由国务院财政、税务主管部门制定。

2. 抵免税额的计算

(1)已在境外缴纳所得税税额的确定。已在境外缴纳的所得税税额是指企业来源于中国境外的所得依照中国境外税收法律以及相关规定应当缴纳并已经实际缴纳的企业所得税性质的税款。企业应提供中国境外税务机关出具的税款所属年度的有关纳税凭证。

(2)抵免限额的计算。抵免限额是指企业来源于中国境外的所得，依照税法及实施条例的规定计算的应纳税额。除国务院财政、税务主管部门另有规定外，该抵免限额应当分国家（地区）不分项计算。

$$\text{抵免限额}=\begin{matrix}\text{中国境内、境外所得依照税法及实施}\\\text{条例的规定计算的应纳税总额}\end{matrix}\times\begin{matrix}\text{来源于某国(地区)}\\\text{的应纳税所得额}\end{matrix}\div\begin{matrix}\text{中国境内、境外}\\\text{应纳税所得总额}\end{matrix}$$

(3)抵免税额的确定。纳税人来源于境外所得已在境外实际缴纳的税款低于按上述公式计算的抵免限额的，可在汇总纳税时从应纳税额中按实扣除；超过抵免限额的，其超过部分不得在本年度的应纳税额中扣除；但可用以后年度税额抵免后的余额补扣，补扣期限最长不得超过5年。5年是指从企业取得的来源于中国境外的所得，已经在中国境外缴纳的企业所得税性质的税额超过抵免限额的当年的次年起连续5个纳税年度。

【例6-9】 某居民企业2015年度在我国境内实现的应纳税所得额为1 000万元；取得的境外分公司按我国税法计算的应纳税所得额为100万元，已在境外缴纳所得税折合人民币28万元。

【答案】 境外所得税抵免限额＝(1 000＋100)×25%×[100÷(1 000＋100)]＝25(万元)

因抵免限额25万元小于实际缴纳税额28万元，故实际抵免税额为25万元。

该企业2015年度应在我国缴纳的企业所得税税额＝(1 000＋100)×25%－25＝250(万元)

(三)企业所得税的计算步骤①

在实际工作中，为方便计算，一般先在会计利润基础上按照税法规定调整计算应纳税所得额，然后据以计算应纳税额。

1. 利润总额的计算

利润总额，是指按会计准则计算的会计利润额。

利润总额＝主营业务收入－主营业务成本＋其他业务收入－其他业务成本－营业税金及附加－销售费用－管理费用－财务费用－资产减值损失＋公允价值变动收益＋投资收益＋营业外收入－营业外支出

2. 应纳税所得额的计算

在会计利润的基础上，按照税法规定调整计算应纳税所得额。

$$\text{应纳税所得额}=\text{利润总额}+\text{纳税调整增加额}-\text{纳税调整减少额}+\begin{matrix}\text{境外应税所得}\\\text{弥补境内亏损}\end{matrix}-\text{弥补以前年度亏损}$$

① 国家税务总局：《关于企业所得税年度纳税申报表的补充通知》，国税函〔2008〕1081号，2008年12月31日。

二、企业所得税的缴纳

(一)纳税地点

(1)除税收法律、行政法规另有规定外,居民企业以企业登记注册地为纳税地点;但登记注册地在境外的,以实际管理机构所在地为纳税地点。企业注册登记地,是指企业依照国家有关规定登记注册的住所地。

(2)居民企业在中国境内设立不具有法人资格的营业机构的,应当汇总计算并缴纳企业所得税。企业汇总计算并缴纳企业所得税时,应当统一核算应纳税所得额,具体办法由国务院财政、税务主管部门另行制定。

(3)非居民企业在中国境内设立机构、场所的,应当就其所设机构、场所取得的来源于中国境内的所得,以及发生在中国境外但与其所设机构、场所有实际联系的所得,以机构、场所所在地为纳税地点。非居民企业在中国境内设立两个或者两个以上机构、场所的,经税务机关审核批准,可以选择由其主要机构、场所汇总缴纳企业所得税。非居民企业经批准汇总缴纳企业所得税后,需要增设、合并、迁移、关闭机构、场所或者停止机构、场所业务的,应当事先由负责汇总申报缴纳企业所得税的主要机构、场所向其所在地税务机关报告;需要变更汇总缴纳企业所得税的主要机构、场所的,依照前款规定办理。

(4)非居民企业在中国境内未设立机构、场所的,或者虽设立机构、场所但取得的所得与其所设机构、场所没有实际联系的所得,以扣缴义务人所在地为纳税地点。

(5)除国务院另有规定外,企业之间不得合并缴纳企业所得税。

(二)纳税期限

企业所得税按年计征,分月或者分季预缴,年终汇算清缴,多退少补。

企业所得税的纳税年度,自公历每年 1 月 1 日起至 12 月 31 日止。企业在一个纳税年度的中间开业,或者由于合并、关闭等原因终止经营活动,使该纳税年度的实际经营期不足 12 个月的,应当以其实际经营期为一个纳税年度。企业清算时,应当以清算期间作为一个纳税年度。

自年度终了之日起 5 个月内,向税务机关报送年度企业所得税纳税申报表,并汇算清缴,结清应缴应退税款。

企业在年度中间终止经营活动的,应当自实际经营终止之日起 60 日内,向税务机关办理当期企业所得税汇算清缴。

(三)纳税申报

按月或按季预缴的,应当自月份或者季度终了之日起 15 日内,向税务机关报送预缴企业所得税纳税申报表,预缴税款。

企业在报送企业所得税纳税申报表时,应当按照规定附送财务会计报告和其他有关资料。

企业应当在办理注销登记前,就其清算所得向税务机关申报并依法缴纳企业所得税。

依照《企业所得税法》缴纳的企业所得税,以人民币计算。所得以人民币以外的货币计算的,应当折合成人民币计算并缴纳税款。

企业在纳税年度内无论盈利或者亏损,都应当依照《企业所得税法》第五十四条规定的期限,向税务机关报送预缴企业所得税纳税申报表、年度企业所得税纳税申报表、财务会计报告和税务机关规定应当报送的其他有关资料。

三、案例分析

【案例 6－1】 生产企业应纳企业所得税的计算

某汽车厂 2013 年应纳税所得额为－10 万元,2014 年应纳税所得额为－15 万元。2015 年度有关经营情况如下:

全年实现产品销售收入 5 030 万元，固定资产盘盈收入 20 万元，取得国家发行的国债利息收入 20 万元；2014 年度结转产品销售成本 3 000 万元；缴纳增值税 90 万元，消费税 110 万元，城市维护建设税 14 万元，教育费附加 6 万元；发生产品销售费用 250 万元(其中广告费用 150 万元)；发生财务费用 12 万元(其中因逾期归还银行贷款，支付银行罚息 2 万元)，发生管理费用 802 万元(其中新产品研究开发费用 90 万元)；发生营业外支出 70 万元(其中含通过当地政府部门向农村某小学捐赠款 20 万元，因排污不当被环保部门罚款 1 万元)；全年已提取未使用的职工教育经费 2 万元。

要求：根据所给资料，计算该厂 2015 年应缴纳的企业所得税。

【解析】

(1)会计利润＝5 030＋20＋20－3000－110－14－6－250－12－802－70＝806(万元)

(2)国债利息收入免征所得税，调减应纳税所得额 20 万元。

(3)广告费税前列支限额＝5 030×15%＝754.5(万元)，广告费实际发生 150 万元，不需要调整。

(4)银行罚息 2 万元可在所得税前扣除，不需要调整。

(5)新产品研究开发费用在所得税前据实扣除，再按实际发生额的 50%从其纳税所得中加计扣除，90×50%＝45(万元)，应调减应纳税所得额 45 万元。

(6)公益性捐赠扣除限额＝806×12%＝96.72(万元)，通过当地政府部门向农村某小学捐赠款 20 万元，不需要调整；因排污不当被环保部门罚款 1 万元，属于行政性罚款，不得在所得税前扣除，应调增应纳税所得额 1 万元。

(7)已提取未使用的职工教育经费 2 万元所得税前不得扣除，应调增应纳税所得额 2 万元。

(8)本年度应纳企业所得税税额的计算：

本年度补亏前应纳税所得额＝806－20－45＋1＋2＝744(万元)

补亏后应纳税所得额＝744－10－15＝719(万元)

应纳企业所得税＝719×25%＝179.75(万元)

【案例 6－2】 生产企业应纳企业所得税的计算

某市一内资服装生产企业于 2014 年 10 月成立，年底职工共 30 人，企业的资产总额为 300 万元，企业 2015 年销售收入 720 万元，投资收益为 30 万元，销售成本和税金 520 万元，财务费用、管理费用、销售费用共计 210 万元，企业自行计算的应纳税所得额为 20 万元，当年度新增职员 35 人，资产总额增加到 800 万元。企业已经按规定到税务机关备案，取得所得税优惠的审批。在汇算清缴时经会计师事务所审核，发现以下事项未进行纳税调整：

(1)企业的"主营业务收入"科目隐瞒销售自产货物含税收入 11.7 万元；

(2)已计入成本费用中实际支付的合理工资为 72 万元，已计提但未上缴工会经费 1.44 万元，实际发生职工福利费 15.16 万元，实际发生职工教育经费 1.08 万元；

(3)管理费用中列支的业务招待费 15 万元；

(4)管理费用中列支企业的财产保险费用 2.8 万元，为股东支付的商业保险费 5 万元；

(5)销售费用中列支的业务宣传费 20 万元，广告费 10 万元；

(6)投资收益中有 30 万元是直接投资于其他居民企业取得的投资收益；

(7)上年经税务机关审核认定的亏损额为 10 万元。

已知会计师事务所审核该企业核算的进项税额准确。

要求：根据上述资料，计算下列各项，每项需计算出合计数：

(1)企业 2015 年度应补缴的流转税、城市维护建设税和教育费附加；

(2)企业工资及三项费用纳税调整金额；

(3)企业管理费用纳税调整金额；

(4)企业销售费用纳税调整金额；

(5)企业应缴纳的企业所得税。

【解析】

(1)应补缴的增值税=11.7÷(1+17%)×17%=1.7(万元)

补缴的城市维护建设税=1.7×7%=0.12(万元)

补缴的教育费附加=1.7×3%=0.05(万元)

应补缴的流转税、城市维护建设税和教育费附加合计=1.7+0.12+0.05=1.87(万元)

(2)实际支付的工资72万元,可据实扣除。

工会经费1.44万元未上缴,纳税调增1.44万元。

职工福利费纳税调增=15.16-72×14%=5.08(万元)

职工教育经费的扣除限额=72×2.5%=1.8(万元),由于企业实际使用1.08万元,不需要纳税调整。

工资及三项费用调增金额=5.08+1.44=6.52(万元)

(3)业务招待费扣除限额=(720+10)×5‰=3.65(万元)<15×60%=9(万元),只能按3.65万元扣除。

为股东支付的商业保险费5万元,不得在税前扣除。

管理费用纳税调增金额=15-3.65+5=16.35(万元)

(4)企业发生的广告费和业务宣传费支出,不超过当年销售(营业)收入15%的部分,准予扣除;超过部分,准予在以后纳税年度结转扣除。

业务宣传费、广告费扣除限额=(720+10)×15%=109.5(万元),实际发生数30万元,不用调整。

(5)2015年度企业应缴纳的所得税:

应纳税所得额=(720+30-520-210)+(10-0.12-0.05)+6.52+16.35-30-10=12.7(万元)

所得为12.7万元,小于30万元,人数不超过100人,资产不超过3 000万元,符合小型微利企业的条件,题目提示企业已经取得所得税优惠的审批,则可以确定其享受小型微利企业的优惠,按20%征收企业所得税。

2015年度应缴纳的企业所得税=12.7×50%×20%=1.27(万元)

复习思考题

1. 如何界定居民企业与非居民企业?
2. 如何确定所得来源地?
3. 收入总额中的哪些收入属于免税收入?
4. 优惠税率的适用范围包括哪些?
5. 在税前限定条件扣除的支出有哪些?
6. 哪些支出不得在税前扣除?
7. 企业所得税的优惠方式有哪些?
8. 境外所得的税收抵免办法是什么?

自我测试题

一、单项选择题

1. 下列各项中,不属于企业所得税纳税人的企业是(　　)。

A. 在外国成立但实际管理机构在中国境内的企业

B. 在中国境内成立的外商独资企业

C. 在中国境内成立的个人独资企业

D. 在中国境内未设立机构、场所,但有来源于中国境内所得的企业

2. 某公司2015年度实现会计利润总额25.36万元。经某注册税务师审核,“财务费用”账户中列

支有两笔利息费用：向银行借入生产用资金200万元，借用期限6个月，支付借款利息5万元；经过批准向本企业职工借入生产用资金60万元，借用期限10个月，支付借款利息3.5万元。该公司2015年度的应纳税所得额为（　　）万元。

A. 21.86　　B. 26.36　　C. 30.36　　D. 33.36

3. 下列各项中，能作为业务招待费税前扣除限额计算依据的是（　　）。

A. 转让无形资产使用权的收入

B. 因债权人原因确实无法支付的应付款项

C. 转让无形资产所有权的收入

D. 出售固定资产的收入

4. 根据《企业所得税法》的规定，纳税人在我国境内的公益性捐赠支出，可以（　　）。

A. 在税前全额扣除

B. 在年度应纳税所得额12%以内的部分准予扣除

C. 在年度利润总额12%以内的部分准予扣除

D. 在年度应纳税所得额30%以内的部分准予扣除

5. 下列关于税前限额扣除的说法中，不正确的是（　　）。

A. 职工教育经费不得超过工资总额的2.5%

B. 业务招待费不得超过销售（营业）收入的60%

C. 房地产企业的广告费不得超过当年销售收入的15%

D. 利息支出不得超过按金融企业同期同类贷款利率计算的利息

6. 某企业2015年12月接受捐赠设备一台，收到的增值税专用发票上注明价款10万元，增值税1.7万元，企业另支付运输费用0.8万元，该项受赠资产应交企业所得税为（　　）万元。

A. 3.32　　B. 2.93　　C. 4.03　　D. 4.29

7. 下列支出中，可以从应纳税所得额中据实扣除的是（　　）。

A. 建造固定资产过程中向银行借款的利息

B. 诉讼费用

C. 对外投资的固定资产计提的折旧费

D. 非广告性质的赞助支出

8. 企业所得税的收入总额包括以货币形式和非货币形式取得的收入，纳税人以非货币形式取得的收入确认收入的标准是（　　）。

A. 折现价值　　B. 历史成本　　C. 公允价值　　D. 拍卖价值

9. 某内资企业从2007年开始投产，各年获利情况如下（单位：万元）：

年度	2007	2008	2009	2010	2011	2012	2013
获利	−50	−10	5	15	20	−5	25

该企业2013年应纳企业所得税为（　　）万元。

A. 0　　B. 2.5　　C. 2.7　　D. 3.3

10. 根据《企业所得税法》的规定，下列收入中，属于免税收入的是（　　）。

A. 特许权使用费收入　　B. 财产转让收入

C. 劳务收入　　D. 国债利息收入

二、多项选择题

1. 下列各项中，属于企业所得税征税范围的有（　　）。

A. 居民企业来源于境外的所得
B. 非居民企业来源于中国境内的所得
C. 非居民企业来源于中国境外的所得
D. 居民企业来源于境内的所得

2. 下列项目中，应计入应纳税所得额的有(　　)。
A. 非金融企业让渡资金使用权的收入
B. 因债权人原因确定无法支付的应付款项
C. 出口货物退还的增值税
D. 将自产货物用于职工福利

3. 根据企业所得税法律制度的规定，下列各项中，应计入应纳税所得额的有(　　)。
A. 股权转让收入
B. 因债权人缘故确实无法支付的应付款项
C. 依法收取并纳入财政管理的行政事业性收费
D. 接受捐赠收入

4. 企业所得税的纳税义务人有(　　)。
A. 中外合资企业
B. 个人独资企业
C. 股份有限公司
D. 合伙企业

5. 下列各项中，超过税法规定的扣除限额部分，可以结转到以后年度扣除的有(　　)。
A. 职工教育经费支出超过工资薪金总额2.5%的部分
B. 向非金融企业借款的利息支出超过按照金融企业同期同类贷款利率计算的数额的部分
C. 业务招待费超过税法规定标准的部分
D. 广告费和业务宣传费支出超过当年销售(营业)收入15%的部分

6. 某生产企业(一般纳税人)因意外事故损失外购钢材30万元，保险公司调查后同意赔付4万元，其余损失已报经税务机关同意扣除。则该企业确定应纳税所得额时正确的是(　　)。
A. 税前准予扣除的损失为26万元
B. 税前准予扣除的损失为31.1万元
C. 税前不得扣除的损失为4万元
D. 损失原材料而转出的进项税准予所得税前扣除

7. 下列各项中，不得从应纳税所得额中扣除的有(　　)。
A. 纳税人在生产经营活动中发生的固定资产修理费
B. 行政性罚款
C. 为投资者或职工支付的商业保险费
D. 企业之间支付的管理费

8. 下列各项中，既要调整纳税年度会计利润，又要调整当年应纳税所得额的有(　　)。
A. 税收滞纳金、罚款
B. 以自产货物对外捐赠未确认的收入
C. 会计师事务所审计时查出的当年未入账收入
D. 选项C收入补缴的城市维护建设税和教育费附加

9. 现行企业所得税法企业的优惠方式包括(　　)。
A. 加计扣除
B. 加速折旧
C. 减计收入
D. 税额抵免

10. 下列关于企业所得税的优惠政策的说法中，错误的有(　　)。
A. 企业购置并使用规定的环保、节能节水、安全生产等专用设备，该设备投资额的40%可以从应纳税所得额中抵免
B. 创投企业从事国家需要扶持和鼓励的创业投资，可以按投资额的70%在当年应纳税所得额中抵免
C. 企业综合利用资源生产符合国家产业政策规定的产品取得的收入，可以在计算应纳税所得额时减计收入10%
D. 企业安置残疾人员所支付的工资，按照残疾人工资的50%加计扣除

三、判断题

1. 企业发生非货币性资产交换，以及将货物、财产、劳务用于捐赠、偿债、赞助、集资、广告、样品、职工福利或者利润分配等用途的，应当视同销售货物、转让财产或者提供劳务，确认计税收入、结转计税成本、确定应纳税所得额。（　）

2. 某设备生产企业2015年营业收入为1 500万元，广告费支出为52万元。2014年超标广告费90万元，则2015年税前准允扣除的广告费为142万元。（　）

3. 企业发生的损失，减除责任人赔偿和保险赔款后的余额，准予在所得税前扣除。但企业已经作为损失处理的资产，在以后纳税年度又全部收回或者部分收回时，应当计入当期收入。（　）

4. 我国对跨国纳税人的征税管辖权，选择了地域管辖权和居民管辖权双重标准。（　）

5. 年度应纳税所得额不超过30万元的企业为小型微利企业，一律按20%的税率计征企业所得税。（　）

6. 对非居民企业在境内未设立机构场所的，或者虽设立机构、场所但取得的与其机构场所没有实际联系的所得，实行源泉扣缴，以支付人为扣缴义务人。（　）

7. 对国家需要重点扶持的高新技术企业，适用15%的税率。（　）

8. 非居民企业一律适用20%的税率。（　）

9. 企业应当在年度终了之日起5个月内，向税务机关报送年度企业所得税纳税申报表，并汇算清缴，结清税款。（　）

10. 所有企业内部营业机构之间支付的利息，均不得扣除。（　）

四、案例分析题

1. 某生产企业于2015年成立，职工共30人，企业的资产总额为300万元，计算出的亏损为80万元，后经税务机关认定的亏损为52万元。2016年该企业有关生产、经营资料如下：

(1)取得产品销售收入230万元，国债利息收入23万元，金融债券利息收入39万元。

(2)发生产品销售成本100万元；发生产品销售税金及附加5.6万元。

(3)发生销售费用38万元，全部为广告费。

(4)发生财务费用40万元，其中：1月1日以集资方式筹集生产性资金300万元，期限1年，支付利息费用30万元(同期银行贷款年利率6%)。

(5)发生管理费用26万元，其中含业务招待费10万元，为股东支付的商业保险费5万元。

(6)“营业外支出”账户记载金额33.52万元。其中：合同违约金4万元；通过民政局对灾区捐赠现金29.52万元。

【要求】 根据上述资料，计算以下各项，每项需计算出合计数：

(1)2016年企业所得税前准予扣除的销售费用；

(2)2016年企业所得税前准予扣除的财务费用；

(3)2016年企业所得税前准予扣除的管理费用；

(4)2016年企业所得税前准予扣除的营业外支出；

(5)2016年应纳税所得额；

(6)2016年度企业应纳所得税。

2. 某企业2015年度境内应纳税所得额为100万元，适用25%的企业所得税税率。另外，该企业分别在A、B两国设有分支机构(我国与A、B两国已经缔结避免双重征税协定)，在A国分支机构的应纳税所得额为50万元，A国企业所得税税率为20%；在B国分支机构的应纳税所得额为30万元，B国企业所得税税率为30%。假设该企业在A、B两国所得按我国税法计算的应纳税所得额和按A、B两国税法计算的应纳税所得额一致。

【要求】 计算该企业汇总时在我国应缴纳的企业所得税税额。

3. 某企业为居民企业，2015 年发生经营业务如下：全年取得产品销售收入 5 600 万元，发生产品销售成本4 000万元；其他业务收入 800 万元，其他业务成本 660 万元；取得购买国债的利息收入 40 万元；缴纳非增值税销售税金及附加 300 万元；发生的管理费用 760 万元，其中新技术的研究开发费用 60 万元、业务招待费用 70 万元；发生财务费用 200 万元；取得直接投资其他居民企业的权益性收益 34 万元(已在投资方所在地按 15%的税率缴纳了所得税)；取得营业外收入 100 万元，发生营业外支出 250 万元(其中含公益捐赠 38 万元)。

【要求】 根据上述资料，计算以下各项：

(1)企业利润总额；

(2)国债利息收入调整额；

(3)技术开发费调整额；

(4)业务招待费调整额；

(5)取得直接投资其他居民企业的权益性收益调整额；

(6)捐赠调整额；

(7)企业应纳税所得额；

(8)企业本年应缴纳企业所得税。

4. 某上市公司自2014 年起被认定为高新技术企业，2015 年度取得主营业务收入 48 000 万元、其他业务收入 2 000 万元、营业外收入 1 000 万元、投资收益 500 万元，发生主营业务成本 25 000 万元、其他业务成本 1 000 万元、营业外支出 1 500 万元、营业税金及附加 4 000 万元、管理费用 3 000 万元、销售费用 10 000 万元、财务费用 1 000 万元，实现年度利润总额 6 000 万元。当年发生的相关具体业务如下：

(1)广告费支出 8 000 万元。

(2)业务招待费支出 350 万元。

(3)实发工资 6 000 万元。

(4)拨缴职工工会经费 150 万元，发生职工福利费 900 万元、职工教育经费 160 万元。

(5)专门用于新产品研发的费用 2 000 万元，独立核算管理。

(6)计提资产减值损失准备金 1 500 万元，该资产减值损失准备金未经税务机关核定。

(7)公司取得的投资收益中包括国债利息收入 200 万元，购买某上市公司股票分得股息 300 万元，该股票持有 8 个月后卖出。

(8)获得当地政府财政部门补助的具有专项用途的财政资金 500 万元，已取得财政部门正式文件，支出 400 万元。

(9)向民政部门捐赠 800 万元用于救助贫困儿童。

(其他相关资料：各扣除项目均已取得有效凭证，相关优惠已办理必要手续。)

【要求】 根据上述资料，按照下列顺序计算回答问题，如有计算需计算出合计数。

(1)计算广告费支出应调整的应纳税所得额。

(2)计算业务招待费支出应调整的应纳税所得额。

(3)计算应计入成本、费用的工资总额。

(4)计算工会经费、职工福利费和职工教育经费应调整的应纳税所得额。

(5)计算研发费用应调整的应纳税所得额。

(6)计算资产减值损失准备金应调整的应纳税所得额并说明理由。

(7)计算投资收益应调整的应纳税所得额。

(8)计算财政补助资金应调整的应纳税所得额并说明理由。

(9)计算向民政部门捐赠应调整的应纳税所得额。

(10)计算该公司 2015 年应缴纳企业所得税税额。

第七章　个人所得税法

本章要点

◇个人所得税纳税人及其纳税义务

◇个人所得税应税所得项目和适用税率

◇个人所得税税款的计算与缴纳

◇个人所得税税收优惠政策

情境导入

赵先生是中国公民，任职于某大型企业，2015 年 12 月，赵先生取得工资收入 2 000 元，取得全年一次性奖金收入 36 000 元；另外，赵先生购买了国库券，12 月获得利息收入 5 000 元；因赵先生家已迁入新居，另将自己原有受赠而来的住房转让他人，获得价款 460 000 元；赵先生购买体育彩票中奖 4 500元；赵先生曾向某杂志社投稿，12 月该杂志社通知李先生其稿已被采用，稿酬 3 000 元。

思考：赵先生各项收入都属于什么性质的所得，是否应当缴纳个人所得税？如需缴纳，应缴多少？如何缴？

第一节　个人所得税概述

个人所得税法，是指国家制定的用以调整个人所得税征收与缴纳之间权利及义务关系的法律规范。现行个人所得税的基本规范是 1980 年 9 月 10 日第五届全国人民代表大会第三次会议制定、根据 1993 年 10 月 31 日第八届全国人民代表大会常务委员会第四次会议决定修改的《中华人民共和国个人所得税法》(以下简称《个人所得税法》)，以及 2011 年 7 月 19 日修改的《中华人民共和国个人所得税法实施条例》。

一、个人所得税的概念

个人所得税是以自然人取得的各类应税所得为征税对象而征收的一种所得税，是政府利用税收对个人收入进行调节的一种手段。

二、个人所得税的特点

个人所得税是世界各国普遍征收的一个税种。我国个人所得税主要有以下特点：

(一)实行分类征收

世界各国的个人所得税制大体可分为三种类型：分类所得税制、综合所得税制和混合所得税制。这三种税制类型各有所长。我国现行个人所得税采用的是分类所得税制，即将个人取得的各种所得划分为 11 类，分别适用不同的费用扣除规定、不同的税率和不同的计税方法。实行分类课征制度，可以广泛采用源泉扣缴办法，加强源泉控管，简化纳税手续，方便征纳双方。

(二)累进税率与比例税率并用

分类所得税制一般采用比例税率，综合所得税制通常采用累进税率。比例税率计算简便，便于实行源泉扣缴;累进税率可以合理调节收入分配,体现公平。我国现行个人所得税根据各类个人所得的不同性质和特点,将这两种形式的税率综合运用于个人所得税制。

(三)费用扣除额从宽、从简

各国的个人所得税均有费用扣除的规定,只是扣除的方法及额度不尽相同。我国本着费用扣除从宽、从简的原则,主要采用费用定额扣除和定额扣除与定率扣除相结合两种方法。对工资、薪金所得,每月减除费用 3 500 元;对劳务报酬等所得,每次收入不超过 4 000 元的减除 800 元,每次收入 4 000元以上的减除 20%的费用。

(四)采取源泉扣缴和自行申报两种征纳方法

我国个人所得税法对纳税人的应纳税额分别采取由支付单位源泉扣缴和纳税人自行申报两种方法。对凡是可以在应税所得的支付环节扣缴个人所得税的,均由扣缴义务人履行代扣代缴义务;对于没有扣缴义务人的,个人在两处以上取得工资、薪金所得的,年所得 12 万元人民币以上的以及国务院规定的其他情形,由纳税人自行申报纳税。

第二节 个人所得税的纳税人、征税对象与税率

一、纳税人

个人所得税纳税人,包括中国公民(自然人),个体工商业户以及在中国境内有所得的外籍人员(包括无国籍人员),华侨,香港、澳门、台湾同胞。上述纳税人依据住所和居住时间两个标准,区分居民纳税人和非居民纳税人,分别承担不同的纳税义务。

(一)居民纳税人及其纳税义务

居民纳税人,是指在中国境内有住所,或者无住所而在境内居住满 1 年的个人。

(1)在中国境内有住所的个人,是指因户籍、家庭、经济利益关系而在中国境内习惯性居住的个人。习惯性居住,是判定纳税人是居民或非居民的法律意义上的标准,不是指实际居住或在某一个特定时期内的居住地。如因学习、工作、探亲、旅游等而在中国境外居住的,在其原因消除之后,必须回到中国境内居住的个人,则中国即为该纳税人习惯性居住地。

(2)在中国境内居住满 1 年,是指在一个纳税年度中在中国境内居住 365 日。临时离境的,不扣减日数。临时离境,是指在一个纳税年度中一次不超过 30 日或者多次累计不超过 90 日的离境。

居民纳税人负有无限纳税义务,应就其来源于中国境内、境外的全部所得缴纳个人所得税。

(二)非居民纳税人及其纳税义务

非居民纳税人,是指在中国境内无住所又不居住,或者无住所而在境内居住不满 1 年的个人。非居民纳税人承担有限纳税义务,仅就其来源于中国境内的所得缴纳个人所得税。

纳税年度是指公历 1 月 1 日至 12 月 31 日。

税法中关于"中国境内"的概念,是指施行《个人所得税法》的地区,即中国大陆地区,目前还不包括香港、澳门和台湾地区。

二、征税对象

个人所得税的征税对象是个人取得的应税所得。我国个人所得税实行分类征收制,根据不同的应税所得项目,分别确定应纳税所得额。现行个人所得税法规定的应税所得项目有 11 项。

(一)工资、薪金所得

工资、薪金所得,是指个人因任职或者受雇而取得的工资、薪金、奖金、年终加薪、劳动分红、津贴、补贴以及与任职或者受雇有关的其他所得。

(1)下列不属于工资、薪金性质的补贴、津贴或者不属于纳税人本人工资、薪金所得项目的收入,

不征收个人所得税：①独生子女补贴；②执行公务员工资制度未纳入基本工资总额的补贴、津贴差额和家属成员的副食品补贴；③托儿补助费；④差旅费津贴、误餐补助。

不征税的误餐补助，是指按财政部门规定，个人因公在城区、郊区工作，不能在工作单位或返回就餐，确实需要在外就餐的，根据实际误餐顿数，按规定的标准领取的误餐费。一些单位以误餐补助名义发给职工的补贴、津贴，应并入当月工资薪金所得征收个人所得税。

奖金是指所有具有工资性质的奖金，免税奖金的范围在税法中另有规定。

(2)关于企业减员增效和行政、事业单位、社会团体在机构改革过程中实行内部退养办法人员取得收入如何征税问题，现行规定如下：

①实行内部退养的个人在其办理内部退养手续后至法定离退休年龄之间从原任职单位取得的工资、薪金，不属于离退休工资，应按"工资、薪金所得"项目计征个人所得税。

②个人在办理内部退养手续后从原任职单位取得的一次性收入，应按办理内部退养手续后至法定离退休年龄之间的所属月份进行平均，并与领取当月的"工资、薪金"所得合并后减除当月费用扣除标准，以余额为基数确定适用税率，再将当月工资、薪金加上取得的一次性收入，减去费用扣除标准，按适用税率计征个人所得税。

③个人在办理内部退养手续后至法定离退休年龄之间重新就业取得的"工资、薪金"所得，应与其从原任职单位取得的同一月份的"工资、薪金"所得合并，并依法自行向主管税务机关申报缴纳个人所得税。

(3)参照2001年11月9日国税函〔2001〕832号批复的规定，公司职工取得的用于购买企业国有股权的劳动分红，按"工资、薪金所得"项目计征个人所得税。

(4)出租汽车经营单位对出租车驾驶员采取单车承包或承租方式运营，出租车驾驶员从事客货营运取得的收入，按工资、薪金所得征税。

(二)个体工商户的生产、经营所得

个体工商户的生产、经营所得，是指个体工商户从事工业、手工业、建筑业、交通运输业、商业、饮食业、服务业、修理业以及其他行业生产、经营取得的所得；个人经政府有关部门批准，取得执照，从事办学、医疗、咨询以及其他有偿服务活动取得的所得；其他个人从事个体工商业生产、经营取得的所得；上述个体工商户和个人取得的与生产、经营有关的各项应纳税所得。

(1)个体工商户与企业联营而分得的利润，按"利息、股息、红利所得"项目征收个人所得税。

个体工商户和从事生产、经营的个人，取得与生产、经营活动无关的各项应税所得，应按规定分别计算征收个人所得税。

(2)从事个体出租车运营的出租车驾驶员取得的收入，按照"个体工商户的生产、经营所得"项目计算征收个人所得税；出租车属个人所有，但挂靠出租汽车经营单位或企事业单位，驾驶员向挂靠单位缴纳管理费的，或出租汽车经营单位将出租车所有权转移给驾驶员的，出租车驾驶员从事客货运营取得的收入，比照"个体工商户的生产、经营所得"项目征收个人所得税。

(3)个人因从事彩票代销业务而取得的所得，按照"个体工商户的生产、经营所得"项目计算征收个人所得税。[①]

(4)个人独资企业和合伙企业的生产经营所得，比照"个体工商户的生产、经营所得"项目征收个人所得税。[②]

(三)对企事业单位的承包经营、承租经营所得

对企事业单位的承包经营、承租经营所得，是指个人承包经营、承租经营以及转包、转租取得的所得，包括个人按月或者按次取得的工资、薪金性质的所得。

---

① 国家税务总局：《关于个人所得税若干政策问题的批复》，国税函〔2002〕629号，2002年7月12日。

② 国务院：《关于个人独资企业和合伙企业征收所得税问题的通知》，国发〔2000〕16号，2000年6月20日。

(四)劳务报酬所得

劳务报酬所得,是指个人独立从事各种非雇佣的各种劳务所取得的所得,包括:个人从事设计、装潢、安装、制图、化验、测试、医疗、法律、会计、咨询、讲学、新闻、广播、翻译、审稿、书画、雕刻、影视、录音、录像、演出、表演、广告、展览、技术服务、介绍服务、经纪服务、代办服务以及其他劳务取得的所得。

工资薪金所得与劳务报酬所得是两个不同的应税所得项目。工资、薪金所得是属于非独立个人劳务活动,即在机关、团体、学校、部队、企事业单位及其他组织中任职、受雇而得到的报酬;劳务报酬所得则是个人独立从事各种技艺、提供各项劳务取得的报酬。两者的主要区别在于:前者存在雇佣与被雇佣关系,后者则不存在这种关系。

(五)稿酬所得

稿酬所得,是指个人因其作品以图书、报刊形式出版、发表而取得的所得。

对不以图书、报刊形式出版、发表的翻译、审稿、书画等所得,不属于稿酬所得,而划归劳务报酬所得。

(六)特许权使用费所得

特许权使用费所得,是指个人提供专利权、商标权、著作权、非专利技术以及其他特许权的使用权取得的所得。提供著作权的使用权取得的所得,不包括稿酬所得。

值得注意的是,对作者将自己的文字作品手稿原件或复印件公开拍卖(竞价)取得的所得,按照"特许权使用费所得"项目征收个人所得税。① 对剧本作者从电影、电视剧的制作单位取得的剧本使用费,不区分剧本的使用方是否为其任职单位,统一按照"特许权使用费所得"项目征收个人所得税。②

(七)利息、股息、红利所得

利息、股息、红利所得,是指个人拥有债券、股权而取得的利息、股息、红利所得。但对个人取得的国债利息、国家发行的金融债券的利息,免征个人所得税。

(八)财产租赁所得

财产租赁所得,是指个人出租建筑物、土地使用权、机器设备、车船以及其他财产取得的所得。

确认财产租赁所得的纳税人,应以产权凭证为依据。无产权凭证的,由主管税务机关根据实际情况确定纳税人。产权所有人死亡,在未办理产权继承手续期间,该财产出租而有租金收入的,以领取租金的个人为纳税人。

(九)财产转让所得

财产转让所得,是指个人转让有价证券、股权、建筑物、土地使用权、机器设备、车船以及其他财产取得的所得。

(十)偶然所得

偶然所得,是指个人得奖、中奖、中彩以及其他偶然性质的所得。

对个人参加有奖储蓄取得的各种形式的中奖所得,属于机遇性的所得,按照"偶然所得"项目征收个人所得税。

对个人因参加企业的有奖销售活动而取得的赠品所得,按照"偶然所得"项目征收个人所得税。赠品所得为实物的,应按凭证注明的价格或市场价格确定应纳税所得额。③

(十一)经国务院财政部门确定征税的其他所得

除上述列举的各项个人应税所得外,其他确有必要征税的个人所得,由国务院财政部门确定。比如,对个人因任职单位缴纳有关保险费用而取得的无赔款优待收入,个人为单位或他人提供担保获得

① 国家税务总局:《征收个人所得税若干问题的规定》,国税发〔1994〕89号,1994年3月31日。

② 国家税务总局:《关于剧本使用费征收个人所得税问题的通知》,国税发〔2002〕52号,2002年5月9日。

③ 国家税务总局:《关于个人所得税若干政策问题的批复》,国税函〔2002〕629号,2002年7月12日。

报酬等，均按照“其他所得”项目征收个人所得税。[①]

三、税率

（一）工资、薪金所得

工资、薪金所得适用七级超额累进税率，税率为 3%～45%，如表 7—1 所示。

表 7—1　　工资、薪金所得适用税率和速算扣除数

级数	全月应纳税所得额		税率（%）	速算扣除数*
	含税级距	不含税级距		
1	不超过 1 500 元的	不超过 1 455 元的	3	0
2	超过 1 500 元至 4 500 元的部分	超过 1 455 元至 4 155 元的部分	10	105
3	超过 4 500 元至 9 000 元的部分	超过 4 155 元至 7 755 元的部分	20	555
4	超过 9 000 元至 35 000 元的部分	超过 7 755 元至 27 255 元的部分	25	1 005
5	超过 35 000 元至 55 000 元的部分	超过 27 255 元至 41 255 元的部分	30	2 755
6	超过 55 000 元至 80 000 元的部分	超过 41 255 元至 57 505 元的部分	35	5 505
7	超过 80 000 元的部分	超过 57 505 元的部分	45	13 505

* 速算扣除数，是指在采用超额累进税率征税的情况下，根据超额累进税率表中划分的应纳税所得额级距和税率，用全额累进方法计算的税额减去用超额累进方法计算的税额之后的差额。当各级距应纳税所得额和对应的超额累进税率确定以后，各级距速算扣除数固定不变，成为计算应纳税额时的常数。

（二）个体工商户的生产经营所得和对企事业单位的承包经营、承租经营所得

上述所得适用五级超额累进税率，税率为 5%～35%，如表 7—2 所示。

表 7—2　　个体工商户、承包户适用税率和速算扣除数

级数	全年应纳税所得额		税率（%）	速算扣除数
	含税级距	不含税级距		
1	不超过 15 000 元的	不超过 14 250 元的	5	0
2	超过 15 000 元至 30 000 元的部分	超过 14 250 元至 27 750 元的部分	10	750
3	超过 30 000 元至 60 000 元的部分	超过 27 750 元至 51 750 元的部分	20	3 750
4	超过 60 000 元至 100 000 元的部分	超过 51 750 元至 79 750 元的部分	30	9 750
5	超过 100 000 元的部分	超过 79 750 元的部分	35	14 750

个人独资企业和合伙企业投资者的所得，比照个体工商户的生产经营所得适用上述五级超额累进税率。

对企事业单位实行承包经营、承租经营的征税问题，按下列规定执行：

（1）企业实行个人承包、承租经营后，如果工商登记仍为企业的，不管其分配方式如何，均应先按照企业所得税的有关规定缴纳企业所得税；承包经营、承租经营者按照承包、承租经营合同（协议）规定取得的所得，依照个人所得税法的有关规定缴纳个人所得税。

①承包、承租人对企业经营成果不拥有所有权，仅是按合同（协议）规定取得一定所得的，其所得

① 财政部、国家税务总局：《关于个人所得税有关问题的批复》，财税〔2005〕94 号，2005 年 6 月 2 日。

按"工资、薪金所得"项目征税，适用3%～45%的七级超额累进税率。

②承包、承租人按合同(协议)的规定只向发包、出租方缴纳一定费用后，企业经营成果归其所有的，承包、承租人取得的所得，按对企事业单位的承包经营、承租经营所得项目征税，适用5%～35%的五级超额累进税率。

(2)企业实行个人承包、承租经营后，如工商登记改变为个体工商户的，应依照"个体工商户的生产、经营所得"项目计征个人所得税，不再征收企业所得税。

(三)稿酬所得

稿酬所得适用20%的比例税率，并按应纳税额减征30%。

(四)劳务报酬所得

劳务报酬所得，适用20%的比例税率。对劳务报酬所得一次收入畸高的，可以实行加成征税。

"劳务报酬所得一次收入畸高"，是指个人一次取得劳务报酬，其应纳税所得额超过20 000元。对应纳税所得额超过20 000～50 000元的部分，依照税法规定计算出应纳税额后，再按照应纳税额加征五成；超过50 000元的部分，加征十成。实际上，劳务报酬所得适用三级超额累进税率，税率为20%、30%、40%，如表7—3所示。

表7—3　　劳务报酬所得适用税率和速算扣除数

级数	每次应纳税所得额	税率(%)	速算扣除数
1	不超过20 000元的	20	0
2	超过20 000元至50 000元的部分	30	2 000
3	超过50 000元的部分	40	7 000

(五)特许权使用费所得，利息、股息、红利所得，财产租赁所得，财产转让所得，偶然所得和其他所得

特许权使用费所得，利息、股息、红利所得，财产租赁所得，财产转让所得，偶然所得和其他所得适用比例税率，税率为20%。

自2007年8月15日起居民储蓄存款利息税率调低为5%；自2008年10月9日起暂免征收居民储蓄存款利息的个人所得税。[①] 对个人出租住房的所得减按10%的税率征收个人所得税。

第三节　个人所得税的税收优惠

一、免税项目

下列各项个人所得，免征个人所得税：

(1)省级人民政府、国务院部委和中国人民解放军军以上单位，以及外国组织、国际组织颁发的科学、教育、技术、文化、卫生、体育、环境保护等方面的奖金。

(2)国债和国家发行的金融债券利息。国债利息，是指个人持有财政部发行的债券而取得的利息所得；国家发行的金融债券利息，是指个人持有经国务院批准发行的金融债券而取得的利息所得。

(3)按照国家统一规定发给的补贴、津贴。具体是指按照国务院规定发给的政府特殊津贴、院士津贴、资深院士津贴，以及国务院规定免纳个人所得税的其他补贴、津贴。

(4)福利费、抚恤金、救济金。福利费，是指根据国家有关规定，从企业、事业单位、国家机关、社会团体提留的福利费或者工会经费中支付给个人的生活补助费；救济金，是指国家民政部门支付给个人的生活困难补助费。

---

① 财政部、国家税务总局：《关于储蓄存款利息所得有关个人所得税政策的通知》，财税〔2008〕132号，2008年10月9日。

(5)保险赔款。

(6)军人的转业费、复员费。

(7)按照国家统一规定发给干部、职工的安家费、退职费、退休工资、离休工资、离休生活补助费。

值得注意的是,离退休人员除按规定领取离退休工资或养老金外,另从原任职单位取得的各类补贴、奖金、实物,不属于可以免税的退休工资、离休工资、离休生活补助费,应在减除费用扣除标准后,按"工资、薪金所得"项目缴纳个人所得税。①

(8)依照我国有关法律规定应予免税的各国驻华使馆、领事馆的外交代表、领事官员和其他人员的所得。具体是指依照《中华人民共和国外交特权与豁免条例》和《中华人民共和国领事特权与豁免条例》规定免税的所得。

(9)中国政府参加的国际公约、签订的协议中规定免税的所得。

(10)见义勇为奖金。对乡、镇(含乡、镇)以上人民政府或经县(含县)以上人民政府主管部门批准成立的有机构、有章程的见义勇为基金或者类似性质组织,奖励见义勇为者的奖金或奖品,经主管税务机关核准,免征个人所得税。

(11)专项储蓄存款利息所得。对个人取得的教育储蓄存款利息所得以及国务院财政部门确定的其他专项储蓄存款或者储蓄性专项基金存款的利息所得,免征个人所得税。

(12)职工从破产企业取得的一次性安置费。企业依照国家有关法律规定宣告破产,企业职工从该破产企业取得的一次性安置费收入,免征个人所得税。②

(13)企业和个人按照省级以上人民政府规定的比例提取并缴付的住房公积金、医疗保险金、基本养老保险金、失业保险金,不计入个人当期的工资、薪金收入,免予征收个人所得税。超过规定的比例缴付的部分计征个人所得税。个人领取原提存的住房公积金、医疗保险金、基本养老保险金时,免予征收个人所得税。

(14)拆迁补偿款。对被拆迁人按照国家有关城镇房屋拆迁管理办法规定的标准取得的拆迁补偿款,免征个人所得税。③

(15)经国务院财政部门批准免税所得。

二、暂时免税项目

下列所得,暂免征收个人所得税:

(1)外籍个人以非现金形式或实报实销形式取得的住房补贴、伙食补贴、搬迁费、洗衣费。

(2)外籍个人按合理标准取得的境内、外出差补贴。

(3)外籍个人取得的探亲费、语言训练费、子女教育费等,经当地税务机关审核为合理的部分。可以享受免税待遇的探亲费,仅限于外籍个人在我国的受雇地与其家庭所在地(包括配偶或父母居住地)之间搭乘交通工具且每年不超过2次的费用。

(4)个人举报、协查各种违法、犯罪行为而获得的奖金。

(5)个人办理代扣代缴税款手续,按规定取得的扣缴手续费。储蓄机构内从事代扣代缴工作的办税人员取得的扣缴利息税手续费所得,免征个人所得税。④

(6)个人转让自用达5年以上,并且是唯一的家庭生活用房取得的所得。

---

① 国家税务总局:《关于离退休人员取得单位发放离退休以外奖金补贴征收个人所得税的批复》,国税函〔2008〕723号,2008年8月7日。

② 财政部、国家税务总局:《关于个人与用人单位解除劳动关系取得一次性补偿收入征免个人所得税问题的通知》,财税〔2001〕157号,2001年9月10日。

③ 财政部、国家税务总局:《关于城镇房屋拆迁有关税收政策的通知》,财税〔2005〕45号,2005年3月22日。

④ 国家税务总局:《关于代扣代缴储蓄存款利息所得个人所得税手续费收入征免税问题的通知》,国税发〔2001〕31号,2001年3月16日。

(7)达到离休、退休年龄，但确因工作需要，适当延长离休、退休年龄的高级专家，其在延长离休、退休期间的工资、薪金所得，视同退休工资、离休工资免征个人所得税。

(8)外籍个人从外商投资企业取得的股息、红利所得。

(9)凡符合下列条件之一的外籍专家取得的工资、薪金所得，可免征个人所得税：

①根据世界银行专项贷款协议由世界银行直接派往我国工作的外国专家；

②联合国组织直接派往我国工作的专家；

③为联合国援助项目来华工作的专家；

④援助国派往我国专为该国无偿援助项目工作的专家；

⑤根据两国政府签订文化交流项目来华工作 2 年以内的文教专家，其工资、薪金所得由该国负担的；

⑥根据我国大专院校国际交流项目来华工作 2 年以内的文教专家，其工资、薪金所得由该国负担的；

⑦通过民间科研协定来华工作的专家，其工资、薪金所得由该国政府机构负担的。

(10)对个人购买社会福利有奖募捐奖券、体育彩票，凡一次中奖收入不超过 1 万元的，暂免征收个人所得税；超过 1 万元的，应按税法规定全额征收个人所得税；对个人取得单张有奖发票奖金所得不超过 800 元(含 800 元)的，暂免征收个人所得税；个人取得单张有奖发票奖金所得超过 800 元的，应全额按照"偶然所得"项目征收个人所得税。①

三、减税项目

有下列情形之一的，经批准可以减征个人所得税。减征的幅度和期限由省、自治区、直辖市人民政府规定：

(1)残疾、孤老人员和烈属的所得。具体减税所得项目包括：工资、薪金所得；个体工商户的生产经营所得；对企事业单位的承包经营、承租经营所得；劳务报酬所得；稿酬所得；特许权使用费所得。其他各项所得，不属减征照顾的范围。

(2)因严重自然灾害造成重大损失的。

(3)其他经国务院财政部门批准减税的。

四、对在中国境内无住所，但在境内居住 1 年以上、不到 5 年的纳税人的减免税优惠

在中国境内无住所，但是居住 1 年以上 5 年以下的个人，其来源于中国境外的所得，经主管税务机关批准，可以只就由中国境内公司、企业以及其他经济组织或者个人支付的部分缴纳个人所得税；居住超过 5 年的个人，从第 6 年起，应当就其来源于中国境外的全部所得缴纳个人所得税。

五、对在中国境内无住所，但在一个纳税年度中在中国境内居住不超过 90 日的纳税人的减免税优惠

在中国境内无住所，但在一个纳税年度中在中国境内连续或者累计居住不超过 90 日的个人，其来源于中国境内的所得，由境外雇主支付并且不由该雇主在中国境内的机构、场所负担的部分，免予缴纳个人所得税。

第四节 个人所得税应纳税额的计算

一、税额计算的基本规定

个人所得税的计算，应分别不同的应税所得项目进行。

---

① 财政部、国家税务总局：《关于个人取得有奖发票奖金征免个人所得税问题的通知》，财税〔2007〕34 号，2007 年 2 月 27 日。

(一)工资、薪金所得

1. 一般情况下的税额计算

(1)应纳税所得额的计算。工资、薪金所得，以每月工资性收入额减去费用减除标准后的余额为应纳税所得额。自2011年9月1日起，费用减除标准为3 500元/月。[①] 单位按规定为个人缴付和个人按规定缴付的基本养老保险费、基本医疗保险费、失业保险费、住房公积金(简称“三费一金”)，准予从纳税人的应纳税所得额中扣除。

在中国境内无住所而在中国境内取得工资、薪金所得的纳税人和在中国境内有住所而在中国境外取得工资、薪金所得的纳税人，在以每月收入额减去费用减除标准的基础上，再减去附加减除费用后的余额为应纳税所得额。自2011年9月1日起，附加减除费用标准为1 300元/月。

附加减除费用的适用范围包括：

①在中国境内的外商投资企业和外国企业中工作的外籍人员。

②应聘在中国境内的企业、事业单位、社会团体、国家机关中工作的外籍专家。

③在中国境内有住所而在中国境外任职或者受雇取得工资、薪金所得的个人。

④国务院财政、税务主管部门确定的其他人员。比如，对远洋运输船员每月的工资、薪金收入在统一扣除费用减除标准的基础上，准予再扣除税法规定的附加减除费用。

华侨和香港、澳门、台湾同胞，参照上述规定执行。

(2)应纳税额的计算。公式如下：

应纳税额＝应纳税所得额×适用税率－速算扣除数

【例7－1】 张先生(中国公民)系某单位职工。2015年10月份其应税工资收入(不包括按规定缴纳的“三费一金”)为4 400元。计算其应纳个人所得税。

【答案】 应纳税所得额＝4 400－3 500＝900(元)

应纳税额＝900×3%＝27(元)

【例7－2】 杰克先生(外籍人员)在境内某外商投资企业工作。2015年10月份工资收入为10 000元人民币。计算其应纳个人所得税。

【答案】 应纳税所得额＝10 000－3 500－1 300＝5 200(元)

应纳税额＝5 200×20%－555＝485(元)

2. 几种特殊情形的计税问题

(1)对个人取得的公务交通、通信补贴收入计税问题。

个人因公务用车和通信制度改革而取得的公务用车、通信补贴收入，扣除一定标准的公务费用后，按照“工资、薪金所得”项目计征个人所得税。按月发放的，并入当月“工资、薪金所得”计征个人所得税；不按月发放的，分解到所属月份并与该月份“工资、薪金所得”合并后计征个人所得税。

(2)对特定行业职工的工资薪金所得计税问题。

特定行业，是指采掘业、远洋运输业、远洋捕捞业以及国务院财政、税务主管部门确定的其他行业。特定行业职工的工资、薪金所得应纳的个人所得税税款，实行按年计算、分月预缴，年度终了后30日内，合计其全年工资、薪金所得，再按12个月平均计算实际应纳的税款，多退少补。

(3)对个人取得全年一次性奖金的计税问题。[②]

全年一次性奖金，是指行政机关、企事业单位等扣缴义务人根据全年经济效益和对雇员全年工作业绩的综合考核情况，向雇员发放的一次性奖金。一次性奖金也包括年终加薪，以及实行年薪制和绩

---

① 国家税务总局：《关于贯彻执行修改后的个人所得税法有关问题的公告》，国家税务总局公告2011年第46号，2011年7月29日。

② 国家税务总局：《关于调整个人取得全年一次性奖金等计算征收个人所得税方法问题的通知》，国税发〔2005〕9号，2005年1月21日。

效工资办法的单位根据考核情况兑现的年薪和绩效工资。自2005年1月1日起，纳税人取得全年一次性奖金，单独作为一个月工资、薪金所得计算纳税，并按以下计税办法，由扣缴义务人发放时代扣代缴：

①先将雇员当月内取得的全年一次性奖金，除以12个月，按其商数确定适用税率和速算扣除数。

如果在发放年终一次性奖金的当月，雇员当月工资薪金所得低于税法规定的费用扣除额，应将全年一次性奖金减除"雇员当月工资薪金所得与费用扣除额的差额"后的余额，按上述办法确定全年一次性奖金的适用税率和速算扣除数。

②将雇员个人当月内取得的全年一次性奖金，依照上述确定的适用税率和速算扣除数计算征税。

如果雇员当月工资薪金所得高于(或等于)税法规定的费用扣除额的，适用公式为：

应纳税额＝雇员当月取得全年一次性奖金×适用税率－速算扣除数

如果雇员当月工资薪金所得低于税法规定的费用扣除额的，适用公式为：

$$\text{应纳税额}=\left(\begin{matrix}\text{雇员当月取得}\\\text{全年一次性奖金}\end{matrix}-\begin{matrix}\text{雇员当月工资薪金所得}\\\text{与费用扣除额的差额}\end{matrix}\right)\times\text{适用税率}-\text{速算扣除数}$$

【例7－3】 张先生(中国公民)系某单位职工。2015年12月份其应税工资收入为5 400元，全年一次性奖金为36 000元。计算其应纳个人所得税。

【答案】 (1)12月份工资收入应纳税额＝(5 400－3 500)×10％－105＝85(元)

(2)计算全年一次性奖金应纳税额：

月应纳税所得额＝36 000÷12＝3 000(元)

故税率为10％，速算扣除数为105。

应纳税额＝36 000×10％－105＝3 495(元)

(3)张先生12月份应纳税额合计＝85＋3 495＝3 580(元)

【例7－4】 李先生(中国公民)系某单位职工。2015年12月份其应税工资收入为3 300元，全年一次性奖金为29 000元。计算其应纳个人所得税。

【答案】 (1)12月份应税工资收入3 300元，不足3 500元，故不纳税。

(2)计算全年一次性奖金应纳税额：

月应纳税所得额＝[29 000－(3 500－3 300)]÷12＝2 400(元)

故税率为10％，速算扣除数为105。

应纳税额＝[29 000－(3 500－3 300)]×10％－105＝2 775(元)

在实际执行中，应注意下列问题：

①在一个纳税年度内，对每一个纳税人，该计税办法只允许采用一次；

②雇员取得除全年一次性奖金以外的其他各种名目奖金，如半年奖、季度奖、加班奖、先进奖、考勤奖等，一律与当月工资、薪金收入合并，按税法规定缴纳个人所得税。

(4)在外商投资企业、外国企业和外国驻华机构工作的中方人员取得的工资薪金所得的计税问题。

中方人员取得的工资、薪金收入，凡是由雇佣单位和派遣单位分别支付的，支付单位应按照税法规定代扣代缴个人所得税。具体办法是：雇佣单位在支付工资薪金时，按税法规定减除费用，计算扣缴个人所得税；派遣单位支付的工资薪金不再减除费用，以支付全额直接确定适用税率，计算扣缴个人所得税。纳税人应持两处支付单位提供的原始明细工资、薪金单(书)和完税凭证原件，选择并固定到一地税务机关申报每月工资、薪金收入，汇算清缴其工资薪金收入的个人所得税，多退少补。

【例7－5】 杨先生(国内某单位职工)被派到某外资企业工作。2015年10月份其有关收入情况如下：外资企业应付杨先生工资额8 200元；原单位支付应税工资额为1 000元。计算其个人申报应补个人所得税。

【答案】 外资企业代扣税款＝(8 200－3 500)×20％－555＝385(元)

原单位代扣税款＝1 000×3%＝30(元)

杨先生个人申报应纳税额＝(8 200＋1 000－3 500)×20%－555＝585(元)

应补税额＝585－385－30＝170(元)

对外商投资企业、外国企业和外国驻华机构发放给中方工作人员的工资、薪金所得，应全额征税。但对可以提供有效合同或有关凭证，能够证明其工资、薪金所得的一部分按照有关规定上交派遣(介绍)单位的，可扣除其实际上交的部分，按其余额计征个人所得税。

【例 7—6】 假定例 7—5 中，原单位停发杨先生工资，外资企业每月应付给杨先生工资额 8 200 元，其中 1500 元由外资企业划给杨先生原单位，实际应付杨先生工资 6 700 元。计算其个人申报应补税额。

【答案】 外资企业代扣个人所得税税额＝(6 700－3 500)×10%－105＝215(元)

个人申报纳税，无须补税。

(5)内部退养人员取得收入的计税问题。

在企业减员增效和行政事业单位、社会团体在机构改革过程中，实行内部退养办法人员取得的收入按下列规定办理：

①实行内部退养的个人在其办理内部退养手续后至法定离退休年龄之间从原任职单位取得的工资、薪金，不属于离退休工资，应按"工资、薪金所得"项目计征个人所得税。

②个人在办理内部退养手续后从原任职单位取得的一次性收入，应按办理内部退养手续后至法定离退休年龄之间的所属月份进行平均，并与领取当月的"工资、薪金"所得合并后减除当月费用扣除标准，以余额为基数确定适用税率；再将当月工资、薪金加上取得的一次性收入，减除费用扣除标准，按适用税率计征个人所得税。

【例 7—7】 张先生系国内某单位职工。2015 年 10 月份其办理内部退养手续，取得一次性收入 120 000 元；当月应税工资收入 1 900 元。张先生办理内部退养手续后至法定离退休年龄之间为 5 年。计算其应纳个人所得税税额。

【答案】 月应纳税所得额＝120 000÷(12×5)＋1 900－3 500＝400(元)

故适用税率为 3%。

应纳个人所得税税额＝(1 900＋120 000－3 500)×3%＝3 548(元)

③个人在办理内部退养手续后至法定离退休年龄之间重新就业取得的工资、薪金所得，应与其从原单位取得的同一月份的工资、薪金所得合并，并依法自行向主管税务机关申报缴纳个人所得税。

(6)个人与用人单位解除劳动关系取得的一次性补偿金计税问题。

个人因与用人单位解除劳动关系而取得的一次性补偿收入(包括用人单位发放的经济补偿金、生活补助费和其他补助费用)，其收入在当地上年职工平均工资 3 倍数额以内的部分，免征个人所得税；超过的部分按照国税发〔1999〕178 号文件的有关规定，计算征收个人所得税。① 即视为一次取得数月的工资薪金收入，按"工资、薪金所得"项目计征个人所得税。具体办法为：以个人取得的一次性经济补偿收入，除以个人在本企业的工作年限数，以其商数作为个人的月工资薪金收入，按照税法规定计算缴纳个人所得税。个人在本企业的工作年限数按实际工作年限数计算，超过 12 年的按 12 年计算。

个人领取一次性补偿收入时，按照国家和地方政府规定的比例实际缴纳的住房公积金、医疗保险费、基本养老保险费、失业保险费，可以在计征其一次性补偿收入的个人所得税时扣除。②

(二)个体工商户的生产经营所得、个人独资企业和合伙企业生产经营所得

1. 个体工商户生产经营所得的税额计算

---

① 财政部、国家税务总局:《关于个人与用人单位解除劳动关系取得一次性补偿收入征免个人所得税问题的通知》，财税〔2001〕157 号，2001 年 9 月 10 日。

② 财政部、国家税务总局:《关于个人与用人单位解除劳动关系取得一次性补偿收入征免个人所得税问题的通知》，财税〔2001〕157 号，2001 年 9 月 10 日。

个体工商户的生产、经营所得，以每一纳税年度的收入总额，减除成本、费用以及损失后的余额，为应纳税所得额。

应纳税所得额＝收入总额－(成本＋费用＋损失＋准予扣除的税金)

成本、费用以及损失的扣除，应按国家税务总局制定的《个体工商户个人所得税计税办法(试行)》的规定执行。自2011年9月1日起，业主的费用扣除标准为42 000元/年，即3 500元/月。

应纳税额＝应纳税所得额×适用税率－速算扣除数

【例7－8】 某个体工商户，2015年取得主营业务收入及其他业务收入30 000元，税金及附加15 000元，产品销售成本为120 000元，其他费用和税务机关认可的损失合计20 000元。另外，该个体工商户的业主张先生从上市公司取得红利50 000元。计算张先生当年应缴纳的个人所得税。

【答案】 应纳税所得额＝300 000－15 000－120 000－20 000－(3 500×12)＝103 000(元)

生产经营所得应纳个人所得税＝103 000×35%－14 750＝21 300(元)

从上市公司取得红利应该按照"利息、股息、红利所得"单独计算缴纳个人所得税。

应纳个人所得税＝50 000×50%×20%＝5 000(元)

全年应缴纳个人所得税＝21 300＋5 000＝26 300(元)

2. 个人独资企业和合伙企业生产经营所得的税额计算

个人独资企业和合伙企业(简称"企业")每一纳税年度的收入总额减除成本、费用以及损失后的余额，作为投资者个人的生产经营所得，比照"个体工商户的生产经营所得"项目，适用5%～35%的五级超额累进税率，计算征收个人所得税。

(三)对企事业单位的承包经营、承租经营所得

对企事业单位的承包经营、承租经营所得，以每一纳税年度的收入总额，减除必要费用后的余额，为应纳税所得额。

应纳税所得额＝该年度收入总额－必要费用

每一纳税年度的收入总额，是指纳税人按承包经营、承租经营合同分得的经营利润和工资、薪金性质的所得。上述必要费用，是指3 500元/月的固定费用扣除以及上缴的承包费。

在一个纳税年度内，承包、承租经营不足12个月的，以其实际承包、承租经营的月份数为一个纳税年度计算应纳税所得额。

应纳税额＝应纳税所得额×适用税率－速算扣除数

【例7－9】 杨先生承包经营某市一家饭店(某事业单位下属企业)，承包期3年，每年从税后利润中上缴承包费500 000元。该饭店本年度实现利润总额882 700元，企业所得税的应纳税所得额为1 247 400元，企业所得税税率为25%；杨先生全年领取的工资性收入为15 950元。该年度必要费用的扣除标准为3 500元/月。计算其应纳个人所得税税额。

【答案】 该饭店应纳企业所得税税额＝1 247 400×25%＝311 850(元)

该饭店实现的净利润＝882 700－311 850＝570 850(元)

杨先生应纳税所得额＝570 850－500 000＋15 950－3 500×12＝44 800(元)

应纳个人所得税税额＝44 800×20%－3 750＝5 210(元)

(四)劳务报酬所得

1. 一般情况下的税额计算

(1)费用扣除标准：劳务报酬所得，每次收入不超过4 000元的，减除费用800元；每次收入在4 000元以上的，减除20%的费用；其余额为应纳税所得额。

每次收入不足4 000元的：

应纳税所得额＝每次收入额－800元

每次收入在4 000元以上的：

应纳税所得额＝每次收入额×(1－20%)

(2)收入次数的确定办法：属于一次性收入的，以取得该项收入为一次；属于同一项目连续性收入的，以一个月内取得的收入为一次。

同一项目，是指“劳务报酬所得”列举具体劳务项目中的某一单项，个人兼有不同的劳务报酬所得，应分别减除费用，计算缴纳个人所得税。对属于同一项目连续性收入的，考虑属地管辖与时间划定有交叉的特殊情况，统一规定以县(含县级市、区)为一地，其管辖内的一个月内的劳务服务为一次；当月跨县地域的，则应分别计算。

(3)应纳税额的计算：

应纳税额＝应纳税所得额×适用税率－速算扣除数

【例7－10】 林先生应邀为A公司(非任职单位)进行经营策划，报酬(税前)10 000元。计算其该项所得应纳个人所得税。

【答案】 应纳税额＝10 000×(1－20％)×20％＝1 600(元)

【例7－11】 假定例7－10中林先生取得的报酬(税前)为40 000元。计算其该项所得应纳个人所得税。

【答案】 应纳税额＝40 000×(1－20％)×30％－2 000＝7 600(元)

或：应纳税所得额＝40 000×(1－20％)＝32 000(元)

应纳税额＝20 000×20％＋(32 000－20 000)×30％＝7 600(元)

2. 由支付单位负担税款的计算

单位或个人为纳税人负担个人所得税款的，应将纳税人取得的不含税收入额换算为应纳税所得额，计算征收个人所得税。

(1)不含税收入额为3 360元(即含税收入额4 000元)以下的：

应纳税所得额＝(不含税收入额－800)÷(1－税率)

(2)不含税收入额为3 360元(即含税收入额4 000元)以上的：

应纳税所得额＝[(不含税收入额－速算扣除数)×(1－20％)]÷[1－税率×(1－20％)]

或：

应纳税所得额＝(不含税收入额－速算扣除数)×(1－20％)÷当级换算系数

(3)应纳税额的计算公式为：

应纳税额＝应纳税所得额×适用税率－速算扣除数

在计算应纳税所得额时所适用的税率，是指不含税劳务报酬收入按不含税级距对应的税率[①](见表7－4)；计算应纳税额时所适用的税率，是指应纳税所得额按含税级距对应的税率(见表7－3)。

表7－4　　不含税劳务报酬收入适用税率表

级数	不含税劳务报酬收入级距	税率(％)	速算扣除数(元)	换算系数(％)
1	不超过3 360元的部分	20	0	—
2	超过3 360元至21 000元的部分	20	0	84
3	超过21 000元至49 500元的部分	30	2 000	76
4	超过49 500元的部分	40	7 000	68

【例7－12】 演员王女士应某晚会举办单位的邀请，参加该晚会的演唱。合同规定，出场费50 000元，其个人所得税由晚会举办单位承担。计算其应承担的个人所得税税额。

【答案】 应纳税所得额＝(50 000－7 000)×(1－20％)÷[1－40％×(1－20％)]＝50 588.24(元)

① 国家税务总局：《关于明确单位或个人为纳税义务人的劳务报酬所得代付税款计算公式对应税率表的通知》，国税发〔2000〕192号，2000年11月24日。

或：应纳税所得额＝(50 000－7 000)×(1－20％)÷68％＝50 588.24(元)

应承担的个人所得税税额＝50 588.24×40％－7 000＝13 235.30(元)

(五)稿酬所得

1. 费用扣除标准

每次收入不超过4 000元的，减除费用800元；每次收入在4 000元以上的，减除20％的费用；其余额为应纳税所得额。

每次收入不足4 000元的：

应纳税所得额＝每次收入额－800元

每次收入在4 000元以上的：

应纳税所得额＝每次收入额×(1－20％)

2. 收入次数的确定办法

稿酬所得，以作品每次出版、发表取得的收入为一次。具体规定如下：

(1)个人每次以图书、报刊方式出版、发表同一作品(文字作品、书画作品、摄影作品以及其他作品)，不论出版单位是预付还是分笔支付稿酬，或者加印该作品后再付稿酬，均应合并其稿酬所得按一次计征个人所得税。

(2)在两处或两处以上出版、发表或再版同一作品而取得稿酬所得，应分别各处取得的所得或再版所得，按分次所得计征个人所得税。

(3)个人的同一作品在报刊上连载，应将因连载而取得的所有稿酬所得合并为一次；在连载之后又出书取得稿酬所得，或先出书后连载取得稿酬所得，应视同再版稿酬分次计征个人所得税。

3. 应纳税额的计算

应纳税额＝应纳税所得额×适用税率(20％)×(1－30％)

【例7－13】 作家张女士出版一部小说，稿酬20 000元。后因小说畅销，出版社加印若干册，追加稿酬3 000元。该部小说在报刊上连载4个月，每月稿酬3 500元。计算其稿酬所得应纳个人所得税。

【答案】 张女士取得的稿酬应为两次稿酬所得，即出版为一次，连载为一次，分别由出版社和报社代扣税款。

出版社代扣税款＝(20 000＋3 000)×(1－20％)×20％×(1－30％)＝2 576(元)

报社代扣税款＝3 500×4×(1－20％)×20％×(1－30％)＝1 568(元)

(六)特许权使用费所得

特许权使用费所得，每次收入不超过4 000元的，减除费用800元；每次收入在4 000元以上的，减除20％的费用；其余额为应纳税所得额。

每次收入不足4 000元的：

应纳税所得额＝每次收入额－800

每次收入在4 000元以上的：

应纳税所得额＝每次收入额×(1－20％)

值得注意的是，对个人从事技术转让、提供劳务等过程中所支付的中介费，如能提供有效、合法凭证的，允许从其所得中扣除。

特许权使用费所得，以某项使用权的一次转让所取得的收入为一次。

应纳税额＝应纳税所得额×适用税率(20％)

(七)财产租赁所得

财产租赁所得，每次收入不超过4 000元的，减除费用800元；每次收入在4 000元以上的，减除20％的费用；其余额为应纳税所得额。财产租赁所得，以一个月内取得的收入为一次。

个人在出租财产过程中缴纳的税金(不包括增值税)和教育费附加，可凭完税(缴款)凭证，从其财产租赁收入中扣除。由纳税人负担的出租财产实际开支的修缮费用，能够提供有效、准确凭证，证明由纳税人负担的，准予从其租赁收入中扣除。准予扣除的修缮费用，以每次800元为限，一次扣除不完的，准予在下一次继续扣除，直至扣完为止。个人将承租房屋转租的，取得转租收入的个人向房屋出租方支付的租金，可凭房屋租赁合同和合法支付凭据，从该项转租收入中扣除。①

在计算个人所得税时，"财产租赁所得"相关税费的税前扣除次序为：②

(1)财产租赁过程中缴纳的税费；

(2)向出租方支付的租金；

(3)由纳税人负担的租赁财产实际开支的修缮费用；

(4)税法规定的费用扣除标准。

每次(月)收入不足4 000元的：

应纳税所得额＝每次收入额－准予扣除项目－修缮费用(800元为限)－800

每次(月)收入在4 000元以上的：

应纳税所得额＝[每次收入额－准予扣除项目－修缮费用(800元为限)]×(1－20%)

财产租赁所得，以一个月内取得的收入为一次。

应纳税额＝应纳税所得额×适用税率(20%或10%)

【例7－14】 我国公民王某2015年1月1日起将其位于市区的一套公寓住房按市场价出租，每月收取租金3 800元。1月因卫生间漏水发生修缮费用1 200元，已取得合法有效的支出凭证。计算王某1～2月出租房屋应缴纳的个人所得税(不考虑其他税费)。

【答案】 应纳个人所得税＝(3 800－800－800)×10%＋(3 800－400－800)×10%＝480(元)

(八)财产转让所得

1. 一般情况下的税额计算

财产转让所得，以转让财产的收入额减除财产原值和合理费用后的余额，为应纳税所得额。

应纳税所得额＝每次收入额－财产原值－合理费用

财产原值是指：有价证券，为买入价以及买入时按照规定缴纳的有关费用；建筑物，为建造费或者购进价格以及其他有关费用；土地使用权，为取得土地使用权所支付的金额、开发土地的费用以及其他有关费用；机器设备、车船，为购进价格、运输费、安装费以及其他有关费用；其他财产，参照以上方法确定。纳税义务人未提供完整、准确的财产原值凭证，不能正确计算财产原值的，由主管税务机关核定其财产原值。

合理费用是指卖出财产时按照规定支付的有关费用。

应纳税额＝应纳税所得额×适用税率(20%)

【例7－15】 我国公民张先生为国内某企业高级技术人员，3月转让购买的三居室精装修房屋一套，售价2 300 000元，转让过程中支付相关税费138 000元。该套房屋的购进价为1 000 000元，购房过程中支付相关税费30 000元。所有税费支出均取得合法凭证。计算其转让房屋所得应缴纳的个人所得税。

【答案】 转让房屋所得应缴纳的个人所得税＝(2 300 000－1 000 000－138 000－30 000)×20%
＝22 640(元)

2. 几种特殊情形的计税问题

(1)对量化资产股份转让的征税。集体所有制企业在改制为股份合作制企业时，对职工个人以股份形式取得的拥有所有权的企业量化资产，暂缓征收个人所得税；待个人将股份转让时，就其转让收入额，减除个人取得该股份时实际支付的费用支出和合理转让费用后的余额，按"财产转让所得"项目

① 国家税务总局：《关于个人转租房屋取得收入征收个人所得税问题的通知》，国税函〔2009〕639号，2009年11月18日。

② 国家税务总局：《关于个人转租房屋取得收入征收个人所得税问题的通知》，国税函〔2009〕639号，2009年11月18日。

计征个人所得税。

(2)对个人出售自有住房的征税。

①根据《个人所得税法》的规定，个人出售自有住房取得的所得应按照“财产转让所得”项目征收个人所得税。

②个人出售自有住房的应纳税所得额，按下列原则确定：

个人出售除已购公有住房以外的其他自有住房，其应纳税所得额按照《个人所得税法》的有关规定确定。

个人出售已购公有住房，其应纳税所得额为个人出售已购公有住房的销售价，减除住房面积标准的经济适用房价款、原支付超过住房面积标准的房价款、向财政或原产权单位缴纳的所得收益以及税法规定的合理费用后的余额。

职工以成本价(或标准价)出资的集资合作建房、安居工程住房、经济适用住房以及拆迁安置住房，比照已购公有住房确定应纳税所得额。

(九)利息、股息、红利所得，偶然所得和其他所得

利息、股息、红利所得，偶然所得和其他所得，不减除费用，以每次收入额为应纳税所得额。

特殊：自2013年1月1日起，个人从股市购买的上市公司股票，要根据持股期限分别按全额(1个月以内)、减按50%(1个月至1年)、减按25%(1年以上)计入应纳税所得额。

2015年9月8日起，个人从公开市场取得上市公司股票的股息红利所得，根据持股期限分别按全额(1个月以内)、减按50%(1个月至1年)、免税(1年以上)计入应纳税所得额。

利息、股息、红利所得，以支付利息、股息、红利时取得的收入为一次；偶然所得，以每次取得该项收入为一次。

应纳税额＝应纳税所得额×适用税率

【例7－16】 王某2015年2月购买某上市公司的股票10 000股，该上市公司2014年度的利润方案为每10股送3股，并于2015年6月份实施，该股票的面值为每股1元。计算其应纳个人所得税。

【答案】 应纳个人所得税税额＝10 000÷10×3×1×50%×20%＝300(元)

二、税额计算的其他规定

(一)非现金所得的计量

个人所得的形式，包括现金、实物、有价证券和其他形式的经济利益。

所得为实物的，应按照取得的凭证上所注明的价格计算应纳税所得额；无凭证的实物或者凭证上所注明的价格明显偏低的，参照市场价格核定应纳税所得额。

所得为有价证券的，根据票面价格和市场价格核定应纳税所得额。

所得为其他形式的经济利益的，参照市场价格核定应纳税所得额。

(二)有捐赠支出的计税方法

个人将其所得对教育事业和其他公益事业捐赠的部分，按照国务院有关规定可以从应纳税所得中扣除。

1. 限定比例扣除

个人将其所得通过中国境内的社会团体、国家机关向教育和其他社会公益事业以及遭受严重自然灾害地区、贫困地区的捐赠，捐赠额未超过纳税人申报的应纳税所得额30%的部分，可以从其应纳税所得额中扣除。

捐赠扣除限额＝申报的应纳税所得额×30%

实际捐赠额等于或者小于捐赠限额，其捐赠额可以全额扣除，大于捐赠扣除限额，则只能按照限额扣除。

应纳税额＝(应纳税所得额－准予扣除的捐赠额)×适用税率

【例7－17】 张先生为M公司(非任职单位)做软件设计,协议约定应得报酬(税前)30 000元。在领取前,张先生通过民政局向灾区捐赠10 000元。计算其应纳个人所得税。

【答案】 捐赠扣除限额＝30 000×(1－20%)×30%＝7 200(元)

实际捐赠10 000元超出扣除限额,故按限额扣除。

应纳个人所得税税额＝[30 000×(1－20%)－7 200]×20%＝3 360(元)

2. 个人资助

个人的所得(不含偶然所得和经国务院财政部门确定征税的其他所得)用于资助非关联的科研机构和高等学校研究开发新产品、新技术、新工艺所发生的研究开发经费,可以全额在下月或下次或当年计征个人所得税时,从应纳税所得额中扣除。

3. 个人取得的应纳税所得

个人取得的应纳税所得包括现金、实物和有价证券。

4. 不得扣除

纳税人直接向受赠人的捐赠以及其他非公益救济性捐赠,不准予在个人所得税前扣除。

(三)两个纳税人共同取得同一项所得的计税方法

两个或两个以上的纳税人共同取得同一项所得的,可以对每个人分得的收入分别减除费用,计算各自的应纳税所得额和应纳税额。

【例7－18】 甲、乙、丙3人共同出版一部工具书,稿酬共计20 000元,其中,甲应得稿酬16 000元,乙应得稿酬3 500元,丙应得稿酬500元。计算3人各自应纳个人所得税。

【答案】 甲应纳税额＝16 000×(1－20%)×20%×(1－30%)＝1 792(元)

乙应纳税额＝(3 500－800)×20%×(1－30%)＝378(元)

丙的稿酬为500元,不足800元,故不纳税。

(四)个人取得拍卖收入的计税问题①

自2007年5月1日起,对个人通过拍卖市场拍卖各种财产(包括字画、瓷器、玉器、珠宝、邮品、钱币、古籍、古董等物品)取得的所得,按以下规定征税:

(1)作者将自己的文字作品手稿原件或复印件拍卖,转让收入额4 000元以下的,以其转让收入额减除800元;转让收入额4 000元以上的,以其转让收入额减除20%的费用;其余额为应纳税所得额;按照"特许权使用费"所得项目适用20%税率缴纳个人所得税。

(2)个人拍卖除文字作品原稿及复印件外的其他财产,以其转让收入额减除财产原值和合理费用后的余额为应纳税所得额,按照"财产转让所得"项目适用20%税率缴纳个人所得税。

(五)在企业改组改制过程中,职工个人取得量化资产的计税问题②

根据国家有关规定,集体所有制企业在改制为股份合作制企业时,可以将有关资产量化给职工个人。为支持企业改组改制的顺利进行,国家税务总局对个人取得量化资产的征免税问题作了如下规定:

(1)对职工个人以股份形式取得的仅作为分红依据,不拥有所有权的企业量化资产,不征收个人所得税。

(2)对职工个人以股份形式取得的拥有所有权的企业量化资产,暂缓征收个人所得税;待个人将股份转让时,就其转让收入额,减除个人取得该股份时实际支付的费用支出和合理转让费用后的余额,按"财产转让所得"项目计征个人所得税。

---

① 国家税务总局:《关于加强和规范个人取得拍卖收入征收个人所得税有关问题的通知》,国税发〔2007〕38号,2007年4月4日。

② 国家税务总局:《关于企业改组改制过程中个人取得的量化资产征收个人所得税问题的通知》,国税发〔2000〕60号,2000年3月29日。

(3)对职工个人以股份形式取得的企业量化资产参与企业分配而获得的股息、红利,应按“利息、股息、红利所得”项目征收个人所得税。

(六)转化职务科技成果以股权形式给予个人奖励的计税问题

科研机构、高等学校转化职务科技成果以股份或出资比例等股权形式给予个人奖励,获奖人在取得股份、出资比例时,暂不缴纳个人所得税;取得按股份、出资比例分红或转让股权、出资比例所得时,应依法缴纳个人所得税。

获奖人按股份、出资比例获得分红时,对其所得按“利息、股息、红利所得”项目征收个人所得税。获奖人转让股权、出资比例,对其所得按“财产转让所得”项目征收个人所得税,财产原值为零。

(七)个人取得单位购买的财产等计税问题

1. 基本规定①

(1)个人独资企业、合伙企业的个人投资者以企业资金为本人、家庭及其相关人员支付与企业生产经营无关的消费性支出及购买汽车、住房等财产性支出,视为企业对个人投资者的利润分配,并入投资者个人的生产经营所得,依照“个体工商户的生产、经营所得”项目征收个人所得税。

除个人独资企业、合伙企业以外的其他企业的个人投资者,以企业资金为本人、家庭成员及其相关人员支付与企业经营无关的消费性支出及购买汽车、住房等财产性支出,视为企业对个人投资者的红利分配,依照“利息、股息、红利所得”项目征收个人所得税。

(2)纳税年度内个人投资者从其投资企业(个人独资企业、合伙企业除外)借款,在该纳税年度终了后既不归还,又未用于企业生产经营的,其未归还的借款可视为企业对个人投资者的红利分配,依照“利息、股息、红利所得”项目征收个人所得税。

2. 在执行中应注意的问题

(1)凡符合以下情形的房屋或其他财产,不论所有权人是否将财产无偿或有偿交付企业使用,其实质均属于企业对个人进行了实物性质的分配,应依法计征个人所得税:一是企业出资购买房屋及其他财产,将所有权登记为投资者个人、投资者家庭成员或企业其他人员的;二是企业投资者个人、投资者家庭成员或企业其他人员向企业借款用于购买房屋及其他财产,将所有权登记为投资者、投资者家庭成员或企业其他人员,且借款年度终了后未归还借款的。

对个人独资企业、合伙企业的个人投资者或其家庭成员取得的上述所得,视为企业对个人投资者的利润分配,按照“个体工商户的生产、经营所得”项目计征个人所得税;对除个人独资企业、合伙企业以外其他企业的个人投资者或其家庭成员取得的上述所得,视为企业对个人投资者的红利分配,按照“利息、股息、红利所得”项目计征个人所得税;对企业其他人员取得的上述所得,按照“工资、薪金所得”项目计征个人所得税。②

(2)企业购买车辆并将车辆所有权办到股东个人名下,应按照“利息、股息、红利所得”项目征收个人所得税。考虑到该股东个人名下的车辆同时也为企业经营使用的实际情况,允许合理减除部分所得,减除的具体数额由主管税务机关根据车辆的实际使用情况合理确定。③

(八)个人无偿受赠房屋有关个人所得税的问题④

1. 不征税的房屋产权赠与

(1)以下情形的房屋产权无偿赠与,对当事双方不征收个人所得税:

①房屋产权所有人将房屋产权无偿赠与配偶、父母、子女、祖父母、外祖父母、孙子女、外孙子女、兄弟姐妹;

---

① 财政部、国家税务总局:《关于规范个人投资者个人所得税征收管理的通知》,财税〔2003〕158 号,2003 年 7 月 11 日。

② 财政部、国家税务总局:《关于企业为个人购买房屋或其他财产征收个人所得税问题的批复》,财税〔2008〕83 号,2008 年 6 月 10 日。

③ 国家税务总局:《关于企业为股东个人购买汽车征收个人所得税的批复》,国税函〔2005〕364 号,2005 年 4 月 22 日。

④ 财政部、国家税务总局:《关于个人无偿受赠房屋有关个人所得税问题的通知》,财税〔2009〕78 号,2009 年 5 月 25 日。

②房屋产权所有人将房屋产权无偿赠与对其承担直接抚养或者赡养义务的抚养人或赡养人；

③房屋产权所有人死亡，依法取得房屋产权的法定继承人、遗嘱继承人或者受遗赠人。

(2)赠与双方办理免税手续时，应向税务机关提交以下资料：

①属于继承不动产的，继承人应提交公证机关出具的"继承权公证书"、房产所有权证和《个人无偿赠与不动产登记表》；属于遗嘱人处分不动产的，遗嘱继承人或者受遗赠人须提交公证机关出具的"遗嘱公证书"和"遗嘱继承权公证书"或"接受遗赠公证书"、房产所有权证以及《个人无偿赠与不动产登记表》；属于其他情况无偿赠与不动产的，受赠人应提交房产所有人"赠与公证书"和受赠人"接受赠与公证书"，或持双方共同办理的"赠与合同公证书"，以及房产所有权证和《个人无偿赠与不动产登记表》(上述证明材料必须提供原件)①。

②赠与双方当事人的有效身份证件。

③将房屋产权无偿赠与配偶、父母、子女、祖父母、外祖父母、孙子女、外孙子女、兄弟姐妹的，须提供公证机构出具的赠与人和受赠人亲属关系的公证书(原件)。

④将房屋产权无偿赠与对其承担直接抚养或者赡养义务的抚养人或赡养人的，须提供公证机构出具的抚养关系或者赡养关系公证书(原件)，或者乡镇政府或街道办事处出具的抚养关系或者赡养关系证明。

税务机关审核无误后，在提交的《个人无偿赠与不动产登记表》上签字盖章并复印留存，原件退还提交人，同时办理个人所得税不征税手续。

2. 受赠、转让房屋产权的计税问题

(1)除上述不征税的房屋产权赠与外，房屋产权所有人将房屋产权无偿赠与他人的，受赠人因无偿受赠房屋取得的受赠所得，按照"其他所得"项目缴纳个人所得税，税率为20%。

对受赠人无偿受赠房屋计征个人所得税时，其应纳税所得额为房地产赠与合同上标明的赠与房屋价值减除赠与过程中受赠人支付的相关税费后的余额。赠与合同标明的房屋价值明显低于市场价格，或者房地产赠与合同未标明赠与房屋价值的，税务机关可依据受赠房屋的市场评估价格或者采取其他合理方式确定受赠人的应纳税所得额。

(2)受赠人转让受赠房屋的，以其转让受赠房屋的收入减除原捐赠人取得该房屋的实际购置成本以及赠与和转让过程中受赠人支付的相关税费后的余额，为受赠人的应纳税所得额，按照"财产转让所得"计征个人所得税。受赠人转让受赠房屋价格明显偏低且无正当理由的，税务机关可以依据该房屋的市场评估价格或者其他合理方式确定的价格核定其转让收入。

(九)境外所得的税额扣除

为避免对同一所得双重征税，对纳税人从中国境外取得的所得，准予其在应纳税额中扣除已在境外缴纳的个人所得税税额。但扣除额不得超过该纳税人境外所得依照我国税法规定计算的应纳税额。

(1)已在境外缴纳的所得税税额。境外所得已在境外缴纳的个人所得税税额，是指纳税人从中国境外取得的所得，依照该所得来源国家或者地区的法律应当缴纳并且实际已经缴纳的税额。

(2)依照税法规定计算的应纳税额。境外所得依照税法规定计算的应纳税额，是指纳税人从中国境外取得的所得，区别不同国家或者地区和不同应税项目，依照我国税法规定的费用减除标准和适用税率计算的应纳税额；同一国家或者地区内不同应税项目的应纳税额之和，为该国家或者地区的扣除限额。

(3)境外所得税额扣除。纳税人在中国境外一个国家或者地区实际已经缴纳的个人所得税税额，低于依照税法规定计算出的该国家或者地区扣除限额的，应在中国缴纳差额部分的税款；超过该国家

---

①　国家税务总局：《关于加强房地产交易个人无偿赠与不动产税收管理有关问题的通知》，国税发〔2006〕144号，2006年9月14日。

或者地区扣除限额的，其超过部分不得在本纳税年度的应纳税额中扣除，但可以在以后纳税年度的该国家或者地区扣除限额的余额中补扣。补扣期限最长不得超过5年。

纳税人依照税法规定申请扣除已在境外缴纳的个人所得税税额时，应提供境外税务机关填发的完税凭证原件。

在中国境内有住所，或者无住所而在境内居住满1年的个人，从中国境内和境外取得的所得，应当分别计算应纳税额。

【例7—19】 钱先生（中国公民）在A国出版一部著作，稿酬20 000元，利息收入3 000元，两项所得缴纳所得税2 900元；在B国提供一项专利技术使用权，获得收入25 000元，已纳所得税3 800元。计算其在我国应纳个人所得税。

【答案】（1）在A国取得所得的税额扣除：

稿酬所得税款扣除限额＝20 000×(1－20％)×20％×(1－30％)＝2 240(元)

利息所得税款扣除限额＝3 000×20％＝600(元)

扣除限额合计＝2 240＋600＝2 840(元)

因钱先生在A国已纳所得税2 900元，超过税款扣除限额60元，不得在本纳税年度应纳税额中扣除，但可在以后纳税年度的A国扣除限额的余额中补扣，补扣期限最长不得超过5年。

（2）在B国取得所得的税额扣除：

特许权使用费所得税款扣除限额＝25 000×(1－20％)×20％＝4 000(元)

因钱先生在B国已纳所得税3 800元，低于税款扣除限额，故应在国内补缴个人所得税。

应补税额＝4 000－3 800＝200(元)

第五节 个人所得税的申报与缴纳

一、自行申报纳税①

（一）自行申报的纳税人

个人所得税的纳税人，有下列情形之一的，应按规定办理纳税申报：

（1）年所得12万元以上的；

（2）从中国境内两处或者两处以上取得工资、薪金所得的；

（3）从中国境外取得所得的；

（4）取得应税所得，没有扣缴义务人的；

（5）国务院规定的其他情形。

年所得12万元以上的纳税人（不包括在中国境内无住所，且在一个纳税年度中在中国境内居住不满1年的个人），无论取得的各项所得是否已足额缴纳了个人所得税，均应于纳税年度终了后向主管税务机关办理纳税申报。

从中国境内两处或者两处以上取得工资、薪金所得的，或从中国境外取得所得的，或取得应税所得、没有扣缴义务人的，这种情形的纳税人，均应于取得所得后向主管税务机关办理纳税申报。

（二）申报内容

年所得12万元以上的纳税人，应在纳税年度终了后，向主管税务机关填报《个人所得税纳税申报表》，同时报送个人有效身份证件复印件，以及主管税务机关要求报送的其他有关资料。

有效身份证件，包括纳税人的身份证、护照、回乡证、军人身份证件等。

年所得12万元以上，是指纳税人在一个纳税年度取得税法列举的11项所得的合计数额达到12

① 国家税务总局：《个人所得税自行纳税申报办法（试行）》，国税发〔2006〕162号，2006年11月6日。

万元。

其他须自行申报的纳税人，应按规定向主管税务机关填报相应的纳税申报表，报送主管税务机关要求报送的其他有关资料。

(三)申报地点

1. 年所得12万元以上的纳税人申报地点

(1)在中国境内有任职、受雇单位的纳税人，向其任职、受雇的单位所在地主管税务机关申报。在中国境内有两处或者两处以上任职、受雇单位的，选择并固定向其中一处单位所在地主管税务机关申报。

(2)在中国境内无任职、受雇单位，年所得项目中有个体工商户的生产、经营所得或者对企事业单位的承包经营、承租经营所得(以下统称"生产经营所得")的，向其中一处实际经营所在地主管税务机关申报。

(3)在中国境内无任职、受雇单位，年所得项目中无生产经营所得的，向户籍所在地主管税务机关申报；在中国境内有户籍，但户籍所在地与中国境内经常居住地不一致的，选择并固定向其中一地主管税务机关申报；在中国境内没有户籍的，向中国境内经常居住地主管税务机关申报。经常居住地，是指纳税人离开户籍所在地最后连续居住1年以上的地方。

2. 其他须自行申报的纳税人申报地点

(1)从两处或者两处以上取得工资、薪金所得的纳税人，选择并固定向其中一处单位所在地主管税务机关申报。

(2)从中国境外取得所得的纳税人，向中国境内户籍所在地主管税务机关申报。在中国境内有户籍，但户籍所在地与中国境内经常居住地不一致的，选择并固定向其中一地主管税务机关申报。在中国境内没有户籍的，向中国境内经常居住地主管税务机关申报。

(3)个体工商户向实际经营所在地主管税务机关申报。

(4)个人独资、合伙企业投资者兴办两个或两个以上企业的，区分不同情形确定纳税申报地点：

①兴办的企业全部是个人独资性质的，分别向各企业的实际经营管理所在地主管税务机关申报。

②兴办的企业中含有合伙性质的，向经常居住地主管税务机关申报。

③兴办的企业中含有合伙性质，个人投资者经常居住地与其兴办企业的经营管理所在地不一致的，选择并固定向其参与兴办的某一合伙企业的经营管理所在地主管税务机关申报。纳税地点确定后，除特殊情况外，5年以内不得变更。

3. 其他情形的申报地点

除以上情形外，纳税人应向取得所得所在地主管税务机关申报。

纳税人不得随意变更纳税申报地点，因特殊情况变更纳税申报地点的，须报原主管税务机关备案。

(四)申报期限

(1)年所得12万元以上的纳税人，在纳税年度终了后3个月内向主管税务机关办理纳税申报。

(2)个体工商户和个人独资、合伙企业投资者取得的生产经营所得应纳的税款，分月预缴的，在每月终了后15日内办理纳税申报；分季预缴的，在每个季度终了后15日内办理纳税申报。纳税年度终了后，在3个月内进行汇算清缴。

(3)纳税人年终一次性取得对企事业单位的承包经营、承租经营所得的，自取得所得之日起30日内办理纳税申报；在1个纳税年度内分次取得承包经营、承租经营所得的，在每次取得所得后的次月15日内申报预缴，纳税年度终了后3个月内汇算清缴。

(4)从中国境外取得所得的纳税人，在纳税年度终了后30日内向中国境内主管税务机关办理纳税申报。

(五)申报方式

纳税人可以采取数据电文、邮寄等方式申报，也可以直接到主管税务机关申报，或者采取符合主管税务机关规定的其他方式申报。

二、代扣代缴①

代扣代缴，是指按照税法规定负有扣缴税款义务的单位或者个人，在向个人支付应纳税所得时，应计算应纳税额，从其所得中扣出并缴入国库，同时向税务机关报送扣缴个人所得税报告表。这种方法，有利于控制税源、防止漏税和逃税。

根据《个人所得税法》及其实施条例以及《中华人民共和国税收征收管理法》(以下简称《征管法》)及其实施细则的有关规定，国家税务总局制定下发了《个人所得税代扣代缴暂行办法》(以下简称《暂行办法》)。自 1995 年 4 月 1 日起执行的《暂行办法》，对扣缴义务人和代扣代缴的范围、扣缴义务人的义务及应承担的责任、代扣代缴期限等作了明确规定。

(一)扣缴义务人和代扣代缴的范围

1. 扣缴义务人

凡支付个人应纳税所得的企业(公司)、事业单位、机关、社团组织、军队、驻华机构、个体户等单位或者个人，为个人所得税的扣缴义务人。

这里的驻华机构，不包括外国驻华使领馆和联合国及其他依法享有外交特权和豁免的国际组织驻华机构。

2. 代扣代缴的范围

扣缴义务人向个人支付除了个体工商业户生产经营所得以外的各项所得时，应代扣代缴个人所得税。

扣缴义务人向个人支付应纳税所得(包括现金、实物和有价证券)时，不论纳税人是否属于本单位人员，均应代扣代缴其应纳的个人所得税税款。

这里的支付，包括现金支付、汇拨支付、转账支付和以有价证券、实物以及其他形式的支付。

(二)扣缴义务人的义务及应承担的责任

(1)扣缴义务人应指定支付应纳税所得的财务会计部门或其他有关部门的人员为办税人员，由办税人员具体办理个人所得税的代扣代缴工作。

(2)扣缴义务人的法人代表(或单位主要负责人)、财会部门的负责人及具体办理代扣代缴税款的有关人员，共同对依法履行代扣代缴义务负法律责任。

(3)同一扣缴义务人的不同部门支付应纳税所得时，应报办税人员汇总。

(4)扣缴义务人在代扣税款时，必须向纳税人开具税务机关统一印制的代扣代收税款凭证，并详细注明纳税人姓名、工作单位、家庭住址和居民身份证或护照号码(无上述证件的，可用其他能有效证明身份的证件)等个人情况。对工资、奖金所得和利息、股息、红利所得等，因纳税人数众多、不便一一开具代扣代收税款凭证的，经主管税务机关同意，可不开具代扣代收税款凭证，但应通过一定形式告知纳税人已扣缴税款。纳税人为持有完税依据而向扣缴义务人索取代扣代收税款凭证的，扣缴义务人不得拒绝。

扣缴义务人应主动向税务机关申领代扣代收税款凭证，据以向纳税人扣税。非正式扣税凭证，纳税人可以拒收。

(5)扣缴义务人对纳税人的应扣未扣的税款，其应纳税款仍然由纳税人缴纳，扣缴义务人应承担应扣未扣税款 50%以上至 3 倍的罚款。

(6)扣缴义务人应设立代扣代缴税款账簿，正确反映个人所得税的扣缴情况，并如实填写《扣缴个

① 国家税务总局:《个人所得税全员全额扣缴申报管理暂行办法》，国税发〔2005〕205 号，2005 年 12 月 23 日。

人所得税报告表》及其他有关资料。

三、核定征收

核定征收是指按照《征管法》的有关规定对无法查账征收的纳税人所采用的一种征收形式。为了加强个人所得税的管理，有关规定如下：

(1)增值税起征点提高后，对采取核定征税办法的纳税人(包括按综合征收率或按应缴纳流转税的一定比例附征个人所得税等方法的纳税人)，可依据《征管法》和《个人所得税法》的有关规定，结合增值税起征点提高后纳税人所得相应增加的实际情况，本着科学、合理、公开的原则，重新核定纳税人的个人所得税定额。

(2)任何地区均不得对律师事务所实行全行业核定征税办法。要按照《征管法》和国发〔1997〕12号文件的规定精神，对具备查账征收条件的律师事务所，实行查账征收个人所得税。

对按照《征管法》第三十五条的规定确实无法实行查账征收的律师事务所，经地市级地方税务局批准，应根据《财政部国家税务总局关于印发〈关于个人独资企业和合伙企业投资者征收个人所得税的规定〉的通知》中确定的应税所得率来核定其应纳税额。各地要根据其雇员人数、营业规模等情况核定其营业额，并根据当地同行业的盈利水平从高核定其应税所得率，应税所得率不得低于25%。对实行核定征税的律师事务所，应督促其建账建制，符合查账征税条件后，应尽快转为查账征税。

各地要严格贯彻执行《国家税务总局关于律师事务所从业人员取得收入征收个人所得税有关业务问题的通知》，对律师事务所的个人所得税加强征收管理。对作为律师事务所雇员的律师，其办案费用或其他个人费用在律师事务所报销的，在计算其收入时不得再扣除国税发〔2000〕149号第5条第2款规定的其收入30%以内的办理案件支出费用。

(3)会计师事务所、税务师事务所、审计师事务所以及其他中介机构的个人所得税征收管理，也应按照上述有关律师事务所的规定进行处理。

四、对高收入者的征收管理

(1)税务机关应将下列人员纳入重点纳税人范围：金融、保险、证券、电力、电信、石油、石化、烟草、民航、铁道、房地产、学校、医院、城市供水供气、出版社、公路管理、外商投资企业和外国企业、高新技术企业、中介机构、体育俱乐部等高收入行业人员；民营经济投资者、影视明星、歌星、体育明星、模特等高收入个人；临时来华演出人员。

(2)各级税务机关应从下列人员中，选择一定数量的个人作为重点纳税人，实施重点管理：①收入较高者；②知名度较高者；③收入来源渠道较多者；④收入项目较多者；⑤无固定单位的自由职业者；⑥对税收征管影响较大者。

(3)各级税务机关对重点纳税人应实行滚动动态管理办法，每年都应根据本地实际情况，适时增补重点纳税人，不断扩大重点纳税人管理范围，直至实现全员全额管理。

(4)税务机关应对重点纳税人按人建立专门档案，实行重点管理，随时跟踪其收入和纳税变化情况。

(5)各级税务机关应充分利用建档管理掌握的重点纳税人信息，定期对重点纳税人的收入、纳税情况进行比对、评估分析，从中发现异常问题，及时采取措施堵塞管理漏洞。

(6)省级(含计划单列市)税务机关应于每年7月底以前和次年1月底以前，分别将所确定的重点纳税人的半年和全年的基本情况及收入、纳税等情况，用Excel表格的形式填写《个人所得税重点纳税人收入和纳税情况汇总表》报送国家税务总局(所得税管理司)。

(7)各级税务机关应强化对个体工商户、个人独资企业和合伙企业投资者以及独立从事劳务活动的个人的个人所得税征管。

①积极推行个体工商户、个人独资企业和合伙企业建账工作，规范财务管理，健全财务制度；有条件的地区应使用税控装置加强对纳税人的管理和监控。

②健全和完善核定征收工作，对账证不全、无法实行查账征收的纳税人，按规定实行核定征收，并根据纳税人经营情况及时进行定额调整。

③加强税务系统的协作配合，实现信息共享，建立健全个人所得税情报交流和异地协查制度，互通信息，解决同一个投资者在两处或两处以上投资和取得收入合并缴纳个人所得税的监控难题。

④加强个人投资者从其投资企业借款的管理，对期限超过1年又未用于企业生产经营的借款，严格按照有关规定征税。

⑤要严格对个人投资的企业和个体工商户税前扣除的管理，定期进行检查。对个人投资者以企业资金为本人、家庭成员及其相关人员支付的与生产经营无关的消费性、财产性支出，严格按照规定征税。

⑥加强对从事演出、广告、讲课、医疗等人员的劳务报酬所得的征收管理，全面推行预扣预缴办法，从源泉上加强征管。

(8)税务机关要加强对重点纳税人、独立纳税人的专项检查，严厉打击涉税违法犯罪行为。各地每年应当通过有关媒体公开曝光2～3起个人所得税违法犯罪案件。

(9)税务机关要重视和加强重点纳税人、独立纳税人的个人所得税日常检查，及时发现征管漏洞和薄弱环节，制定和完善征管制度、办法。日常检查由省级以下税务机关的征管和税政部门共同组织实施。

实施日常检查应当制订计划，并按规定程序进行，防止多次、重复检查，防止影响纳税人的生产经营。

五、案例分析

【案例7—1】 个人所得税的计算与缴纳

张先生(我国公民，国内某单位员工)2015年12月份的收入情况如下：

(1)应税工资收入(不含按规定缴纳的基本养老保险费、基本医疗保险费、失业保险费和住房公积金)为5 400元。

(2)向A企业转让一项非专利技术的使用权，成交价格为10 000元。

(3)因检举、揭发某人违法犯罪行为，获得政府部门颁发奖金1 000元。

(4)为B公司做软件设计，报酬20 000元；领取前，通过民政局捐给某敬老院10 000元。

(5)参与电视台举办的有奖竞猜活动，获得奖品价值500元。

(6)取得省政府颁发的科技奖5 000元。

(7)因购房领取原提存的住房公积金25 000元。

(8)在Y国出版一部专著，稿酬25 000元，已在Y国缴纳个人所得税2 850元。

上述应税收入均为税前收入。

要求：

(1)根据上述资料，分析上述收入中，哪些需缴纳个人所得税，哪些不需缴纳个人所得税。

(2)计算各支付单位应扣缴的个人所得税额，并说明应在什么时间内解缴税款。

(3)对于境外所得，张先生应如何申报纳税？

【解析】

(1)上述收入中，第(1)、(2)、(4)、(5)、(8)项收入需缴纳个人所得税；第(3)、(6)、(7)项收入不需缴纳个人所得税。

(2)计算各支付单位应扣缴的个人所得税：

①任职单位按“工资薪金所得”项目扣缴税款＝(5 400－3 500)×10%－105＝85(元)

②A企业按“特许权使用费所得”项目扣缴税款＝10 000×(1－20％)×20％＝1 600(元)

③B公司按“劳务报酬所得”项目扣缴税款 捐赠限额＝20 000×(1－20％)×30％＝4 800(元)

应纳税额＝[20 000×(1－20％)－4 800]×20％＝2 240(元)

④电视台按“偶然所得”项目扣缴税款＝500×20％＝100(元)

各支付单位每月所扣的税款，应在次月15日内缴入国库，并向税务机关报送扣缴报告表。

(3)境外稿酬所得税款扣除限额＝25 000×(1－20％)×20％×(1－30％)＝2 800(元)

因张先生在Y国实际缴纳个人所得税2 850元，超出扣除限额50元，不能在本年度扣除，但可以在以后5个纳税年度的该国扣除限额的余额中补扣。

张先生应在年度终了后30日内，向境内户籍所在地或经常居住地税务机关申报，并提供境外税务机关填发的完税凭证原件。

【案例7－2】　个人所得税的计算

我国公民王某为某文艺团体演员，2015年10月其收入情况如下：

(1)取得工薪收入6 000元，第三季度的奖金4 000元；

(2)自编剧本取得某文工团给予的剧本使用费10 000元；

(3)每周参加赴郊县乡村文艺演出一次，每次收入3 000元，每次均通过当地教育局向贫困生捐款2 000元；

(4)为他人提供贷款担保，获得报酬5 000元；

(5)在乙国出版自传作品一部，取得稿酬160 000元，已按乙国税法规定在该国缴纳了个人所得税16 000元。

要求：

(1)计算10月份工资和奖金收入应缴纳的个人所得税；

(2)计算取得的剧本使用费应缴纳的个人所得税；

(3)计算赴郊县乡村文艺演出收入应缴纳的个人所得税；

(4)计算担保所得应缴纳的个人所得税；

(5)计算在乙国出版自传作品收入在我国应缴纳的个人所得税。

【解析】

(1)工薪收入应缴纳个人所得税＝(6 000＋4 000－3 500)×20％－555＝745(元)

注：雇员取得除全年一次性奖金以外的其他各种名目奖金，如半年奖、季度奖、加班奖、先进奖、考勤奖等，一律与当月工资、薪金收入合并，按税法规定缴纳个人所得税。

(2)剧本使用费按照特许权使用费所得缴纳个人所得税：

应缴纳个人所得税＝10 000×(1－20％)×20％＝1 600(元)

(3)演出收入属于一次性劳务报酬：

捐赠扣除限额＝3 000×4×(1－20％)×30％＝2 880(元)

应缴纳个人所得税＝[(3 000×4)×(1－20％)－2 880]×20％＝1 344(元)

(4)个人为他人提供贷款担保，获得报酬属于其他所得。

应缴纳个人所得税＝5 000×20％＝1 000(元)

(5)稿酬所得税扣除限额＝160 000×(1－20％)×20％×(1－30％)＝17 920(元)

王某在乙国缴纳了16 000元，低于扣除额17 920元。

应补缴个人所得税＝17 920－16 000＝1 920(元)

复习思考题

1. 如何确定居民纳税人与非居民纳税人及其纳税义务？

2. 个人所得税的应税所得项目有哪些？

3. 如何区分工资薪金所得与劳务报酬所得？

4. 如何区分劳务报酬所得与稿酬所得？

5. 对在中国境内无住所的个人，如何确定工资薪金所得来源地？

6. 对在中国境内无住所的个人，如何确定其纳税义务？

7. 简述个人所得税申报缴纳方式及其适用范围。

自我测试题

一、单项选择题

1. 下列各项中，属于非居民纳税人的是（　　）。

A. 在中国境内无住所且不居住，但有来源于中国境内所得

B. 在中国境内无住所

C. 在中国境内无住所，但居住时间满 1 个纳税年度

D. 在中国境内有住所，但目前未居住

2. 某演员参加一次商业演出，取得演出费 26 000 元，其缴纳个人所得税时，不正确的做法是（　　）。

A. 应纳税额 4 240 元　　B. 适用加成征收方法

C. 由演出单位代扣代缴个人所得税　　D. 费用扣除标准是定额 800 元

3. 王某的一篇论文被编入某论文集出版，取得稿酬 5 000 元，当年因添加印数又取得追加稿酬 2 000元。上述王某所获稿酬应缴纳的个人所得税为（　　）元。

A. 728　　B. 784　　C. 812　　D. 868

4. 某工程师 2015 年将自己研制的一项非专利技术使用权提供给甲企业，取得技术转让收入为 3 000元，又将自己发明的一项专利转让给乙企业，取得收入为 45 000 元。该工程师两次所得应纳的个人所得税为（　　）元。

A. 7 640　　B. 7 650　　C. 7 680　　D. 9 200

5. 2015 年 8 月，李某出版小说一本取得稿酬 80 000 元，从中拿出 20 000 元通过国家机关捐赠给受灾地区。李某 8 月份应缴纳个人所得税（　　）元。

A. 6 160　　B. 6 272　　C. 8 400　　D. 8 960

6. 下列项目中，不适用代扣代缴方式纳税的有（　　）。

A. 工资薪金所得　　B. 稿酬所得

C. 个体户生产经营所得　　D. 劳务报酬所得

7. 下列各项中，不能按次计算征收个人所得税的是（　　）。

A. 股息红利所得　　B. 稿酬所得　　C. 工资薪金所得　　D. 财产租赁所得

8. 退休职工李某本月取得下列收入，不需要缴纳个人所得税的有（　　）。

A. 退休工资 2 200 元　　B. 股票红利收入 1 000 元

C. 咨询费收入 1 500 元　　D. 杂志上发表文章稿酬 3 000 元

9. 我国个人所得税的类型是（　　）。

A. 分类所得税制　　B. 综合所得税制　　C. 混合所得税制　　D. 上述都不是

10. 下列项目中，属于其他所得的是（　　）。

A. 个人为单位或他人提供担保获得报酬

B. 彩票中奖所得

C. 单位给员工分奖金

D. 发表论文获得的稿费

二、多项选择题

1. 个人所得税应税项目中，同时采用费用定额扣除(800 元)或者定率扣除(20%)的项目有(　　)。

A. 财产转让所得　　B. 财产租赁所得

C. 特许权使用费所得　　D. 劳务报酬所得

2. 下列关于"次"的规定中，说法正确的有(　　)。

A. 同一事项连续取得收入的，以全部取得的收入为一次

B. 同一作品再版取得的稿酬，应当单独看作一次所得征税

C. 同一作品出版社分三次支付的稿酬，应当看作一次所得征税

D. 出租房屋所得，以一个月作一次所得征税

3. 下列项目中，免征、减征、不征个人所得税的有(　　)。

A. 个人按规定标准取得的拆迁补偿款

B. 单位为职工个人购买商业性补充养老保险

C. 个人取得 1 000 元的单张有奖发票奖金

D. 商业保险赔款

4. 下列各项中，适用 5%～35%的超额累进税率计征个人所得税的有(　　)。

A. 个体工商户的生产经营所得　　B. 个人独资企业的生产经营所得

C. 对企事业单位的承包经营所得　　D. 合伙企业的生产经营所得

5. 下列各项中，应当按照工资、薪金所得项目征收个人所得税的有(　　)。

A. 劳动分红　　B. 独生子女补贴

C. 差旅费津贴　　D. 超过规定标准的误餐费

6. 下列项目中，属于劳务报酬所得的是(　　)。

A. 个人书画展卖取得的报酬

B. 提供著作的版权而取得的报酬

C. 将国外的作品翻译出版取得的报酬

D. 高校教师受出版社委托进行审稿取得的报酬

7. 下列各项个人所得中，应当征收个人所得税的有(　　)。

A. 企业集资利息　　B. 从股份公司取得股息

C. 企业债券利息　　D. 国家发行的金融债券利息

8. 下列各项中，以取得的收入为应纳税所得额直接计征个人所得税的有(　　)。

A. 稿酬所得　　B. 偶然所得　　C. 股息所得　　D. 特许权使用费所得

9. 王某从美国取得偶然所得 2 000 元，已纳个人所得税 100 元；从美国取得稿酬所得 5 000 元，已纳个人所得税 600 元。以下说法中，正确的有(　　)。

A. 在我国不需补税

B. 境外抵免限额为 960 元

C. 境外所得采用分国不分项计算抵免限额

D. 境外所得采用分国又分项计算抵免限额

10. 根据现行税法规定，下列所得中可以免征个人所得税的有(　　)。

A. 购买国家金融债券取得的利息　　B. 购买国债取得的利息收入

C. 个人取得的教育储蓄存款利息所得　　　　　　D. 单位集资获得的利息收入

三、判断题

1. 张某承揽一项房屋装饰工程，工程 2 个月完工。房主第一个月支付给张某 15 000 元，第二个月支付 20 000 元。张某应缴纳个人所得税 6 400 元。（　）

2. 王某为一家私营企业的个人投资者，2015 年该私营企业以企业资金为王某购买了一辆汽车，这应当视为企业对个人投资者利润分配，依照"个体工商户的生产经营所得"项目征收个人所得税。（　）

3. 张某承包经营一国有企业，每年上缴承包费用 5 万元，该承包费用在计算企业所得税时不允许税前扣除，但在计算个人所得税时允许扣除。（　）

4. 按照《个人所得税法》的规定，对于纳税人临时离境的，应视同在华居住，不扣减其在华居住的天数。临时离境是指一次离境不超过 30 天，多次离境累计不超过 183 天。（　）

5. 李某转让专利权收入 40 000 元，适用加成征收方式。（　）

6. 我国《个人所得税法》规定居民纳税人是在中国境内有住所并且居住时间满 1 个纳税年度的个人。（　）

7. 个人将其应税所得全部用于公益性捐赠，将不承担缴纳个人所得税义务。（　）

8. 扣缴义务人向本单位个人支付应税所得时，应代扣代缴个人所得税；向外单位个人支付所得时，由收款人自行申报缴纳个人所得税。（　）

9. 扣缴义务人应扣未扣纳税人个人所得税税款的，应由扣缴义务人缴纳应扣未扣的税款、滞纳金和罚款。（　）

10. 为他人提供担保取得的所得属于偶然所得。（　）

四、案例分析题

1. 某大学李老师 2015 年取得如下收入：

(1)每月工资收入 3 800 元；1～6 月份校外讲课，每月收入 2 000 元。

(2)一次性稿费收入 6 000 元。

(3)为其他公司提供技术咨询，一次性取得报酬 22 000 元。

(4)出租用于居住的住房，月租金收入为 2 000 元，全年 24 000 元。（此项不考虑出租的其他税费）

(5)到期国债利息收入 1 286 元。

(6)在 A 国讲学取得收入 40 000 元，在 B 国取得特许权使用费收入 70 000 元，已经分别按照收入来源国税法规定缴纳了个人所得税 7 000 元和 18 000 元。

【要求】 计算李老师 2015 年应缴纳的个人所得税。

2. 某市集团公司工程师张先生 2015 年各项收入情况如下：

(1)每月工资 6 000 元，12 月份获得全年一次性奖金 100 000 元。

(2)与某大学王教授合著一本专业著作，取得稿酬收入 20 000 元，其中：张先生分得稿酬 12 000 元，并拿出 3 000 元捐赠给希望工程基金会。

(3)当年将一项专利的使用权转让给 A 企业，收入 3 000 元，又将另一发明的使用权转让给 B 企业，取得收入 8 000 元。

(4)在 A 国某大学讲学取得酬金折合人民币 80 000 元，已被 A 国税法规定缴纳个人所得税折合人民币 10 000 元。

(5)当年取得国债利息收入 6 000 元，获得当地省政府颁发的科学技术奖金 5 000 元。

【要求】

(1)计算张先生全年工资薪金应缴纳的个人所得税；

(2)计算张先生全年一次性奖金应缴纳的个人所得税；

(3)计算张先生稿酬收入应缴纳的个人所得税；

(4)计算张先生转让专利、发明权应缴纳的个人所得税；

(5)计算张先生劳务报酬所得应缴纳的个人所得税；

(6)计算张先生获得省级科学技术奖金、国债利息收入应缴纳的个人所得税；

(7)计算张先生2015年收入应在我国缴纳的个人所得税合计数。

3. 王教授系中国公民，现在国内某大学任职，2015年12月取得收入情况如下：

(1)当月工资收入3 400元，当月奖金收入3 000元。

(2)业余时间撰写中篇财经小说，在《晚报》上连载，1个月分三次支付的稿酬收入分别为20 000元、40 000元和20 000元。

(3)2015年12月25日，受科技公司培训部邀请，为该公司员工进行心理咨询讲座，科技公司支付给王教授讲课报酬5 000元，通过政府部门向希望工程捐款2 000元。

(4)12月份将自己的绘画作品出售，获得收入10 000元。

(5)受邀为某企业讲授电脑知识专业课4次，讲课酬金分两次支付，分别是1 000元和1 200元。

(6)在国内另一家公司担任独立董事，取得独立董事津贴35 000元。

(7)取得有奖发票2张，中奖金额分别为500元和1 000元。

【要求】　计算王教授各项收入应纳个人所得税。

4. 张某为境内一中国公民2015年全年收入情况如下：

(1)1月1日将自有住房出租，租期1年，每月收取租金4 500元，1月份因卫生间漏水，发生修理支出2 000元，有合法支出凭证。

(2)1～5月份，每月参加文艺演出一次，每次收入20 000元。

(3)在A国出版图书取得稿酬250 000元，在B国参加演出取得收入10 000元，已分别缴纳个人所得税30 000元、1 500元。

(4)取得中彩收入50 000元，当场通过社会团体向教育机构捐赠30 000元。

(5)取得国债利息收入3 000元。

(6)取得保险赔款25 000元。

(7)取得一年期定期存款利息6 000元。

【要求】　计算张某2015年全年应纳个人所得税(住房出租不考虑其他税费)。

第八章　资源税法

本章要点

◇资源税的税目税率　　◇资源税的应纳税额计算

◇城镇土地使用税的税收优惠　　◇土地增值税的应纳税额计算

◇耕地占用税的征税范围　　◇烟叶税的应纳税额计算

情境导入

某油田 2015 年 10 月共计开采原油 8 000 吨，当月销售原油 6 000 吨，取得销售收入(不含增值税)18 000 000 元，同时还向购买方收取违约金 23 400 元，优质费 5 850 元；支付运输费用 20 000 元(运输发票已比对)。已知销售原油的资源税税率为 6%。

思考：该油田 10 月份应如何缴纳资源税？

资源税(类)法是指以资源为征税对象的各种法律规范的总称。主要包括资源税、城镇土地使用税、耕地占用税、土地增值税和烟叶税等。资源税按其性质可分为一般资源税和级差资源税两类。前者是对使用某种自然资源的单位和个人，为赋予使用权而征收的税收；后者是根据使用的自然资源丰瘠和收入的多少，就其级差收入而征收的税收。实际上，在我国的税收实践中，资源税往往是既对占用、开发国有自然资源者普遍征收，又根据资源条件差异对不同纳税人采用差别税收负担，兼具一般资源税和级差资源税的性质，具有受益税性质和级差收入税等特点。

第一节　资源税

一、资源税概述

(一)资源税的概念

资源税是对在中华人民共和国领域及管辖海域从事开采应税矿产品或者生产盐的单位和个人征收的一种税，属于对自然资源占用课税的范畴。

对资源占用行为课税不仅为当今许多国家广泛采用，而且具有十分悠久的历史。我国对资源占用课税的历史至少可以追溯到周代，当时的“山泽之赋”就是对伐木、采矿、狩猎、捕鱼、煮盐等开发、利用自然资源的生产活动课征的赋税。此后，我国历代政府一直延续了对矿冶资源、盐业资源等自然资源开发利用课税的制度。

现行资源税的法律规范是 1993 年 12 月国务院发布的《中华人民共和国资源税暂行条例》(以下简称《资源税暂行条例》)及其实施细则。把盐税并入资源税中，并将资源税征收范围扩大为原油、天然气、煤炭、其他非金属矿原矿、黑色金属矿原矿、有色金属矿原矿和盐 7 种，于 1994 年 1 月 1 日起不再按超额利润征税，而是按矿产品销售量征税。按照“普遍征收、级差调节”的原则，就资源赋税情况、开采条件、资源等级、地理位置等客观条件的差异规定了幅度税额，为每一个课税矿区规定了适用税率。这一规定考虑了资源条件优劣的差别，对级差收益进行了有效调节。

2011年9月30日，国务院发布《国务院关于修改〈中华人民共和国资源税暂行条例〉的决定》、《国务院关于修改〈中华人民共和国对外合作开采陆上石油资源条例〉的决定》、《国务院关于修改〈中华人民共和国对外合作开采海洋石油资源条例〉的决定》。修改了资源税的纳税人、税目税率和计税方法的有关规定。① 2011年10月28日，国务院发布《中华人民共和国资源税暂行条例实施细则》②及2011年11月28日，国家税务总局关于发布修订后的《资源税若干问题的规定》的公告③，并于2011年11月1日起施行。

2014年10月9日，财政部、国家税务总局联合发布《关于实施煤炭资源税改革的通知》以及《关于调整原油、天然气资源税有关政策的通知》，自2014年12月1日起在全国范围内实施煤炭资源税从价计征改革。④

2015年4月30日，财政部、国家税务总局联合发布《关于实施稀土、钨、钼资源税从价计征改革的通知》⑤，自2015年5月1日起实施稀土、钨、钼资源税清费立税、从价计征改革。

2016年5月9日，财政部、国家税务总局联合发布《关于全面推进资源税改革的通知》⑥《关于资源税改革具体政策问题的通知》⑦，自2016年7月1日起，资源税全面实施从价计征改革及水资源税改革试点，已实施从价计征的原油、天然气、煤炭、稀土、钨、钼等6个资源品目资源税政策暂不调整，仍按原办法执行。

（二）资源税的计税方法

资源税的计税方法一般有从量计征和从价计征两种。从量计征，即以应税资源产品的自然实物量为计税依据定额计征，有单纯从量计征和按质从量计征两种。前者只按应税资源产品的量而不按质计征；后者则按应税资源产品质的差异分等规定不同税额计征。从价计征，即以应税资源产品的自然实物量与单位价格的乘积为计税依据定率计征。

我国资源税自1994年以来，一直采用从量计征的计税方法。但是近年来，矿产品等资源的价格上涨幅度巨大，而单纯按照“从量计征”的征收方式，资源税的征收额度仅与数量有直接关系，无法体现资源税有效利用和保护资源的作用。因此，2011年开始，国务院决定修改《资源税暂行条例》，适当提高资源税率，油气资源由原来的“从量计征”改为现在的“从价计征”；2014年12月1日起在全国范围内实施煤炭资源税从价计征改革；自2015年5月1日起实施稀土、钨、钼资源税清费立税、从价计征改革；自2016年7月1日起，资源税全面实施从价计征改革及水资源税改革试点。中央把高出的利益让给地方政府，以此来解决地方税收收入不足问题，也有助于资源的合理利用和开发。

（三）资源税的特点

1. 只对特定资源征税

我国现行的资源税的征税对象既不是全部的自然资源，也并非对所有具有商品属性的资源都征税，而是主要选择对矿产资源进行征税。在矿产资源中，还采取了根据矿产品价格和采掘业的实际状

---

① 国务院：《国务院关于修改〈中华人民共和国资源税暂行条例〉的决定》，中华人民共和国国务院令第605号，2011年9月3日；国务院：《关于修改〈中华人民共和国对外合作开采陆上石油资源条例〉的决定》，中华人民共和国国务院令第606号，2011年9月30日；国务院：《关于修改〈中华人民共和国对外合作开采海洋石油资源条例〉的决定》，中华人民共和国国务院令第607号，2011年9月30日。

② 财政部、国家税务总局令第66号：《中华人民共和国资源税暂行条例实施细则》，2011年10月28日。

③ 国家税务总局公告〔2011〕第63号：《国家税务总局关于发布修订后的〈资源税若干问题的规定〉的公告》，2011年11月28日。

④ 财政部、国家税务总局：《关于实施煤炭资源税改革的通知》及《关于调整原油、天然气资源税有关政策的通知》，财税〔2014〕72号、73号，2014年10月9日。

⑤ 财政部、国家税务总局：《关于实施稀土、钨、钼资源税从价计征改革的通知》，财税〔2015〕52号，2015年4月30日。

⑥ 财政部、国家税务总局：《关于全面推进资源税改革的通知》，财税〔2016〕53号，2016年5月9日。

⑦ 财政部、国家税务总局：《关于资源税改革具体政策问题的通知》，财税〔2016〕54号，2016年5月9日。

况选择品目，分批分步实施征收资源税的办法。1984 年 10 月资源税开征伊始，只对原油、天然气、煤炭三种产品开征了资源税；后来又将铁矿石资源纳入资源税的征税范围；1994 年实行的资源税税制，规定对所有的矿产资源征收资源税，具体操作时，对矿产资源的绝大多数主要矿种，采取列举品目的办法征收。未列举品目的矿种主要是税源不大、不具代表性的矿种，这部分品目征收资源税或者缓征资源税的权限适当下放地方政府。

2. 具有受益税性质

从自然资源的所有权关系分析，如果应税资源非国家所有，则国家单纯凭借政治权力对资源的征税，属于严格意义上的税；反之，如果应税资源属于国家所有，对这类资源采取征税形式，那么，资源税具有资源有偿分配性质。一般来说，国家可以凭借对自然资源的所有权向资源的开发经营者收取占用费或租金，也可以凭借政治权力征税。在我国，国家既是自然资源的所有者，又是政治权力的行使者，国家把两种权力结合起来作为分配依据，使资源税的征收更加名副其实。资源税的征收是国家政治权力和所有权的统一。它一方面体现了税收强制性、固定性的特征；另一方面主要体现了对国有资源的有偿占用性。单位或个人开发经营国有自然资源，既应当为拥有开发权而付出一定的"代价"；又因享受国有自然资源，有义务支付一定的"费用"。所以说，我国资源税具有受益税的性质。

3. 具有级差收入税的特点

各种自然资源在客观上都存在着好坏、贫富、储存状况、开采条件、选矿条件、地理位置等种种差异。由于这些客观因素的影响，各资源开发者和使用者在资源丰瘠和收益多少上存在较大悬殊。一些占用和开发优质资源的企业和经营者，因资源条件的优越可以获得平均利润以外的级差收入；而开发和占用劣质资源的企业和经营者，则不能获得级差收入。我国资源税通过对同一资源实行高低不同的差别税率，可以直接调节因资源条件不同而产生的级差收入。可见，资源税实际上是一种级差收入税。

4. 实行从价定率或从量定额征收

现行资源税，只有黏土、砂石实行每吨或每立方米 0.1～5 元的"从量定额"计税，其他矿产品和盐均已改为"从价定率"征收。

5. 实行一次课征制

资源税实行一次课征制，只在开采(生产)环节征收，以后应税资源在其他流转环节中不再征税。

二、资源税的征税对象、纳税人与税率

(一)征税对象

资源税实行"普遍征收，级差调节"的原则，其征税对象仅限于矿产品和盐。资源税征税范围共有七大税目，具体包括：

1. 原油

只对开采的天然原油征税；人造石油不征税。

2. 天然气

天然气是指专门开采的天然气和与原油同时开采的天然气。对煤矿生产的天然气、对地面抽采煤层气暂不征收资源税。

3. 煤炭

煤炭，是指原煤，包括以未税原煤加工的洗选煤。其他煤炭制品不征税。

4. 其他非金属矿原矿或精矿

其他非金属矿原矿或精矿是指上列产品和海盐以外的非金属矿原矿或精矿。包括宝石、金刚石、玉石、大理石、花岗石、石灰石、石棉、膨润土等。矿泉水等水气矿产属于"其他非金属矿原矿——未列举名称的其他非金属矿原矿"。

5. 金属矿原矿或精矿

金属矿原矿或精矿包括铁矿石、锰矿石、铬矿石、铜矿石、铅锌矿石、铝土矿石、钨矿石、锡矿石、锑矿石、钼矿石、镍矿石、黄金矿石等。

6. 盐

盐包括固体盐和液体盐。固体盐又有海盐原盐、湖盐原盐和井矿盐。液体盐俗称卤水，是指氯化钠含量达到一定浓度的溶液，是用于生产碱和其他产品的原料。

7. 水(河北试点)①

鉴于取用水资源涉及面广、情况复杂，为确保改革平稳有序实施，先在河北省开展水资源税试点。

鉴于森林、草场、滩涂等资源在各地区的市场开发利用情况不尽相同，对其全面开征资源税条件尚不成熟，此次改革不在全国范围统一规定对森林、草场、滩涂等资源征税。

(二)纳税义务人和扣缴义务人

1. 纳税义务人

在中华人民共和国领域及管辖海域开采《资源税暂行条例》规定的矿产品或者生产盐的单位和个人，为资源税的纳税人，应当依照《资源税暂行条例》缴纳资源税。

需要说明的是：

(1)资源税是对在中国领域及管辖海域生产或开采应税资源的单位或个人征收，而对进口应税资源产品的单位或个人不征资源税。相应的对出口应税产品也不退(免)已纳的资源税。

(2)资源税是对开采或生产应税资源进行销售或自用的单位和个人，在出厂销售或视同销售自用时一次性征收，而对已税产品批发、零售的单位和个人不再征收资源税。

(3)开采海洋石油、天然气资源的企业，是指在中华人民共和国内海、领海、大陆架及其他属于中华人民共和国行使管辖权的海域内依法从事开采海洋石油、天然气资源的企业。

(4)根据国务院的决定，从2011年11月1日起，中外合作开采陆上、海洋石油资源的企业依法缴纳资源税，不再缴纳矿区使用费。但是，该条例施行前已依法订立的中外合作开采陆上石油资源的合同，在已约定的合同有效期内，继续按照当时国家有关规定缴纳矿区使用费，不缴纳资源税；合同期满后，依法缴纳资源税。②

2. 扣缴义务人

独立矿山、联合企业和其他收购未税矿产品的单位为资源税的扣缴义务人。

独立矿山指只有采矿或只有采矿和选矿，独立核算、自负盈亏的单位，其生产的原矿和精矿主要用于对外销售。③

联合企业指采矿、选矿、冶炼(或加工)连续生产的企业或采矿、冶炼(或加工)连续生产的企业，其采矿单位，一般是该企业的二级或二级以下核算单位。

(三)税率

现行资源税税率有比例税率和定额税率两种形式。只有黏土、砂石实行每吨或每立方米0.1～5元的幅度定额税率，其他矿产品和盐都已实行比例税率。(详见表8－1)。

---

① 财政部国家税务总局水利部：关于印发《水资源税改革试点暂行办法》的通知，财税〔2016〕55号，2016年5月9日。

② 国务院：《关于修改〈中华人民共和国对外合作开采陆上石油资源条例〉的决定》，中华人民共和国国务院令第606号，2011年9月30日。国务院：《关于修改〈中华人民共和国对外合作开采海洋石油资源条例〉的决定》，中华人民共和国国务院令第607号，2011年9月30日。

③ 国家税务总局公告〔2011〕第63号：《国家税务总局关于发布修订后的〈资源税若干问题的规定〉的公告》，2011年11月28日。

表 8—1　　资源税税目税率表

税目				税率
一、原油				销售额的 6%～10%
二、天然气				销售额的 6%～10%
三、煤炭(包括原煤和以未税原煤加工的洗选煤)				销售额的 2%～10%
四、其他非金属矿	石墨		精矿	销售额的 3%～10%
	硅藻土		精矿	销售额的 1%～6%
	高岭土		原矿	销售额的 1%～6%
	萤石		精矿	销售额的 1%～6%
	石灰石		原矿	销售额的 1%～6%
	硫铁矿		精矿	销售额的 1%～6%
	磷矿		原矿	销售额的 3%～8%
	氯化钾		精矿	销售额的 3%～8%
	硫酸钾		精矿	销售额的 6%～12%
	井矿盐		氯化钠初级产品	销售额的 1%～6%
	湖盐		氯化钠初级产品	销售额的 1%～6%
	提取地下卤水晒制的盐		氯化钠初级产品	销售额的 3%～15%
	煤层(成)气		原矿	销售额的 1%～2%
	粘土、砂石		原矿	每吨或每立方米 0.1～5 元
	未列举名称的其他非金属矿产品		原矿或精矿	从量税率每吨或每立方米不超过 30 元; 从价税率不超过 20%
五、金属矿	稀土矿	轻稀土	精矿	内蒙古 11.5%、四川 9.5%、山东 7.5%
		中重稀土	精矿	销售额的 27%
	钨矿		精矿	销售额的 6.5%
	钼矿		精矿	销售额的 11%
	铁矿		精矿	销售额的 1%～6%
	金矿		金锭	销售额的 1%～4%
	铜矿		精矿	销售额的 2%～8%
	铝土矿		原矿	销售额的 3%～9%
	铅锌矿		精矿	销售额的 2%～6%
	镍矿		精矿	销售额的 2%～6%
	锡矿		精矿	销售额的 2%～6%
	未列举名称的其他金属矿产品		原矿或精矿	税率不超过 20%
六、海盐			氯化钠初级产品	销售额的 1%～5%

备注:(1)铝土矿包括耐火级矾土、研磨级矾土等高铝黏土。(2)氯化钠初级产品是指井矿盐、湖盐原盐、提取地下卤水晒制的盐和海盐原盐,包括固体和液体形态的初级产品。(3)海盐是指海水晒制的盐,不包括提取地下卤水晒制的盐。

纳税人具体适用的税率，在《资源税税目税率表》规定的税率幅度内，根据纳税人所开采或者生产应税产品的资源品位、开采条件等情况，由财政部商国务院有关部门确定。

纳税人在开采主矿产品的过程中伴采的其他应税矿产品，凡未单独规定适用税额的，一律按主矿产品或视同主矿产品税目征收资源税。

财政部未列举名称且未确定具体适用税率的其他非金属矿原矿和有色金属矿原矿，由省、自治区、直辖市人民政府根据实际情况在浮动30%的幅度内核定，并报财政部和国家税务总局备案。

纳税人开采或者生产不同税目应税产品的，应当分别核算不同税目应税产品的销售额或者销售数量；未分别核算或者不能准确提供不同税目应税产品的销售额或者销售数量的，从高适用税率。

独立矿山、联合企业收购未税资源税应税产品的单位，按照本单位应税产品税额(率)标准，依据收购的数量(金额)代扣代缴资源税。

其他收购单位收购的未税资源税应税产品，按主管税务机关核定的应税产品税额(率)标准，依据收购的数量(金额)代扣代缴资源税。

三、税额的计算、减免与缴纳

(一)计税依据的确定①

资源税采取从价定率或从量定额的办法征收，其计税依据是应税资源产品的销售额或课税数量。

1. 一般规定

(1)纳税人开采或者生产应税产品销售的，以销售额或销售数量为计税依据。销售额为纳税人销售应税产品向购买方收取的全部价款和价外费用，但不包括收取的增值税销项税额。价外费用以及纳税人申报的应税产品销售额明显偏低并且无正当理由的、有视同销售应税产品行为而无销售额的处理办法同增值税。

(2)纳税人开采或者生产应税产品，自用于连续生产应税产品的，不缴纳资源税；自用于其他方面的，视同销售，依照《资源税暂行条例》缴纳资源税。应当征收资源税的视同销售的自产自用产品，包括用于非生产项目和生产非应税产品两部分。

(3)纳税人开采或者生产应税产品自用的，以自用数量为课税数量，自用的应税产品为从价定率计征办法的，按纳税人对外销售应税产品的平均价格计算销售额征收资源税。

2. 特殊规定②

(1)一些特殊情况下销售额的确定。

纳税人开采应税产品由其关联单位对外销售的，按其关联单位的销售额征收资源税。

纳税人既有对外销售应税产品，又有将应税产品自用于除连续生产应税产品以外的其他方面的，则自用的这部分应税产品，按纳税人对外销售应税产品的平均价格计算销售额征收资源税。

纳税人将其开采的应税产品直接出口的，按其离岸价格(不含增值税)计算销售额征收资源税。

原油中的稠油、高凝油与稀油划分不清或不易划分的，一律按原油的数量课税。凝析油视同原油，征收资源税。

(2)自产自用产品的课税数量。

资源税纳税人自产自用应税产品，因无法准确提供移送使用量而采取折算比换算课税数量办法的，具体规定如下：

纳税人不能准确提供应税产品销售数量或移送使用数量的，以应税产品的产量或主管税务机关

---

① 财政部、国家税务总局令第66号:《中华人民共和国资源税暂行条例实施细则》,2011年10月28日。

② 国家税务总局公告〔2011〕第63号:《国家税务总局关于发布修订后的〈资源税若干问题的规定〉的公告》,2011年11月28日。

确定的折算比所换算成的数量为课税数量。

煤炭，对于连续加工前无法正确计算原煤移送使用量的，可按加工产品的综合回收率，将加工产品实际销量和自用量折算成的原煤数量作为课税数量。

金属和非金属矿产品原矿，因无法准确掌握纳税人移送使用原矿数量的，可将其精矿按选矿比折算成的原矿数量作为课税数量。

纳税人以自产的液体盐加工固体盐，按固体盐税额征税，以加工的固体盐数量为课税数量。纳税人以外购的液体盐加工成固体盐，其加工固体盐所耗用液体盐的已纳税额准予抵扣。

(3)收购数量(金额)的确定比照课税数量(销售额)的规定执行。

3. 煤炭资源税的计税销售额

(1)纳税人开采原煤直接对外销售的，以原煤销售额作为应税煤炭销售额计算缴纳资源税。原煤销售额不含从坑口到车站、码头等的运输费用。

(2)纳税人将其开采的原煤，自用于连续生产洗选煤的，在原煤移送使用环节不缴纳资源税；自用于其他方面的，视同销售原煤，计算缴纳资源税。

(3)纳税人将其开采的原煤加工为洗选煤销售的，以洗选煤销售额乘以折算率作为应税煤炭销售额计算缴纳资源税。洗选煤销售额包括洗选副产品的销售额，不包括洗选煤从洗选煤厂到车站、码头等的运输费用。折算率由省、自治区、直辖市财税部门或其授权地市级财税部门确定。

(4)纳税人将其开采的原煤加工为洗选煤自用的，视同销售洗选煤，计算缴纳资源税。

4. 稀土、钨、钼资源税的计税销售额

纳税人将其开采的原矿加工为精矿销售的，按精矿销售额(不含增值税)和适用税率计算缴纳资源税。纳税人开采并销售原矿的，将原矿销售额(不含增值税)换算为精矿销售额计算缴纳资源税。应纳税额的计算公式为：

应纳税额＝精矿销售额×适用税率

精矿销售额＝精矿销售量×单位价格

精矿销售额不包括从洗选厂到车站、码头或用户指定运达地点的运输费用。

(1)原矿销售额与精矿销售额的换算

纳税人销售(或者视同销售)其自采原矿的，可采用成本法或市场法将原矿销售额换算为精矿销售额计算缴纳资源税。

其中成本法的公式为：

精矿销售额＝原矿销售额＋原矿加工为精矿的成本×(1＋成本利润率)

市场法的公式为：

精矿销售额＝原矿销售额×换算比

换算比＝同类精矿单位价格÷(原矿单位价格×选矿比)

选矿比＝加工精矿耗用的原矿数量÷精矿数量

原矿销售额不包括从矿区到车站、码头或用户指定运达地点的运输费用。

(2)关于共生矿、伴生矿的纳税

与稀土共生、伴生的铁矿石，在计征铁矿石资源税时，准予扣减其中共生、伴生的稀土矿石数量。与稀土、钨和钼共生、伴生的应税产品，或者稀土、钨和钼为共生、伴生矿的，在改革前未单独计征资源税的，改革后暂不计征资源税。

(二)应纳税额的计算

资源税的应纳税额，按照从价定率或者从量定额的办法，分别以应税产品的销售额乘以纳税人具体适用的比例税率或者以应税产品的销售数量乘以纳税人具体适用的定额税率计算。

1. 从价定率

应纳税额＝销售额×比例税率

2. 从量定额

应纳税额＝课税数量×单位税额

【例 8－1】 某油田 2015 年 12 月份发生的业务如下所述：

(1)生产原油 30 万吨，其中：对外销售 22 万吨，取得销售收入 10 000 万元；将 5 万吨原油移送所属化工厂进行加工提炼；1 万吨用于加热和修井；还有 2 万吨待售。

(2)伴采天然气 100 千立方米；本月销售 80 千立方米，取得销售收入 20.8 万元，自用生产非应税产品 20 千立方米。已知该油田资源税税额：原油税率为 6%，天然气税率为 6%。要求计算该油田本月应纳的资源税税额。

【答案】 应纳税额＝10 000×6%＋100×(20.8÷80)×6%＝601.56(万元)

【例 8－2】 某煤矿企业(增值税一般纳税人)，2015 年 12 月向某电厂销售优质原煤 3 000 吨，开具增值税专用发票注明不含税价款 36 万元，支付从坑口到车站的运输费用 2 万元；向某煤场销售选煤，开具增值税普通发票列明销售额 7.6 万元。该煤矿资源税税率为 5%，选煤折算率为 82%。

【答案】 当月应纳资源税＝36×5%＋7.6÷(1＋17%)×82%×5%＝2.07(万元)

(三)资源税的减免①

有下列情形之一的，减征或者免征资源税：

(1)开采原油过程中用于加热、修井的原油，免税。

(2)纳税人开采或者生产应税产品过程中，因意外事故或者自然灾害等原因遭受重大损失的，由省、自治区、直辖市人民政府酌情决定减税或者免税。

(3)铁矿石资源税减按 80%征收；尾矿再利用不征收资源税。自 2014 年 12 月 1 日起，对稠油、高凝油和高含硫天然气资源税减征 40%；对三次采油资源税减征 30%；对低丰度油气田资源税暂减征 20%；对深水油气田资源税减征 30%。②

(4)从 2007 年 1 月 1 日起，对地面抽采煤层气(煤矿瓦斯)暂不征收资源税。自 2014 年 12 月 1 日起，对衰竭期煤矿开采的煤炭，资源税减征 30%；对充填开采置换出来的煤炭，资源税减征 50%。③

(5)国务院规定的其他减税、免税项目。

纳税人的减税、免税项目，应当单独核算销售额或者销售数量；未单独核算或者不能准确提供销售额或者销售数量的，不予减税或者免税。

符合上述减免税规定的原油、天然气划分不清的，一律不予减免资源税；同时符合上述两项及两项以上减税规定的，只能选择其中一项执行，不能叠加适用。

(四)资源税的缴纳

1. 纳税义务发生时间

(1)纳税人生产销售应税产品，其纳税义务发生时间为：采取分期收款结算方式的，为销售合同规定的收款日期的当天；采取预收货款结算方式的，为发出应税产品的当天；采取其他结算方式的，为收讫销售款或者取得索取销售款凭据的当天。

(2)纳税人自产自用应税产品的，其纳税义务发生时间为移送使用应税产品的当天。

(3)扣缴义务人代扣代缴资源税的纳税义务发生时间为支付首笔货款或首次开具支付货款凭据的当天。

2. 纳税环节

(1)纳税人将其开采的原矿加工为精矿销售的，在销售环节计算缴纳资源税。

---

① 国务院中华人民共和国国务院令第 605 号：《国务院关于修改〈中华人民共和国资源税暂行条例〉的决定》，2011 年 9 月 30 日。

② 财政部、国家税务总局：《关于调整原油、天然气资源税有关政策的通知》，财税〔2014〕73 号，2014 年 10 月 9 日。

③ 财政部、国家税务总局：《关于实施煤炭资源税改革的通知》，财税〔2014〕72 号，2014 年 10 月 9 日。

(2)纳税人将其开采的原矿，自用于连续生产精矿的，在原矿移送使用环节不缴纳资源税，加工为精矿后按规定计算缴纳资源税。

(3)纳税人将自采原矿加工为精矿自用或者进行投资、分配、抵债以及以物易物等情形的，视同销售精矿，依照有关规定计算缴纳资源税。

(4)纳税人将其开采的原矿对外销售的，在销售环节缴纳资源税；纳税人将其开采的原矿连续生产非精矿产品的，视同销售原矿，依照有关规定计算缴纳资源税。

3. 纳税期限

资源税的纳税期限为1日、3日、5日、10日、15日或者1个月。纳税人的纳税期限由主管税务机关根据实际情况具体核定，不能按固定期限计算纳税的，可以按次计算纳税。

纳税人以1个月为一期纳税的，自期满之日起10日内申报纳税；以1日、3日、5日、10日或者15日为一期纳税的，自期满之日起5日内预缴税款，于次月1日起10日内申报纳税并结清上月税款。扣缴义务人的解缴税款期限，比照上述规定执行。

4. 纳税地点

凡缴纳资源税的纳税人，都应当向应税产品的开采或者生产所在地主管税务机关缴纳。

纳税人在本省、自治区、直辖市范围内开采或者生产应税产品，其纳税地点需要调整的，由所在地省、自治区、直辖市税务机关决定。

跨省、自治区、直辖市开采或者生产资源税应税产品的纳税人，其下属生产单位与核算单位不在同一省、自治区、直辖市的，对其开采或者生产的应税产品，一律在开采地或者生产地纳税。实行从量计征的应税产品，其应纳税款一律由独立核算的单位按照每个开采地或者生产地的销售量及适用税率计算划拨；实行从价计征的应税产品，其应纳税款一律由独立核算的单位按照每个开采地或者生产地的销售量、单位销售价格及适用税率计算划拨。

扣缴义务人代扣代缴的资源税，应当向收购地主管税务机关缴纳。

【例8－3】 某铜矿开采企业为增值税一般纳税人，9月份生产经营情况如下：采用分期收款方式销售铜矿石5 000吨，不含税单价40元/吨，合同规定分两个月等额收回货款，9月份实际收到货款60 000元；当地铜矿资源税5元/吨。计算该铜矿开采企业此项业务中涉及的增值税销项税和资源税税额。

【答案】 资源税＝5 000×50％×5＝12 500(元)

增值税＝5 000×50％×40×17％＝17 000(元)

四、案例分析

【案例8－1】 资源税应纳税额的计算

某联合企业为增值税一般纳税人，2015年12月生产经营情况如下：

(1)专门开采的天然气45 000千立方米，开采原煤450万吨，采煤过程中生产天然气2 800千立方米；

(2)销售原煤280万吨，取得不含税销售额22 400万元；

(3)以原煤直接加工洗煤110万吨，对外销售90万吨，取得不含税销售额15 840万元；

(4)企业职工食堂和供热等用原煤2 500吨；

(5)销售天然气37 000千立方米(含采煤过程中生产的2 000千立方米)，取得不含税销售额6 660万元(含采煤过程中生产天然气360万元)。

已知资源税税率：原煤2％，天然气6％；洗煤与原煤的选矿比为60％。

要求：分析并计算该联合企业2015年12月应缴纳的资源税。

【解析】

(1)外销原煤应纳资源税＝22 400×2％＝1 120(万元)

(2)外销洗煤应纳资源税＝15 840×60％×2％＝190.08(万元)

(3)食堂用煤应纳资源税＝2 500×(2 2400÷280)×2％＝0.4(万元)

(4)外销天然气应纳资源税＝(6 660－360)×6％＝378(万元)

(5)应缴纳资源税合计＝1 120＋190.08＋0.4＋378＝1 688.48(万元)

第二节 城镇土地使用税法

一、城镇土地使用税概述

(一)城镇土地使用税的概念

城镇土地使用税是以国有或集体土地为征税对象，对拥有土地使用权的单位和个人征收的一种税。

开征城镇土地使用税，有利于通过经济手段，加强对土地的管理，变土地的无偿使用为有偿使用，促进合理、节约使用土地，提高土地使用效益；有利于适当调节不同地区、不同地段之间的土地级差收入，促进企业加强经济核算，理顺国家与土地使用者之间的分配关系。

现行城镇土地使用税的法律规范是国务院于 1988 年 9 月 27 日发布(同年 11 月 1 日起施行)、2006 年修订的《中华人民共和国城镇土地使用税暂行条例》(以下简称《城镇土地使用税暂行条例》)。

(二)城镇土地使用税的特点

1. 征税对象是国有土地

我国《宪法》明确规定，城镇土地的所有权归国家，单位和个人对占用的土地只有使用权而无所有权。国家既可以凭借财产权力对土地使用人获取的收益进行分配，又可以凭借政治权利对土地使用者进行征税。开征城镇土地使用税，实质上是运用国家政治权力，将纳税人获取的本应属于国家的土地收益集中到国家手中。农业土地因属于集体所有，故未纳入征税范围。

2. 征税范围广泛

现行城镇土地使用税对在我国境内使用土地单位和个人征收。征收范围较广的土地使用税，将在筹集地方财政资金、调节土地使用和收益分配方面发挥积极作用。

3. 实行差别幅度税额

开征城镇土地使用税的目的之一，在于调节土地的级差收入，而级差收入的产生主要取决于土地的位置。占有土地位置优越的纳税人可以节约运输和流通费用，扩大销售和经营规模，取得额外经济收益。为了有利于体现国家政策，城镇土地使用税实行差别幅度税额。对不同城镇适用不同税额，对同一城镇的不同地段，根据市政建设状况和经济繁荣程度也确定不等的负担水平。

二、城镇土地使用税的征税范围、纳税人、计税依据与税率

(一)征税范围

城镇土地使用税的征税范围，包括在城市、县城、建制镇和工矿区内的国家所有和集体所有的土地。

上述城市、县城、建制镇和工矿区分别按以下标准确认：

(1)城市是指经国务院批准设立的市。

(2)县城是指县人民政府所在地。

(3)建制镇是指经省、自治区、直辖市人民政府批准设立的建制镇。

(4)工矿区是指工商业比较发达，人口比较集中，符合国务院规定的建制镇标准，但尚未设立建制镇的大中型工矿企业所在地，工矿区须经省、自治区、直辖市人民政府批准。

上述城镇土地使用税的征税范围中，城市的土地包括市区和郊区的土地，县城的土地是指县人民

政府所在地的城镇土地，建制镇的土地是指镇人民政府所在地的土地。建立在城市、县城、建制镇和工矿以外的工矿企业则不需缴纳城镇土地使用税。

(5)自 2009 年 1 月 1 日起，公园、名胜古迹内的索道公司经营用地，应按规定缴纳城镇土地使用税。①

(6)自 2009 年 12 月 1 日起，对在城镇土地使用税征税范围内单独建造的地下建筑用地，按规定征收城镇土地使用税。其中：已取得地下土地使用权证的，按土地使用权证确认的土地面积计算应征税款；未取得地下土地使用权证或地下土地使用权证上未标明土地面积的，按地下建筑垂直投影面积计算应征税款。对上述地下建筑用地暂按应征税款的 50%征收城镇土地使用税。②

(二)纳税人

在城市、县城、建制镇、工矿区范围内使用土地的单位和个人，为城镇土地使用税(以下简称“土地使用税”)的纳税人。

所称单位，包括国有企业、集体企业、私营企业、股份制企业、外商投资企业、外国企业以及其他企业和事业单位、社会团体、国家机关、军队以及其他单位；所称个人，包括个体工商户以及其他个人。

城镇土地使用税的纳税人通常包括以下几类：

(1)拥有土地使用权的单位和个人。

(2)拥有土地使用权的单位和个人不在土地所在地的，其土地的实际使用人和代管人为纳税人。

(3)土地使用权未确定或权属纠纷未解决的，其实际使用人为纳税人。

(4)土地使用权共有的，共有各方都是纳税人，由共有各方分别纳税。

(三)计税依据

城镇土地使用税以纳税人实际占用的土地面积为计税依据，土地面积计量标准为每平方米。即税务机关根据纳税人实际占用的土地面积，按照规定的税额计算应纳税额，向纳税人征收土地使用税。

纳税人实际占用的土地面积按下列办法确定：③

(1)由省、自治区、直辖市人民政府确定的单位组织测定土地面积的，以测定的面积为准。

(2)尚未组织测量，但纳税人持有政府部门核发的土地使用证书的，以证书确认的土地面积为准。

(3)尚未核发土地使用证书的，应由纳税人申报土地面积，据以纳税，待核发土地使用证以后再作调整。

(四)税率

城镇土地使用税采用定额税率，即采用有幅度的差别税额，按大、中、小城市和县城、建制镇、工矿区分别规定每平方米土地使用税年应纳税额。具体标准如表 8－2 所示。

表 8－2 **城镇土地使用税税率表**

级 别	人口(人)	每平方米税额(元)
大城市	50 万以上	1.5～30
中等城市	20 万～50 万	1.2～24
小城市	20 万以下	0.9～18
县城、建制镇、工矿区		0.6～12

大、中、小城市以公安部门登记在册的非农业正式户口人数为依据，按照国务院颁布的《城市规划

① 财政部、国家税务总局：《关于房产税、城镇土地使用税有关问题的通知》，财税〔2008〕152 号，2008 年 12 月 18 日。

② 财政部、国家税务总局：《关于房产税、城镇土地使用税有关问题的通知》，财税〔2009〕128 号，2009 年 11 月 22 日。

③ 国家税务局：《关于土地使用税若干具体问题的解释和暂行规定》，国税地〔1988〕15 号，1988 年 10 月 24 日。

条例》中规定的标准划分。人口在50万以上者为大城市；人口在20万～50万之间者为中等城市；人口在20万以下者为小城市。

各省、自治区、直辖市人民政府可根据市政建设情况和经济繁荣程度，在规定税额幅度内，确定所辖地区的适用税额幅度。经济落后地区，土地使用税的适用税额标准可适当降低，但降低额不得超过上述规定最低税额的30%。经济发达地区的适用税额标准可以适当提高，但须报财政部批准。

城镇土地使用税规定幅度税额主要考虑到我国各地区存在着悬殊的土地级差收益，同一地区内不同地段的市政建设情况和经济繁荣程度也有较大的差别。把城镇土地使用税税额定为幅度税额，拉开档次，而且每个幅度税额的差距规定为20倍。这样，各地政府在划分本辖区不同地段的等级，确定适用税额时，有选择余地，便于具体划分和确定。幅度税额还可以调节不同地区、不同地段之间的土地级差收益，尽可能地平衡税负。

三、税额的计算、减免与缴纳

(一)应纳税额的计算

城镇土地使用税的应纳税额可以通过纳税人实际占用的土地面积乘以该土地所在地段的适用税额求得。其计算公式为：

全年应纳税额＝实际占用应税土地面积(平方米)×适用税额

【例8—3】 设在某城市的一家企业使用土地面积为10 000平方米，经税务机关核定，该土地为应税土地，每平方米年税额为4元。计算其全年应纳的土地使用税税额。

【答案】 年应纳土地使用税税额＝10 000×4＝40 000(元)

(二)城镇土地使用税的减免

1. 法定免缴土地使用税的规定

(1)国家机关、人民团体、军队自用的土地。这部分土地是指这些单位本身的办公用地和公务用地，如国家机关、人民团体的办公楼用地，军队的训练场用地等。

(2)由国家财政部门拨付事业经费的单位自用的土地。这部分土地是指这些单位本身的业务用地，如学校的教学楼、操场、食堂等占用的土地。

(3)宗教寺庙、公园、名胜古迹自用的土地。宗教寺庙自用的土地，是指举行宗教仪式等的用地和寺庙内的宗教人员生活用地。公园、名胜古迹自用的土地，是指供公共参观游览用地及其管理单位的办公用地。

以上单位的生产、经营用地和其他用地，不属于免税范围，应按规定缴纳土地使用税，如公园、名胜古迹中附设的营业单位如影剧院、饮食部、茶社、照相馆使用的土地。

(4)市政街道、广场、绿化地带等公共用地。

(5)直接用于农、林、牧、渔业的生产用地。这部分土地是指直接从事于种植养殖、饲养的专业用地，不包括农副产品加工场地和生活办公用地。

(6)经批准开山填海整治的土地和改造的废弃土地，从使用的月份起免缴土地使用税5～10年。

具体免税期限由各省、自治区、直辖市地方税务局在《城镇土地使用税暂行条例》规定的期限内自行确定。享受免缴土地使用税5～10年的填海整治的土地，是指纳税人经有关部门批准后自行填海整治的土地，不包括纳税人通过出让、转让、划拨等方式取得的已填海整治的土地。①

(7)自2000年7月10日起，对非营利性医疗机构、疾病控制机构和妇幼保健机构等卫生机构自用的土地，免征城镇土地使用税。对营利性医疗机构自用的土地自2000年起免征城镇土地使用税3年。②

---

① 国家税务总局：《关于填海整治土地免征城镇土地使用税问题的批复》，国税函〔2005〕968号，2005年10月14日。

② 财政部、国家税务总局：《关于医疗卫生机构有关税收政策的通知》，财税〔2000〕42号，2000年7月10日。

(8)企业办的学校、医院、托儿所、幼儿园，其用地能与企业其他用地明确区分的，免征城镇土地使用税。

(9)免税单位无偿使用纳税单位的土地(如公安、海关等单位使用铁路、民航等单位的土地)，免征城镇土地使用税。纳税单位无偿使用免税单位的土地，纳税单位应照章缴纳城镇土地使用税。纳税单位与免税单位共同使用、共有使用权土地上的多层建筑，对纳税单位可按其占用的建筑面积占建筑总面积的比例计征城镇土地使用税。①

(10)自2007年8月1日起，对廉租住房、经济适用住房建设用地以及廉租住房经营管理单位按照政府规定价格、向规定保障对象出租的廉租住房用地，免征土地使用税。

开发商在经济适用住房、商品住房项目中配套建造廉租住房，在商品住房项目中配套建造经济适用住房，如能提供政府部门出具的相关材料，可按廉租住房、经济适用住房建筑面积占总建筑面积的比例免征开发商应缴纳的城镇土地使用税。②

(11)自2008年3月1日起，对个人出租住房，不区分用途，免征城镇土地使用税。

(12)对行使国家行政管理职能的中国人民银行总行(含国家外汇管理局)所属分支机构自用的土地，免征城镇土地使用税。

(13)自2012年1月1日至2014年12月31日，对物流企业自有的(包括自用和出租)大宗商品仓储设施用地，减按适用税额的50%计征城镇土地使用税。

(14)自2013年7月4日起，对改造安置住房建设用地免征城镇土地使用税。

(15)自2013年1月1日至2015年12月31日，对城市公交站场、道路客运站场的运营用地，免征城镇土地使用税。

2. 省、自治区、直辖市地方税务局减免土地使用税的规定

(1)个人所有的居住房屋及院落用地。

(2)房产管理部门在房租调整改革前经租的居民住房用地。

(3)免税单位职工家属的宿舍用地。

(4)民政部门举办的安置残疾人占一定比例的福利工厂用地。

(5)集体和个人办的各类学校、医院、托儿所、幼儿园用地。

(三)城镇土地使用税的缴纳

1. 纳税期限

城镇土地使用税实行按年计算、分期缴纳的征收方法，具体纳税期限由省、自治区、直辖市人民政府确定。

2. 纳税义务发生时间

(1)纳税人购置新建商品房，自房屋交付使用之次月起，缴纳城镇土地使用税。

(2)纳税人购置存量房，自办理房屋权属转移、变更登记手续，房地产权属登记机关签发房屋权属证书之次月起，缴纳城镇土地使用税。

(3)纳税人出租、出借房产，自交付出租、出借房产之次月起，缴纳城镇土地使用税。③

(4)以出让或转让方式有偿取得土地使用权的，应由受让方从合同约定交付土地时间的次月起缴纳城镇土地使用税；合同未约定交付时间的，由受让方从合同签订的次月起缴纳城镇土地使用税。

(5)纳税人新征用的耕地，自批准征用之日起满1年时开始缴纳城镇土地使用税。

---

① 国家税务总局：《关于取消部分地方行政审批项目的通知》，国税函〔2007〕629号，2007年6月11日。

② 财政部、国家税务总局：《关于廉租住房经济适用住房和住房租赁有关税收政策的通知》，财税〔2008〕24号，2008年3月3日。

③ 国家税务总局：《关于房产税、城镇土地使用税有关政策规定的通知》，国税发〔2003〕89号，2003年7月15日。

(6)纳税人新征用的非耕地,自批准征用次月起缴纳城镇土地使用税。

(7)自2009年1月1日起,纳税人因土地的权利发生变化而依法终止城镇土地使用税纳税义务的,其应纳税款的计算应截止到土地权利发生变化的当月末。①

3. 纳税地点和征收机构

城镇土地使用税在土地所在地缴纳。

纳税人使用的土地不属于同一省、自治区、直辖市管辖的,由纳税人分别向土地所在地的税务机关缴纳土地使用税;在同一省、自治区、直辖市管辖范围内,纳税人跨地区使用的土地,其纳税地点由各省、自治区、直辖市地方税务局确定。

土地使用税由土地所在地的地方税务机关征收,其收入纳入地方财政预算管理。土地使用税征收工作涉及面广,政策性较强,在税务机关负责征收的同时,还必须注意加强同国土管理、测绘等有关部门的联系,及时取得土地的权属资料,沟通情况,共同协作把征收管理工作做好。

四、案例分析

【案例8—2】 城镇土地使用税应纳税额的计算。

某制药企业坐落在某县城,全年实际占地50 000平方米,办公楼占地4 500平方米,医务室占地900平方米,幼儿园占地1 600平方米,厂区内道路及绿化占地3 000平方米(单位税额为3元/平方米)。

要求:根据减免税的有关规定,计算分析该企业应纳的城镇土地使用税。

【解析】 根据减免税的有关规定,企业办的医务室和幼儿园,其用地能与企业其他用地明确区分的,免征城镇土地使用税。

应纳税额=(50 000－900－1 600)×3=142 500(元)

第三节　耕地占用税法

一、耕地占用税概述

(一)耕地占用税的概念

耕地占用税是对占用耕地建房或从事其他非农业建设的单位和个人,就其实际占用的耕地面积征收的一种税,它属于对特定土地资源占用课税。

现行耕地占用税的法律规范是2007年12月1日国务院颁布的《中华人民共和国耕地占用税暂行条例》②(以下简称《耕地占用税暂行条例》),以及2008年2月26日财政部和国家税务总局颁发的《中华人民共和国耕地占用税暂行条例实施细则》③。

(二)耕地占用税的特点

耕地占用税作为一个出于特定目的、对特定的土地资源课征的税种,与其他税种相比,具有比较鲜明的特点,主要表现在以下几个方面:

1. 兼具资源税与特定行为税的性质

耕地占用税以占用农用耕地建房或从事其他非农用建设的行为为征税对象,以约束纳税人占用耕地的行为、促进土地资源的合理运用为课征目的,除具有资源占用税的属性外,还具有明显的特定

① 财政部、国家税务总局:《关于房产税、城镇土地使用税有关问题的通知》,财税〔2008〕152号,2008年12月18日。

② 《中华人民共和国耕地占用税暂行条例》,中华人民共和国国务院令第511号,2007年12月1日。

③ 财政部、国家税务总局:《中华人民共和国耕地占用税暂行条例实施细则》,中华人民共和国财政部,国家税务总局令第49号,2008年2月26日。

行为税的特点。

2. 采用地区差别税率

耕地占用税采用地区差别税率，根据不同地区的具体情况，分别制定差别税额，以适应我国地域辽阔、各地区之间耕地质量差别较大、人均占有耕地面积相差悬殊的具体情况，具有因地制宜的特点。

3. 在占用耕地环节一次性课征

耕地占用税在纳税人获准占用耕地的环节征收，除对获准占用耕地后超过2年未使用者须加征耕地占用税外，此后不再征收耕地占用税。因此，耕地占用税具有一次性征收的特点。

4. 税收收入专用于耕地开发与改良

耕地占用税收入按规定应用于建立发展农业专项基金，主要用于开展宜耕土地开发和改良现有耕地之用。因此，耕地占用税具有"取之于地、用之于地"的补偿性特点。

二、耕地占用税的征税范围、纳税人与税率

(一)征税范围

耕地占用税的征税范围包括纳税人为建房或从事其他非农业建设而占用的国家所有和集体所有的耕地。农田水利占用耕地的，不征收耕地占用税。

所谓耕地，是指种植农业作物的土地，包括菜地、园地。其中，园地包括花圃、苗圃、茶园、果园、桑园和其他种植经济林木的土地。

占用鱼塘及其他农用土地建房或从事其他非农业建设，也视同占用耕地，必须依法征收耕地占用税。占用已开发从事种植、养殖的滩涂、草场、水面和林地等从事非农业建设，由省、自治区、直辖市本着有利于保护土地资源和生态平衡的原则，结合具体情况确定是否征收耕地占用税。

此外，在占用之前3年内属于上述范围的耕地或农用土地，也视为耕地。

(二)纳税人

耕地占用税的纳税义务人，是占用耕地建房或从事非农业建设的单位和个人。经申请批准占用耕地的，纳税人为农用地转用审批文件中标明的建设用地人；农用地转用审批文件中未标明建设用地人的，纳税人为用地申请人。未经批准占用耕地的，纳税人为实际用地人。

所称单位，包括国有企业、集体企业、私营企业、股份制企业、外商投资企业、外国企业以及其他企业和事业单位、社会团体、国家机关、军队以及其他单位；所称个人，包括个体工商户以及其他个人。

(三)税率

由于在我国的不同地区之间人口和耕地资源的分布极不均衡，有些地区人烟稠密，耕地资源相对匮乏；而有些地区则人烟稀少，耕地资源比较丰富。各地区之间的经济发展水平也有很大差异。考虑到不同地区之间客观条件的差别以及与此相关的税收调节力度和纳税人负担能力方面的差别，耕地占用税在税率设计上采用了地区差别定额税率。税额规定[①]如下(见表8－3)：

(1)人均耕地不超过1亩的地区(以县级行政区域为单位，下同)，每平方米为10～50元；

(2)人均耕地超过1亩但不超过2亩的地区，每平方米为8～40元；

(3)人均耕地超过2亩但不超过3亩的地区，每平方米为6～30元；

(4)人均耕地超过3亩以上的地区，每平方米为5～25元。

经济特区、经济技术开发区和经济发达、人均耕地特别少的地区，适用税额可以适当提高，但最多不得超过上述规定税额的50％。

---

① 《中华人民共和国耕地占用税暂行条例》，中华人民共和国国务院令第511号，2007年12月1日。

表 8－3　　各省、自治区、直辖市耕地占用税平均税额[1]

地　区	每平方米/平均税额(元)
上海	45
北京	40
天津	35
江苏、浙江、福建、广东	30
辽宁、湖北、湖南	25
河北、安徽、江西、山东、河南、重庆、四川	22.5
广西、海南、贵州、云南、陕西	20
山西、吉林、黑龙江	17.5
内蒙古、西藏、甘肃、青海、宁夏、新疆	12.5

三、税额的计算、减免与缴纳

(一)应纳税额的计算

耕地占用税以纳税人实际占用的耕地面积为计税依据，以每平方米土地为计税单位，按适用的定额税率计税。其计算公式为：

应纳税额＝实际占用耕地面积(平方米)×适用定额税率

【例 8－4】 假设某市一家企业新占用 19 800 平方米耕地用于工业建设，所占耕地适用的定额税率为 20 元/平方米。计算该企业应纳的耕地占用税。

【答案】 应纳税额＝19 800×20＝396 000(元)

(二)耕地占用税的减免[2]

1. 免征耕地占用税

(1)军事设施占用耕地。

(2)学校、幼儿园、养老院、医院占用耕地。

2. 减征耕地占用税

(1)铁路线路、公路线路、飞机场跑道、停机坪、港口、航道占用耕地，减按每平方米 2 元的税额征收耕地占用税。

根据实际需要，国务院财政、税务主管部门商国务院有关部门并报国务院批准后，可以对前款规定的情形免征或者减征耕地占用税。

(2)农村居民占用耕地新建住宅，按照当地适用税额减半征收耕地占用税。

农村烈士家属、残疾军人、鳏寡孤独以及革命老根据地、少数民族聚居区和边远贫困山区生活困难的农村居民，在规定用地标准以内新建住宅缴纳耕地占用税确有困难的，经所在地乡(镇)人民政府审核，报经县级人民政府批准后，可以免征或者减征耕地占用税。

免征或者减征耕地占用税后，纳税人改变原占地用途，不再属于免征或者减征耕地占用税情形的，应当按照当地适用税额补缴耕地占用税。[3]

---

① 财政部、国家税务总局:《中华人民共和国耕地占用税暂行条例实施细则》，中华人民共和国财政部，国家税务总局令第 49 号，2008 年 2 月 26 日。

② 《中华人民共和国耕地占用税暂行条例》，中华人民共和国国务院令第 511 号，2007 年 12 月 1 日。

③ 财政部:《国家税务总局关于耕地占用税减免税补征税款等问题的批复》，财税〔2009〕19 号，2009 年 2 月 17 日。

(三)耕地占用税的缴纳

耕地占用税由地方税务机关负责征收。土地管理部门在通知单位或者个人办理占用耕地手续时,应当同时通知耕地所在地同级地方税务机关。获准占用耕地的单位或者个人应当在收到土地管理部门的通知之日起30日内缴纳耕地占用税。土地管理部门凭耕地占用税完税凭证或者免税凭证和其他有关文件发放建设用地批准书。

纳税人临时占用耕地,应当依照《耕地占用税暂行条例》的规定缴纳耕地占用税。纳税人在批准临时占用耕地的期限内恢复所占用耕地原状的,全额退还已经缴纳的耕地占用税。

占用林地、牧草地、农田水利用地、养殖水面以及渔业水域滩涂等其他农用地建房或者从事非农业建设的,比照《耕地占用税暂行条例》的规定征收耕地占用税。建设直接为农业生产服务的生产设施占用前款规定的农用地的,不征收耕地占用税。

第四节 土地增值税法

一、土地增值税概述

(一)土地增值税的概念

土地增值税是对有偿转让国有土地使用权及地上建筑物和其他附着物产权,取得增值收入的单位和个人征收的一种税。

1949年中华人民共和国成立以来,我国对土地、房屋等不动产的征税制度比较薄弱,先后开征过的税种如契税、城市房地产税、房产税、城镇土地使用税等,但这些税种都不属于对土地增值额或土地收益额的征税。现行土地增值税的法律规范是1993年12月13日国务院发布的《中华人民共和国土地增值税暂行条例》(以下简称《土地增值税暂行条例》),规定从1994年1月1日起开征土地增值税。1995年1月27日财政部又颁布了《土地增值税暂行条例实施细则》,进一步细化了土地增值税征收管理办法。

(二)我国土地增值税的特点

1. 以转让房地产的增值额为计税依据

增值额为纳税人转让房地产的收入,减除税法规定准予扣除的项目金额后的余额。土地增值税的增值额与增值税的增值额有所不同,土地增值税的增值额以征税对象的全部销售收入额扣除与其相关的成本、费用、税金及其他项目金额后的余额,与会计核算中计算会计利润的方法基本相似。增值税的增值额只扣除与其销售额直接相关的进货成本价格。

2. 征税面比较广

凡在我国境内转让房地产并取得收入的单位和个人,除税法规定免税以外的,均应依照《土地增值税暂行条例》规定缴纳土地增值税。换言之,凡发生应税行为的单位和个人,不论其经济性质,也不分内、外资企业或中、外籍人员,无论专营或兼营房地产业务,均有缴纳土地增值税的义务。

3. 实行超率累进税率

土地增值税的税率是以转让房地产增值率的高低为依据来确认,按照累进原则设计,实行分级计税。增值率是以收入总额扣除相关项目金额后的余额再除以扣除项目合计金额,增值率高的,税率高、多纳税;增值率低的,税率低、少纳税。

4. 实行按次征收

土地增值税在房地产发生转让的环节,实行按次征收,每发生一次转让行为,就应根据每次取得的增值额征一次税。

二、土地增值税的征税范围、纳税人、计税依据与税率

(一)征税范围

1. 征税范围的规定

根据《土地增值税暂行条例》及其实施细则的规定,土地增值税的征税范围包括:

(1)转让国有土地使用权。这里的“国有土地”,是指按国家法律规定属于国家所有的土地。

(2)地上的建筑物及其附着物连同国有土地使用权一并转让。这里的“地上的建筑物”,是指建于土地上的一切建筑物,包括地上、地下的各种附属设施。这里的“附着物”,是指附着于土地上的不能移动或一经移动即遭损坏的物品。

2. 征税范围的界定

(1)土地增值税是对转让国有土地使用权及其地上建筑物和附着物的行为征税。这里,转让的土地,其使用权是否为国家所有,是判定是否属于土地增值税征税范围的标准之一。

集体土地的自行转让是一种违法行为,应由有关部门来处理。对于目前违法将集体土地转让给其他单位和个人的情况,应在有关部门处理、补办土地征用或出让手续变为国家所有之后,再纳入土地增值税的征税范围。

(2)土地增值税是对国有土地使用权及其地上的建筑物和附着物的转让行为征税。这里,土地使用权、地上的建筑物及其附着物的产权是否发生转让是判定是否属于土地增值税征税范围的标准之二。这条标准有两层含义:

①土地增值税的征税范围不包括国有土地使用权出让所取得的收入。国有土地使用权出让,是指国家以土地所有者的身份将土地使用权在一定年限内让与土地使用者,并由土地使用者向国家支付土地使用权出让金的行为,属于土地买卖的一级市场。土地使用权出让的出让方是国家,国家凭借土地的所有权向土地使用者收取土地的租金。出让的目的是实行国有土地的有偿使用制度,合理开发、利用、经营土地,因此,土地使用权的出让不属于土地增值税的征税范围。而国有土地使用权的转让是指土地使用者通过出让等形式取得土地使用权后,将土地使用权再转让的行为,包括出售、交换和赠与,它属于土地买卖的二级市场。土地使用权转让,其地上的建筑物、其他附着物的所有权随之转让。土地使用权的转让,属于土地增值税的征税范围。

②土地增值税的征税范围不包括未转让土地使用权、房产产权的行为。是否发生房地产权属(指土地使用权和房产产权)的变更,是确定是否纳入征税范围的一个标准,凡土地使用权、房产产权未转让的(如房地产的出租),不征收土地增值税。

(3)土地增值税是对转让房地产并取得收入的行为征税。这里,是否取得收入是判定是否属于土地增值税征税范围的标准之三。

土地增值税的征税范围不包括房地产的权属虽转让但未取得收入的行为。如房地产的继承,尽管房地产的权属发生了变更,但权属人并没有取得收入,因此也不征收土地增值税。

需要强调的是,无论是单独转让国有土地使用权,还是房屋产权与国有土地使用权一并转让的,只要取得收入,均属于土地增值税的征税范围,应对之征收土地增值税。

3. 若干具体情况的判定

(1)以出售方式转让国有土地使用权、地上的建筑物及附着物的这种情况因其同时符合上述三个标准,所以属于土地增值税的征税范围。这里又分为三种情况:

①出售国有土地使用权的。这种情况是指土地使用者通过出让方式,向政府缴纳了土地出让金,有偿受让土地使用权后,仅对土地进行通水、通电、通路和平整地面等土地开发,不进行房产开发,即所谓的“将生地变熟地”,然后直接将空地出售出去。这属于国有土地使用权的有偿转让,应纳入土地增值税的征税范围。

②取得国有土地使用权后进行房屋开发建造然后出售的。这种情况即是一般所说的房地产开

发。虽然这种行为通常被称为卖房，但按照国家有关房地产法律和法规的规定，卖房的同时，土地使用权也随之发生转让。由于这种情况既发生了产权的转让又取得了收入，所以应纳入土地增值税的征税范围。

③存量房地产的买卖。这种情况是指已经建成并已投入使用的房地产，其房屋所有人将房屋产权和土地使用权一并转让给其他单位和个人。这种行为按照国家有关的房地产法律和法规的规定，应当到有关部门办理房产产权和土地使用权的转移变更手续；原土地使用权属于无偿划拨的，还应到土地管理部门补交土地出让金。这种情况既发生了产权的转让又取得了收入，应纳入土地增值税的征税范围。

(2)以继承、赠与方式转让房地产的。这种情况因其只发生房地产产权的转让，没有取得相应的收入，属于无偿转让房地产的行为，所以不能将其纳入土地增值税的征税范围。这里又可分为两种情况：

一是房地产的继承。房地产的继承是指房产的原产权所有人、依照法律规定取得土地使用权的土地使用人死亡以后，由其继承人依法承受死者房产产权和土地使用权的民事法律行为。这种行为虽然发生了房地产的权属变更，但作为房产产权、土地使用权的原所有人(即被继承人)并没有因为权属的转让而取得任何收入。因此，这种房地产的继承不属于土地增值税的征税范围。

二是房地产的赠与。房地产的赠与是指房产所有人、土地使用权所有人将自己所拥有的房地产无偿地交给其他人的民事法律行为。但这里的"赠与"仅指以下情况：[①]

①房产所有人、土地使用权所有人将房屋产权、土地使用权赠与直系亲属或承担直接赡养义务人的。

②房产所有人、土地使用权所有人通过中国境内非营利的社会团体、国家机关将房屋产权、土地使用权赠与教育、民政和其他社会福利、公益事业的。

上述社会团体是指中国青少年发展基金会、希望工程基金会、宋庆龄基金会、减灾委员会、中国红十字会、中国残疾人联合会、全国老年基金会、老区促进会以及经民政部门批准成立的其他非营利的公益性组织。

房地产的赠与虽发生了房地产的权属变更，但作为房产所有人、土地使用权的所有人并没有因为权属的转让而取得任何收入。因此，房地产的赠与不属于土地增值税的征税范围。

(3)房地产的出租。房地产的出租是指房产的产权所有人、依照法律规定取得土地使用权的土地使用人，将房产、土地使用权租赁给承租人使用，由承租人向出租人支付租金的行为。房地产的出租，出租人虽取得了收入，但没有发生房产产权、土地使用权的转让。因此，不属于土地增值税的征税范围。

(4)房地产的抵押。房地产的抵押是指房地产的产权所有人、依法取得土地使用权的土地使用人作为债务人或第三人向债权人提供不动产作为清偿债务的担保而不转移权属的法律行为。这种情况由于房产的产权、土地使用权在抵押期间产权并没有发生权属的变更，房产的产权所有人、土地使用权人仍能对房地产行使占有、使用、收益等权利，房产的产权所有人、土地使用权人虽然在抵押期间取得了一定的抵押贷款，但实际上这些贷款在抵押期满后是要连本带利偿还给债权人的。因此，对房地产的抵押，在抵押期间不征收土地增值税。待抵押期满后，视该房地产是否转移占有而确定是否征收土地增值税。对于以房地产抵债而发生房地产权属转让的，应列入土地增值税的征税范围。

(5)房地产的交换。这种情况是指一方以房地产与另一方的房地产进行交换的行为。由于这种行为既发生了房产产权、土地使用权的转移，交换双方又取得了实物形态的收入，按《土地增值税暂行条例》规定，它属于土地增值税的征税范围。但对个人之间互换自有居住用房地产的，经当地税务机关核实，可以免征土地增值税。

---

① 财政部、国家税务总局：《关于土地增值税一些具体问题规定的通知》，财税〔1995〕48号，1995年5月25日。

(6)以房地产进行投资、联营。对于以房地产进行投资、联营的，投资、联营的一方以土地(房地产)作价入股进行投资或作为联营条件，将房地产转让到所投资、联营的企业中时，暂免征收土地增值税。对投资、联营企业将上述房地产再转让的，应征收土地增值税。

自 2006 年 3 月 2 日起，对于以土地(房地产)作价入股进行投资或联营的，凡所投资、联营的企业从事房地产开发的，或者房地产开发企业以其建造的商品房进行投资和联营的，均不适用上述暂免征收土地增值税的规定。①

(7)合作建房。对于一方出地，一方出资金，双方合作建房，建成后按比例分房自用的，暂免征收土地增值税；建成后转让的，应征收土地增值税。

(8)企业兼并转让房地产。在企业兼并中，对被兼并企业将房地产转让到兼并企业中的，暂免征收土地增值税。

(9)房地产的代建房行为。这种情况是指房地产开发公司代客户进行房地产的开发，开发完成后向客户收取代建收入的行为。对于房地产开发公司而言，虽然取得了收入，但没有发生房地产权属的转移，其收入属于劳务收入性质，故不属于土地增值税的征税范围。

(10)房地产的重新评估。这主要是指国有企业在清产核资时对房地产进行重新评估而使其升值的情况。这种情况下，房地产虽然有增值，但其既没有发生房地产权属的转移，房产产权、土地使用权人也未取得收入，所以不属于土地增值税的征税范围。

在判定征收范围时应注意，土地使用者转让、抵押或置换国有土地，无论其是否取得了该土地的使用权属证书，无论其在转让、抵押或置换土地过程中是否与对方当事人办理了土地使用权属证书变更登记手续，只要土地使用者享有占有、使用、收益或处分该土地的权利，且有合同等证据表明其实质转让、抵押或置换了土地并取得了相应的经济利益，土地使用者及其对方当事人应当依照税法规定缴纳营业税、土地增值税和契税等相关税收。②

(二)纳税人

土地增值税的纳税义务人为转让国有土地使用权、地上的建筑及其附着物(以下简称“转让房地产”)并取得收入的单位和个人。单位包括各类企业、事业单位、国家机关和社会团体及其他组织。个人包括个体经营者。

(三)计税依据

土地增值税是以土地增值额为计税依据。

土地增值额＝应税收入－扣除项目金额

1. 应税收入的确定

根据《土地增值税暂行条例》及其实施细则的规定，纳税人转让房地产取得的应税收入，应包括转让房地产的全部价款及有关的经济收益。从收入的形式来看，包括货币收入、实物收入和其他收入。“营改增”后，土地增值税纳税人转让房地产取得的收入为不含增值税收入。

货币收入是指纳税人转让房地产而取得的现金、银行存款、支票、银行本票、汇票等各种信用票据和国库券、金融债券、企业债券、股票等有价证券。这些类型的收入其实质都是转让方因转让土地使用权、房屋产权而向取得方收取的价款。货币收入一般比较容易确定。

实物收入是指纳税人转让房地产而取得的各种实物形态的收入，如钢材、水泥等建材，房屋、土地等不动产等。实物收入的价值不太容易确定，一般要对这些实物形态的财产进行估价。

其他收入是指纳税人转让房地产而取得的无形资产收入或具有财产价值的权利，如专利权、商标权、著作权、专有技术使用权、土地使用权、商誉权等。这种类型的收入比较少见，其价值需要进行专门的评估。

---

① 财政部、国家税务总局：《关于土地增值税若干问题的通知》，财税〔2006〕21 号，2006 年 5 月 15 日。

② 国家税务总局：《关于未办理土地使用权证转让土地有关税收问题的批复》，国税函〔2007〕645 号，2007 年 6 月 14 日。

为方便纳税人，简化土地增值税预征税款计算，房地产开发企业采取预收款方式销售自行开发的房地产项目的，可按照以下方法计算土地增值税预征计征依据。

土地增值税预征的计征依据＝预收款－应预缴增值税税款

2. 扣除项目金额的确定

(1)取得土地使用权所支付的金额。

取得土地使用权所支付的金额包括两方面的内容：

①纳税人为取得土地使用权所支付的地价款。如果是以协议、招标、拍卖等出让方式取得土地使用权的，地价款为纳税人所支付的土地出让金；如果是以行政划拨方式取得土地使用权的，地价款为按照国家有关规定补交的土地出让金；如果是以转让方式取得土地使用权的，地价款为向原土地使用权人实际支付的地价款。

②纳税人在取得土地使用权时按国家统一规定缴纳的有关费用。这是指纳税人在取得土地使用权过程中为办理有关手续，按国家统一规定缴纳的有关登记、过户手续费。

(2)房地产开发成本。

房地产开发成本是指纳税人房地产开发项目实际发生的成本，包括土地征用及拆迁补偿费、前期工程费、建筑安装工程费、基础设施费、公共配套设施费、开发间接费用等。

①土地征用及拆迁补偿费，包括土地征用费、耕地占用税、劳动力安置费及有关地上、地下附着物拆迁补偿的净支出、安置动迁用房支出等。

②前期工程费，包括规划、设计、项目可行性研究和水文、地质、勘察、测绘、“三通一平”等支出。

③建筑安装工程费，是指以出包方式支付给承包单位的建筑安装工程费，以自营方式发生的建筑安装工程费。

④基础设施费，包括开发小区内道路、供水、供电、供气、排污、排洪、通信、照明、环卫、绿化等工程发生的支出。

⑤公共配套设施费，包括不能有偿转让的开发小区内公共配套设施发生的支出。

⑥开发间接费用，是指直接组织、管理开发项目发生的费用，包括工资、职工福利费、折旧费、修理费、办公费、水电费、劳动保护费、周转房摊销等。

(3)房地产开发费用。

房地产开发费用是指与房地产开发项目有关的销售费用、管理费用和财务费用。根据现行财务会计制度的规定，这三项费用作为期间费用，直接计入当期损益，不按成本核算对象进行分摊。故作为土地增值税扣除项目的房地产开发费用，不按纳税人房地产开发项目实际发生的费用进行扣除，而按《土地增值税暂行条例》实施细则的标准进行扣除。

该实施细则规定，财务费用中的利息支出，凡能够按转让房地产项目计算分摊并提供金融机构证明的，允许据实扣除，但最高不能超过按商业银行同类同期贷款利率计算的金额。其他房地产开发费用，按实施细则第七条(一)、(二)项规定(即取得土地使用权所支付的金额和房地产开发成本，下同)计算的金额之和的5%以内计算扣除。凡不能按转让房地产项目计算分摊利息支出或不能提供金融机构证明的，房地产开发费用按实施细则第七条(一)、(二)项规定计算的金额之和的10%以内计算扣除。计算扣除的具体比例，由各省、自治区、直辖市人民政府规定。具体含义是：

①纳税人能够按转让房地产项目计算分摊利息支出，并能提供金融机构的贷款证明的，其允许扣除的房地产开发费用为：利息＋(取得土地使用权所支付的金额＋房地产开发成本)×5%以内(注：利息最高不能超过按商业银行同类同期贷款利率计算的金额)。

②纳税人不能按转让房地产项目计算分摊利息支出或不能提供金融机构贷款证明的，其允许扣除的房地产开发费用为：(取得土地使用权所支付的金额＋房地产开发成本)×10%以内。

③财政部、国家税务总局对扣除项目金额中利息支出的计算问题做了两点专门规定：一是利息的上浮幅度按国家的有关规定执行，超过上浮幅度的部分不允许扣除；二是对于超过贷款期限的利息部

分和加罚的利息不允许扣除。①

(4)与转让房地产有关的税金。

与转让房地产有关的税金是指在转让房地产时缴纳的城市维护建设税、教育费附加、印花税。

需要明确的是,营改增后,房地产开发企业实际缴纳的城建税、教育费附加,凡能够按清算项目准确计算的,允许据实扣除。凡不能按清算项目准确计算的,则按该清算项目预缴增值税时实际缴纳的城建税、教育费附加扣除。其他转让房地产行为的城建税、教育费附加扣除比照上述规定执行。②

房地产开发企业按照《施工、房地产开发企业财务制度》的有关规定,其在转让时缴纳的印花税因列入管理费用中,故在此印花税不再作为有关税金扣除。其他纳税人缴纳的印花税按产权转移书据所载金额的5‰(贴花)允许在此扣除。

(5)其他扣除项目。

对从事房地产开发的纳税人可按《土地增值税暂行条例实施细则》第七条(一)、(二)项规定计算的金额之和,加计20%的扣除。在此,应特别指出的是:此条优惠只适用于从事房地产开发的纳税人,除此之外的其他纳税人不适用。这样规定,目的是为了抑制炒买炒卖房地产的投机行为,保护正常开发投资者的积极性。

(6)旧房及建筑物的评估价格。

旧房及建筑物的评估价格是指在转让已使用的房屋及建筑物时,由政府批准设立的房地产评估机构评定的重置成本价乘以成新度折扣率后的价格。评估价格须经当地税务机关确认。

重置成本价的含义是:对旧房及建筑物,按转让时的建材价格及人工费用计算,建造同样面积、同样层次、同样结构、同样建设标准的新房及建筑物所需花费的成本费用。成新度折扣率的含义是:按旧房的新旧程度作一定比例的折扣。例如,一幢房屋已使用近10年,建造时的造价为1 000万元,按转让时的建材及人工费用计算,建同样的新房需花费4 000万元,该房有六成新,则该房的评估价格为2 400万元(4 000×60%)。

转让旧房的,应按房屋及建筑物的评估价格、取得土地使用权所支付的地价款和按国家统一规定缴纳的有关费用及在转让环节缴纳的税金作为扣除项目金额计征土地增值税。对取得土地使用权时未支付地价款或不能提供已支付的地价款凭据的,在计征土地增值税时不允许扣除。

纳税人转让旧房及建筑物时因计算纳税的需要而对房地产进行评估,其支付的评估费用允许在计算增值额时予以扣除。但是,对于纳税人隐瞒、虚报房地产成交价格等情形而按房地产评估价格计算征收土地增值税所发生的评估费用,不允许在计算土地增值税时予以扣除。③

值得注意的是,纳税人转让旧房及建筑物,凡不能取得评估价格,但能提供购房发票的,经当地税务部门确认,"取得土地使用权所支付的金额"和"旧房及建筑物的评估价格"的金额,可按发票所载金额并从购买年度起至转让年度止每年加计5%计算。对纳税人购房时缴纳的契税,凡能提供契税完税凭证的,准予作为"与转让房地产有关的税金"予以扣除,但不作为加计5%的基数。对于转让旧房及建筑物,既没有评估价格,又不能提供购房发票的,地方税务机关可以根据《税收征收管理法》第35条的规定,实行核定征收。

根据财政部、国家税务总局关于"营改增"后土地增值税计税依据问题的通知④:《中华人民共和国土地增值税暂行条例》等规定的土地增值税扣除项目涉及的增值税进项税额,允许在销项税额中计算抵扣的,不计入扣除项目,不允许在销项税额中计算抵扣的,可以计入扣除项目。

---

① 财政部、国家税务总局:《关于土地增值税一些具体问题规定的通知》,财税〔1995〕48号,1995年5月25日。

② 国家税务总局:《关于营改增后土地增值税若干征管规定的公告》,国家税务总局公告2016年第70号,2016年11月10日。

③ 财政部、国家税务总局:《关于土地增值税一些具体问题规定的通知》,财税〔1995〕48号,1995年5月25日。

④ 财政部、国家税务总局《关于营改增后契税房产税土地增值税个人所得税计税依据问题的通知》,财税[2016]43号,2016年4月25日。

另外,纳税人有下列情形之一的,按照房地产评估价格计算征收:

(1)隐瞒、虚报房地产成交价格的;

(2)提供扣除项目金额不实的;

(3)转让房地产的成交价格低于房地产评估价格,又无正当理由的。

这里的"房地产评估价格",是指由政府批准设立的房地产评估机构根据相同地段、同类房地产进行综合评定的价格。

这里的"隐瞒、虚报房地产成交价格",是指纳税人不报或有意低报转让土地使用权、地上建筑物及其附着物价款的行为。

这里的"提供扣除项目金额不实的",是指纳税人在纳税申报时,不据实提供扣除项目金额的行为。

这里的"转让房地产的成交价格低于房地产评估价格,又无正当理由的",是指纳税人申报的转让房地产的实际成交价低于房地产评估机构评定的交易价,纳税人又不能提供凭据或无正当理由的行为。

隐瞒、虚报房地产成交价格,应由评估机构参照同类房地产的市场交易价格进行评估。税务机关根据评估价格确定转让房地产的收入。

提供扣除项目金额不实的,应由评估机构按照房屋重置成本价乘以成新度折扣率计算的房屋成本价和取得土地使用权时的基准地价进行评估。税务机关根据评估价格确定扣除项目金额。

转让房地产的成交价格低于房地产评估价格,又无正当理由的,由税务机关参照房地产评估价格确定转让房地产的收入。

(四)税率

土地增值税实行四级超率累进税率,每级"增值额未超过扣除项目金额"的比例,均包括本比例数。超率累进税率见表8-4。

表8-4　　土地增值税四级超率累进税率表

级　数	增值额与扣除项目金额的比率	税率(%)	速算扣除系数(%)
1	不超过50%的部分	30	0
2	超过50%至100%的部分	40	5
3	超过100%至200%的部分	50	15
4	超过200%的部分	60	35

三、税额的计算、减免与缴纳

(一)应纳税额的计算

应纳税额=土地增值额×适用税率-扣除项目金额×速算扣除系数

【例8-5】 某房地产开发公司销售其新建商品房一幢,取得销售收入140 000万元,已知该公司支付与商品房相关的土地使用权费及开发成本合计为4 800万元;该公司没有按房地产项目计算分摊银行借款利息;该商品房所在地的省政府规定计征土地增值税时房地产开发费用扣除比例为10%;销售商品房缴纳的有关税金770万元。试计算该公司销售该商品房应缴纳的土地增值税。

【答案】 根据土地增值税法的计算方法与步骤,计算过程如下:

扣除金额=4 800+4 800×10%+770+4 800×20%=7 010(万元)

土地增值额=14 000-7 010=6 990(万元)

增值率=6 990÷7 010×100%=99.7%(适用税率为40%,扣除系数为5%)

应纳土地增值税=6 990×40%-7 010×5%=2 445.5(万元)

(二)土地增值税的减免

1. 建造普通标准住宅的减免规定

纳税人建造普通标准住宅出售,增值额未超过扣除项目金额20%的,免征土地增值税。

这里的"普通标准住宅",是指按所在地一般民用住宅标准建造的居住用住宅。高级公寓、别墅、度假村等不属于普通标准住宅。普通标准住宅与其他住宅的具体划分界限,2005年5月31日以前由各省、自治区、直辖市人民政府规定。

2005年6月1日起,普通标准住宅应同时满足:住宅小区建筑容积率在1.0以上;单套建筑面积在120平方米以下;实际成交价格低于同级别土地上住房平均交易价格1.2倍以下。各省、自治区、直辖市要根据实际情况,制定本地区享受优惠政策普通住房的具体标准。允许单套建筑面积和价格标准适当浮动,但向上浮动的比例不得超过上述标准的20%。纳税人建造普通标准住宅出售,增值额未超过扣除项目金额20%的,免征土地增值税;增值额超过扣除项目金额20%的,应就其全部增值额按规定计税。

自2006年3月2日起,"普通标准住宅"和"普通住宅"的认定,一律按各省、自治区、直辖市人民政府根据《国务院办公厅转发建设部等部门关于做好稳定住房价格工作意见的通知》(国办发〔2005〕26号)制定并对社会公布的"中小套型、中低价位普通住房"的标准执行。

自2007年8月1日起,企事业单位、社会团体以及其他组织转让旧房作为廉租住房、经济适用住房房源且增值额未超过扣除项目金额20%的,免征土地增值税。①

对于纳税人既建普通标准住宅又搞其他房地产开发的,应分别核算增值额。不分别核算增值额或不能准确核算增值额的,其建造的普通标准住宅不能适用这一免税规定。

2. 国家征用收回的房地产的减免规定

(1)因国家建设需要依法征用、收回的房地产,免征土地增值税。

因国家建设需要依法征用、收回的房地产,是指因城市实施规划、国家建设的需要而被政府批准征用的房产或收回的土地使用权。

(2)因城市实施规划、国家建设的需要而搬迁,由纳税人自行转让原房地产的,比照有关规定免征土地增值税。

因城市实施规划而搬迁,是指因旧城改造或因企业污染、扰民(指产生过量废气、废水、废渣和噪音,使城市居民生活受到一定危害),而由政府或政府有关主管部门根据已审批通过的城市规划确定进行搬迁的情况;因国家建设的需要而搬迁,是指因实施国务院、省级人民政府、国务院有关部委批准的建设项目而进行搬迁的情况。②

3. 个人转让房地产的税收优惠

个人因工作调动或改善居住条件而转让原自用住房,经向税务机关申报核准,凡居住满5年或5年以上的,免予征收土地增值税;居住满3年未满5年的,减半征收土地增值税。居住未满3年的,按规定计征土地增值税。

从1999年8月1日起,对居民个人拥有的普通住宅,在其转让时暂免征收土地增值税。③

从2008年11月1日起,对个人销售住房暂免征收土地增值税。④

(三)土地增值税的缴纳

1. 纳税地点

土地增值税的纳税人应向房地产所在地主管税务机关办理纳税申报,并在税务机关核定的期限

---

① 财政部、国家税务总局:《关于廉租住房经济适用住房和住房租赁有关税收政策的通知》,财税〔2008〕24号,2008年3月3日。

② 财政部、国家税务总局:《关于土地增值税若干问题的通知》,财税〔2006〕21号,2006年5月15日。

③ 财政部、国家税务总局:《关于调整房地产市场若干税收政策的通知》,财税〔1999〕210号,1999年7月29日。

④ 财政部、国家税务总局:《关于调整房地产交易环节税收政策的通知》,财税〔2008〕137号,2008年10月22日。

内缴纳土地增值税。

纳税人是法人的：当转让的房地产坐落地与其机构所在地或经营所在地一致时，则在办理税务登记的原管辖税务机关申报纳税即可；如果转让的房地产坐落地与其机构所在地或经营所在地不一致时，则应在房地产坐落地所管辖的税务机关申报纳税。

纳税人是自然人的：当转让的房地产坐落地与其居住所在地一致时，则在住所所在地税务机关申报纳税；当转让的房地产坐落地与其居住所在地不一致时，在办理过户手续所在地的税务机关申报纳税。

2. 申报时间

土地增值税的纳税人应在转让房地产合同签订后的7日内，到房地产所在地主管税务机关办理纳税申报，并向税务机关提交房屋及建筑物产权、土地使用权证书，土地转让、房产买卖合同，房地产评估报告及其他与转让房地产有关的资料。纳税人因经常发生房地产转让而难以在每次转让后申报的，经税务机关审核同意后，可以定期进行纳税申报，具体期限由税务机关根据情况确定。

3. 预征税款

纳税人在项目全部竣工结算前转让房地产取得的收入可以预征土地增值税。具体办法由各省、自治区、直辖市地方税务局根据当地情况制定。

对纳税人预售房地产所取得的收入，凡当地税务机关规定预征土地增值税的，纳税人应到主管税务机关办理纳税申报，并按规定比例预交，待办理决算后，多退少补；凡当地税务机关规定不预征土地增值税的，也应在取得收入时先到税务机关登记或备案。

各地税务机关应根据本地区房地产业增值水平和市场发展情况，区别普通住房、非普通住房和商用房等不同类型，科学合理地确定预征率，并适时调整。工程项目竣工结算后，应及时进行清算，多退少补。纳税人未按预征规定期限预缴税款的，根据《税收征管法》及其实施细则的有关规定，从限定的缴纳税款期限届满的次日起，加收滞纳金。[①]

4. 房地产开发企业土地增值税的清算[②]

(1)土地增值税的清算条件。

符合下列情形之一的，纳税人应当进行土地增值税的清算：①房地产开发项目全部竣工、完成销售的；②整体转让未竣工决算房地产开发项目的；③直接转让土地使用权的。

符合下列情形之一的，主管税务机关可要求纳税人进行土地增值税清算：①已竣工验收的房地产开发项目，已转让的房地产建筑面积占整个项目可售建筑面积的比例在85%以上，或该比例虽未超过85%，但剩余的可售建筑面积已经出租或自用的；②取得销售(预售)许可证满3年仍未销售完毕的；③纳税人申请注销税务登记但未办理土地增值税清算手续的；④省税务机关规定的其他情况。

(2)纳税人清算土地增值税时应提供的清算资料。

①土地增值税清算表及其附表。

②房地产开发项目清算说明，主要内容应包括房地产开发项目立项、用地、开发、销售、关联方交易、融资、税款缴纳等基本情况及主管税务机关需要了解的其他情况。

③项目竣工决算报表、取得土地使用权所支付的地价款凭证、国有土地使用权出让合同、银行贷款利息结算通知单、项目工程合同结算单、商品房购销合同统计表、销售明细表、预售许可证等与转让房地产的收入、成本和费用有关的证明资料。主管税务机关需要相应项目记账凭证的，纳税人还应提供记账凭证复印件。

④纳税人委托税务中介机构审核鉴证的清算项目，还应报送中介机构出具的《土地增值税清算税款鉴证报告》。

① 财政部、国家税务总局：《关于土地增值税若干问题的通知》，财税〔2006〕21号，2006年5月15日。

② 国家税务总局：《土地增值税清算管理规程》，国税发〔2009〕91号，2009年5月12日。

四、案例分析

【案例 8－3】　土地增值税的计算

某市房地产开发企业 2015 年建造商品房一幢，建房总支出 3 000 万元，有关费用为：

(1)支付地价款 200 万元。

(2)土地征用及拆迁补偿费 120 万元。

(3)前期工程费 180 万元。

(4)基础设施费 200 万元。

(5)建筑安装工程费 1 500 万元。

(6)公共配套设施费 200 万元。

(7)期间费用 600 万元，其中利息支出 500 万元(利息能按房地产项目分摊，并有金融机构贷款证明)。其他房地产开发费用扣除比例为 5%。

该房地产开发企业 2016 年 10 月将商品房卖出，取得收入 6 300 万元，并按规定缴纳了增值税、城市维护建设税、教育费附加和印花税。已知该房地产开发企业实行简易计税办法。

要求：试计算该企业应缴纳的土地增值税。

【解析】

(1)应纳增值税＝6 300÷(1＋5%)×5%＝300(万元)

(2)应纳城建税和教育费附加＝300×(7%＋3%)＝30(万元)

(3)应纳土地增值税的计算：

允许扣除的房地产开发成本＝120＋180＋200＋1 500＋200＝2 200(万元)

允许扣除的房地产开发费用和其他扣除项目合计＝500＋(200＋2 200)×5%＋(200＋2 200)×20%＝1 100(万元)

扣除项目金额＝200＋2 200＋1 100＋36＝3 536(万元)

增值额＝6 300÷(1＋5%)－3 536＝2 464(万元)

增值额占扣除项目金额比率＝2 464÷3 530×100%＝69.68%

适用土地增值税税率为 40%，扣除率为 5%。

应纳土地增值税＝2 464×40%－3 536×5%＝808.80(万元)

第五节　烟叶税法

一、烟叶税概述

(一)烟叶税的概念

烟叶税是以烟叶为征收对象，以烟叶的收购金额为计税依据，对在我国境内收购烟叶的单位征收的一种税。开征烟叶税的目的，是为了保证烟叶产区的地方政府稳定地取得财政收入，保持烟草税制的完整，加强地方税制建设。现行烟叶税的基本规范是 2006 年 4 月 28 日国务院颁布的《中华人民共和国烟叶税暂行条例》(以下简称《烟叶税暂行条例》)，自公布之日起施行。

(二)烟叶税立法精神

2004 年 6 月，根据《中共中央、国务院关于促进农民增加收入若干政策的意见》，财政部、国家税务总局下发了《关于取消除烟叶以外的农业特产农业税有关问题的通知》，规定从 2004 年起除对烟叶暂保留征收农业特产税外，取消对其他农业特产品征收的农业特产税。2005 年 12 月 19 日，十届全国人民代表大会常务委员会第十九次会议决定从 2006 年 1 月 1 日起废止《农业税条例》。2006 年 2 月 17 日国务院第 459 号令废止了依据《农业税条例》制定的《国务院关于对农业特产收入征收农业税的规定》,同时规定“对该规定中的烟叶收入征税,另行制定办法”。至此,对烟叶征收农业特产税的法律依据已不存在,必须按规定制定新的办法加以替代。《烟叶税暂行条例》就是在这种背景下制定出台的,其目的就是要解决对烟叶收购征税的法律依据问题。

二、烟叶税的征税范围、纳税人与税率

(一)征税对象、范围

烟叶税的征税对象是烟叶,范围包括晾晒烟叶和烤烟叶。晾晒烟叶又包括名晾晒烟叶和非名晾晒烟叶,根据《中华人民共和国烟草专卖法》(以下简称《烟草专卖法》)规定,烤烟叶和名晾晒烟叶由烟草公司或其委托单位收购,非名晾晒烟叶可以在集贸市场出售。因此,只要是烟草公司收购的烟叶,不管是烤烟叶还是晾晒烟叶;晾晒烟叶不管是名晾晒烟叶还是非名晾晒烟,一律按规定征税。但对于《烟草专卖法》允许在集贸市场出售的非名晾晒,不管是出售还是购买,均不征收烟叶税。①

(二)纳税人

烟叶税的纳税人是在我国境内收购烟叶的单位。收购烟叶的单位,是指依照《烟草专卖法》的规定有权收购烟叶的烟草公司或者受其委托收购烟叶的单位。依照《烟草专卖法》查处没收的违法收购的烟叶,由收购罚没烟叶的单位按照购买金额计算缴纳烟叶税。②

(三)税率

烟叶税实行比例税率,税率为 20%。

三、税额的计算与缴纳

(一)应纳税额的计算

烟叶税的应纳税额,按照纳税人收购烟叶的收购金额乘以 20%的税率计算。

应纳税额=烟叶收购金额×税率

烟叶收购金额包括纳税人支付给烟叶销售者的烟叶收购价款和价外补贴。按照简化手续、方便征收的原则,对价外补贴统一暂按烟叶收购价款的 10%计入收购金额征税。

收购金额=收购价款×(1+10%)

(二)烟叶税的缴纳

烟叶税由地方税务机关征收。纳税人在收购烟叶时,应向烟叶收购地的主管税务机关申报纳税。

烟叶税的纳税义务发生时间为纳税人收购烟叶的当天。收购烟叶的当天,是指纳税人向烟叶销售者付讫收购烟叶款项或者开具收购烟叶凭据的当天。③

纳税人应自纳税义务发生之日起 30 日内申报纳税。具体纳税期限由主管税务机关核定。

【例 8-6】 2015 年 3 月,A 市烟草公司与 B 县的一些烟农签订了烟叶收购合同。2015 年 11 月 16 日,该烟草公司向该烟农收购了 8 000 千克相同类型的烤烟叶,并于收购当天将全部收购款项支付给烟农并开具了收购凭据。由于烟农完全按照合同规定交售烟叶,因此,烟草公司于烟叶收购结束后,依国家有关政策规定,以肥料形式兑付给每位烟农 0.5 元/斤的物质差价和 0.3 元/斤的煤炭补贴。已知该地区该类型烤烟叶的国家统一收购价格为 500 元/50 千克。

要求:

(1)计算该烟草公司应缴纳的烟叶税额。

(2)说明该烟草公司烟叶税的纳税地点在哪里。

(3)说明该烟草公司应在什么期限内缴纳烟叶税。

---

① 财政部、国家税务总局:《关于烟叶税若干具体问题的规定》,财税〔2006〕64 号,2006 年 5 月 18 日。

② 《中华人民共和国烟叶税暂行条例》,中华人民共和国国务院令第 464 号,2006 年 4 月 28 日。

③ 《关于烟叶税若干具体问题的规定》,财税〔2006〕64 号,2006 年 5 月 18 日。

【答案】 (1)应纳烟叶税额=8 000×500÷50×(1+10%)×20%=17 600(元)

(2)该烟草公司应向B县的地税部门(烟叶收购地的主管税务机关)申报纳税。

(3)该笔收购业务的纳税义务发生时间为2015年11月16日。该烟草公司应于11月16日起30日内申报缴纳烟叶税。

复习思考题

1. 资源税的征收范围包括哪些?
2. 资源税纳税人、扣缴义务人是如何规定的?
3. 资源税在什么环节征收?计税依据如何确定?
4. 土地增值税征税对象及其界定标准是什么?
5. 土地增值税的计税依据是如何确定的?
6. 土地增值税的优惠政策有哪些?
7. 城镇土地使用税的征收范围和纳税人包括哪些?
8. 城镇土地使用税的计税依据是如何确定的?
9. 耕地占用税的征税对象、纳税人是如何规定的?
10. 在计算烟叶税时,如何确定烟叶的收购金额?

自我测试题

一、单项选择题

1. 资源税纳税人包括(　　)。

A. 出口盐的盐业公司　B. 开采金矿的矿业集团

C. 销售汽油的加油站　D. 进口天然气的进出口公司

2. 需要缴纳资源税的单位是(　　)。

A. 油田生产的天然气　B. 煤矿生产的天然气

C. 销售给用户的天然气公司　D. 使用天然气的用户

3. 下列单位出售的矿产品中,不缴纳资源税的是(　　)。

A. 采矿销售黑色金属原矿　B. 油田出售的天然气

C. 煤矿销售的煤矿瓦斯　D. 盐场销售的湖盐原盐

4. 下列选项中,可以不征或免征土地增值税的是(　　)。

A. 将房屋出租　B. 个人之间交换的商铺

C. 企业与个人之间交换的房地产　D. 以房地产抵债而发生房地产权属转让的

5. 房地产开发企业转让房地产的,其已缴纳的税金不得单独扣除的是(　　)。

A. 增值税　B. 城市维护建设税　C. 印花税　D. 教育费附加

6. 土地增值税的纳税人隐瞒、虚报房地产成交价格的,按照(　　)计算征收。

A. 隐瞒、虚报的房地产成交价格加倍　B. 提供的扣除项目金额加倍

C. 最高一档税率　D. 房地产评估价格

7. 经济落后地区,城镇土地使用税的适用税额标准可适当降低,但降低额不得超过上述规定最低税额的(　　)。

A. 10%　B. 20%　C. 30%　D. 50%

8. 下列情况中,应当缴纳城镇土地使用税的是(　　)。

A. 天安门广场用地　B. 某农村饲养场用地

C. 某工矿区的产品仓库用地　D. 某矿山的采矿厂用地

9. 经济特区、经济技术开发区和经济发达、人均耕地特别少的地区,耕地占用税适用税额可以适

当提高,但最多不得超过上述规定税额的(　　)。

A. 5%　　B. 10%　　C. 30%　　D. 50%

10. 下列各项中,可以按照当地适用税额减半征收耕地占用税的是(　　)。

A. 供电部门占用耕地新建变电站　　B. 农村居民占用耕地新建住宅

C. 市政部门占用耕地新建自来水厂　　D. 国家机关占用耕地新建办公楼

二、多项选择题

1. 下列各项中,属于资源税应税产品的有(　　)。

A. 石灰石　　B. 煤矿瓦斯　　C. 井矿盐　　D. 进口原油

2. 下列各项中,符合资源税纳税义务发生时间规定的有(　　)。

A. 采取分期收款结算方式的为实际收到款项的当天

B. 采取预收贷款结算方式的为发出应税产品的当天

C. 自产自用应税产品的为移送使用应税产品的当天

D. 采取其他结算方式的为收讫销售款或取得索取销售款凭据的当天

3. 下列资源中,采用幅度比例税率计算资源税的有(　　)。

A. 原油　　B. 天然气　　C. 煤炭　　D. 盐

4. 计算土地增值税时,准予从收入总额中扣除的费用有(　　)。

A. 地价款和契税　　B. 房地产开发成本

C. 企业实际发生的房地产开发费用　　D. 与转让房地产有关的税金

5. 下列各项中,不属于土地增值税征税范围的有(　　)。

A. 房地产的继承　　B. 存量房地产的买卖

C. 房地产的抵押期间　　D. 国有土地使用权出让

6. 下列各项中,符合土地增值税征收管理有关规定的有(　　)。

A. 纳税人建造普通标准住宅出售,增值额未超过扣除项目金额20%的,减半征收土地增值税

B. 纳税人建造普通标准住宅出售,增值额未超过扣除项目金额20%的,免征土地增值税

C. 纳税人建造普通标准住宅出售,增值额超过扣除项目金额20%的,应对其超过部分的增值额按规定征收土地增值税

D. 纳税人建造普通标准住宅出售,增值额超过扣除项目金额20%的,应就其全部增值额按规定征收土地增值税

7. 下列各项中,符合城镇土地使用税有关纳税义务发生时间规定的有(　　)。

A. 纳税人新征用的耕地,自批准征用之月起缴纳城镇土地使用税

B. 纳税人出租房产,自交付出租房产之次月起缴纳城镇土地使用税

C. 纳税人新征用的非耕地,自批准征用之月起缴纳城镇土地使用税

D. 纳税人购置新建商品房,自房屋交付使用之次月起缴纳城镇土地使用税

8. 下列用地中,免征城镇土地使用税的有(　　)。

A. 在城镇土地使用税征收范围内经营采摘、观光业的单位和个人,其直接用于采摘、观光的种植、养殖、饲养的土地

B. 非营利性医疗服务机构自用土地

C. 企业厂区内的铁路专用线用地

D. 企业厂区外的公共绿化用地

9. 下列各项中,应征收耕地占用税的有(　　)。

A. 铁路线路占用耕地　　B. 学校占用耕地

C. 公路线路占用耕地　　D. 军事设施占用耕地

10. 耕地占用税具有的特点为(　　)。

A. 兼具资源税与特定行为税的性质　　B. 采用地区差别税率

C. 在占用耕地环节一次性课征　　D. 税收收入专用于耕地开发与改良

三、判断题

1. 在中华人民共和国境内开采所有矿产品或者盐的单位和个人,为资源税的纳税义务人。(　　)

2. 资源税条例规定,纳税人开采或者生产应税产品,自用于连续生产应税产品的,不缴纳资源税;自用于其他方面的,视同销售,依照条例缴纳资源税。(　　)

3. 根据国务院的决定,从2011年11月1日起,中外合作开采陆上、海洋石油资源的企业依法缴纳资源税,不再缴纳矿区使用费。(　　)

4. 直接转让土地使用权的行为,主管税务机关可要求纳税人进行土地增值税的清算。(　　)

5. 个人因工作调动或改善居住条件而转让原自用住房,居住满3年未满5年的,免征土地增值税。(　　)

6. 土地增值税可以扣除的利息,不能超过按商业银行同类同期银行贷款利率计算的金额,可以包括加息和罚息。(　　)

7. 自2009年1月1日起,公园、名胜古迹内的索道公司经营用地,应按规定缴纳城镇土地使用税。(　　)

8. 对在城镇土地使用税征税范围内单独建造的地下建筑用地,暂按应征税款的40%征收城镇土地使用税。(　　)

9. 在占用之前3年内属于规定范围的耕地或农用土地,可以不视为耕地。(　　)

10. 纳税人临时占用耕地,可以暂时不纳耕地占用税。(　　)

四、案例分析题

1. 某盐场系增值税一般纳税人,主要生产液体盐和固体盐。2015年有关业务如下所述:

(1)销售固体盐75万吨。在生产固体盐过程中耗用自产液体盐200万吨、外购液体盐50万吨。

(2)用自产的固体盐加工的精盐15万吨、粉洗盐10万吨,全部销售。

该盐场固体盐适用的资源税税额为15元/吨;自产、外购的液体盐适用的资源税税额均为2元/吨;1吨固体盐可加工0.6吨精盐或0.8吨粉盐。

【要求】 计算该盐场2015年应纳的资源税税额。

2. 某企业2015年实际占地面积为2 000平方米,2015年4月该企业为扩大生产,根据有关部门的批准,新征用非耕地3 000平方米。该企业所处地段适用年税额为5元/平方米。

【要求】 计算该企业2015年应缴纳城镇土地使用税。

3. 某企业因生产经营的需要决定扩大生产规模,经有关土地管理部门批准,于2015年6月占用耕地50亩用以新建厂房。已知当地耕地占用税的适用税额为30元/平方米,该企业收到土地管理部门(批准占用耕地)的通知之日为当年6月20日。

【要求】 根据上述资料,回答下列问题:

(1)该企业应缴纳的耕地占用税额是多少?

(2)该企业应在什么期限内缴纳耕地占用税?

(3)该企业应向哪一部门申报缴纳耕地占用税?

4. 某市外商投资房地产开发公司于2016年12月将一幢写字楼整体转让给某单位,合同约定的转让价为20 000万元,公司按税法规定缴纳增值税1 000万元,城市维护建设税、教育费附加100万元，印花税10万元；公司为取得土地使用权而支付的地价款和按国家统一规定缴纳的有关费用和税金为3 000万元；投入房地产开发成本为4 000万元；房地产开发费用中的利息支出为1 200万元（能按转让房地产项目计算分摊利息支出，并提供金融机构证明）。

已知该公司所在省级人民政府规定的房地产开发费用的计算扣除比例为5%。

【要求】 计算该公司转让写字楼应缴纳的土地增值税税额。

第九章 财产税法

本章要点

◇房产税的应纳税额计算　　◇房产税纳税义务发生时间
◇车船税的税目税率　　◇车船税的应纳税额计算
◇契税的征税范围　　◇契税的税收优惠

情境导入

居民甲某有四套住房，他将一套价值120万元的别墅折价给乙某抵偿了100万元的债务；用市场价值70万元的第二、三两套两室住房与丙某交换了一套四室住房，另取得丙某赠送价值12万元的小轿车一辆；将第四套市场价值50万元的公寓房折成股份投入本人独资经营的企业。当地确定的契税税率为3%。试分析甲、乙、丙缴纳契税的情况。

财产税(类)法是国家对法人和自然人所拥有的财产为征税对象征收的一类税的总称。主要包括房产税、车船税和契税。财产税按其征收范围和课征方式的不同可分为一般财产税和个别财产税两大类。一般财产税也称综合财产税，是对纳税人所拥有的全部财产，按其综合计算的价值进行课征的一种财产税；个别财产税也称特别财产税或特种财产税，是对纳税人拥有或支配的某种特定财产单独课征的一种财产税。如对土地征收的地产税或土地税，对房屋征收的房产税，对土地和房屋合并征收的房地产税等都属于个别财产税。与其他税种相比，财产税具有税源充足、税收负担较难转嫁等特点。

第一节 房产税法

一、房产税概述

(一)房产税的概念

房产税是以房屋为征税对象，按照房屋的计税余值或租金收入，向产权所有人征收的一种财产税。

房产税在我国是一个古老的税种，最早始于周代。新中国成立后，中央人民政府政务院颁布的《全国税政实施要则》中，把房产税列为全国开征的一个独立税种。1973年进行税制改革，在简化税制的原则下，把试行工商税的企业缴纳的城市房产税并入了工商税，但保留城市房产税这一税种，只对居民个人和房产管理部门以及外企的房屋继续征收。

1984年进行工商税制全面改革，重新恢复对房产征税。1986年9月15日，国务院正式发布了《中华人民共和国房产税暂行条例》(以下简称《房产税暂行条例》)，从当年10月1日开始施行。各省、自治区、直辖市人民政府根据《房产税暂行条例》规定，先后制定了施行细则。至此，房产税又在全国范围内全面征收。

(二)房产税的特点

1. 房产税属于财产税中的个别财产税

财产税按征收方式不同,可分为一般财产税与个别财产税。一般财产税也称综合财产税,是对纳税人拥有的财产综合课征的税收。个别财产税,也称特种财产税,是对纳税人所有的土地、房屋、资本或其他财产分别课征的税收。我国现行房产税属于个别财产税。

2. 征税范围限于城镇的经营性房屋

房产税的征税范围是在城市、县城、建制镇和工矿区,不涉及农村。农村的房屋,大部分是农民居住用房,为了不增加农民负担,对农村的房屋没有纳入征税范围。另外,对某些拥有房屋但自身没有纳税能力的单位,如国家拨付行政经费、事业经费和国防经费的单位自用的房产,税法也通过免税的方式将这类房屋排除在征税范围之外。因为这些单位本身没有经营收入,若对其征税,就要相应增加财政拨款,征税也就失去意义。

3. 区别房屋的经营使用方式,规定征税办法

拥有房屋的单位和个人,既可以自己使用房屋,又可以把房屋用于出租、出典。房产税根据纳税人经营形式不同,确定对房屋征税可以按房产计税余值征收,又可以按租金收入征收,使其符合纳税人的经营特点,便于平衡税收负担和征收管理。

(三)房产税的历史沿革和改革趋势

我国于20世纪50年代即开征了城市房地产税,当时面向全国征收。1972年,随着面向国营、集体企业所征收的城市房地产税并入工商税后,我国的城市房地产税征收对象就变为对房产管理部门、个人的房屋、中外合资、合作企业、外资企业的房屋征收。虽然1984年工商税制改革时又恢复该税种,但鉴于我国城市的土地属于国家所有,从而将城市房地产税分为房产税和城镇土地使用税两个税种,并于1986年9月颁布《房产税暂行条例》。不过,当时规定对5种情况予以免征,其中包括个人所有非营业用的房产。所以,对于老百姓而言,房产税其实是一直存在的税种,只不过是免予征收。同时,50年代开征的城市房地产税仍然保留,继续对在我国有房产的外国侨民和涉外企业适用,但对其在华机构的用地不征收城镇土地使用税,改为征收土地使用费。可见,城市房地产税其实也只对房产征税,而不对地产征税,本质上是房产税。城市房地产税在近50年的执行中已做很大的调整,目前房产税对国家机关和居民自住房屋免税。由于我国加入世界贸易组织以及居民住房制度的改革,我国现行的房产税设计已跟不上这种变化,造成该税种虽是我国目前最主要的财产税,但无法成为地方税的主体税种的局面。

我国的房产税主要是依据1951年8月颁布的《城市房地产税暂行条例》与1986年9月15日发布的《房产税暂行条例》来征收的,基本上只对营业用房产课税,即不管是本国人或外国人,也不管面积多大、建筑多豪华,只要是自住皆不征收房产税,只针对营业用或出租房屋课征房产税。其中,本国人适用《房产税暂行条例》,外国人适用《城市房地产税暂行条例》。

2003年中共十六届三中全会提出"条件具备时对不动产开征统一规范的物业税,相应取消有关收费",随后的7年里,物业税先后在北京、辽宁等10个省市"空转"运行,但是始终没有进入实施阶段。2009年,《关于2009年深化经济体制改革工作的意见》出台,文件中提到"深化房地产税制改革,研究开征房产税"。同时,根据2008年12月31日国务院发布的第546号令,自2009年1月1日起,废止《城市房地产税暂行条例》,外商投资企业、外国企业和组织以及外籍个人(包括港澳台资企业和组织以及华侨、港澳台同胞)依照《房产税暂行条例》(国发〔1986〕90号)缴纳房产税。

2010年,又进一步提出开征"房地产保有税"。由于房地产费、税体系混乱,房产保有税在我国税收体系中几乎缺位,而其在西方税收体系又有着很重要的地位,我国一直试图填补空缺。然而物业税是一个全新的税种,在现有的条件下,无论从法律上还是技术细节方面都存在很多难点。相比之下,房产税作为一个已存在的税种,并不存在通过"人大"立法的问题,因此改革房产税更为简便。与此同时,很多一线城市的房地产市场在经过多年高速发展之后,可供出让的土地已经逐渐减少,对于过去

依赖土地财政的地方政府而言，将来势必要面临土地出让金减少的困境，如果能适时开征居民房产税，无疑将提供一个长期稳定的收入来源，这也是上海、深圳和重庆等政府对于房产税态度积极的重要原因。因此，随着2011年初国务院常务会议原则同意部分城市进行对个人住房征收房产税改革试点，上海、重庆宣布从2011年1月28日起开征房产税，两市相继出台了《房产税暂行条例》的有关规定，为我国房产税改革拉开了序幕。

二、房产税的征税范围、纳税人、计税依据与税率

(一)征税对象及征税范围

房产税的征税对象是房产。所谓房产，是指有屋面和围护结构(有墙或两边有柱)，能够遮风避雨，可供人们在其中生产、学习、工作、娱乐、居住或贮藏物资的场所。独立于房屋之外的建筑物，如围墙、烟囱、水塔、变电塔、油池油柜、酒窖菜窖、酒精池、糖蜜池、室外游泳池、玻璃暖房、砖瓦石灰窑以及各种油气罐等，不属于房产。

房地产开发企业建造的商品房，在出售前，不征收房产税；但对出售前房地产开发企业已使用或出租、出借的商品房应按规定征收房产税。①

房产税的征税范围是城市、县城、建制镇和工矿区，不包括农村。

城市的征收范围为市区、郊区和市辖县县城。建制镇的征收范围为镇人民政府所在地，不包括所辖的行政村。

对农、林、牧、渔业用地和农民居住用房屋及土地，不征收房产税和城镇土地使用税。②

(二)纳税人

(1)产权属国家所有的，由经营管理单位纳税；产权属集体和个人所有的，由集体单位和个人纳税。

房产税的纳税义务人是征税范围内的房屋的产权所有人，包括国家所有和集体、个人所有房屋的产权所有人、承典人、代管人或使用人三类。

(2)产权出典的，由承典人按房产余值纳税。

(3)产权所有人、承典人不在房屋所在地的，由房产代管人或者使用人纳税。

(4)产权未确定及租典纠纷未解决的，由房产代管人或者使用人按房产余值纳税。

(5)无租使用其他房产的，应由房产使用人代为缴纳房产税。③ 承租人使用房产，以支付修理费抵交房产租金，由房产的产权所有人依照规定缴纳房产税。④

(6)自2009年1月1日起，外商投资企业、外国企业和组织以及外籍个人，依照《房产税暂行条例》缴纳房产税。⑤

(三)计税依据

房产税的计税依据是房产的计税价值或房产的租金收入。按照房产计税价值征税的，称为从价计征；按照房产租金收入计征的，称为从租计征。

1. 从价计征

《房产税暂行条例》规定，房产税应按照房产原值一次减除10%～30%的扣除比例后的余值计算缴纳。各地扣除比例由当地省、自治区、直辖市人民政府确定。

在确定房产原值时，应注意下列问题：

---

① 国家税务总局：《关于房产税、城镇土地使用税有关政策规定的通知》，国税发〔2003〕89号，2003年7月15日。

② 国家税务总局：《关于调整房产税和土地使用税具体征税范围解释规定的通知》，国税发〔1999〕44号，1999年3月12日。

③ 财政部、国家税务总局：《关于房产税城镇土地使用税有关问题的通知》，财税〔2009〕128号，2009年11月22日。

④ 财政部、税务总局：《关于房产税若干具体问题的解释和暂行规定》，财税地〔1986〕8号，1986年9月25日。

⑤ 国务院：中华人民共和国国务院令第546号，2008年12月31日。

(1)房屋原价应根据国家有关会计制度规定进行核算。对纳税人未按照国家会计制度核算并记载的,应按规定予以调整或重新评估。对依照房产原值计税的房产,不论是否记载在会计账簿"固定资产"科目中,均应按照规定计算缴纳房产税。[①]

(2)房产原值应包括与房屋不可分割的各种附属设备或一般不单独计算价值的配套设施。主要有:暖气、卫生、通风、照明、煤气等设备;各种管线,如蒸气、压缩空气、石油、给水排水等管道及电力、电讯、电缆导线;电梯、升降机、过道、晒台等。属于房屋附属设备的水管、下水道、暖气管、煤气管等应从最近的探视井或三通管算起,计算原值;电灯网、照明线从进线盒联接管算起,计算原值。

(3)为维持和增加房屋的使用功能或使房屋满足设计要求,凡以房屋为载体,不可随意移动的附属设备和配套设施,如给排水、采暖、消防、中央空调、电气及智能化楼宇设备等,无论在会计核算中是否单独记账与核算,都应计入房产原值,计征房产税。[②]

对于更换房屋附属设备和配套设施的,在将其价值计入房产原值时,可扣减原来相应设备和设施的价值;对附属设备和配套设施中易损坏、需要经常更换的零配件,更新后不再计入房产原值。[③]

(4)纳税人对原有房屋进行改建、扩建的,要相应增加房屋的原值。

2. 从租计征

《房产税暂行条例》规定,房产出租的,以房产租金收入为房产税的计税依据。

所谓房产的租金收入,是房屋产权所有人出租房产使用权所得的报酬,包括货币收入和实物收入。如果是以劳务或者其他形式为报酬抵付房租收入的,应根据当地同类房产的租金水平,确定一个标准租金额从租计征。

对纳税人不申报或者不如实申报租金收入的,应按照《税收征管法》及其实施细则的有关规定实行核定征收。对房屋出租人不申报租金收入或申报的租金收入低于计税租金标准又无正当理由的,可按计税租金标准计算征税。[④]

需要注意的特殊问题如下:

(1)以房产联营投资的,房产税计税依据应区别对待。

以房产联营投资,共担经营风险的,以房产余值为计税依据计征房产税;以房产联营投资,收取固定收入,不承担经营风险,只收取固定收入的,实际是以联营名义取得房产租金,因此应由出租方按租金收入计征房产税。

【例9—1】 某企业有一处房产原值1 000万元,2015年7月1日用于投资联营(收取固定收入,不承担联营风险),投资期为5年。已知该企业当年取得固定收入50万元,当地政府规定的扣除比例为20%。计算该企业2015年应缴纳的房产税。

【答案】 应纳房产税=1 000×(1−20%)×1.2%÷2+50×12%=10.8(万元)

(2)融资租赁房屋的,以房产余值为计税依据计征房产税。

自2009年12月1日起,融资租赁的房产,由承租人自融资租赁合同约定开始日的次月起依照房产余值缴纳房产税。合同未约定开始日的,由承租人自合同签订的次月起依照房产余值缴纳房产税。

(3)房屋附属设备和配套设施的计税规定。

自2006年1月1日起,房屋附属设备和配套设施计征房产税按以下规定执行:

①凡以房屋为载体,不可随意移动的附属设备和配套设施,如给排水、采暖、消防、中央空调、电气及智能化楼宇设备等,无论在会计核算中是否单独记账与核算,都应计入房产原值,计征房产税。

---

① 财政部、国家税务总局:《关于房产税、城镇土地使用税有关问题的通知》,财税〔2008〕152号,2008年12月18日。

② 国家税务总局:《关于进一步明确房屋附属设备和配套设施计征房产税有关问题的通知》,国税发〔2005〕173号,2005年10月21日。

③ 国家税务总局:《关于进一步明确房屋附属设备和配套设施计征房产税有关问题的通知》,国税发〔2005〕173号,2005年10月21日。

④ 国家税务总局:《关于加强出租房屋税收征管的通知》,国税发〔2005〕159号,2005年8月3日。

②对于更换房屋附属设备和配套设施的，在将其价值计入房产原值时，可扣减原来相应设备和设施的价值；对附属设备和配套设施中易损坏、需要经常更换的零配件，更新后不再计入房产原值。

(4)居民住宅区内业主共有经营性房产缴纳房产税。

自2007年1月1日起，对居民住宅区内业主共有的经营性房产，由实际经营（包括自营和出租）的代管人或使用人缴纳房产税。其中自营的，依照房产原值减除10%～30%后的余值计征，没有房产原值或不能将业主共有房产与其他房产的原值准确划分开的，由房产所在地地方税务机关参照同类房产核定房产原值；出租的，依照租金收入计征。①

(5)纳税人无租使用的其他单位房产，依照房产余值代为缴纳房产税；产权出典的房产，由承典人依照房产余值缴纳房产税；融资租赁的房产，由承租人依照房产余值缴纳房产税。②

(四)税率

我国现行房产税采用的是比例税率。由于房产税的计税依据分为从价计征和从租计征两种，所以房产税的税率也有两种：一是按房产原值一次减除10%～30%后的余值计征的，税率为1.2%；二是按房产出租的租金收入计征的，税率为12%。

值得注意的是，自2001年1月1日起，对个人按市场价格出租的居民用房，暂减按4%的税率征收房产税。③ 自2008年3月1日起，对个人出租住房，不区分用途，均按4%的税率征收房产税；④对企事业单位、社会团体以及其他组织按市场价格向个人出租用于居住的住房，减按4%的税率征收房产税。⑤

三、税额的计算、减免与缴纳

(一)应纳税额的计算

房产税的计税依据有两种，与之相适应的应纳税额计算也分为两种：一是从价计征的计算，二是从租计征的计算。

1. 从价计征的计算

从价计征是按房产的原值减除一定比例后的余值计征。其计算公式为：

全年应纳税额＝应税房产原值×(1－扣除比例)×1.2%

【例9－2】 某企业拥有房产原值1 000万元，2015年7月1日将其中的30%用于对外投资，不承担经营风险，投资期限3年，当年取得固定利润分红20万元；2015年9月1日将其中10%按政府规定价格租给本企业职工居住，每月取得租金5万元，其余房产自用。已知当地政府规定的扣除比例为20%，试计算该企业2015年度应缴纳的房产税。

【答案】 企业向职工出租的单位自有住房，暂免征收房产税。

应缴纳房产税＝1 000×60%×(1－20%)×1.2%＋[1 000×30%×(1－20%)×1.2%×6÷12＋20×12%]＋1 000×10%×(1－20%)×1.2%×8÷12＝10.24(万元)

2. 从租计征的计算

从租计征是按房产的租金收入计征。其计算公式为：

应纳税额＝租金收入×12%(或4%)

【例9－3】 赵某拥有两处房产，一处原值60万元的房产供自己和家人居住，另一处原值20万元的房产于2015年7月1日出租给王某居住，按市场价每月取得租金收入1 200元。试计算赵某当年

① 财政部、国家税务总局：《关于房产税、城镇土地使用税有关政策的通知》，财税〔2006〕186号，2006年12月25日。

② 财政部、国家税务总局：《关于房产税、城镇土地使用税有关问题的通知》，财税〔2009〕128号，2009年11月22日。

③ 财政部、国家税务总局：《关于调整住房租赁市场税收政策的通知》，财税〔2000〕125号，2000年12月7日。

④ 财政部、国家税务总局：《关于廉租住房、经济适用住房和住房租赁有关税收政策的通知》，财税〔2008〕24号，2008年3月3日。

⑤ 财政部、国家税务总局：《关于廉租住房、经济适用住房和住房租赁有关税收政策的通知》，财税〔2008〕24号，2008年3月3日。

应缴纳的房产税。

【答案】 应纳房产税＝1200×6×4%＝288(元)

3. 地下建筑计税办法

自2006年1月1日起，凡在房产税征收范围内的具备房屋功能的地下建筑，包括与地上房屋相连的地下建筑以及完全建在地面以下的建筑、地下人防设施等，均应依照有关规定征收房产税。

(1)自用的地下建筑，按照以下规定计税：

①工业用途房产，以房屋原价的50%～60%作为应税房产原值。

应纳房产税额＝应税房产原值×[1－(10%～30%)]×1.2%

②商业和其他用途房产，以房屋原价的70%～80%作为应税房产原值。

应纳房产税额＝应税房产原值×[1－(10%～30%)]×1.2%

房屋原价折算为应税房产原值的具体比例，由各省、自治区、直辖市和计划单列市财政和地方税务部门在上述幅度内自行确定。

③对于与地上房屋相连的地下建筑，如房屋的地下室、地下停车场、商场的地下部分等，应将地下部分与地上房屋视为一个整体按照地上房屋建筑的有关规定计算征收房产税。

(2)出租的地下建筑，按照出租地上房屋建筑的有关规定计算征收房产税。

(二)房产税的减免

(1)国家机关、人民团体、军队自用的房产免征房产税。但上述免税单位的出租房产以及非自身业务使用的生产、营业用房，不属于免税范围。

(2)由国家财政部门拨付事业经费的单位，如学校、医疗卫生单位、托儿所、幼儿园、敬老院、文化、体育、艺术这些实行全额或差额预算管理的事业单位所有的，本身业务范围内使用的房产免征房产税。

(3)宗教寺庙、公园、名胜古迹自用的房产免征房产税。

(4)个人所有非营业用的房产免征房产税。

(5)对行使国家行政管理职能的中国人民银行总行(含国家外汇管理局)所属分支机构自用的房产，免征房产税。

(6)经财政部批准免税的其他房产。

①损坏不堪使用的房屋和危险房屋，经有关部门鉴定，在停止使用后，可免征房产税。

②纳税人因房屋大修导致连续停用半年以上的，在房屋大修期间免征房产税。

③在基建工地为基建工程服务的各种工棚、材料棚等临时性房屋，在施工期间一律免征房产税；当施工结束后，施工企业将这种临时性房屋交还或估价转让给基建单位的，应从基建单位接受的次月起照章纳税。

④对高校后勤实体免征房产税。

⑤对非营利性医疗机构、疾病控制机构和妇幼保健机构等卫生机构自用的房产，免征房产税。

⑥老年服务机构自用的房产免税。

⑦自2007年8月1日起，对廉租住房经营管理单位按照政府规定价格、向规定保障对象出租廉租住房的租金收入，免征房产税。①

⑧对邮政部门坐落在征税范围内的房产需交房产税；反之，则不交房产税。

⑨向居民供热并向居民收取采暖费的供热企业暂免征收房产税，不包括从事热力生产但不直接向居民供热的企业。

⑩自2013年1月1日至2015年12月31日，对高校学生公寓实行免征房产税政策；对专门经营

---

① 财政部、国家税务总局:《关于廉租住房、经济适用住房和住房租赁有关税收政策的通知》,财税〔2008〕24号,2008年3月3日。

农产品的农产品批发市场、农贸市场使用的房产，暂免征收房产税。

【例9—4】　某供热企业2015年度拥有生产用房原值3 000万元，当年取得供热收入2 000万元，其中直接向居民供热的收入500万元，房产所在地规定计算房产余值的扣除比例为20%。计算该企业2015年应缴纳的房产税。

【答案】　应纳房产税＝3 000×(1－20%)×1.2%×1 500÷2 000＝21.6(万元)

(三)房产税的缴纳

1. 纳税义务发生时间[①]

(1)纳税人将原有房产用于生产经营，从生产经营之月起缴纳房产税。

(2)纳税人自行新建房屋用于生产经营，从建成之次月起缴纳房产税。

(3)纳税人委托施工企业建设的房屋，从办理验收手续之次月起缴纳房产税。

(4)纳税人购置新建商品房，自房屋交付使用之次月起缴纳房产税。

(5)纳税人购置存量房，自办理房屋权属转移、变更登记手续，房地产权属登记机关签发房屋权属证书之次月起，缴纳房产税。

(6)纳税人出租、出借房产，自交付出租、出借房产之次月起，缴纳房产税。

(7)房地产开发企业自用、出租、出借本企业建造的商品房，自房屋使用或交付之次月起，缴纳房产税。

(8)自2009年1月1日起，纳税人因房产的实物或权利状态发生变化而依法终止房产税纳税义务的，其应纳税款的计算应截止到房产的实物或权利状态发生变化的当月末。[②]

(9)融资租赁的房产，由承租人自融资租赁合同约定开始日的次月起，依照房产余值缴纳房产税。合同未约定开始日的，由承租人自合同签订的次月起，依照房产余值缴纳房产税。[③]

2. 纳税期限

房产税实行按年计算、分期缴纳的征收方法，具体纳税期限由省、自治区、直辖市人民政府确定。

3. 纳税地点

房产税在房产所在地缴纳。房产不在同一地方的纳税人，应按房产的坐落地点分别向房产所在地的税务机关纳税。

第二节　车船税法

一、车船税概述

(一)车船税的概念

车船税是以车船为征税对象，向拥有车船的单位和个人征收的一种税。

2006年12月29日国务院颁布了《中华人民共和国车船税暂行条例》(以下简称《车船税暂行条例》)，并于2007年1月1日实施。2011年2月25日《中华人民共和国车船税法》(以下简称《车船税法》)经中华人民共和国第十一届全国人民代表大会常务委员会第十九次会议通过、2011年11月23日《中华人民共和国车船税法实施条例》(以下简称《车船税法实施条例》)经国务院第182次常务会议通过，并于2012年1月1日起施行。[④]

(二)车船税的特点

现行《车船税法》与《车船税暂行条例》相比，具有以下几个特点：

---

① 国家税务总局：《关于房产税、城镇土地使用税有关政策规定的通知》，国税发〔2003〕89号，2003年7月15日。

② 财政部、国家税务总局：《关于房产税、城镇土地使用税有关问题的通知》，财税〔2008〕152号，2008年12月18日。

③ 财政部、国家税务总局：《关于房产税、城镇土地使用税有关问题的通知》，财税〔2009〕128号，2009年11月22日。

④ 《中华人民共和国车船税法》，中华人民共和国主席令第43号，2011年2月25日。

1. 按车船的所有权确定征税范围

《车船税暂行条例》规定，车船税的征税范围是依法应当在车船管理部门登记的车船。不需登记的单位内部作业车船不征税。而《车船税法》不再按车船是否登记来确定是否具有纳税义务，将征税范围统一为向车船的所有人征收车船。

2. 以乘用车的排气量作为计税依据

《车船税暂行条例》及其实施细则规定，微型、小型客车（乘用车）按辆征收。车船税作为财产税，计税依据理论上应当是评估价值，但由于乘用车数量庞大且分散于千家万户，难以进行价值评估。考虑到乘用车的排气量与其价值总体上存在着正相关关系，《车船税法》将排气量作为乘用车计税依据。

3. 税负结构合理

一方面，为支持交通运输业发展，《车船税法》对占汽车总量28%左右的货车、摩托车以及船舶（游艇除外）仍维持原条例税额幅度不变；对载客9人以上的客车税额幅度略作提高；对挂车由原条例规定的与货车适用相同税额改为减按货车税额的50%征收。另一方面，为更好地发挥车船税的调节功能，体现对汽车消费和节能减排的政策导向，《车船税法》对占汽车总量72%左右的乘用车（也就是载客少于9人的汽车）的税负，按发动机排气量大小分别作了降低、不变和提高的结构性调整，税负结构更加趋于合理。

4. 税收优惠规范

《车船税法》除了保留《车船税暂行条例》规定的省、自治区、直辖市人民政府可以对公共交通车船给予定期减、免税优惠外，还增加了以下三项优惠规定：一是对节约能源、使用新能源的车船可以减征或免征车船税；二是省、自治区、直辖市人民政府根据当地实际情况，可以对农村居民拥有并主要在农村地区使用的摩托车、三轮汽车和低速载货汽车定期减征或免征车船税；三是对受严重自然灾害影响、纳税困难以及有其他特殊原因确需减、免税的，可以减征或免征车船税。

5. 征管手段增强

《车船税法》规定：车辆所有人或者管理人在申请办理车辆相关登记、定期检验手续时，应向公安机关交通管理部门提交依法纳税或者免税证明。公安机关交通管理部门核查后予以办理相关手续。此外，船舶的流动性大，目前对船舶征税在源泉控制上效果不够理想。为此，《车船税法》规定，船检机构应当在提供船舶有关信息方面协助税务机关加强车船税的征收管理。

二、车船税的征税范围、纳税人、计税依据与税率

（一）征税范围

车船税的征收范围，是指依法应当在我国车船管理部门登记的车船（除规定减免的车船外）。包括依法应当在车船登记管理部门登记的机动车辆和船舶以及依法不需要在车船登记管理部门登记的在单位内部场所行驶或者作业的机动车辆和船舶。

车辆，包括机动车辆和非机动车辆。机动车辆，指依靠燃油、电力等能源作为动力运行的车辆，如汽车、拖拉机、无轨电车等；非机动车辆，指依靠人力、畜力运行的车辆，如三轮车、自行车、畜力驾驶车等。

船舶，包括机动船舶和非机动船舶。机动船舶，指依靠燃料等能源作为动力运行的船舶，如客轮、货船、气垫船等；非机动船舶，指依靠人力或者其他力量运行的船舶，如木船、帆船、舢板等。

临时入境的外国车船和香港特别行政区、澳门特别行政区、台湾地区的车船，不征收车船税。

（二）纳税人

在中华人民共和国境内，车辆、船舶（以下简称“车船”）的所有人或者管理人为车船税的纳税人。外商投资企业和外国企业以及外籍人员适用车船税的规定。①

---

① 《中华人民共和国车船税法实施条例》，中华人民共和国国务院令第611号，2011年12月5日。

(三)计税依据

(1)乘用车、商用客车、摩托车以“辆”为计税依据；商用货车、挂车、其他车辆以“整备质量每吨”为计税依据；机动船舶以“净吨位”为计税依据；游艇以“挺身长度每米”为计税依据。

(2)纳税人在购买机动车交通事故责任强制保险时，应当向扣缴义务人提供地方税务机关出具的本年度车船税的完税凭证或者减免税证明。

(3)挂车按货车税额的50％计算；非机动驳船、拖船分别按机动船舶的50％计税；拖船按照发动机功率每1千瓦折合净吨位0.67吨计算征收车船税。客货两用车依照货车的计税单位和年基准税额计征车船税。

(4)《车船税法》和《车船税法实施条例》所涉及的排气量、整备质量、核定载客人数、净吨位、千瓦、艇身长度，以车船登记管理部门核发的车船登记证书或者行驶证所载数据为准。依法不需要办理登记的车船和依法应当登记而未办理登记或者不能提供车船登记证书、行驶证的车船，以车船出厂合格证明或者进口凭证标注的技术参数、数据为准；不能提供车船出厂合格证明或者进口凭证的，由主管税务机关参照国家相关标准核定，没有国家相关标准的参照同类车船核定。①

(四)税目与税率

税目包括乘用车、商用车(包括客车和货车，客车包括电车，货车包括半挂牵引车、三轮汽车和低速载货汽车等)、挂车、其他车辆(包括专业作业车、轮式专业机械车，不包括拖拉机)、摩托车和船舶(包括机动船舶和游艇)。

专用作业车是指用于特殊工作的专用作业车，如消防车、清障车、高空作业车、洒水车、扫路车等。注意：以载运人员或货物为主要目的的专用汽车，如救护车，不属于专用作业车。

车船税实行分类定额税率(详见表9－1)。定额税率计算简便，适宜于从量计征的税种。车辆的具体适用税额由省、自治区、直辖市人民政府依照《车船税法》所附《车船税税目税额表》规定的税额幅度和国务院的规定确定。船舶的具体适用税额由国务院在《车船税法》所附《车船税税目税额表》规定的税额幅度内确定。确定时应当遵循“乘用车依排气量从小到大递增税额；客车按照核定载客人数20人以下和20人(含)以上两档划分，递增税额”的原则。

表9－1　　车船税税目税额表

税目		计税单位	年基准税额	备注
乘用车[按发动机汽缸容量(排气量)分档]	1.0升(含)以下的	每辆	60～360元	核定载客人数9人(含)以下
	1.0升以上至1.6升(含)的		300～540元	
	1.6升以上至2.0升(含)的		360～660元	
	2.0升以上至2.5升(含)的		660～1 200元	
	2.5升以上至3.0升(含)的		1 200～2 400元	
	3.0升以上至4.0升(含)的		2 400～3 600元	
	4.0升以上的		3 600～5 400元	
商用车	客车	每辆	480～1 440元	核定载客人数9人以上，包括电车
	货车	整备质量每吨	16～120元	包括半挂牵引车、三轮汽车和低速载货汽车等
挂车		整备质量每吨	按照货车税额的50％计算	

① 《中华人民共和国车船税法实施条例》，中华人民共和国国务院令第611号，2011年12月5日。

续表

税目		计税单位	年基准税额	备注
其他车辆	专用作业车	整备质量每吨	16～120元	不包括拖拉机
	轮式专用机械车		16～120元	
摩托车		每辆	36～180元	
船舶	机动船舶	净吨位每吨	3～6元(净吨位不超过200吨的,每吨3元;净吨位超过200吨但不超过2 000吨的,每吨4元;净吨位超过2 000吨但不超过10 000吨的,每吨5元;净吨位超过10 000吨的,每吨6元)	拖船、非机动驳船分别按照机动船舶税额的50%计算
	游艇	艇身长度每米	600～2 000元(艇身长度不超过10米的,每米600元;艇身长度超过10米但不超过18米的,每米900元;艇身长度超过18米但不超过30米的,每米1 300元;艇身长度超过30米的,每米2 000元;辅助动力帆艇,每米600元)	

三、税额的计算、减免与缴纳

(一)应纳税额的计算

购置的新车船,购置当年的应纳税额自纳税义务发生的当月起按月计算。其计算公式为:

应纳税额=年应纳税额÷12×应纳税月份数

需要注意的是:

(1)车船涉及的整备质量、净吨位、艇身长度等计税单位,有尾数的一律按照含尾数的计税单位据实计算车船税应纳税额,涉及小数点的,四舍五入保留两位小数。

(2)在一个纳税年度内,已完税的车船被盗抢、报废、灭失的,纳税人可以凭有关管理机关出具的证明和完税凭证,向纳税所在地的主管税务机关申请退还自被盗抢、报废、灭失月份起至该纳税年度终了期间的税款。

(3)已办理退税的被盗抢车船失而复得的,纳税人应当从公安机关出具相关证明的当月起计算缴纳车船税。

(4)已经缴纳车船税的车船,因质量原因,车船被退回生产企业或经销商的,纳税人可以向纳税所在地的主管税务机关申请退还自退货月份起至该纳税年度终了期间的税款。退货月份以退货发票所载日期的当月为准。

(5)已缴纳车船税的车船在同一纳税年度内办理转让过户的,不另纳税,也不退税。

【例9—5】 某运输公司2015年拥有商用货车15辆(货车整备质量吨位全部为10吨),乘用车20辆(其中发动机汽缸容量1.6升的有10辆,1.8升的有10辆),商用客车10辆。当地政府规定,商用货车整备质量每吨年税额80元,乘用车1.6升每辆年税额500元、1.8升每辆年税额600元,商用客车每辆年税额480元。试计算该公司2015年应缴纳的车船税。

【答案】 商用货车应纳税额=15×10×80=12 000(元)

乘用车应纳税额=10×500+10×600=11 000(元)

商用客车应纳税额=10×480=4 800(元)

全年应纳车船税额=12 000+11 000+4 800=27 800(元)

【例9—6】 2015年年初,船舶公司拥有非机动驳船5艘,每艘净吨位3 000吨;拖船3艘,每艘发动机功率4 000千瓦。当地机动船舶的车船净吨位2 001～10 000吨的,年税额为5元/吨。该船舶公司2015年应缴纳车船税(　　)元。

A. 115 200　　B. 57 600　　C. 95 100　　D. 67 500

【答案】 B

【答案】 拖船、非机动驳船分别按照机动船舶税额的50%计算车船税。拖船按照发动机功率每1千瓦折合净吨位0.67吨计算车船税。所以，该船舶公司应缴纳的车船税＝5×3 000×5×50%＋34 000×0.67×550%＝57 600(元)。

(二)车船税的减免

1. 免征车船税的车船

按照《车船税法》及其实施条例的规定，下列车船免征车船税：①

(1)捕捞、养殖渔船；

(2)军队、武装警察部队专用的车船；

(3)警用车船；

(4)依照法律规定应当予以免税的外国驻华使领馆、国际组织驻华代表机构及其有关人员的车船。

2. 减免车船税的车船

按照《车船税法》和《实施条例》的规定，下列车船可减免车船税：

(1)自2012年1月1日起，对节约能源的车辆，减半征收车船税；对使用新能源的车辆，免征车船税。

(2)对受严重自然灾害影响纳税困难以及有其他特殊原因确需减税、免税的，可以减征或者免征车船税。具体办法由国务院规定，并报全国人民代表大会常务委员会备案。

(3)省、自治区、直辖市人民政府根据当地实际情况，可以对公共交通车船，农村居民拥有并主要在农村地区使用的摩托车、三轮汽车和低速载货汽车定期减征或者免征车船税。

(4)按照规定缴纳船舶吨税的机动船舶，自车船税法实施之日起5年内免征车船税。依法不需要在车船登记管理部门登记的机场、港口、铁路站场内部行驶或者作业的车船，自车船税法实施之日起5年内免征车船税。

(三)车船税的缴纳

1. 纳税期限

车船税纳税义务发生时间为取得车船所有权或者管理权的当月，具体应当以购买车船的发票或者其他证明文件所载日期的当月为准。

车船税按年申报，分月计算，一次性缴纳。纳税年度为公历1月1日至12月31日。

2. 纳税地点

车船税由地方税务机关负责征收。纳税地点，由省、自治区、直辖市人民政府根据当地实际情况确定。跨省、自治区、直辖市使用的车船，纳税地点为车船的登记地。

3. 纳税申报

(1)车船的所有人或者管理人未缴纳车船税的，使用人应当代为缴纳车船税。

(2)从事机动车交通事故责任强制保险业务的保险机构为机动车车船税的扣缴义务人，应当依法代收代缴车船税。

(3)机动车车船税的扣缴义务人依法代收代缴车船税时，纳税人不得拒绝。由扣缴义务人代收代缴机动车车船税的，纳税人应当在购买机动车交通事故责任强制保险的同时缴纳车船税。纳税人在购买机动车交通事故责任强制保险时缴纳车船税的，不再向地方税务机关申报纳税。

(4)扣缴义务人在代收车船税时，应当在机动车交通事故责任强制保险的保险单上注明已收税款的信息，作为纳税人完税的证明。除另有规定外，扣缴义务人不再给纳税人开具代扣代收税款凭证。纳税人如有需要，可以持注明已收税款信息的保险单，到主管地方税务机关开具完税凭证。

① 《中华人民共和国车船税法》，中华人民共和国主席令第43号，2011年2月25日。

(5)扣缴义务人应当及时解缴代收代缴的税款，并向地方税务机关申报。扣缴义务人解缴税款的具体期限，由各省、自治区、直辖市地方税务机关依照法律、行政法规的规定确定。

第三节 契税法

一、契税概述

(一)契税的概念

契税是以在中华人民共和国境内转移土地、房屋权属为征税对象，向产权承受人征收的一种财产税。

契税在我国有着悠久的历史。它起源于东晋的“估税”，至今已有1 600多年的历史。新中国成立以后，政务院于1950年3月31日第26次政务会议通过并公布了《契税暂行条例》，废除了旧的契税法制，建立了新的契税制度，取消了契税附加验税、注册等杂费，降低了税率，减轻了人民的负担。现行契税的法律规范是1997年7月7日国务院颁布的《中华人民共和国契税暂行条例》，于1997年10月1日起施行。

(二)契税的特点

1. 契税属于财产转移税

契税以权属发生转移的土地和房屋为征税对象，具有对财产转移课税性质。

2. 契税由财产承受人纳税

一般税种在税制中确定纳税人，都确定销售者为纳税人，即卖方纳税，而契税是以购买方即承受人作为纳税人。对买方征税的主要目的，在于承认不动产转移生效，承受人纳税以后，便可拥有转移过来的不动产的产权或使用权，法律保护纳税人的合法权益。

二、契税的征税范围、纳税人、计税依据与税率

(一)征税对象和征税范围

契税的征税对象是在境内转移土地、房屋权属这种行为。契税征税对象具体包括以下几种情况：

1. 国有土地使用权出让

国有土地使用权出让是指土地使用者向国家交付土地使用权出让费用，国家将国有土地使用权在一定年限内让与土地使用者的行为。

2. 国有土地使用权转让

土地使用权的转让是指土地使用者以出售、赠与、交换或者其他方式将土地使用权转移给其他单位和个人的行为。土地使用权的转让不包括农村集体土地承包经营权的转移。

3. 房屋买卖

即以货币为媒介，出卖者向购买者过渡房产所有权的交易行为。几种特殊情况视同买卖房屋：

(1)以房产抵债或实物交换房屋。经当地政府和有关部门批准，以房抵债和实物交换房屋，均视同房屋买卖，应由产权承受人按房屋现值缴纳契税。

(2)以房产作投资或作股权转让。这种交易业务属房屋产权转移，应根据国家房地产管理的有关规定，办理房屋产权交易和产权变更登记手续，视同房屋买卖，由产权承受方按契税税率计算缴纳契税。但是，以自有房产作股投入本人独资经营的企业，免纳契税。

(3)买房拆料或翻建新房，应照章征收契税。

4. 房屋赠与

房屋的赠与是指房屋产权所有人将房屋无偿转让给他人所有。其中，将自己的房屋转交给他人的法人和自然人，称作房屋赠与人；接受他人房屋的法人和自然人，称为受赠人。房屋赠与的前提必须是，产权无纠纷，赠与人和受赠人双方自愿。

由于房屋是不动产，价值较大，故法律要求赠与房屋应有书面合同(契约)，并到房地产管理机关或农村基层政权机关办理登记过户手续，才能生效。如果房屋赠与行为涉及涉外关系，还需公证处证明和外事部门认证，才能有效。房屋的受赠人要按规定缴纳契税。

5. 房屋交换

房屋交换是指房屋所有者之间互相交换房屋的行为。

(1)以获奖方式承受土地、房屋权属的行为，应缴纳契税。

(2)以预购方式或者预付集资建房款方式承受土地、房屋权属，应缴纳契税。

6. 承受国有土地使用权支付的土地出让金

对承受国有土地使用权支付的土地出让金，要计征契税。不得因减免土地出让金而减免契税。

7. 视同土地使用权转让、房屋买卖或者房屋赠与

土地、房屋权属以下列方式转移的，视同土地使用权转让、房屋买卖或者房屋赠与征税：

(1)以土地、房屋权属作价投资、入股。

(2)土地、房屋权属抵债。

(3)以获奖方式承受土地、房屋权属。

(4)以预购方式或者预付集资建房款方式承受土地、房屋权属。

执行中，应注意以下问题：

第一，纳税人通过与房屋开发商签订"双包代建"合同，由开发商承办规划许可证、准建证、土地使用证等手续，并由委托方按地价与房价之和向开发商付款的方式取得房屋所有权，实质上是一种以预付款方式购买商品房的行为，应照章征收契税。

第二，根据我国《婚姻法》的规定，夫妻共有房屋属共有财产。因夫妻财产分割而将原共有房屋产权归属一方，是房产共有权的变动而不是现行契税政策规定征税的房屋产权转移行为。因此，对离婚后原共有房屋产权的归属人不征收契税。

第三，房屋使用权的转移行为不属于契税征收范围，不应征收契税。

第四，对于我国《继承法》规定的法定继承人(包括配偶、子女、父母、兄弟姐妹、祖父母、外祖父母)继承土地、房屋权属，不征契税；非法定继承人根据遗嘱承受死者生前的土地、房屋权属，属于赠与行为，应征收契税。①

第五，土地使用者转让、抵押或置换土地，无论其是否取得了该土地的使用权属证书，无论其在转让、抵押或置换土地过程中是否与对方当事人办理了土地使用权属证书变更登记手续，只要土地使用者享有占有、使用、收益或处分该土地的权利，且有合同等证据表明其实质转让、抵押或置换了土地并取得了相应的经济利益，土地使用者及其对方当事人应当依照税法规定缴纳契税等相关税收。②

第六，对纳税人因改变土地用途而签订土地使用权出让合同变更协议或者重新签订土地使用权出让合同的，应征收契税。③

(二)纳税人

契税的纳税义务人，是境内转移土地、房屋权属承受的单位和个人。单位包括内、外资企业，事业单位，国家机关，军事单位和社会团体。个人包括中国公民和外籍人员。

(三)计税依据

契税的计税依据是不动产的价格。依不动产的转移方式、定价方法不同，契税计税依据有以下几种情况：

(1)国有土地使用权出让、土地使用权出售、房屋买卖，以成交价格为计税依据。

---

① 国家税务总局:《关于继承土地、房屋权属有关契税问题的批复》，国税函〔2004〕1036号，2004年9月2日。

② 国家税务总局:《关于未办理土地使用权证转让土地有关税收问题的批复》，国税函〔2007〕645号，2007年6月14日。

③ 国家税务总局:《关于改变国有土地使用权出让方式征收契税的批复》，国税函〔2008〕662号，2008年7月11日。

成交价格，是指土地、房屋权属转移合同确定的价格，包括承受者应交付的货币、实物、无形资产或者其他经济利益。

土地、房屋权属转移合同确定的成交价格中包含的所有价款(包括买卖装修房屋的装修费用[①])都属于计税依据范围。土地使用权出让、土地使用权转让、房屋买卖的成交价格中所包含的行政事业性收费，属于成交价格的组成部分，不应从中剔除，纳税人应按合同确定的成交价格全额计算缴纳契税。

出让国有土地使用权的，其契税计税价格为承受人为取得该土地使用权而支付的全部经济利益。[②]

①以协议方式出让的，其契税计税价格为成交价格。成交价格包括土地出让金、土地补偿费、安置补助费、地上附着物和青苗补偿费、拆迁补偿费、市政建设配套费等承受者应支付的货币、实物、无形资产及其他经济利益。

没有成交价格或者成交价格明显偏低的，征收机关可依次按下列两种方式确定：第一，评估价格，即由政府批准设立的房地产评估机构根据相同地段、同类房地产进行综合评定，并经当地税务机关确认的价格。第二，土地基准地价，即由县以上人民政府公示的土地基准地价。

②以竞价方式出让的，其契税计税价格，一般应确定为竞价的成交价格，土地出让金、市政建设配套费以及各种补偿费用应包括在内。

(2)土地使用权赠与、房屋赠与，由征收机关参照土地使用权出售、房屋买卖的市场价格核定。

(3)土地使用权交换、房屋交换，以所交换的土地使用权、房屋的价格差额为计税依据。

(4)以划拨方式取得土地使用权，经批准转让房地产时，由房地产转让者补交契税，计税依据为补交的土地使用权出让费用或者土地收益。

(5)房屋附属设施征收契税依据的规定。[③]

①采取分期付款方式购买房屋附属设施土地使用权、房屋所有权的，按照合同规定的总价款计算征收契税。

②对于承受与房屋相关的附属设施(包括停车位、汽车库、自行车库、顶层阁楼以及储藏室，下同)所有权或土地使用权的行为，征收契税；对于不涉及土地使用权和房屋所有权转移变动的，不征收契税。

(6)对个人无偿赠与不动产行为，应对受赠人全额征收契税。个人向他人无偿赠与不动产，包括继承、遗产处分及其他无偿赠与不动产三种情况。法定继承人继承土地、房屋权属，不征契税；非法定继承人根据遗嘱承受死者生前的土地、房屋权属，应征收契税。[④]

(7)对纳税人因改变土地用途而签订土地使用权出让合同变更协议或者重新签订土地使用权出让合同的，应征收契税。计税依据为因改变土地用途应补缴的土地收益金及应补缴政府的其他费用。[⑤]

(8)出让国有土地使用权，契税计税价格为承受人为取得该土地使用权而支付的全部经济利益。对通过“招、拍、挂”程序承受国有土地使用权的，应按照土地成交总价款计征契税，其中的土地前期开发成本不得扣除。

(四)税率

契税实行3%～5%的幅度税率。实行幅度税率是考虑到我国经济发展的不平衡，各地经济差别较大的实际情况。因此，各省、自治区、直辖市人民政府可以在3%～5%的幅度税率规定范围内，按照本地区的实际情况决定。

纳税人承受的房屋附属设施权属如为单独计价的，按照当地确定的适用税率征收契税；如与房屋

---

① 国家税务总局：《关于承受装修房屋契税计税价格问题的批复》，国税函〔2007〕606号，2007年6月1日。

② 财政部、国家税务总局：《关于国有土地使用权出让等有关契税问题的通知》，财税〔2004〕134号，2004年8月3日。

③ 财政部、国家税务总局：《关于房屋附属设施有关契税政策的批复》，财税〔2004〕126号，2004年7月23日。

④ 国家税务总局：《关于加强房地产交易个人无偿赠与不动产税收管理有关问题的通知》，国税发〔2006〕144号，2006年9月14日。

⑤ 国家税务总局：《关于改变国有土地使用权出让方式征收契税的批复》，国税函〔2008〕662号，2008年7月11日。

统一计价的，适用与房屋相同的契税税率。①

三、税额的计算、减免与缴纳

(一)应纳税额的计算

应纳税额＝计税依据×税率

【例 9－7】 居民甲有两套住房，将其中一套出售给居民乙，成交价格为 200 000 元；将另一套两室住房与居民丙交换成两处一室住房，并支付给居民丙换房差价款 60 000 元。试计算甲、乙、丙相关行为应缴纳的契税(假定税率为 4%)。

【答案】 甲应缴纳契税＝60 000×4%＝2 400(元)

乙应缴纳契税＝200 000×4%＝8 000(元)

丙不缴纳契税。

(二)契税的减免

关于契税减免的一般规定如下：

(1)国家机关、事业单位、社会团体、军事单位承受土地、房屋用于办公、教学、医疗、科研和军事设施的，免征契税。

(2)城镇职工按规定第一次购买公有住房，免征契税。

(3)因不可抗力灭失住房而重新购买住房的，酌情减免。

(4)土地、房屋被县级以上人民政府征用、占用后，重新承受土地、房屋权属的，由省级人民政府确定是否减免。

(5)承受荒山、荒沟、荒丘、荒滩土地使用权，并用于农、林、牧、渔业生产的，免征契税。

(6)对廉租住房经营管理单位购买住房作为廉租住房、经济适用住房经营管理单位回购经济适用住房继续作为经济适用住房房源的，免征契税。对个人购买经济适用住房，在法定税率基础上减半征收契税。②

(7)对拆迁居民因拆迁重新购置住房的，对购房成交价格中相当于拆迁补偿款的部分免征契税，成交价格超过拆迁补偿款的，对超过部分征收契税。③

纳税人符合减征或者免征契税规定的，应在签订土地、房屋权属转移合同后 10 日内，向当地征收机关书面提出减税、免税申请，并提供有关证明材料。征收机关应在严格审核后办理减税、免税手续。代征单位不得办理减税、免税手续。减税、免税的审批程序和办法，由省、自治区、直辖市征收机关具体规定。

(8)自 2010 年 10 月 1 日起，对个人购买普通住房，且该住房属于家庭(成员范围包括购房人、配偶以及未成年子女，下同)唯一住房的，减半征收契税。对个人购买 90 平方米及以下普通住房，且该住房属于家庭唯一住房的，减按 1%税率征收契税。④

(三)契税的缴纳

1. 纳税义务发生时间

纳税人在签订土地、房屋权属转移合同的当天，或者取得其他具有土地、房屋权属转移合同性质的凭证的当天，为纳税义务发生时间。

购房人以按揭、抵押贷款方式购买房屋，当其从银行取得抵押凭证时，购房人与原产权人之间的

---

① 财政部、国家税务总局：《关于房屋附属设施有关契税政策的批复》，财税〔2004〕126 号，2004 年 7 月 23 日。

② 财政部、国家税务总局：《关于廉租住房、经济适用住房和住房租赁有关税收政策的通知》，财税〔2008〕24 号，2008 年 3 月 3 日。

③ 财政部、国家税务总局：《关于城镇房屋拆迁有关税收政策的通知》，财税〔2005〕45 号，2005 年 3 月 22 日。

④ 财政部、国家税务总局、住房和城乡建设部：《关于调整房地产交易环节契税个人所得税优惠政策的通知》，财税〔2010〕94 号，2010 年 9 月 29 日。

房屋产权转移已经完成，契税纳税义务已经发生，必须依法缴纳契税。[1]

2. 纳税期限

纳税人应当自纳税义务发生之日起的10日内，向土地、房屋所在地的契税征收机关办理纳税申报，并在契税征收机关核定的期限内缴纳税款。纳税人因改变土地、房屋用途应当补缴已经减征、免征契税的，其纳税义务发生时间为改变有关土地、房屋用途的当天。

对交易双方已签订房屋买卖合同，但由于各种原因最终未能完成交易的，如购房者已按规定缴纳契税，在办理期房退房手续后，对其已纳契税款应予以退还。[2]

纳税人办理纳税事宜后，契税征收机关应向纳税人开具契税完税凭证。纳税人持契税完税凭证和其他规定的文件材料，依法向土地管理部门、房产管理部门办理变更登记手续。纳税人未出具契税完税凭证的，土地管理部门、房产管理部门不予办理有关土地、房屋的权属变更登记手续。

3. 纳税地点

契税在土地、房屋所在地的财政机关或者地方税务机关缴纳。具体征收机关由省、自治区、直辖市人民政府确定。

复习思考题

1. 房产税的征收范围和纳税人包括哪些？
2. 房产税和城镇土地使用税的计税依据是什么？应如何确定？
3. 车船税的计税依据是如何规定的？
4. 车船税的减免税优惠是如何规定的？
5. 契税的征税对象、纳税人是如何规定的？
6. 契税的计税依据是如何规定的？

自我测试题

一、单项选择题

1. 下列各项中，符合房产税纳税义务人规定的是（　　）。

A. 产权属于集体的由使用人缴纳　　B. 房屋产权出典的由出典人缴纳

C. 产权纠纷未解决的由代管人或使用人缴纳　　D. 产权属于国家所有的不缴纳

2. 某企业有原值为5 000万元的房产，2014年1月1日将其中的40%用于对外投资联营，投资期限10年，每年固定利润分红200万元，不承担投资风险。已知当地政府规定的扣除比例为20%，该企业2014年应纳房产税（　　）万元。

A. 24　　B. 3.8　　C. 4.25　　D. 52.8

3. 下列各项中，不符合房产税纳税义务发生时间规定的是（　　）。

A. 将原有房产用于生产经营，从生产经营之次月起缴纳房产税

B. 委托施工企业建设的房屋，从办理验收手续之次月起缴纳房产税

C. 购置存量房，自权属登记机关签发房屋权属证书之次月起缴纳房产税

D. 购置新建商品房，自房屋交付使用之次月起缴纳房产税

4. 纳税人经营用房屋的计税依据是（　　）。

A. 房屋原值　　B. 房屋净值　　C. 房屋计税余值　　D. 房屋现值

5. 以下各项中，属于法定免税车船的是（　　）。

A. 载货汽车　　B. 乘用车　　C. 警车　　D. 挂车

① 国家税务总局：《关于抵押贷款购买商品房征收契税的批复》，国税函〔1999〕613号，1999年9月16日。

② 国家税务总局：《关于办理期房退房手续后应退还已征契税的批复》，国税函〔2002〕622号，2002年7月10日。

6. 以“整备质量每吨”为计税依据缴纳车船税的是（　　）。

A. 游艇　　B. 商用货车　　C. 摩托车　　D. 机动车船

7. 跨省使用的车船，纳税地点一般为（　　）。

A. 车船购买地　　B. 车船登记地　　C. 车船所在地　　D. 车船行驶地

8. 发生下列业务的单位和个人，无须缴纳契税的是（　　）。

A. 处置旧楼房的工业企业　　B. 接受土地使用权投资的某商业企业

C. 房产交换中的支付补价方　　D. 购买商品房的外籍人员

9. 下列各项中，根据契税的相关规定，不正确的是（　　）。

A. 契税由财产的承受方缴纳

B. 城镇职工按规定第一次购买公有住房的，免征契税

C. 房屋产权相互交换，免征契税

D. 纳税人应当自纳税义务发生之日起 10 日内，向土地、房屋所在地的契税征收机关办理纳税申报，并在契税征收机关核定的期限内缴纳税款

10. 契税的纳税地点是（　　）。

A. 企业的核算地　　B. 纳税人的居住地　　C. 单位的注册地　　D. 土地房屋所在地

二、多项选择题

1. 以下关于房产税的表述中，错误的有（　　）。

A. 房屋的各种附属设施不应计入房屋价值缴纳房产税，如电梯、中央空调

B. 房产税的征税范围不包括农村

C. 房产税的计税依据仅是房产余值

D. 对出售前房地产开发企业已使用或出租、出借的商品房应按规定征收房产税

2. 下列关于房产税的免税规定中，正确的有（　　）。

A. 对高校后勤实体免征房产税

B. 对非营利性医疗机构自用的房产免征房产税

C. 房管部门向居民出租的公有住房免征房产税

D. 应税房产大修停用 3 个月以上的，在大修期间可免征房产税

3. 下列各项中，应当计入房产税计税原值的有（　　）。

A. 与房屋不可分割的附属设施

B. 以房屋为载体，不可随意搬动的附属设备和配套设施

C. 需要经常更换的附属设备零配件

D. 对原有房产进行改建，增加房产的部分

4. 下列车船中，属于免征车船税的有（　　）。

A. 专项作业车　　B. 警用车船　　C. 非机动驳船　　D. 捕捞、养殖渔船

5. 下列表述中，符合车船税征税现行规定的有（　　）。

A. 电车不需缴纳车船税　　B. 半挂牵引车不需缴纳车船税

C. 农用拖拉机不需缴纳车船税　　D. 拖船按照船舶税额的 50% 计税

6. 下列表述中，符合车船税征税现行规定的有（　　）。

A. 外商投资企业不缴纳车船税

B. 挂车按照货车税额的 50% 计算

C. 拖船按照发动机功率每 1 千瓦折合净吨位 0.67 吨计算征收车船税

D. 依法不应当在车船管理部门登记的车船不征车船税

7. 下列各项中，符合车船税征收管理规定的有（　　）。

A. 车船税按年申报缴纳，具体纳税期限由省级人民政府确定
B. 车船税的纳税地点为车船所有人的住所所在地
C. 车船所有人没有缴纳车船税的，使用人应当代为缴纳车船税
D. 机动车车船税的扣缴义务人依法代收代缴车船税时，纳税人不得拒绝

8. 关于契税的计税依据，下列说法中不正确的有(　　)。
A. 以划拨方式取得土地使用权的，以成交价格作为计税依据
B. 土地使用权出售，其计税依据为成交价格
C. 土地使用权相交换的，以交换的土地使用权的价格作为计税依据
D. 承受的房屋附属设施权属如为单独计价的，适用与房屋相同的契税税率

9. 契税征税对象具体包括(　　)。
A. 国有土地使用权出让　　B. 农村集体土地承包经营权的转移
C. 房屋买卖　　D. 房屋赠与

10. 下列各项中，免征或不征契税的有(　　)。
A. 国家出让国有土地使用权　　B. 受赠人接受他人赠与的房屋
C. 法定继承人继承土地、房屋权属　　D. 承受荒山土地使用权用于林业生产

三、判断题

1. 目前外商投资企业、外国企业和组织以及外籍个人不是房产税的纳税人。(　　)
2. 融资租赁的房屋，应按照支付的房屋租金计算征收房产税。(　　)
3. 纳税单位和个人无租使用免税单位房产的，应由房屋产权所有人为纳税人。(　　)
4. 房产不在同一地方的纳税人，应按房产的坐落地点分别向房产所在地税务机关纳税。(　　)
5. 对个人按市场价格出租的居民用房用于居住的，可减按4%的税率征收房产税。(　　)
6. 车船税的纳税义务时间为车船管理部门核发的车船登记证书或者行驶证书所记载日期的当月。(　　)
7. 对节约能源、使用新能源的车船可以减征或者免征车船税。(　　)
8. 按照规定缴纳船舶吨税的机动船舶，免征车船税。(　　)
9. 对承受国有土地使用权所支付的土地出让金，不需要征收契税。(　　)
10. 对于个人无偿赠与不动产行为(法定继承人除外)，应对受赠人全额征收契税。(　　)

四、案例分析题

1. 某企业2015年年初拥有房产原值8 000万元，当年7月1日将其中原值为2 000万元的房产对外出租，当年取得的租赁收入为50万元；年初将其中原值为1 000万元的房产对外投资，每年取得固定收益30万元；年初将其中原值为1 500万元的房产对外投资，并与对方共担风险，且房产已过户到被投资企业名下。

【要求】 已知当地的扣除比例为30%，请计算企业当年应当缴纳的房产税。

2. 某航运公司2015年拥有机动船25艘(其中净吨位为600吨的12艘，3 000吨的8艘，15 000吨的5艘)，当地政府规定，600吨的单位税额为4元，3 000吨的单位税额为5元，15 000吨的单位税额为6元。

【要求】 试计算该航运公司全年应纳车船税税额。

3. 居民甲2015年购置了一套价值100万元的新住房，同时对原有的两套住房处理如下：一套出售给居民乙，成交价格50万元；另一套市场价格80万元的住房与居民丙进行等价交换。

【要求】 假定当地省政府规定的契税税率为4%，试计算居民甲2015年应缴纳的契税。

第十章　行为税法

本章要点

◇印花税的税目税率　　◇印花税的应纳税额计算

◇车辆购置税的征税范围、纳税人、税率　　◇车辆购置税的应纳税额计算

情境导入

1624年，荷兰政府发生经济危机，财政困难。于是，荷兰的统治阶级就采用公开招标办法，以重赏来寻求新税设计方案，谋求敛财之妙策。印花税，就是从千万个应征者设计的方案中精选出来的“杰作”。印花税的设计者可谓独具匠心，他观察到人们在日常生活中使用契约、借贷凭证之类的单据很多，连绵不断。所以，一旦征税，税源将很大；而且，人们还有一种心理，认为凭证单据上由政府盖个印，就成为合法凭证，在诉讼时有法律保障，因而对缴纳印花税也乐于接受。正是这样，印花税被经济学家誉为税负轻微、税源畅旺、手续简便、成本低廉的“良税”。

思考：结合上述资料，谈谈你对印花税的认识。

行为目的税是政府为特定的社会经济政策目的和意图而设计征收的税种，具有征收对象单一、税源分散、收入零星的特点。各国开征的行为目的税名目繁多，如赌博税、彩票税和狩猎税等。国家征收该类税的目的，具体到不同税种是不同的，有的是限制某些行为，有的在于开辟财源，有的则是基于对某种经济活动或权益的认可等。我国现行行为目的税法包括印花税法、车辆购置税法。

第一节　印花税法

一、印花税概述

印花税法是指国家制定的用以调整印花税征收与缴纳之间权利及义务关系的法律规范。现行印花税法的基本规范，是1988年8月6日国务院发布并于同年10月1日实施的《中华人民共和国印花税暂行条例》。

(一)印花税的概念

印花税是以我国境内经济活动和经济交往中，书立、领受应税凭证的行为为征税对象征收的一种税。印花税因其采用在应税凭证上粘贴印花税票的方法缴纳税款而得名。

印花税最早产生于1624年的荷兰，现在已是世界各国普遍开征的一个税种。1949年前，北洋政府和南京国民政府也先后颁布过《印花税法》，开征过印花税。中华人民共和国成立以后，中央人民政府政务院于1950年发布了《印花税暂行条例》，在全国范围内开征印花税；1958年简化税制时，经全国人民代表大会常务委员会通过，将印花税并入工商统一税，印花税不再单设税种征收，直至经济体制改革之前。

党的十一届三中全会以后，在改革开放政策的指引下，我国的商品经济得以迅速发展。为适应商品经济发展的要求，国家先后颁布了《经济合同法》《商标法》《工商企业登记管理条例》等一系列经济

法规，在经济活动中依法书立、领受各种经济凭证已成为普遍现象，重新开征印花税不仅是必要的，也具备了一定的条件。因此，国务院于1988年8月发布了《中华人民共和国印花税暂行条例》(以下简称《印花税暂行条例》)，自同年10月1日起施行。随着我国经济体制由有计划的商品经济向社会主义市场经济体制转变，印花税的征收在规范书立、领受经济凭证行为方面起着更加重要的作用。

(二)印花税的特点

1. 覆盖面广

印花税规定的征税范围广泛，凡税法列举的合同或具有合同性质的凭证、产权转移书据、营业账簿及权利、许可证照等，都必须依法纳税。印花税的应税凭证共有5大类13个税目，涉及经济活动的各个方面。

2. 税率低，税负轻

印花税最高税率为1‰，最低税率为0.05‰；按定额税率征税的，每件5元。

3. 纳税人自行完税

印花税与其他税种不同，实行“三自”纳税办法。即：纳税人在书立、使用、领受应税凭证，发生纳税义务的同时，先根据凭证所载计税金额和应适用的税目税率，自行计算其应纳税税额；再由纳税人自行购买印花税票，并一次足额粘贴在应税凭证上；最后由纳税人按《印花税暂行条例》的规定对已粘贴的印花税票自行注销或者划销。至此，纳税人的纳税义务才算履行完毕。而对于其他的税种，则一般先由纳税人申报纳税，再由税务机关审核确定其应纳税额，然后由纳税人办理缴纳税款手续。

4. 多缴不退不抵

《印花税暂行条例》规定，凡多贴印花税票者，不得申请退税或者抵用。这与其他税种多缴税款可以申请退税或抵缴的规定是不相同的。

二、印花税的征税对象、纳税人、计税依据与税率

(一)征税对象

印花税的征税对象是在我国境内书立、领受印花税法所列举的凭证(以下简称“应税凭证”)，具体包括5大类13个税目。应税凭证是指在中国境内具有法律效力，受中国法律保护的凭证。

对纳税人以电子形式签订的各类应税凭证，按规定征收印花税。[①]

1. 合同或具有合同性质的凭证

合同，是指根据合同法和其他有关合同法规订立的合同。具有合同性质的凭证，是指具有合同效力的协议、契约、合约、单据、确认书及其他各种名称的凭证。

(1)购销合同，包括供应、预购、采购、购销结合及协作、调剂、补偿、易货等合同。

各类出版单位与发行单位之间订立的图书、报纸、期刊以及音像制品的征订凭证(包括订购单、订数单等)，按购销合同计税。

对发电厂与电网之间、电网与电网之间(国家电网公司系统、南方电网公司系统内部各级电网互供电量除外)签订的购售电合同按购销合同征收印花税。电网与用户之间签订的供用电合同不属于印花税列举征税的凭证，不征收印花税。[②]

(2)加工承揽合同，包括加工、定做、修缮、修理、印刷、广告、测绘、测试等合同。

(3)建设工程勘察设计合同，包括勘察、设计合同的总包合同、分包合同和转包合同。

(4)建筑安装工程承包合同，包括建筑、安装工程承包合同的总包合同、分包合同和转包合同。

(5)财产租赁合同，包括租赁房屋、船舶、飞机、机动车辆、机械、器具、设备等合同，还包括企业、个人出租门店、柜台等签订的合同，但不包括企业与主管部门等签订的租赁承包合同。

---

① 财政部、国家税务总局：《关于印花税若干政策的通知》，财税〔2006〕162号，2006年11月27日。

② 财政部、国家税务总局：《关于印花税若干政策的通知》，财税〔2006〕162号，2006年11月27日。

(6)货物运输合同,包括民用航空、铁路运输、海上运输、内河运输、公路运输和联运合同,以及作为合同使用的单据。

在货运业务中,凡是明确承、托运双方业务关系的运输单据均属于合同性质的凭证。

(7)仓储保管合同,包括仓储、保管合同,以及作为合同使用的仓单、栈单(或称入库单等)。对有些凭证使用不规范,不便计税的,可就其结算单据作为计税贴花的凭证。

(8)借款合同,是指银行及其他金融组织和借款人(不包括银行同业拆借)所签订的合同,以及只填开借据并作为合同使用、取得银行借款的借据。

银行及其他金融机构经营的融资租赁业务,是一种以融物方式达到融资目的的业务,实际上是分期偿还的固定资金借款,因此融资租赁合同也属于借款合同。

(9)财产保险合同,包括财产、责任、保证、信用等保险合同,以及作为合同使用的单据。

财产保险分为企业财产保险、机动车辆保险、货物运输保险、家庭财产保险和农牧业保险5大类。除对农林作物、牧业畜类保险合同暂不贴花外,其他几类财产保险合同均应按规定计税贴花。

家庭财产两全保险属于家庭财产保险性质,其合同应照章贴花。

(10)技术合同,包括技术开发、转让、咨询、服务等合同,以及作为合同使用的单据。

在执行中,应注意下列问题:①

①专利申请权转让、非专利技术转让所书立的合同,按"技术合同"计税;专利权转让、专利实施许可所书立的合同或书据,按"产权转移书据"计税。

②技术咨询合同,是指当事人就有关项目的分析、论证、评价、预测和调查订立的技术合同。对于一般的法律、法规、会计、审计等方面的咨询,不属于技术咨询,其所立合同不贴印花。

③技术服务合同,包括技术服务合同、技术培训合同和技术中介合同。

技术服务合同,是当事人一方委托另一方就解决有关特定技术问题,提出实施方案,进行实施指导所订立的技术合同。以常规手段或者为生产经营目的进行一般加工、修理、修缮、广告、印刷、测绘、标准化测试以及勘察、设计等所书立的合同,不属于技术服务合同。

技术培训合同,是当事人一方委托另一方对指定的专业技术人员进行特定项目的技术指导和专业训练所订立的技术合同。对各种职业培训、文化学习、职工业余教育等订立的合同,不属于技术培训合同,不贴印花。

技术中介合同,是当事人一方以知识、信息、技术为另一方与第三方订立技术合同进行联系、介绍、组织工业化开发所订立的技术合同。

2. 产权转移书据

产权转移书据是指单位和个人产权的买卖、继承、赠与、交换、分割等所立的书据,包括财产所有权和版权、商标专用权、专利权、专有技术使用权等转移书据。

"财产所有权"转移书据的征税范围是:经政府管理机关登记注册的动产、不动产的所有权转移所立的书据,以及企业股权转让所立的书据。② 包括个人无偿赠送不动产所签订的"个人无偿赠与不动产登记表"。当纳税人完税后,税务机关(或其他征收机关)应在纳税人印花税完税凭证上加盖"个人无偿赠与"印章。

值得注意的是,对土地使用权出让合同、土地使用权转让合同,按产权转移书据征收印花税;对商品房销售合同按照产权转移书据征收印花税。③

3. 营业账簿

营业账簿是指生产经营用账册,即单位或者个人记载生产经营活动的财务会计核算账簿。按其

---

① 国家税务总局:《关于对技术合同征收印花税问题的通知》,国税地〔1989〕34号,1989年4月12日。

② 国家税务总局:《关于印花税若干问题的解释和规定的通知》,国税发〔1991〕155号,1991年9月18日。

③ 财政部、国家税务总局:《关于印花税若干政策的通知》,财税〔2006〕162号,2006年11月27日。

内容的不同,分为记载资金的账簿和其他营业账簿。

记载资金的账簿,是指反映生产经营单位"实收资本"和"资本公积"金额增减变化的账簿。其他账簿,是指除上述账簿以外的有关其他生产经营活动的账簿,包括日记账簿和各明细分类账簿。

但是,对金融系统营业账簿,要结合金融系统财务会计核算的实际情况进行具体分析。凡银行用以反映资金存贷经营活动、记载经营资金增减变化、核算经营成果的账簿,如各种日记账、明细账和总账都属于营业账簿,应按照规定缴纳印花税;银行根据业务管理需要设置的各种登记簿,如空白重要凭证登记簿、有价单证登记簿、现金收付登记簿等,其记载的内容与资金活动无关,仅用于内部备查,属于非营业账簿,均不征收印花税。

4. 权利、许可证照

权利、许可证照包括政府部门发给的房屋产权证、工商营业执照、商标注册证、专利证、土地使用证等。

5. 财政部确定征税的其他凭证

印花税只对《印花税暂行条例》列举的凭证和经财政部确定征税的其他凭证征税。

对货物运输、仓储保管、财产保险、银行借款等,办理一项业务既书立合同,又开立单据的,只就合同贴花;凡不书立合同,只开立单据,以单据作为合同使用的,应按照规定贴花。

(二)纳税人

印花税的纳税人,是在我国境内书立、使用、领受印花税法所列举的凭证并应依法履行纳税义务的单位和个人。

所称的单位和个人,是指国内各类企业、事业、机关、团体、部队以及中外合资企业、合作企业、外资企业、外国公司和其他经济组织及其在华机构等单位和个人。

上述单位和个人,按照书立、领受应税凭证不同,可分为立合同人、立据人、立账簿人、领受人和使用人。

(1)立合同人。各类合同的纳税人是立合同人,即合同的当事人,具体对凭证有直接权利与义务关系的单位和个人,但不包括合同的担保人、证人、鉴定人。

如果合同有代理人的,当事人的代理人有代理纳税的义务。

(2)立据人。产权转移书据的纳税人是立据人,即书立产权转移书据的单位和个人。

(3)立账簿人。营业账簿的纳税人是立账簿人,即设立并使用营业账簿的单位和个人。

(4)领受人。权利许可证照的纳税人是领受人,即领取或接受并持有该项凭证的单位和个人。例如,某人因其发明创造,经申请依法取得国家专利机关颁发的专利证书,该人即为纳税人。

(5)使用人。即在国外书立、领受,但在国内使用的应税凭证,其纳税人是使用人。

(6)各类电子应税凭证的签订人。即以电子形式签订的各类应税凭证的当事人。

值得注意的是,对应税凭证,凡由两方或者两方以上当事人共同书立的,其当事人各方都是印花税的纳税义务人,应各就其所持凭证的计税金额履行纳税义务。

(三)计税依据

1. 计税依据的一般规定

印花税的计税依据为各种应税凭证上所记载的计税金额。具体规定为:

(1)购销合同的计税依据为合同记载的购销金额。

【例 10-1】 甲公司于 2015 年 8 月与乙公司签订了数份以货易货合同,以共计 750 000 元的钢材换取650 000元的水泥,甲公司取得差价 100 000 元。下列各项中,表述正确的有( )。

A. 甲公司 8 月应缴纳的印花税为 225 元

B. 甲公司 8 月应缴纳的印花税为 420 元

C. 甲公司可对易货合同采用汇总方式缴纳印花税

D. 甲公司可对易货合同采用汇贴方式缴纳印花税

【答案】 BC。8月应纳印花税＝(750 000＋650 000)×0.03％＝420(元)

(2)加工承揽合同的计税依据是加工或承揽收入的金额。具体规定为：

①对于由受托方提供原材料的加工、定做合同，凡在合同中分别记载加工费金额和原材料金额的，应分别按“加工承揽合同”“购销合同”计税，两项税额相加数，即为合同应贴印花；若合同中未分别记载，则应就全部金额依照加工承揽合同计税贴花。

②对于由委托方提供主要材料或原料，受托方只提供辅助材料的加工合同，无论加工费和辅助材料金额是否分别记载，均以辅助材料与加工费的合计数，依照加工承揽合同计税贴花。对委托方提供的主要材料或原料金额不计税贴花。

【例10－2】 某高新技术企业与广告公司签订广告制作合同1份，分别记载加工费30 000元，广告公司提供的原材料70 000元。计算高新技术企业应当缴纳的印花税。

【答案】 应纳税额＝30 000×0.5‰＋70 000×0.3‰＝36(元)

(3)建设工程勘察设计合同的计税依据为收取的费用。

(4)建筑安装工程承包合同的计税依据为承包金额。

(5)财产租赁合同的计税依据为租赁金额。要注意：税额不足1元的，按1元贴花。财产租赁合同只是规定(月)天租金而不确定租期的，先定额5元贴花，在以后结算时再按实际补贴印花。

【例10－3】 2015年1月，甲公司将闲置厂房出租给乙公司，合同约定每月租金2 500元，租期未定。签订合同时，预收租金5 000元，双方已按定额贴花。5月底合同解除，甲公司收到乙公司补交租金7 500元。计算甲公司5月份应补缴印花税。

【答案】 应补缴印花税＝(5 000＋7 500)×1‰－5＝7.5(元)

(6)货物运输合同的计税依据为取得的运输费金额(即运费收入)，不包括所运货物的金额、装卸费和保险费等。

(7)仓储保管合同的计税依据为收取的仓储保管费用。

(8)借款合同的计税依据为借款金额。针对实际借贷活动中不同的借款形式，税法规定了不同的计税方法：

①凡是一项信贷业务既签订借款合同，又一次或分次填开借据的，只以借款合同所载金额为计税依据计税贴花；凡是只填开借据并作为合同使用的，应以借据所载金额为计税依据计税贴花。

②借贷双方签订的流动资金周转性借款合同，一般按年(期)签订，规定最高限额，借款人在规定的期限和最高限额内随借随还。为避免加重借贷双方的负担，对这类合同只以其规定的最高限额为计税依据，在签订时贴花一次，在限额内随借随还不签订新合同的，不再另贴印花。

③对借款方以财产作抵押，从贷款方取得一定数量抵押贷款的合同，应按借款合同贴花；在借款方因无力偿还借款而将抵押财产转移给贷款方时，应再就双方书立的产权书据，按产权转移书据的有关规定计税贴花。

④对银行及其他金融组织的融资租赁业务签订的融资租赁合同，应按合同所载租金总额，暂按借款合同计税。

⑤在贷款业务中，如果贷方系由若干银行组成的银团，银团各方均承担一定的贷款数额。借款合同由借款方与银团各方共同书立，各执一份合同正本。对这类合同，借款方与贷款银团各方应分别在所执的合同正本上，按各自的借款金额计税贴花。

⑥在基本建设贷款中，如果按年度用款计划分年签订借款合同，在最后一年按总概算签订借款总合同，且总合同的借款金额包括各个分合同的借款金额的，对这类基建借款合同，应按分合同分别贴花，最后签订的总合同，只就借款总额扣除分合同借款金额后的余额计税贴花。

(9)财产保险合同的计税依据为支付(收取)的保险费，不包括所保财产的金额。

(10)技术合同的计税依据为合同所载的价款、报酬或使用费。为了鼓励技术研究开发，对技术开发合同，只就合同所载的报酬金额计税，研究开发经费不作为计税依据。单对合同约定按研究开发经费一定比例作为报酬的,应按一定比例的报酬金额贴花。

(11)产权转移书据的计税依据为所载金额。

(12)营业账簿税目中记载资金的账簿的计税依据为"实收资本"与"资本公积"两项的合计金额。实收资本包括现金、实物、无形资产和材料物资。现金按实际收到或存入纳税人开户银行的金额确定。实物,指房屋、机器等,按评估确认的价值或者合同、协议约定的价格确定。无形资产和材料物资,按评估确认的价值确定。

资本公积包括接受捐赠、法定财产重估增值、资本折算差额、资本溢价等。如果是实物捐赠,则按同类资产的市场价格或有关凭据确定。

其他账簿的计税依据为应税凭证件数。

(13)权利、许可证照的计税依据为应税凭证件数。

2. 计税依据的特殊规定

(1)上述凭证以"金额""收入""费用"作为计税依据的,应当全额计税,不得做任何扣除。

(2)同一凭证,载有两个或两个以上经济事项而适用不同税目税率,如分别记载金额的,应分别计算应纳税额,相加后按合计税额贴花;如未分别记载金额的,按税率高的计税贴花。

(3)按金额比例贴花的应税凭证,未标明金额的,应按照凭证所载数量及国家牌价计算金额;没有国家牌价的,按市场价格计算金额,然后按规定税率计算应纳税额。

(4)应税凭证所载金额为外国货币的,应按照凭证书立当日国家外汇管理局公布的外汇牌价折合成人民币,然后计算应纳税额。

(5)应纳税额不足1角的,免纳印花税;1角以上的,其税额尾数不满5分的不计,满5分的按1角计算。

(6)有些合同,在签订时无法确定计税金额,如技术转让合同中的转让收入,是按销售收入的一定比例收取或是按实现利润分成的;财产租赁合同,只是规定了月(天)租金标准而无租赁期限的。对这类合同,可在签订时先按定额5元贴花,以后结算时再按实际金额计税,补贴印花。

(7)应税合同在签订时纳税义务即已产生,应计算应纳税额并贴花。所以,不论合同是否兑现或是否按期兑现,均应贴花。

对已履行并贴花的合同,所载金额与合同履行后实际结算金额不一致的,只要双方未修改合同金额,一般不再办理完税手续。

(8)对有经营收入的事业单位,凡属由国家财政拨付事业经费,实行差额预算管理的单位,其记载经营业务的账簿,按其他账簿定额贴花,不记载经营业务的账簿不贴花;凡属经费来源实行自收自支的单位,其营业账簿,应对记载资金的账簿和其他账簿分别计算应纳税额。

跨地区经营的分支机构使用的营业账簿,应由各分支机构于其所在地计算贴花。对上级单位核拨资金的分支机构,其记载资金的账簿按核拨的账面资金额计税贴花,其他账簿按定额贴花;对上级单位不核拨资金的分支机构,只就其他账簿按件定额贴花。为避免对同一资金重复计税贴花,上级单位记载资金的账簿,应按扣除拨给下属机构资金数额后的其余部分计税贴花。

(9)商品购销活动中,采用以货换货方式进行商品交易签订的合同,是反映既购又销双重经济行为的合同。对此,应按合同所载的购、销合计金额计税贴花。合同未列明金额的,应按合同所载购、销数量依照国家牌价或者市场价格计算应纳税额。

(10)施工单位将自己承包的建设项目,分包或者转包给其他施工单位所签订的分包合同或者转包合同,应按新的分包合同或转包合同所载金额计算应纳税额。这是因为印花税是一种具有行为税性质的凭证税,尽管总承包合同已依法计税贴花,但新的分包或转包合同是一种新的凭证,又发生了新的纳税义务。

(11)从2008年9月19日起,对证券交易印花税政策进行调整,由双边征收改为单边征收,即对卖出方(或继承、赠与A股、B股股权的出让方)征收证券(股票)交易印花税,对买入方(受让方)不再征税。税率仍保持1‰。

(12)对国内各种形式的货物联运，凡在起运地统一结算全程运费的，应以全程运费作为计税依据，由起运地运费结算双方缴纳印花税；凡分程结算运费的，应以分程的运费作为计税依据，分别由办理运费结算的各方缴纳印花税。

对国际货运，凡由我国运输企业运输的，不论在我国境内、境外起运或中转分程运输，我国运输企业所持的一份运费结算凭证，均按本程运费计算应纳税额；托运方所持的一份运费结算凭证，按全程运费计算应纳税额。由外国运输企业运输进出口货物的，外国运输企业所持的一份运费结算凭证免纳印花税；托运方所持的一份运费结算凭证应缴纳印花税。国际货运运费结算凭证在国外办理的，应在凭证转回我国境内时按规定缴纳印花税。必须明确的是，印花税票为有价证券，其票面金额以人民币为单位，分为1角、2角、5角、1元、2元、5元、10元、50元、100元9种。

(四)税目与税率

1. 税目

印花税的税目，是指印花税法明确规定的应当纳税的项目，它具体划定了印花税的征税范围。一般来说，列入税目的就要征税，未列入税目的就不征税。印花税共有13个税目。

2. 税率

印花税的税率有两种形式：比例税率和定额税率。

(1)比例税率。各类合同或具有合同性质的凭证、产权转移书据、营业账簿中记载资金的账簿，适用比例税率，分别是0.5‰、3‰、5‰、1‰。

(2)定额税率。权利、许可证照和营业账簿中的其他账簿适用定额税率，按件贴花5元。

印花税税率(税额)表见表10—1。

表10—1　　印花税税率(税额)表

税　目	范　围	税　率	纳税人
1. 购销合同	包括供应、预购、采购、购销结合及协作、调剂、补偿、易货等合同	按购销金额3‰贴花	立合同人（双方）
2. 加工承揽合同	包括加工、定做、修缮、修理、印刷、广告、测绘、测试等合同	按加工或承揽收入5‰贴花	
3. 建设工程勘察设计合同	包括勘察、设计合同	按收取费用5‰贴花	
4. 建筑安装工程承包合同	包括建筑、安装工程承包合同	按承包金额3‰贴花	
5. 财产租赁合同	包括租赁房屋、船舶、飞机、机动车辆、机械、器具、设备等合同	按租赁金额1‰贴花	
6. 货物运输合同	包括民用航空运输、铁路运输、海上运输、内河运输、公路运输和联运合同	按收取的运输费用5‰贴花	
7. 仓储保管合同	包括仓储、保管合同	按仓储收取的保管费用1‰贴花	
8. 借款合同	银行及其他金融组织和借款人(不包括银行同业拆借)所签订的借款合同	按借款金额0.5‰贴花	
9. 财产保险合同	包括财产、责任、保证、信用等保险合同	按收取的保险费收入1‰贴花	
10. 技术合同	包括技术开发、转让、咨询、服务等合同	按所载金额3‰贴花	
11. 产权转移书据	包括财产所有权和版权、商标专用权、专利权、专有技术使用权等转移书据、土地使用权出让合同、土地使用权转让合同、商品房销售合同	按所载金额5‰贴花	立据人

续表

税 目	范 围	税 率	纳税人
12. 营业账簿	生产、经营用账册，包括日记账簿和各明细分类账簿	记载资金的账簿，按实收资本和资本公积的合计5‰贴花；其他账簿按件贴花5元	立账簿人
13. 权利、许可证照	包括政府部门发给的房屋产权证、工商营业执照、商标注册证、专利证、土地使用证	按件贴花5元	领受人

三、税额的计算、减免与缴纳

(一)应纳税额的计算

纳税人的应纳税额，根据应纳税凭证的性质，分别按比例税率或者定额税率计算。

适用比例税率的应税凭证，印花税的计算公式为：

应纳税额＝计税金额×比例税率

适用定额税率的应税凭证，印花税的计算公式为：

应纳税额＝计税件数×单位税额(5元)

【例10－4】 某交通运输企业12月签订以下合同：(1)与某银行签订融资租赁合同，购置新车15辆，合同载明租赁期限为3年，每年支付租金1 000 000元；(2)与某客户签订货物运输合同，合同载明货物价值5 000 000元，运输费用650 000元(含装卸费50 000元，货物保险费100 000元)；(3)与某运输企业签订租赁合同，合同载明将本企业闲置的总价值3 000 000元的10辆货车出租，每辆车月租金4 000元，租期未定；(4)与某保险公司签订保险合同，合同载明为本企业的50辆车上第三方责任险，每辆车每年支付保险费4 000元。计算该企业当月应缴纳的印花税。

【答案】

(1)融资租赁合同，按合同所载租金总额，暂按借款合同计税，应纳印花税＝1 000 000×3×0.05‰＝150(元)。

(2)货物运输合同，计税依据为取得的运输费金额，不包括所运货物的金额、装卸费和保险费等，应纳印花税＝(650 000－50 000－100 000)×0.5‰＝250(元)。

(3)货车租赁合同，签订时无法确定计税金额，可在签订时先按定额5元贴花，应纳印花税5元。

(4)财产保险合同，计税依据为支付(收取)的保险费金额，应纳税额＝50×4000×1‰＝200(元)。

该企业当月应缴纳的印花税＝150＋250＋5＋200＝605(元)

(二)印花税的减免

免征印花税的情形包括：

(1)已缴纳印花税的凭证的副本或者抄本，免税。但是，以副本或者抄本视同正本使用的，应另贴印花。即已缴纳印花税凭证的正本遗失或毁损，而以副本替代的，应另贴印花。

(2)无息、贴息贷款合同，免税。

(3)对房地产管理部门与个人订立的租房合同，凡用于生活居住的，暂免贴印花；用于生产经营的，应按规定贴花。

(4)对农林作物、牧业畜类保险合同，暂不贴花。

(5)对与高校学生签订的学生公寓租赁合同，自2013年1月1日至2015年12月31日，继续免征印花税。①

(6)对公租房经营管理单位建造公租房涉及的印花税予以免征。

① 财政部、国家税务总局:《关于经营高校学生公寓和食堂有关税收政策的通知》，财税〔2013〕83号，2013年11月12日。

(7)对改造安置住房经营管理单位、开发商与改造安置住房相关的印花税以及购买安置住房的个人涉及的印花税,自2013年7月4日起予以免征。[①]

(三)印花税的缴纳

1. 纳税方法

(1)自行贴花办法。

这种办法,一般适用于应税凭证较少或者贴花次数较少的纳税人。纳税人书立、领受或者使用印花税法列举的应税凭证的同时,纳税义务即已产生,应当根据应纳税凭证的性质和适用的税目税率,自行计算应纳税额,自行购买印花税票,自行一次贴足印花税票并加以注销或划销,纳税义务才算全部履行完毕。值得注意的是,纳税人购买了印花税票,支付了税款,国家就取得了财政收入。但就印花税来说,纳税人支付了税款并不等于已履行了纳税义务。纳税人必须自行贴花并注销或划销,这样才算完整地完成了纳税义务。这也就是通常所说的"三自"纳税办法。对已贴花的凭证,修改后所载金额增加的,其增加部分应当补贴印花税票。凡多贴印花税票者,不得申请退税或者抵用。

(2)汇贴或汇缴办法。

这种办法,一般适用于应纳税额较大或者贴花次数频繁的纳税人。

一份凭证应纳税额超过500元的,应向当地税务机关申请填写缴款书或者完税证,将其中一联粘贴在凭证上或者由税务机关在凭证上加注完税标记代替贴花。这就是通常所说的"汇贴"办法。

同一种类应纳税凭证,需频繁贴花的,纳税人可以根据实际情况自行决定是否采用按期汇总缴纳印花税的方式,汇总缴纳的期限为1个月。

实行印花税按期汇总缴纳的单位,对征税凭证和免税凭证汇总时,凡分别汇总的,按本期征税凭证的汇总金额计算缴纳印花税;凡确属不能分别汇总的,应按本期全部凭证的实际汇总金额计算缴纳印花税。

凡汇总缴纳印花税的凭证,应加注税务机关指定的汇缴戳记、编号并装订成册后,将已贴印花或者缴款书的一联粘附册后,盖章注销,保存备查。

经税务机关核准,持有代售许可证的代售户,代售印花税票取得的税款须专户存储,并按照规定的期限,向当地税务机关结报,或者填开专用缴款书直接向银行缴纳,不得逾期不缴或者挪作他用。代售户领存的印花税票及所售印花税票的税款,如有损失,应负责赔偿。

(3)委托代征办法。

这一办法主要是通过税务机关的委托,经由发放或者办理应纳税凭证的单位代为征收印花税税款。税务机关应与代征单位签订代征委托书。所谓发放或者办理应纳税凭证的单位,是指发放权利、许可证照的单位和办理凭证的鉴证、公证及其他有关事项的单位。如按照印花税法规定,工商行政管理机关核发各类营业执照和商标注册证的同时,负责代售印花税票,征收印花税税款,并监督领受单位或个人负责贴花。税务机关委托工商行政管理机关代售印花税票,按代售金额5%的比例支付代售手续费。

2. 纳税环节

印花税应当在书立或领受时贴花。具体是指在合同签订时、账簿启用时和证照领受时贴花。如果合同是在国外签订,并且不便在国外贴花的,应在将合同带入境时办理贴花纳税手续。

3. 纳税地点

印花税一般实行就地纳税。对于全国性商品物资订货会(包括展销会、交易会等)上所签订合同应纳的印花税,由纳税人回其所在地后及时办理贴花完税手续;对地方主办、不涉及省际关系的订货

① 财政部、国家税务总局:《关于棚户区改造有关税收政策的通知》,财税〔2013〕101号,2013年12月2日。

会、展销会上所签合同的印花税，其纳税地点由各省、自治区、直辖市人民政府自行确定。

4. 核定征收与违章处罚

(1)核定征收。

纳税人有下列情形的，地方税务机关可以核定纳税人印花税计税依据：

①未按规定建立印花税应税凭证登记簿，或未如实登记和完整保存应税凭证的；

②拒不提供应税凭证或不如实提供应税凭证致使计税依据明显偏低的；

③采用按期汇总缴纳办法的，未按地方税务机关规定的期限报送汇总缴纳印花税情况报告，经地方税务机关责令限期报告，逾期仍不报告的或者地方税务机关在检查中发现纳税人有未按规定汇总缴纳印花税情况的。

地方税务机关核定征收印花税，应向纳税人发放核定征收印花税通知书，注明核定征收的计税依据和规定的税款缴纳期限。

地方税务机关核定征收印花税，应根据纳税人的实际生产经营收入，参考纳税人各期印花税纳税情况及同行业合同签订情况，确定科学合理的数额或比例作为纳税人印花税计税依据。

(2)违章处罚。

印花税纳税人有下列行为之一的，由税务机关根据情节轻重予以处罚：

①在应纳税凭证上未贴或者少贴印花税票的，或者已粘贴在应税凭证上的印花税票未注销或者未划销的，由税务机关追缴其不缴或者少缴的税款、滞纳金，并处不缴或者少缴的税款50%以上5倍以下的罚款。

②已贴用的印花税票揭下重用造成未缴或少缴印花税的，由税务机关追缴其不缴或者少缴的税款、滞纳金，并处不缴或者少缴的税款50%以上5倍以下的罚款；构成犯罪的，依法追究刑事责任。

③伪造印花税票的，由税务机关责令改正，处2 000元以上1万元以下的罚款；情节严重的，处1万元以上5万元以下的罚款；构成犯罪的，依法追究刑事责任。

④按期汇总缴纳印花税的纳税人，超过税务机关核定的纳税期限，未缴或少缴印花税税款的，由税务机关追缴其不缴或者少缴的税款、滞纳金，并处不缴或者少缴的税款50%以上5倍以下的罚款；情节严重的，同时撤销其汇缴许可证；构成犯罪的，依法追究刑事责任。

⑤纳税人对汇总缴纳印花税的凭证，未加注税务机关指定的汇缴戳记、编号并装订成册，未将已贴印花或者缴款书的一联粘附册后、盖章注销和保存备查的；或未按规定期限保存纳税凭证的，由税务机关责令限期改正，可以处2 000元以下的罚款；情节严重的，处2 000元以上1万元以下的罚款。

四、案例分析

【案例10—1】 印花税应纳税额的计算

某外贸公司于2015年5月18日开业，领受工商营业执照、房产证、商标注册证各一件；注册资本480万元，实收资本300万元，除记载资金的账簿外，还建有7本营业账簿。开业当月签订财产保险合同一份，投保金额123万元，收取保险费2.5万元；向银行借款签订合同一份，借款金额50万元(利率8%)；签订购销合同两份，其中一份为外销合同所载金额185万元，另一份为内销合同所载金额150万元。6月该企业与某公司签订技术转让合同一份，金额为30万元；与货运公司签订运输合同一份，支付运输费7万元，装卸费0.4万元。营业账簿册数未变，只是记载资金的实收资本数额增加到380万元。

要求：计算该企业2015年5月和6月应纳的印花税。

【解析】

(1)公司5月应纳的印花税为：

领受权利、许可证照应纳税额＝3×5＝15(元)

资金账簿应纳税额＝3 000 000×5‱＝1 500(元)

其他营业账簿应纳税额＝7×5＝35(元)

财产保险合同应纳税额＝25 000×1‰＝25(元)

借款合同应纳税额＝500 000×0.5‱＝25(元)

购销合同应纳税额＝(1 850 000＋1 500 000)×3‱＝1 005(元)

5月应纳印花税合计＝15＋1 500＋35＋25＋25＋1 005＝2 605(元)

(2)公司6月应纳的印花税为：

技术转让合同应纳税额＝300 000×3‱＝90(元)

货物运输合同应纳税额＝70 000×5‱＝35(元)

资金账簿应纳税额＝(3 800 000－3 000 000)×5‱＝400(元)

6月应纳印花税合计＝90＋35＋400＝525(元)

【案例10－2】　印花税应纳税额的计算

某企业2015年度有关资料如下：

(1)实收资本比2010年度增加100万元。

(2)与银行签订一年期借款合同，借款金额300万元，年利率8%。

(3)与甲公司签订以货换货合同，本企业的货物价值350万元，甲公司的货物价值450万元。

(4)与乙公司签订受托加工合同，乙公司提供价值80万元的原材料，本企业提供价值15万元的辅助材料并收加工费20万元。

(5)与丙公司签订转让技术合同，转让收入由丙公司按2012～2014年实现利润的30%支付。

(6)与货运公司签订运输合同，载明运输费用8万元(其中含装卸费0.5万元)。

(7)与铁路部门签订运输合同，载明运输费及保管费共计20万元。

要求：逐项计算该企业2015年应缴纳的印花税。

【解析】

(1)企业记载资金的账簿，2015年以后实收资本和资本公积增加，就其增加部分贴花，故账簿贴花＝1 000 000×5‱＝500(元)。

(2)借款合同应缴纳的印花税＝3 000 000×0.5‱＝150(元)。

(3)以货换货合同按合同所载购销金额合计数贴花，应缴纳的印花税＝(3 500 000＋4 500 000)×3‱＝2 400(元)。

(4)根据印花税法的有关规定，加工承揽合同的计税依据为加工收入或承揽收入，即指受托方提供的辅助材料金额和加工费收入之和，印花税税率为5‱；加工承揽合同共应缴纳的印花税＝(150 000＋200 000)×5‱＝175(元)。

(5)转让技术合同的计税依据是合同所载金额，该转让技术合同在签订时无法确定转让收入，故只能在签订时先按5元贴花，待以后结算时按实际金额贴花，应缴纳的印花税为5元。

(6)货物运输合同的计税依据为运输费用(不含装卸费)，应缴纳的印花税＝(80 000－5 000)×5‱＝37.5(元)。

(7)根据印花税法的有关规定，同一凭证上载有两个或两个以上经济事项而适用不同税目税率，如果未分别记载金额，按税率高的计税贴花。因此本题计税依据是仓储保管合同的仓储保管费。税率为1‰，应缴纳的印花税＝200 000×1‰＝200(元)。

该企业2015年应缴纳的印花税合计为3 467.5元。

第二节 车辆购置税法

一、车辆购置税概述

车辆购置税法是指国家制定的用以调整车辆购置税征收与缴纳之间权利及义务关系的法律规范。现行车辆购置税法的基本规范，是2000年10月22日国务院令第294号颁布并于2001年1月1日起施行的《中华人民共和国车辆购置税暂行条例》(以下简称《车辆购置税暂行条例》)。

(一)车辆购置税的概念

车辆购置税是以在中国境内购置规定车辆为课税对象、在特定的环节向车辆购置者征收的一种税。就其性质而言，属于直接税的范畴。

车辆购置税是自2001年1月1日起在我国开征的新税种，是在原交通部门收取的车辆购置税附加费的基础上，通过"费改税"方式改革而来的。车辆购置税基本保留了原车辆附加费的特点。

(二)车辆购置税的特点

车辆购置税除了具有税收的共同特点外，还有其自身独立的特点：

1. 征收范围单一

作为财产税的车辆购置税，是以购置的特定车辆为课税对象，而不是对所有的财产或消费财产征税，范围窄，是一种特种财产税。

2. 征收环节单一

车辆购置税实行一次课征制，它不是在生产、经营和消费的每一环节实行道道征收，而只是在退出流通进入消费领域的特定环节征收。

3. 税率单一

车辆购置税只确定一个统一比例税率征收，税率具有不随课税对象数额变动的特点，计征简便、负担稳定，有利于依法治税。

4. 征收方法单一

车辆购置税根据纳税人购置应税车辆的计税价格实行从价计征，以价格为计税标准，课税与价值直接发生关系，价值高者多征税，价值低者少征税。

5. 征税具有特定目的

车辆购置税具有专门用途，由中央财政根据国家交通建设投资计划，统筹安排。这种特定目的的税收，可以保证国家财政支出的需要，既有利于统筹合理地安排资金，又有利于保证特定事业和建设支出的需要。

6. 价外征收，税负不发生转嫁

车辆购置税的计税依据中不包含车辆购置税税额，车辆购置税税额是附加在价格之外的，且纳税人即为负税人，税负不发生转嫁。

二、车辆购置税的征税范围、纳税人、计税依据与税率

(一)征税范围

车辆购置税以列举的车辆作为征税对象，未列举的车辆不纳税。其征税范围包括汽车、摩托车、电车、挂车、农用运输车。具体规定如下：

1. 汽车

包括各类汽车。

2. 摩托车

(1)轻便摩托车：最高设计时速不大于50千米/时，发动机气缸总排量不大于50立方厘米的两个

或三个车轮的机动车。

(2)二轮摩托车：最高设计车速大于50千米/时，或发动机气缸总排量大于50立方厘米的两个车轮的机动车。

(3)三轮摩托车：最高设计车速大于50千米/时，发动机气缸总排量大于50立方厘米，空车质量不大于400千克的三个车轮的机动车。

3. 电车

(1)无轨电车：以电能为动力，由专用输电电缆供电的轮式公共车辆。

(2)有轨电车：以电能为动力，在轨道上行驶的公共车辆。

4. 挂车

(1)全挂车：无动力设备，独立承载，由牵引车辆牵引行驶的车辆。

(2)半挂车：无动力设备，与牵引车共同承载，由牵引车辆牵引行驶的车辆。

5. 农用运输车

(1)三轮农用运输车：柴油发动机，功率不大于7.4千瓦，载重量不大于500千克，最高车速不大于40千米/时的三个车轮的机动车。

(2)四轮农用运输车：柴油发动机，功率不大于28千瓦，载重量不大于1 500千克，最高车速不大于50千米/时的四个车轮的机动车。

车辆购置税征收范围的调整，由国务院决定并公布，其他任何部门、单位及个人无权擅自变动。

(二)纳税人

车辆购置税的纳税人是指在我国境内购置应税车辆的单位和个人。其中，购置是指购买使用行为、进口使用行为、受赠使用行为、自产自用行为、获奖使用行为以及以拍卖、抵债、走私、罚没等方式取得并使用的行为，这些行为都属于车辆购置税的应税行为。具体规定如下：

(1)所称单位，包括国有企业、集体企业、私营企业、股份制企业、外商投资企业、外国企业以及其他企业，事业单位、社会团体、国家机关、部队以及其他单位。

(2)所称个人，包括个体工商户及其他个人，既包括中国公民又包括外国公民。

(三)计税依据

车辆购置税实行从价定率办法计算征收。其计税依据是车辆的计税价格。计税价格根据车辆购置的不同情况分别确定。

1. 购买自用的应税车辆的计税价格

购买自用的应税车辆，包括购买自用的国产应税车辆和购买自用的进口应税车辆，如从国内汽车市场、汽车贸易公司购买自用的进口应税车辆等。

纳税人购买自用的应税车辆的计税价格，为纳税人购买应税车辆而支付给销售者的全部价款和价外费用，不包括增值税税款。

价外费用是指销售方价外向购买方收取的基金、集资费、违约金(延期付款利息)和手续费、包装费、储存费、优质费、运输装卸费、保管费以及其他各种性质的价外收费，但不包括销售方代办保险等而向购买方收取的保险费，以及向购买方收取的代购买方缴纳的车辆购置税、车辆牌照费。[①]

2. 进口自用的应税车辆的计税价格

纳税人进口自用的应税车辆以组成计税价格为计税依据，组成计税价格按下列公式计算：

计税价格=关税完税价格+关税+消费税

进口自用的应税车辆是指纳税人直接从境外进口或委托代理进口自用的应税车辆，即非贸易方式进口自用的应税车辆。而且进口自用的应税车辆的计税依据，应根据纳税人提供的、经海关审查确认的有关完税证明资料确定。

---

① 国家税务总局：《关于修改车辆购置税征收管理办法的决定》，国家税务总局令第38号，2015年12月28日。

3. 其他自用的应税车辆的计税价格

纳税人自产、受赠、获奖或者以其他方式取得并自用的应税车辆的计税价格，主管税务机关参照国家税务总局规定的最低计税价格核定。① 因此，纳税人自产自用、受赠使用、获奖使用或者以其他方式取得并自用的应税车辆一般以国家税务总局核定的最低计税价格为计税依据。

国家税务总局未核定最低计税价格的车辆，计税价格为纳税人提供的有效价格证明注明的价格。有效价格证明注明的价格明显偏低的，主管税务机关有权核定应税车辆的计税价格。②

进口旧车、因不可抗力因素导致受损的车辆、库存超过3年的车辆、行驶8万公里以上的试验车辆、国家税务总局规定的其他车辆，计税价格为纳税人提供的有效价格证明注明的价格。纳税人无法提供车辆有效价格证明的，主管税务机关有权核定应税车辆的计税价格。③

免税条件消失的车辆，自初次办理纳税申报之日起，使用年限未满10年的，计税价格以免税车辆初次办理纳税申报时确定的计税价格为基准，每满1年扣减10%；未满1年的，计税价格为免税车辆的原计税价格；使用年限10年(含)以上的，计税价格为0。④

4. 最低计税价格作为计税依据的确定

现行车辆购置税条例规定：纳税人购买自用或者进口自用应税车辆，申报的计税价格低于同类型应税车辆的最低计税价格，又无正当理由的，计税价格为国家税务总局核定的最低计税价格。⑤ 也就是说，纳税人购买自用或者进口自用应税车辆，首先应分别按前述计税价格、组成计税价格计税，当纳税人申报的计税价格偏低，又无正当理由的，应以最低计税价格为计税依据。

最低计税价格是指国家税务总局依据机动车生产企业或者经销商提供的车辆价格信息，参照市场平均交易价格核定的车辆购置税计税价格。⑥

根据纳税人购置应税车辆的不同情况，国家税务总局对以下几种情形应税车辆的最低计税价格规定如下：

(1)对已缴纳并办理了登记注册手续的车辆，其底盘发生更换，其最低计税价格按同类型新车最低计税价格的70%计算。

(2)非贸易渠道进口车辆的最低计税价格，为同类型新车最低计税价格。

值得注意的是，纳税人购买自用或者进口自用应税车辆，申报的计税价格低于同类型应税车辆的最低计税价格，又无正当理由的，按照最低计税价格征收车辆购置税。

(四)税率

车辆购置税实行统一比例税率，税率为10%。

对纳税人自2017年1月1日至12月31日期间购置的排气量在1.6升及以下的乘用车，暂减按7.5%的税率征收车辆购置税。自2018年1月1日起，恢复按10%的法定税率征收车辆购置税。⑦

三、税额的计算、减免与缴纳

(一)应纳税额的计算

车辆购置税实行从价定率的办法计算应纳税额，应纳税额的计算公式为：

应纳税额＝计税依据×税率

---

① 国家税务总局：《关于修改车辆购置税征收管理办法的决定》，国家税务总局令第38号，2015年12月28日。

② 国家税务总局：《关于修改车辆购置税征收管理办法的决定》，国家税务总局令第38号，2015年12月28日。

③ 国家税务总局：《关于修改车辆购置税征收管理办法的决定》，国家税务总局令第38号，2015年12月28日。

④ 国家税务总局：《关于修改车辆购置税征收管理办法的决定》，国家税务总局令第38号，2015年12月28日。

⑤ 国家税务总局：《关于修改车辆购置税征收管理办法的决定》，国家税务总局令第38号，2015年12月28日。

⑥ 国家税务总局：《关于修改车辆购置税征收管理办法的决定》，国家税务总局令第38号，2015年12月28日。

⑦ 财政部、国家税务总局：《关于减征1.6升及以下排量乘用车车辆购置税的通知》，财税〔2016〕136号，2016年12月13日。

纳税人以外汇结算应税车辆价款的，应按照申报纳税之日中国人民银行公布的人民币基准汇价，折合成人民币计算应纳税额。

1. 购买自用应税车辆应纳税额的计算

在应纳税额的计算中，应注意以下费用的计税规定：

(1)购买者随购买车辆支付的工具件和零部件价款应作为购车价款的一部分，并入计税依据中征收车辆购置税。

(2)支付的车辆装饰费应作为价外费用并入计税依据中计税。

(3)代收款项应区别征税。凡使用代收单位(受托方)票据收取的款项，应视作代收单位价外收费，购买者支付的价费款，应并入计税依据中一并征税；凡使用委托方票据收取，受托方只履行代收义务和收取代收手续费的款项，应按其他税收政策规定征税。

(4)销售单位开给购买者的各种发票金额中包含增值税税款，因此，计算车辆购置税时，应换算为不含增值税的计税价格。

(5)购买者支付的控购费，是政府部门的行政性收费，不属于销售者的价外费用范围，不应并入计税价格计税。

(6)销售单位开展优质销售活动所开票收取的有关费用，应属于经营性收入，企业在代理过程中按规定支付给有关部门的费用，企业已作经营性支出列支核算，其收取的各项费用并在一张发票上难以划分的，应作为价外收入计算征税。

【例 10－5】 宋某 2015 年 1 月份从某汽车有限公司购买一辆小汽车供自己使用，支付了含增值税税款在内的款项 234 000 元，另支付代收临时牌照费 550 元、代收保险费 1 000 元，支付工具件和零配件价款 3 000 元，车辆装饰费 1300 元。所支付的款项均由该汽车有限公司开具“机动车销售统一发票”和有关票据。试计算宋某应纳车辆购置税。

【答案】 计税依据＝(234 000＋550＋1 000＋3 000＋1 300)÷(1＋17%)＝205 000(元)

应纳税额＝20 5000×10%＝20 500(元)

2. 进口自用应税车辆应纳税额的计算

纳税人进口自用的应税车辆应纳税额的计算公式为：

应纳税额＝(关税完税价格＋关税＋消费税)×税率

【例 10－6】 某外贸进出口公司 2015 年 3 月份，从国外进口 10 辆宝马公司生产的某型号小轿车。该公司报送进口这批小轿车时，经报关地海关对有关报关资料的审查，确定关税完税价格为每辆 185 000 元人民币，海关按关税政策规定每辆征收了关税 203 500 元，并按消费税、增值税有关规定分别代征了每辆小轿车的进口消费税 11 655 元和增值税 66 045 元。由于联系业务需要，该公司将 2 辆小轿车留在本单位使用。根据以上资料，计算应纳车辆购置税。

【答案】 计税依据＝(185 000＋203 500＋11 655)×2＝800 310(元)

应纳税额＝800 310×10%＝80 031(元)

3. 其他自用应税车辆应纳税额的计算

纳税人自产自用、受赠使用、获奖使用和以其他方式取得并自用应税车辆的，凡不能取得该型车辆的购置价格，或者低于最低计税价格的，以国家税务总局核定的最低计税价格作为计税依据计算征收车辆购置税：

应纳税额＝最低计税价格×税率

【例 10－7】 某客车制造厂将自产的一辆某型号的客车用于本厂后勤服务，该厂在办理车辆上牌落籍前出具该车的发票，注明金额 65 000 元，并按此金额向主管税务机关申报纳税。经审核，国家税务总局对该车同类型车辆核定的最低计税价格为80 000元。试计算该车应纳车辆购置税。

【答案】 应纳税额＝80 000×10%＝8 000(元)

4. 特殊情形自用应税车辆应纳税额的计算

(1)免税条件消失车辆应纳税额的计算。

免税条件消失的车辆，纳税人应按现行规定，在办理车辆过户手续前或者办理变更车辆登记注册手续前向税务机关缴纳车辆购置税。

应纳税额＝初次申报时计税价格×(1－已使用年限×10%)×税率

【例10－8】 回国服务的留学人员王某于2013年4月10日用现汇购买了一辆个人自用国产小汽车，该车规定使用年限为10年。2015年5月，王某将该车转让给张某，转让价为138 000元，并于5月10日办理了车辆过户手续。已知该小汽车初次办理纳税申报时确定的计税价格为180 000元。计算张某应纳车辆购置税元。

【答案】 应纳税额＝18 000×(1－2×10%)×10%＝14 400(元)

(2)未按规定纳税车辆应补税额的计算。

纳税人未按规定纳税的，应按现行政策规定的计税价格，区分情况分别确定征税。不能提供购车发票和有关购车证明资料的，检查地税务机关应按同类型应税车辆的最低计税价格征税；如果纳税人回落籍地后提供的购车发票金额与支付的价外费用之和高于核定的最低计税价格的，落籍地主管税务机关还应对其差额计算补税。

应纳税额＝最低计税价格×税率

(二)车辆购置税的减免

1. 减免税规定

我国车辆购置税实行法定减免，减税、免税范围的具体规定包括以下内容：

(1)外国驻华使馆、领事馆和国际组织驻华机构及其外交人员自用的车辆，免税。

(2)中国人民解放军和中国人民武装警察部队列入军队武器装备订货计划的车辆，免税。

(3)设有固定装置的非运输车辆，免税。

(4)国务院规定减免税的其他情形。

根据现行政策规定，上述"其他情形"的车辆，目前主要有以下几种：

①防汛部门和森林消防部门用于指挥、检查、调度、报汛(警)、联络的由指定厂家生产的设有固定装置的指定型号的车辆(以下简称"防汛专用车"和"森林消防专用车")。

②回国服务的留学人员用现汇购买1辆个人自用国产小汽车。

③长期来华定居专家进口1辆自用小汽车。

(5)自2004年10月1日起，对农用三轮运输车免征车辆购置税。

2. 退税规定

(1)准予退税的情形。

已缴纳车辆购置税的车辆，发生下列情形之一的，准予纳税人申请退税：

①车辆退回生产企业或者经销商的；

②符合免税条件的设有固定装置的非运输车辆但已征税的；

③其他依据法律法规规定应予退税的情形。

(2)退税额的确定。

车辆退回生产企业或者经销商的，纳税人申请退税时，主管税务机关自纳税人办理纳税申报之日起，按已缴纳税款每满1年扣减10%计算退税额；未满1年的，按已缴纳税款全额退税。

其他退税情形，纳税人申请退税时，主管税务机关依据有关规定计算退税额。

(3)退税申请。

纳税人申请退税时，应如实填写《车辆购置税退税申请表》，由本人、单位授权人员到主管税务机关办理退税手续，按下列情况分别提供资料：

①车辆退回生产企业或者经销商的，提供生产企业或经销商开具的退车证明和退车发票。

未办理车辆登记注册的，提供原完税凭证、完税证明正本和副本；已办理车辆登记注册的，提供原完税凭证、完税证明正本、公安机关车辆管理机构出具的机动车注销证明。

②符合免税条件的设有固定装置的非运输车辆但已征税的，未办理车辆登记注册的，提供原完税凭证、完税证明正本和副本；已办理车辆登记注册的，提供原完税凭证、完税证明正本。

③其他依据法律法规规定应予退税的情形，未办理车辆登记注册的，提供原完税凭证、完税证明正本和副本；已办理车辆登记注册的，提供原完税凭证、完税证明正本、公安机关车辆管理机构出具的机动车注销证明或者税务机关要求的其他资料。

(三)车辆购置税的缴纳

1. 纳税义务发生时间

车辆购置税的征税环节为使用环节，即最终消费环节。具体而言，纳税人应当在向公安机关等车辆管理机构办理车辆登记注册手续前，缴纳车辆购置税。

2. 纳税申报

车辆购置税实行一车一申报制度。纳税人在办理纳税申报时应如实填写《车辆购置税纳税申报表》，同时提供纳税人身份证明、车辆价格证明、车辆合格证明及税务机关要求提供的其他资料的原件和复印件，经车购办审核后，由税务机关保存有关复印件。购买二手车时，购买者应当向原车主索要《车辆购置税完税证明》。

3. 纳税地点

纳税人购置需要办理车辆登记注册手续的应税车辆，应当向车辆登记注册地的主管税务机关申报纳税；购置不需办理车辆登记注册手续的应税车辆，应当向纳税人所在地的主管税务机关申报纳税。[①] 车辆登记注册地是指车辆的上牌落籍地或落户地。

4. 纳税期限

纳税人购买自用的应税车辆，自购买之日起 60 日内申报纳税；进口自用的应税车辆，应当自进口之日起 60 日内申报纳税；自产、受赠、获奖及以其他方式取得并自用的应税车辆，应当自取得之日起 60 日内申报纳税。

"购买之日"是指纳税人购车发票上注明的销售日期；"进口之日"是指纳税人报关进口的当天。

免税车辆因转让、改变用途等原因，其免税条件消失的，纳税人应在免税条件消失之日起 60 日内到主管税务机关重新申报纳税。免税车辆发生转让，但仍属于免税范围的，受让方应当自购买或取得车辆之日起 60 日内到主管税务机关重新申报免税。[②]

5. 缴税管理

车辆购置税税款缴纳方法主要有以下几种：

(1)自报核缴。即由纳税人自行计算应纳税额、自行填报纳税申报表有关资料，向主管税务机关申报，经税务机关审核后，开具完税证明，由纳税人持完税凭证向当地金库或金库经收处缴纳税款。

(2)集中征收缴纳。这包括两种情况：一是由纳税人集中向税务机关统一申报纳税。它适用于实行集中购置应税车辆的单位缴纳和经批准实行代理制经销商的缴纳。二是由税务机关集中报缴税款。即在纳税人向实行集中征收的主管税务机关申报缴纳税款，税务机关开具完税凭证后，由税务机关填写汇总缴款书，将税款集中缴入当地金库或金库经收处。它适用于税源分散、税额较少、税务部门实行集中征收管理的地区。

(3)代征、代扣、代收。即扣缴义务人按税法规定代扣代缴、代收代缴税款，税务机关委托征收单位代征税款的征收方式。它适用于税务机关委托征收或纳税人依法受托征收税款。

---

① 国家税务总局:《关于修改车辆购置税征收管理办法的决定》,国家税务总局令第 38 号,2015 年 12 月 28 日。

② 国家税务总局:《关于修改车辆购置税征收管理办法的决定》,国家税务总局令第 38 号,2015 年 12 月 28 日。

复习思考题

1. 印花税的应税凭证包括哪些？
2. 各类应税凭证的印花税纳税人是谁？
3. 印花税的计税依据是什么？
4. 各类应税凭证应在什么时候贴花？
5. 车辆购置税的征税对象是什么？在什么环节征收？
6. 车辆购置税的计税依据是什么？如何确定？

自我测试题

一、单项选择题

1. 根据印花税法律制度的规定，下列各项中，属于印花税纳税人的是(　　)。
A. 合同的双方当事人　　B. 合同的担保人
C. 合同的证人　　D. 合同的鉴定人王某

2. 按照《印花税暂行条例》的规定，下列凭证中应当征收印花税的是(　　)。
A. 电网与用户之间签订的供用电合同　　B. 法律咨询合同
C. 土地使用权出让合同　　D. 银行同业拆借合同

3. 下列关于印花税计税依据的表述中，符合《印花税暂行条例》规定的是(　　)。
A. 对采用易货方式进行商品交易签订的合同，应以易货差价为计税依据
B. 货物运输合同的计税依据是运输费用总额，含装卸费和保险费
C. 建筑安装工程承包合同的计税依据是承包金额
D. 对于由委托方提供辅助材料的加工合同，无论加工费和辅助材料金额是否分开记载，均以其合计数为计税依据

4. 纳税人缴纳印花税时，下列规定中不正确的是(　　)。
A. 在应纳税凭证书立或领受时即行贴花完税，不得延至凭证生效日期贴花
B. 已经贴花的凭证，凡修改后金额增加的部分，应补贴印花
C. 对已贴花的各类应纳税凭证，纳税人须按规定期限保管，不得私自销毁，以备纳税检查
D. 凡多贴印花税票者，可以申请退税和抵扣

5. 下列各项中，不属于印花税应税凭证的是(　　)。
A. 无息、贴息贷款合同
B. 发电厂与电网之间签订的电力购售合同
C. 对农林作物、牧业畜类保险合同
D. 银行因内部管理需要设置的现金收付登记簿

6. 关于车辆购置税的计算，下列说法中正确的是(　　)。
A. 进口自用的应税小汽车的计税价格包括关税完税价格和关税，不包括消费税
B. 纳税人购买自用的应税车辆的计税依据为纳税人购买应税车辆而支付给销售方的全部价款和价外费用(含增值税)
C. 纳税人自产自用、受赠使用、获奖使用和以其他方式取得并自用的应税车辆一般以国家税务总局核定的最低计税价格为计税依据
D. 车辆购置税是 2 000 年 1 月 1 日在我国开征的新税种

7. 2015 年 6 月王某从汽车 4S 店购置了一辆排气量为 1.8 升的乘用车，支付购车款(含增值税) 234 000 元并取得“机动车销售统一发票”，支付代收保险费 5 000 元并取得保险公司开具的票据，支付购买工具件价款(含增值税)1 000 元并取得汽车 4S 店开具的普通发票。王某应缴纳的车辆购置税

为(　　)元。

A. 20 000　　B. 20 085.47　　C. 20 512.82　　D. 24 000

8. 某公司购置一辆国产车自用,购置时因符合免税条件而未缴纳车辆购置税。购置使用4年后免税条件消失,若该车辆初次办理纳税申报时计税价格是25万元,则该公司应缴纳车辆购置税为(　　)万元。

A. 1.5　　B. 2.28　　C. 2.5　　D. 3.8

9. 按照《车辆购置税暂行条例》的规定,下列车辆免征车辆购置税的是(　　)。

A. 挂车　　B. 四轮农用运输车

C. 摩托车　　D. 设有固定装置的非运输车辆

10. 车辆购置税实行(　　)征收制度。

A. 一次课征制　　B. 分次课征制

C. 按年征收,分期缴纳　　D. 按年征收,年终一次缴纳

二、多项选择题

1. 下列各项中,应按"产权转移书据"税目征收印花税的有(　　)。

A. 商品房销售合同　　B. 土地使用权转让合同

C. 专利申请权转让合同　　D. 个人无偿赠与不动产登记表

2. 下列项目中,符合印花税相关规定的有(　　)。

A. 加工承揽合同的计税依据为加工收入的金额

B. 财产租赁合同的计税依据为租赁金额

C. 仓储保管合同的计税依据为所保管货物的金额

D. 货物运输合同的计税依据为取得的运输费金额

3. 印花税应纳税凭证应于(　　)贴花。

A. 合同签订时　　B. 书据立据时　　C. 账簿更换的年末　　D. 证照领受时

4. 下列应税凭证中,可以免纳印花税的有(　　)。

A. 房地产管理部门与个人订立的用于生活居住的房租合同

B. 合同的正本或作为正本使用的抄本

C. 对与高校学生签订的学生公寓租赁合同

D. 农牧业保险合同

5. 下列各项中,符合印花税有关违章处罚规定的有(　　)。

A. 已贴印花税票,揭下重用造成未缴或少缴印花税的,依法追究刑事责任

B. 在应税凭证上未贴少贴印花税票,处以未贴少贴金额3~5倍的罚款

C. 伪造印花税票的,由税务机关责令改正,处以2 000元以上1万元以下的罚款

D. 伪造印花税票情节严重的,处以1万元以上5万元以下的罚款;构成犯罪的,依法追究刑事责任

6. 下列选项中,属于车辆购置税特点的有(　　)。

A. 征收环节单一　　B. 价外征收,税负不发生转嫁

C. 征税具有特定目的　　D. 税率单一

7. 下列选项中,属于车辆购置税的纳税人有(　　)。

A. 国有企业　　B. 集体企业　　C. 国家机关　　D. 外国公民

8. 某机关2015年4月购车一辆,随购车支付的下列款项中,应并入计税依据征收车辆购置税的有(　　)。

A. 控购费　　B. 增值税税款　　C. 零部件价款　　D. 车辆装饰费

9. 某旅游公司2015年8月从游艇生产企业购进一艘游艇，取得的增值税专用发票注明价款120万元、税额20.4万元；从汽车贸易公司购进一辆小汽车，取得增值税机动车统一销售发票注明价款40万元、税额6.8万元；游艇的消费税税率为10%，小汽车消费税税率为5%。下列关于上述业务相关纳税事项的表述中，正确的有（　　）。

A. 汽车贸易公司应缴纳消费税2万元

B. 游艇生产企业应缴纳消费税12万元

C. 旅游公司应缴纳游艇车辆购置税12万元

D. 旅游公司应缴纳小汽车的车辆购置税4万元

10. 根据《车辆购置税暂行条例》的规定，下列车辆中可以减免车辆购置税的有（　　）。

A. 武警部队购买的列入武器装备订货计划的车辆

B. 长期来华定居专家进口1辆小汽车自用

C. 回国服务留学人员购买1辆进口小汽车自用

D. 森林消防部门用于指挥、检查、调度、联络的设有固定装置的指定型号的车辆

三、判断题

1. 对没有履行的已签合同，合同失效，合同已纳印花税应在今后应纳印花税时扣除。（　　）

2. 载有两个或两个以上应适用不同税目税率经济事项的同一凭证，不管是否分别记载金额，都要按税率高的项目计算贴花。（　　）

3. 同一种类应纳税凭证，需频繁贴花的，纳税人应当向税务机关申请经批准采用按期汇总缴纳印花税的方式，汇总缴纳的期限为1个月。（　　）

4. 当一份凭证应纳税额超过500元时，应向税务机关申请填写缴款书或者完税凭证，实现汇贴纳税。（　　）

5. 印花税应当在书立或领受时贴花。如果合同是在国外签订，应该一并在国外签订时贴花。（　　）

6. 税人购买自用应税车辆的，应当自购买之日起90日内申报缴纳车辆购置税。（　　）

7. 纳税人购置需要办理车辆登记注册手续的应税车辆，应当向车辆登记注册地的主管税务机关申报纳税；购置不需办理车辆登记注册手续的应税车辆，应当向纳税人所在地主管税务机关申报纳税。（　　）

8. 对纳税人购买的车辆，应按含增值税的计税价格征收车辆购置税。（　　）

9. 车辆购置税条例规定的免税、减税车辆发生转让、改变用途的，不再补征车辆购置税。（　　）

10. 纳税人购买自用或进口自用应税车辆，申报的计税依据低于同类应税车辆的最低计税价格，又无正当理由的，按照国家税务总局核定的最低计税价格计算征收车辆购置税。（　　）

四、案例分析题

1. 某企业2015年1月份，因办公楼失窃，营业执照、税务登记证、开户许可证被盗，特申请重新换发了一份；签订购买土地使用权合同，合同金额100万元，办妥手续后取得土地使用证；当年实现利润1 000万元，计提盈余公积100万元，吸收投资300万元，取得资本公积40万元。新设其他账簿10本；订立借款合同一份贷款500万元，应付利息5万元；投综合财产保险一份，保额1 000万元，缴纳保险费4万元；投机动车保险3份，保险金额50万元，保险费金额1.08万元。

【要求】 试分析并计算该企业本月应纳(贴)印花税税额。

2. 某高新技术企业2015年8月份开业，注册资金220万元，当年发生经营活动如下：

(1)领受工商营业执照、房屋产权证、土地使用证各一份；

(2)建账时共设8个账簿，其中资金账簿中记载实收资本220万元；

(3)签订购销合同4份,共记载金额280万元;

(4)签订借款合同1份,记载金额50万元,当年支付利息0.8万元;

(5)与广告公司签订广告制作合同1份,分别记载加工费3万元,广告公司提供的原材料7万元;

(6)签订技术服务合同1份,记载金额60万元;

(7)签订租赁合同1份,记载金额50万元;

(8)签订转让专有技术使用权合同1份,记载金额150万元。

【要求】 计算下列各项,每项均为共计金额:

(1)领受权利许可证照应缴纳的印花税;

(2)设置账簿应缴纳的印花税;

(3)签订购销合同应缴纳的印花税;

(4)签订借款合同应缴纳的印花税;

(5)签订广告制作合同应缴纳的印花税;

(6)签订技术服务合同应缴纳的印花税;

(7)签订租赁合同应缴纳的印花税;

(8)签订专有技术使用权转让合同应缴纳的印花税。

3. 某环保局2015年3月从江南汽车贸易中心(增值税一般纳税人)购买日本本田公司生产的轿车一辆,排量2 451毫升。该环保局按江南汽车贸易中心开具的"机动车销售统一发票"金额支付价款371 000元,支付控购部门控购费44 520元,并取得收款收据。江南汽车贸易中心开展"一条龙"销售服务,代环保局办理车辆上牌等事宜,并向环保局开票收取新车登记费、上牌办证费、代办手续费、仓储保管费、送车费等共计36 000元。

【要求】 计算环保局3月应缴纳的车辆购置税。

4. 某外贸公司从A国进口某型号小轿车10辆。报关地海关确定的关税完税价格为200 000元/辆(人民币);关税税率为28%;消费税税率为5%。该公司将其中2辆进口小轿车留作本单位自己使用。

【要求】

(1)计算该公司在进口环节应缴纳的各项税金;

(2)计算该公司应缴纳的车辆购置税。

第十一章　税收征收管理法

本章要点

◇税务登记管理　　◇账簿、凭证管理

◇纳税申报管理　　◇税款征收管理

◇税务检查管理　　◇法律责任

情境导入

某镇政府为了加强税收征管、增加财政收入，成立了协税办公室（以下简称“协税办”）。2013 年 11 月“协税办”下到某村进行税收检查，发现该村村民王某从事建材销售并承揽装饰装修工程经营已经 3 个月，未领取营业执照也未办理税务登记，更没有申报纳税。于是，“协税办”根据王某的实际经营情况，当即做出了核定每月缴纳税款 600 元的决定，并要求王某立即补交税款 1 800 元，王某自觉理亏，又害怕被罚，当即缴了1 800元税款，“协税办”给王某开了一张收据；同年 12 月末当地主管税务机关到该村进行税收清查，也发现了王某一直从事经营活动，既未办理税务登记也未申报缴税，于是做出了核定其每月缴纳税款 800 元的决定，并下达了《核定税款定额通知书》，要求王某补缴税款 3200 元，同时，对王某未办理税务登记的行为，责令限期改正，并处罚款 1 800 元。王某对此感到十分气愤，不是已经交过税了吗？为什么还要缴税？这买卖没法干了。

思考：这个案例中大家可能觉着王某很冤枉，那么问题出在哪里？王某应不应该再缴税？应向谁缴税？王某应找谁讲理？税务机关的处罚是否适当？

第一节　税收征收管理法概述

一、税收征收管理法的概念

税收征收管理法是有关税收征收管理法律规范的总称，包括税收征收管理法及税收征收管理的有关法律、法规和规章。

《中华人民共和国税收征收管理法》于 1992 年 9 月 4 日第七届全国人民代表大会常务委员会第二十七次会议通过，1993 年 1 月 1 日起施行，1995 年 2 月 28 日第八届全国人民代表大会常务委员会第十二次会议修正。2001 年 4 月 28 日，第九届全国人民代表大会常务委员会第二十一次会议通过了修订后的《中华人民共和国税收征收管理法》（以下简称《征管法》），并于 2001 年 5 月 1 日起施行。2015 年 4 月第十二届全国人民代表大会常务委员会第十四次会议通过了第四次修订后的《征管法》，自 2015 年 4 月 24 日起施行。

二、税收征收管理法的适用范围

《征管法》第二条规定：“凡依法由税务机关征收的各种税收的征收管理，均适用本法。”这就明确界定了《征管法》的适用范围。

我国税收的征收机关有税务、海关、财政等部门，税务机关征收各种工商税收，海关征收关税。

《征管法》只适用于由税务机关征收的各种税收的征收管理。海关征收的关税及代征的增值税、消费税，适用其他法律、法规的规定。

值得注意的是，目前还有一部分费由税务机关征收，如教育费附加。这些费不适用《征管法》，不能采取《征管法》规定的措施，其具体管理办法由各种费的条例和规章决定。

三、税收征收管理法的遵守主体

（一）税务行政主体——税务机关

《征管法》规定："国务院税务主管部门主管全国税收征收管理工作。各地国家税务局和地方税务局应当按照国务院规定的税收征收管理范围分别进行征收管理；税务机关是指各级税务局、税务分局、税务所和省以下税务局的稽查局。稽查局专司偷税、逃避追缴欠税、骗税、抗税案件的查处；国家税务总局应明确划分税务局和稽查局的职责，避免职责交叉。"这些规定既明确了税收征收管理的行政主体（即执法主体），也明确了《征管法》的遵守主体。

（二）税务行政管理相对人——纳税人、扣缴义务人和其他有关单位

《征管法》规定："法律、行政法规规定负有纳税义务的单位和个人为纳税人，法律、行政法规规定负有代扣代缴、代收代缴税款义务的单位和个人为扣缴义务人。纳税人、扣缴义务人必须依照法律、行政法规的规定缴纳税款、代扣代缴、代收代缴税款。纳税人、扣缴义务人和其他有关单位应当按照国家有关规定如实向税务机关提供与纳税和代扣代缴、代收代缴税款有关的信息。"根据上述规定，纳税人、扣缴义务人和其他有关单位是税务行政管理的相对人，是《征管法》的遵守主体，必须按照《征管法》的有关规定接受税务管理，享受合法权益。

（三）有关单位和部门

《征管法》规定："地方各级人民政府应当依法加强对本行政区域内税收管理工作的领导或者协调，支持税务机关依法执行职务，依照法定税率计算税额，依法征收税款。各有关部门和单位应当支持、协助税务机关依法执行职务。"这说明包括地方各级人民政府在内的有关单位和部门同样是《征管法》的遵守主体，必须遵守《征管法》的有关规定。

第二节 税务管理

一、税务登记管理

税务登记是税务机关对纳税人的生产、经营活动进行登记并据此对纳税人实施税务管理的一种法定制度。税务登记又称纳税登记，它是税务机关对纳税人实施税收管理的首要环节和基础工作，是征纳双方法律关系成立的依据和证明，也是纳税人必须依法履行的义务。

根据《征管法》和国家税务总局印发的《税务登记管理办法》，我国税务登记制度大体包括以下内容：

（一）设立税务登记

设立税务登记是指纳税人经国家工商行政管理部门批准领取营业执照或其他部门批准设立以及发生纳税义务后，在规定时间内向税务机关申报办理的税务登记。

自 2015 年 10 月 1 日起，全面推行工商营业执照、组织机构代码证、税务登记证"三证合一、一照一码"改革。"三证合一、一照一码"是指将企业登记时依次申请，分别由工商部门核发工商营业执照、质监部门核发组织机构代码证、税务部门核发税务登记证等，改为一次申请，由工商（市场监管）部门核发一个加载 18 位统一社会信用代码（以下简称"统一代码"）的营业执照。改革后的登记管理制度做到了"一窗受理、一套材料、一表申请、一照一码、一网共享"。各部门通过数据交换中心，提取企业登记信息后，导入本部门业务系统使用，企业可凭"一照一码"直接到各部门办理相关业务。

自2016年10月1日起在此基础上全面实行“五证合一、一照一码”登记模式，整合社会保险登记证和统计登记证，由工商行政管理部门核发加载法人和其他组织统一代码的营业执照，社会保险登记证和统计登记证不再另行发放。

除以上情形外，其他税务登记按照原有法律制度执行。改革前核发的原税务登记证件在过渡期继续有效。

1. 设立税务登记的具体范围

新设立企业、农民专业合作社（以下统称“企业”）领取由工商行政管理部门核发加载法人和其他组织统一代码的营业执照后，无须再次进行税务登记，不再领取税务登记证。企业办理涉税事宜时，在完成补充信息采集后，凭加载统一代码的营业执照可代替税务登记证使用。

2. 设立税务登记的操作流程

(1)审查通过的企业，工商（市场监管）部门做出准予设立登记的决定，将相关信息录入工商登记业务系统，向企业发放“一照一码”和“五证合一”登记提示单。该企业登记信息自动推送至数据交换中心。

(2)税务机关在交换平台获取“五证合一”企业登记信息后，依据企业住所（以统一代码为标识）按户由省分配至县（区）税务机关；县（区）税务机关确认分配有误的，将其退回至市（地）税务机关，由市（地）税务机关重新进行分配；省税务机关无法直接分配至县（区）税务机关的，将其分配至市（地）税务机关，由市（地）税务机关向县（区）税务机关进行分配。

(3)企业领取“一照一码”后，应及时到主管税务机关咨询、办理领取发票，申报纳税以及相关税务资格认定等事宜。企业第一次到主管税务机关办理涉税事宜时，办税服务厅人员提取企业登记信息导入综合征管系统。对于工商登记已采集的信息，税务机关不再重复采集；其他必要基础信息，由办税服务厅补充采集，企业需要按照原有规定提供相关纸质资料，补录完成后，窗口人员打印税务登记表免填单，由企业确认签字后收回，纸质资料不再留存，直接返给企业。完整的设立登记信息推送至数据交换中心。

3.“五证合一”登记制度改革的过渡政策

“五证合一”实行的登记条件、登记程序、登记申请文书材料规范和营业执照样式与“三证合一”改革相同。改革后，企业申请设立登记的、原执照有效期满、申请变更登记或者申请换发营业执照的，由登记机关依法核发、换发加载统一代码的营业执照。对营业执照的换发及统一代码的赋码方式、对企业原证照的收缴和管理方式继续按照《工商总局等六部门关于贯彻落实〈国务院办公厅关于加快推进“三证合一”登记制度改革的意见〉的通知》[工商企注字〔2015〕121号]的要求进行。对于已领取社会保险登记证和统计登记证的企业，不再收缴原社会保险登记证和统计登记证。2018年1月1日前，原发证照继续有效，过渡期结束后一律使用加载统一代码的营业执照，未换发的证照不再有效。取消社会保险登记证和统计登记证的定期验证和换证制度，原有验证和换证要求企业报送的事项经整合后纳入企业年度报告内容，由企业自行向工商部门报送年度报告并向社会公示。

4. 个体工商户的“两证整合”

实施“三证合一”的改革没有包括个体工商户。在企业实行“三证合一”以后，个体工商户依然要到工商、税务两家分别办理登记手续。2016年8月29日，国家工商总局、国家税务总局、国家发展和改革委员会、国务院法制办公室四部门发布了《关于实施个体工商户营业执照和税务登记证“两证整合”的意见》，要求进一步深化商事制度改革，加快推进“三证合一”登记制度改革向个体工商户延伸，从2016年12月1日起，全国正式实施个体工商户营业执照和税务登记证“两证整合”，黑龙江、上海、福建、湖北四个省（市）于10月1日起先行试点。个体工商户“两证整合”登记制度是指将个体工商户登记时依次申请，分别由工商行政管理部门核发营业执照、税务部门核发税务登记证，改为一次申请、由工商行政管理部门核发一个营业执照。即，公民只需填写“一张表”，向“一个窗口”提交“一套材料”即可办理个体工商户工商及税务登记，将由工商行政管理、税务部门分别核发的营业执照和税务登记证，改为由工商行政管理部门核发一个加载法人和其他组织统一代码的营业执照。该营业执照具有原营业执照和税务登记证的功能。工商行政管理部门赋码后，将统一代码和相关信息按规定期限回传统一代码数据库。同时，实现工商、税务部门的个体工商户数据信息实时共享。

（二）变更税务登记

变更税务登记是指纳税人办理税务登记后需要对原登记内容进行更改，而向税务机关申报办理的税务登记。

1. 办理变更税务登记的范围

（1）纳税人已在工商行政管理机关办理变更登记的，应当自工商行政管理机关变更登记之日起30日内，向原税务登记机关申报办理变更税务登记

（2）纳税人按照规定不需要在工商行政管理机关办理变更登记，或者其变更登记的内容与工商登记内容无关的，应当自税务登记内容实际发生变化之日起30日内，或者自有关机关批准或者宣布变更之日起30日内，向原税务登记机关申报办理变更税务登记

2. 办理变更登记应提供的证件和资料

税务登记变更内容与工商登记变更内容一致应提供的资料是：（1）工商登记变更表及工商营业执照；（2）纳税人变更登记内容的有关证明文件；（3）税务机关发放的原税务登记证件（登记证正、副本和登记表等）；（4）其他有关资料。

税务登记变更内容与工商变更内容无关应提供的资料是：（1）纳税人变更登记内容的有关证明文件；（2）税务机关发放的原税务登记证件（登记证正、副本和登记表等）；（3）其他有关资料。

3. 变更税务登记的程序

（1）申请、领取表格。由纳税人在规定期限内向原登记机关提出办理变更登记申请，核准后，领取《税务登记变更表》

（2）报送资料。纳税人如实填写《税务登记变更表》，并按税务机关要求提供相关资料

（3）资料审核。税务机关对纳税人报送的《税务登记变更表》和相关资料经审核符合条件，签署"同意办理"意见

（4）核发证件。税务机关对纳税人提供的资料录入微机，按变更后的内容，重新打印税务登记证，下发给纳税人，同时收回原税务登记证的正、副本

（5）资料归档。将变更资料归入纳税人档案

4. 实行"三证合一"登记制度的变更登记操作规范

（1）2015年10月1日后企业税务登记发生变化的，由企业直接向税务机关申报变更，税务机关及时更新税务系统中的企业信息。

（2）2015年10月1日前已经设立的企业，其申请变更（备案）登记或换领"一照一码"，按照以下规定执行：

①企业登记事项发生变动的，应及时向工商（市场监管）部门提交变更申请材料，办理变更登记。工商（市场监管）部门审核通过后，发放"一照一码"和"三证合一"登记提示单。企业因住所、生产经营地发生变动，涉及改变主管税务机关的，应当在向工商（市场监管）部门申请办理变更登记前，向原主管税务机关申请办理注销税务登记。

②企业登记事项未发生变动，主动申请换领"一照一码"的，应填写"三证合一"换照申请表，经法定代表人或有权签字人签字并加盖本单位公章后，工商（市场监管）部门直接发放加载统一代码的营业执照。

③企业在办理变更登记或申请换领"一照一码"时，应当向工商（市场监管）部门提供其原发组织机构代码、纳税人识别号，由工商（市场监管）部门核发加载嵌入原9位组织机构代码的统一代码的营业执照，收缴其原发营业执照、组织机构代码证、税务登记证并存档。营业执照、组织机构代码证或税务登记证遗失的企业，应当提交刊登遗失公告的报纸报样。没有领取组织机构代码证、税务登记证的

企业，应当提交经法定代表人签字，并加盖本单位公章的情况说明，工商（市场监管）部门按照“三证合一、一照一码”登记模式核发加载新的统一代码的营业执照，收缴其原发营业执照和其他证件并存档。

④企业换领“一照一码”后，其登记信息自动推送至数据交换中心。

⑤税务机关补充采集的相关登记信息及工商登记时采集的生产经营地、财务负责人和核算方式等信息发生变化的，由企业向主管税务机关申报变更，所需资料和工作流程按照原有规定执行。变更登记信息自动推送至数据交换中心。

⑥在“三证合一”改革过渡期内，未换发的税务登记证可继续使用；过渡期结束后，一律使用加载统一代码的营业执照办理相关业务，未换发的税务登记证不再有效。

（三）停业、复业登记

实行定期定额征收方式的个体工商户，在营业执照核准的经营期限内需要停业的，应当在停业前向税务机关申报办理停业登记。纳税人在申报办理停业登记时，应如实填写停业申请登记表，说明停业理由、停业期限、停业前的纳税情况和发票的领、用、存情况，并结清应纳税款、滞纳金、罚款。税务机关应收存其税务登记证件及副本、发票领购簿、未使用完的发票和其他税务证件。纳税人停业期限不得超过1年。纳税人在停业期间发生纳税义务的，应当按照税收法律、行政法规的规定申报缴纳税款。

纳税人应当于恢复生产经营之前，向税务机关申报办理复业登记，如实填写《停、复业报告书》，领回并启用税务登记证件、发票领购簿及其停业前领购的发票，纳入正常管理。

纳税人停业期满不能及时恢复生产经营的，应当在停业期满前向税务机关提出延长停业登记申请，并如实填写《停、复业报告书》。纳税人停业期满未按期复业又不申请延长停业的，税务机关应当视为已恢复营业，实施正常的税收征收管理。

（四）注销税务登记

注销税务登记是指纳税人税务登记发生了根本性变化，需终止履行纳税义务时，向税务机关申报办理的税务登记手续。

1. 注销税务登记的范围

纳税人因经营期限届满而自动解散；企业由于改组、分立、合并等原因而被撤销；企业资不抵债而破产；纳税人因住所、经营地址迁移而涉及改变原主管税务机关的；纳税人被工商行政管理部门吊销营业执照；纳税人依法终止履行纳税义务的其他情形。

2. 办理注销税务登记的时限及地点

（1）纳税人发生解散、破产、撤销以及其他情形依法终止纳税义务的，应当在向工商行政管理机关或者其他机关办理注销登记前，持有关证件向原主管税务机关申报办理注销税务登记；按规定不需要在工商行政管理机关或其他机关办理注销登记的，应当自有关机关批准或者宣告终止之日起15日内持有关证件向原主管税务机关申报办理注销税务登记。

（2）纳税人因住所、经营地点变动，涉及改变税务登记机关的，应当在向工商行政管理机关或者其他机关申请办理变更或者注销登记前或者住所、经营地点变动前，向原主管税务机关申报办理注销税务登记，并在30日内向迁入地税务机关办理税务登记。

（3）纳税人被工商行政管理机关吊销营业执照或者被其他机关予以撤销登记的，应当自营业执照被吊销或者被撤销登记之日起15日内向原主管税务登记机关申报办理注销税务登记。

（4）境外企业在中国境内承包建筑、安装、装配、勘探工程和提供劳务的，应当在项目完工、离开中国前15日内持有关证件和资料向原税务登记机关申报办理注销税务登记。

3. 办理注销税务登记应提供的证件、资料

到原税务登记机关申请办理注销税务登记，应当携带需要提供的证件、资料到原主管税务机关办理结税、结票和收缴税务登记证件等纳税清算手续，并填写纳税清算申请表。税务机关将对申请注销的单位进行纳税稽查。办理完毕，持主管税务机关已加盖公章的纳税清算申请表，办理注销税务登记。具体办理时，应提交税务登记证正副本（营业执照正副本）、领购发票凭证、单位公章和财务章，以

及税务机关要求提供的其他有关证件、资料。

4. 注销税务登记的具体操作流程

(1)办理注销税务登记的纳税人应在规定时间内向原税务机关提出办理注销税务登记申请，并准备相关证件、资料。

(2)纳税人提交有关注销税务登记的证件、资料齐全的，税务机关核发《注销税务登记申请审批表》，纳税人依据企业实际情况如实填写《注销税务登记申请审批表》，经企业盖章后报送税务机关办理审批手续，并将已购未用的发票、发票领购簿、税务登记证等税收票证交回税务主管机关审验核销。

(3)税务登记机关对纳税人填报的《注销税务登记申请审批表》及有关证件资料进行审查核实，并将信息通知稽查部门，结清税款，缴销发票，收回登记证件，由管理科和稽查部门签署意见后交回登记机构，在确认纳税人结清全部纳税事项后，将注销的有关信息录入计算机，核发《注销税务登记通知书》，通知纳税人领取注销登记的批文和资料。对因生产、经营地点发生变化而需要改变主管税务机关的纳税人，还应向迁达地税务机关递交《纳税人迁移通知书》，并附有纳税人档案资料移交清单。

(4)纳税人领取注销登记的批文和资料，完成注销税务登记。

5. 实行"三证合一"登记制度的注销登记操作规范

已实行"三证合一、一照一码"登记模式的纳税人办理注销登记，须先进行清税申报，向税务机关填报《清税申报表》，税务机关在结清应纳税款、多退(免)税款、滞纳金和罚款，缴销发票和其他税务证件后，向纳税人出具《清税证明》。除以上情形外，其他税务登记注销按照原有法律制度执行。

(1)需要报送的资料

包括：《清税申报表》3 份；单位纳税人应提供上级主管部门批复文件或董事会决议原件及复印件；非居民企业应提供项目完工证明、验收证明等相关文件原件及复印件；经办人身份证明。

(2)操作流程的具体内容

①办税服务厅核对纳税人提交的相关资料所载信息是否准确、核对资料是否齐全、是否符合法定形式，填写内容是否完整，经办人出示的身份证明是否与本人一致，符合的予以受理；不符合的当场一次性提示应补正资料或不予受理原因。

②国税机关或地税机关一方受理后，受理方税务机关应及时向对方税务机关进行信息传递共享，纳税人无须再向另一方税务机关提出申请。

③国税、地税主管税务机关应在规定的期限内按照各自职责分别进行清税，并将相关信息传递至受理方，由受理方税务机关出具《清税证明》交纳税人。并将信息共享到交换平台，供工商(市场监管)部门核对。对于未领用发票、没有进行生产经营活动的纳税人，即时办结。清税后，经举报等线索发现少报、少缴税款的，税务机关将相关信息传至登记机关，纳入"黑名单"管理。

(五)外出经营报验登记

(1)纳税人到外县(市)临时从事生产经营活动的，应当在外出生产经营以前，持税务登记证向主管税务机关申请开具《外出经营活动税收管理证明》(以下简称《外管证》)。

(2)税务机关按照一地一证的原则，核发《外管证》,《外管证》的有效期限一般为 30 日，最长不得超过 180 日。

(3)纳税人应当在《外管证》注明地进行生产经营前向当地税务机关报验登记，并提交税务登记证件副本和《外管证》。

纳税人在《外管证》注明地销售货物的，除提交以上证件、资料外，还应如实填写《外出经营货物报验单》，申报查验货物。

(4)纳税人外出经营活动结束，应当向经营地税务机关填报《外出经营活动情况申报表》，并结清税款、缴销发票。

(5)纳税人应当在《外管证》有效期届满后 10 日内，持《外管证》回原税务登记地税务机关办理《外管证》缴销手续。

(六)非正常户处理

“非正常户”是指已办理税务登记,未按照规定的期限申报纳税,在税务机关责令其限期改正后,逾期不改正,并经税务机关派员实地检查,查无下落且无法强制其履行纳税义务的纳税人。非正常户不但影响税收征管,而且破坏市场经济运行秩序,其危害主要表现在逃避纳税义务、不按规定验销发票、虚开代开增值税专用发票等方面,税务机关应该对其加强管理力度。纳税人被列入非正常户超过3个月的,税务机关可以宣布其税务登记证失效,其应纳税款仍按《税收征管法》及其实施细则的规定执行追征。

根据《国家税务总局关于进一步完善税务登记管理有关问题的公告》(国家税务总局公告2011年第021号)第二条的规定,严格非正常户认定管理。对经税务机关派员实地核查,查无下落的纳税人,如有欠税且有可以强制执行的财物的,税务机关应按照《税收征收管理法》第四十条的规定采取强制执行措施;纳税人无可以强制执行的财物或虽有可以强制执行的财物但经采取强制执行措施仍无法使其履行纳税义务的,方可认定为非正常户。开展非正常户公告。税务机关应在非正常户认定的次月,在办税场所或者广播、电视、报纸、期刊、网络等媒体上公告非正常户。纳税人为企业或单位的,公告企业或单位的名称、纳税人识别号、法定代表人或负责人姓名、居民身份证或其他有效身份证件号码、经营地点;纳税人为个体工商户的,公告业户名称、业主姓名、纳税人识别号、居民身份证或其他有效身份证件号码、经营地点。实施非正常户追踪管理。税务机关发现非正常户纳税人恢复正常生产经营的,应及时处理,并督促其到税务机关办理相关手续。对没有欠税且没有未缴销发票的纳税人,认定为非正常户超过两年的,税务机关可以注销其税务登记证件。

基本操作流程如下:

(1)办税服务厅接收资料,1个工作日内将资料信息转下一环节按规定程序处理。

(2)办税服务厅根据管理部门反馈情况,在纳税人补充申报、补缴税款、滞纳金、罚款后,解除纳税人非正常状态。

(3)对已宣布其税务登记证件失效的纳税人收缴原税务登记证件,并重新发放税务登记证件。

(4)本事项在10个工作日内办结。

二、账簿、凭证、发票及税控管理

账簿是纳税人、扣缴义务人连续地记录其各种经济业务的账册或簿籍。凭证是纳税人用来记录经济业务,明确经济责任,并据以登记账簿的书面证明。账簿凭证管理是继税务登记之后税收征管的又一重要环节,在税收征管中占有重要的地位。

(一)账簿、凭证管理

根据《征管法》及其实施细则的有关规定,所有纳税人和扣缴义务人都必须按照有关法律、行政法规和国务院财政、税务主管部门的规定设置账簿。所称账簿,是指总账、明细账、日记账以及其他辅助性账簿。总账、日记账应当采用订本式。

(1)从事生产、经营的纳税人应当自领取营业执照或者发生纳税义务之日起15日内设置账簿。

(2)扣缴义务人应当自税收法律、行政法规规定的扣缴义务发生之日起10日内,按照所代扣、代收的税种,分别设置代扣代缴、代收代缴税款账簿。

(3)生产、经营规模小又确无建账能力的纳税人,可以聘请经批准从事会计代理记账业务的专业机构或者经税务机关认可的财会人员代为建账和办理账务;聘请上述机构或者人员有实际困难的,经县以上税务机关批准,可以按照税务机关的规定,建立收支凭证粘贴簿、进货销货登记簿或者使用税控装置。

从事生产经营的纳税人、扣缴义务人必须按照国务院财政、税务主管部门规定的保管期限保管账簿、记账凭证、完税凭证及其他有关资料。账簿、记账凭证、报表、完税凭证、发票、出口凭证以及其他有关涉税资料不得伪造、变造或者擅自损毁。

账簿、记账凭证、报表、完税凭证、发票、出口凭证以及其他有关涉税资料的保管期限为10年，但法律、行政法规另有规定的除外。

（二）发票管理

发票，是指在购销商品、提供或者接受服务以及从事其他经营活动中，开具、收取的收付款凭证。税务机关是发票的主管机关，负责发票的印制、领购、开具、使用、取得、保管、缴销的管理和监督。

1. 发票印制管理

增值税专用发票由国务院税务主管部门指定的企业印制；其他发票按照国务院税务主管部门的规定，分别由省、自治区、直辖市国家税务局、地方税务局指定企业印制。

2. 发票领购管理

依法办理税务登记的单位和个人，在办理税务登记后，向主管税务机关申请领购发票。对无固定经营场地或者财务制度不健全的纳税人申请领购发票，主管税务机关有权要求其提供担保人，不能提供担保人的，可以视其情况，要求其提供保证金，并限期缴销发票。对发票保证金应设专户储存，不得挪作他用。纳税人可以根据自己的需要申请领购普通发票。增值税专用发票只限于增值税一般纳税人领购使用。

3. 发票开具、使用、取得的管理

《征管法》规定："单位、个人在购销商品、提供或者接受经营服务以及从事其他经营活动中，应当按照规定开具、使用、取得发票。"因此，普通发票开具、使用、取得的管理，应注意以下几点（增值税专用发票开具、使用、取得的管理，按增值税有关规定办理）：

（1）销货方按规定填开发票。

（2）购买方按规定索取发票。

（3）纳税人进行电子商务必须开具或取得发票。

（4）发票要全联一次填写。

（5）发票不得跨省、直辖市、自治区使用。发票限于领购单位和个人在本省、自治区、直辖市内开具。发票领购单位未经批准不得跨规定使用区域携带、邮寄、运输空白发票，禁止携带、邮寄或者运输空白发票出入境。

（6）开具发票要加盖财务印章或发票专用章。

（7）开具发票后，如发生销货退回需开红字发票的，必须收回原发票并注明"作废"字样或取得对方有效证明；发生销售折让的，在收回原发票并证明"作废"后，重新开具发票。

4. 发票保管管理

根据发票管理的要求，发票保管分为税务机关保管和用票单位、个人保管两个层次，都必须建立严格的发票保管制度。包括：专人保管制度，专库保管制度，专账登记制度，保管交接制度，定期盘点制度。

5. 发票缴销管理

发票缴销包括发票收缴和发票销毁。发票收缴是指用票单位和个人按照规定向税务机关上缴已经使用或者未使用的发票；发票销毁是指由税务机关统一将自己或者他人已使用或者未使用的发票进行销毁。发票收缴与发票销毁既有联系又有区别：发票销毁首先必须收缴；但收缴的发票不一定都要销毁，一般都要按照法律法规保存一定时期后才能销毁。

（三）税控管理

税控管理是税务机关利用税控装置对纳税人的生产经营情况进行监督和管理，并据以确定计税依据和应纳税额，进行税务管理的各项活动的总称。目前，我国已推行的税控装置主要有四类：一是税控收款机，二是税控加油机，三是增值税防伪税控系统，四是出租车税控计价器。

纳税人应当按照税务机关的要求安装、使用税控装置，并按照税务机关的规定定期报送税控装置所记录的有关数据和资料；不能按照规定安装、使用税控装置，或者损毁或者擅自改动税控装置的，由税务机关责令限期改正，可以处以2 000元以下的罚款；情节严重的，处2 000元以上1万元以下的罚款；纳税人发生税控收款机丢失、被盗等情形时，应当立即向税务机关报告，并按照规定重新购置税控收款机，以保证在经营活动中正常使用。

三、纳税申报管理

纳税申报是纳税人发生纳税义务后依照税法规定的期限和内容，向税务机关提交有关纳税事项书面报告的法律行为，是纳税人履行纳税义务、界定纳税人法律责任的主要依据，是税务机关税收管理信息的主要来源和税务管理的重要制度。

(一)纳税申报的对象

纳税申报的对象为纳税人和扣缴义务人。纳税人在纳税期内没有应纳税款的，也应当按照规定办理纳税申报。纳税人享受减税、免税待遇的，在减税、免税期间应当按照规定办理纳税申报。

(二)纳税申报的期限

《征管法》规定纳税人和扣缴义务人都必须按照法定的期限办理纳税申报。申报期限有两种：一种是法律、行政法规明确规定的；另一种是税务机关按照法律、行政法规的原则规定，结合纳税人生产经营的实际情况及其所应缴纳的税种等相关问题予以确定的。两种期限具有同等的法律效力。

(三)纳税申报的方式

纳税人、扣缴义务人可以直接到税务机关办理纳税申报或者报送代扣代缴、代收代缴税款报告表，也可以按照规定采取邮寄、数据电文或者其他方式办理上述申报、报送事项。目前，纳税申报的形式主要有以下三种：

1. 直接申报

直接申报，是指纳税人自行到税务机关办理纳税申报。这是一种传统申报方式。

2. 邮寄申报

邮寄申报，是指经税务机关批准的纳税人使用统一规定的纳税申报特快专递专用信封，通过邮政部门办理交寄手续，并向邮政部门索取收据作为申报凭据的方式。

纳税人采取邮寄方式办理纳税申报的，应当使用统一的纳税申报专用信封，并以邮政部门收据作为申报凭据。邮寄申报以寄出的邮戳日期为实际申报日期。

3. 数据电文申报

数据电文申报，是指经税务机关确定的电话语音、电子数据交换和网络传输等电子方式。例如，目前纳税人的网上申报，就是数据电文申报方式的一种形式。

纳税人采取电子方式办理纳税申报的，应当按照税务机关规定的期限和要求保存有关资料，并定期书面报送主管税务机关。纳税人、扣缴义务人采取数据电文方式办理纳税申报的，其申报日期以税务机关计算机网络系统收到该数据电文的时间为准。

除上述方式外，实行定期定额缴纳税款的纳税人，可以实行简易申报、简并征期等申报纳税方式。“简易申报”是指实行定期定额缴纳税款的纳税人在法律、行政法规规定的期限内或税务机关依据法规的规定确定的期限内缴纳税款的，税务机关可以视同申报；“简并征期”是指实行定期定额缴纳税款的纳税人，经税务机关批准，可以采取将纳税期限合并为按季、半年、年的方式缴纳税款。

(四)延期申报管理

纳税人因有特殊情况，不能按期进行纳税申报的，经县以上税务机关核准，可以延期申报。但应当在规定的期限内向税务机关提出书面延期申请，经税务机关核准，在核准的期限内办理。如纳税人、扣缴义务人因不可抗力，不能按期办理纳税申报或者报送代扣代缴、代收代缴税款报告表的，可以延期办理，但应当在不可抗力情形消除后立即向税务机关报告。

经核准延期办理纳税申报的，应当在纳税期内按照上期实际缴纳的税额或者税务机关核定的税额预缴税款，并在核准的延期内办理纳税结算。

第三节　税款征收

税款征收是税务机关依照法律、行政法规的规定将纳税人应纳的税款组织入库的一系列活动的总称。税款征收是税收征收管理工作中的中心环节，是全部税收征管工作的目的和归宿，在整个税收工作中占据着极其重要的地位。

一、税款征收方式

税款征收方式是指税务机关根据各税种的不同特点、征纳双方的具体条件而确定的计算征收税款的方法和形式。目前，税款征收的方式主要有以下几种：

(一)查账征收

查账征收是指税务机关按照纳税人提供的账表所反映的经营情况，依照适用税率计算缴纳税款的方式。这种方式一般适用于财务会计制度较为健全，能够认真履行纳税义务的纳税单位。

(二)查定征收

查定征收是指税务机关根据纳税人的从业人员、生产设备、采用原材料等因素，对其产制的应税产品查实核定产量、销售额并据以征收税款的方式。这种方式一般适用于账册不够健全，但是能够控制原材料或进销货的纳税单位。

(三)查验征收

查验征收是指税务机关对纳税人应税商品，通过查验数量，按市场一般销售单价计算其销售收入并据以征税的方式。这种方式一般适用于经营品种比较单一，经营地点、时间和商品来源不固定的纳税单位。

(四)定期定额征收

定期定额征收是指税务机关通过典型调查，逐户确定营业额和所得额并据以征税的方式。这种方式一般适用于无完整考核依据的小型纳税单位。

(五)委托代征税款

委托代征税款是指税务机关委托代征人以税务机关的名义征收税款，并将税款缴入国库的方式。这种方式一般适用于小额、零散税源的征收。

(六)邮寄纳税

邮寄纳税是一种新的纳税方式。这种方式主要适用于那些有能力按期纳税，但采用其他方式纳税又不方便的纳税人。

(七)其他方式

如利用网络申报、用 IC 卡纳税等方式。

二、税款征收制度

(一)代扣代缴、代收代缴税款制度

(1)对法律、行政法规没有规定负有代扣、代收税款义务的单位和个人，税务机关不得要求其履行代扣、代收税款义务。

(2)税法规定的扣缴义务人必须依法履行代扣、代收税款义务。如果不履行义务，就要承担法律责任。除按《征管法》及其实施细则的规定给予处罚外，应当责成扣缴义务人限期将应扣未扣、应收未收的税款补扣或补收。

(3)扣缴义务人依法履行代扣、代收税款义务时，纳税人不得拒绝。纳税人拒绝的，扣缴义务人应当在 1 日之内报告主管税务机关处理。不及时向主管税务机关报告的，扣缴义务人应承担应扣未扣、应收未收税款的责任。

(4)扣缴义务人代扣、代收税款,只限于法律、行政法规规定的范围,并依照法律、行政法规规定的征收标准执行。对法律、法规没有规定代扣、代收的,扣缴义务人不能超越范围代扣、代收税款,扣缴义务人也不得提高或降低标准代扣、代收税款。

(5)税务机关按照规定付给扣缴义务人代扣、代收手续费。代扣、代收税款手续费只能由县(市)以上税务机关统一办理退库手续,不得在征收税款过程中坐支。

(二)延期缴纳税款制度

纳税人和扣缴义务人必须在税法规定的期限内缴纳、解缴税款。但考虑到纳税人在履行纳税义务的过程中,可能会遇到特殊困难的客观情况,为了保护纳税人的合法权益,《征管法》规定:"纳税人因有特殊困难,不能按期缴纳税款的,经省、自治区、直辖市国家税务局、地方税务局批准,可以延期缴纳税款,但最长不得超过3个月。"

特殊困难的主要内容包括:一是因不可抗力,导致纳税人发生较大损失,正常生产经营活动受到较大影响的;二是当期货币资金在扣除应付职工工资、社会保险费后,不足以缴纳税款的。所谓当期货币资金,是指纳税人申请延期缴纳税款之日的资金余额,其中不含国家法律和行政法规明确规定企业不可动用的资金;应付职工工资是指当期计提数。

(三)税收滞纳金征收制度

《征管法》规定:"纳税人未按照规定期限缴纳税款的,扣缴义务人未按照规定期限解缴税款的,税务机关除责令限期缴纳外,从滞纳税款之日起,按日加收滞纳税款5‱的滞纳金。"

(四)减免税收制度

根据《征管法》的有关规定,办理减税、免税应注意下列事项:

(1)减免税必须有法律、行政法规的明确规定(具体规定将在税收实体法中体现)。地方各级人民政府、各级人民政府主管部门、单位和个人违反法律、行政法规规定,擅自做出的减税、免税决定无效,税务机关不得执行,并向上级税务机关报告。

(2)纳税人申请减免税,应向主管税务机关提出书面申请,并按规定附送有关资料。

(3)减免税的申请须经法律、行政法规规定的减税、免税审查批准机关审批。

(4)纳税人在享受减免税待遇期间,仍应按规定办理纳税申报。

(5)纳税人享受减税、免税的条件发生变化时,应当自发生变化之日起15日内向税务机关报告,经税务机关审核后,停止其减税、免税;对不报告的,又不再符合减税、免税条件的,税务机关有权追回已减免的税款。

(6)减税、免税期满,纳税人应当自期满次日起恢复纳税。

(7)减免税分为报批类减免税和备案类减免税。报批类减免税是指应由税务机关审批的减免税项目;备案类减免税是指取消审批手续的减免税项目和不需税务机关审批的减免税项目。

(8)纳税人同时从事减免项目与非减免项目的,应分别核算,独立计算减免项目的计税依据以及减免税额度。不能分别核算的,不能享受减免税;核算不清的,由税务机关按合理方法核定。

(五)税额核定和税收调整制度

1. 税额核定制度

根据《征管法》的规定,纳税人(包括单位纳税人和个人纳税人)有下列情形之一的,税务机关有权核定其应纳税额:

(1)依照法律、行政法规的规定可以不设置账簿的。

(2)依照法律、行政法规的规定应当设置但未设置账簿的。

(3)擅自销毁账簿或者拒不提供纳税资料的。

(4)虽设置账簿,但账目混乱或者成本资料、收入凭证、费用凭证残缺不全,难以查账的。

(5)发生纳税义务,未按照规定的期限办理纳税申报,经税务机关责令限期申报,逾期仍不申报的。

(6)纳税人申报的计税依据明显偏低,又无正当理由的。

目前税务机关核定税额的方法主要有以下四种:

一是参照当地同类行业或者类似行业中,经营规模和收入水平相近的纳税人的收入额和利润率核定。

二是按照成本加合理费用和利润的方法核定。

三是按照耗用的原材料、燃料、动力等推算或者测算核定。

四是按照其他合理的方法核定。

采用以上一种方法不足以正确核定应纳税额时,可以同时采用两种以上的方法核定。

纳税人对税务机关采取规定的方法核定的应纳税额有异议的,应当提供相关证据,经税务机关认定后,调整应纳税额。

2. 税收调整制度

这里的税收调整制度,主要是指关联企业的税收调整制度。

《征管法》规定:"企业或者外国企业在中国境内设立的从事生产、经营的机构、场所与其关联企业之间的业务往来,应当按照独立企业之间的业务往来收取或者支付价款、费用;不按照独立企业之间的业务往来收取或者支付价款、费用,而减少其应纳税的收入或者所得额的,税务机关有权进行合理调整。"

(六)未办理税务登记的从事生产、经营的纳税人,以及临时从事经营纳税人的税款征收制度

《征管法》规定:"对未按照规定办理税务登记的从事生产、经营的纳税人以及临时从事生产、经营的纳税人,由税务机关核定其应纳税额,责令缴纳;不缴纳的,税务机关可以扣押其价值相当于应纳税款的商品、货物。扣押后缴纳应纳税款的,税务机关必须立即解除扣押,并归还所扣押的商品、货物;扣押后仍不缴纳应纳税款的,经县以上税务局(分局)局长批准,依法拍卖或者变卖所扣押的商品、货物,以拍卖或者变卖所得抵缴税款。"

(七)税收保全措施

税收保全措施,是指税务机关对可能由于纳税人的行为或者某种客观原因,致使以后税款的征收不能保证或难以保证的案件,采取限制纳税人处理或转移商品、货物或其他财产的措施。

《征管法》规定:税务机关有根据认为从事生产、经营的纳税人有逃避纳税义务行为的,可以在规定的纳税期之前,责令限期缴纳税款;在限期内发现纳税人有明显的转移、隐匿其应纳税的商品、货物以及其他财产迹象的,税务机关应责令其提供纳税担保。如果纳税人不能提供纳税担保,经县以上税务局(分局)局长批准,税务机关可以采取下列税收保全措施:

(1)书面通知纳税人开户银行或者其他金融机构冻结纳税人的金额相当于应纳税款的存款。

(2)扣押、查封纳税人的价值相当于应纳税款的商品、货物或者其他财产。其他财产包括纳税人的房地产、现金、有价证券等不动产和动产。

纳税人在上款规定的限期内缴纳税款的,税务机关必须立即解除税收保全措施;限期期满仍未缴纳税款的,经县以上税务局(分局)局长批准,税务机关可以书面通知纳税人开户银行或者其他金融机构,从其冻结的存款中扣缴税款,或者依法拍卖或者变卖所扣押、查封的商品、货物或者其他财产,以拍卖或者变卖所得抵缴税款。

采取税收保全措施不当,或者纳税人在期限内已缴纳税款,税务机关未立即解除税收保全措施,使纳税人的合法利益遭受损失的,税务机关应当承担赔偿责任。

个人及其所扶养家属维持生活必需的住房和用品,不在税收保全措施的范围之内。个人所扶养家属,是指与纳税人共同居住生活的配偶、直系亲属以及无生活来源并由纳税人扶养的其他亲属。生活必需的住房和用品不包括机动车辆、金银饰品、古玩字画、豪华住宅或者一处以外的住房。税务机关对单价 5 000 元以下的其他生活用品,不采取税收保全措施和强制执行措施。

根据上述规定,采取税收保全措施应注意以下几个方面:

1. 采取税收保全措施的前提和条件

税务机关采取税收保全措施的前提是，从事生产、经营的纳税人有逃避纳税义务行为的。也就是说，税务机关采取税收保全措施的前提是对逃税的纳税人采取的。采取措施时，应当符合下列两个条件：

(1)纳税人有逃避纳税义务的行为。没有逃避纳税义务行为的，不能采取税收保全措施。逃避纳税义务行为的最终目的是为了不缴或少缴税款，其采取的方法主要是转移、隐匿可以用来缴纳税款的资金或实物。

(2)必须是在规定的纳税期之前和责令限期缴纳应纳税款的限期内。如果纳税期和责令缴纳应纳税款的限期届满，纳税人又没有缴纳应纳税款的，税务机关可以按规定采取强制执行措施，就无所谓税收保全了。

2. 采取税收保全措施的法定程序

(1)责令纳税人提前缴纳税款。税务机关有根据认为从事生产、经营的纳税人有逃避纳税义务行为的，可以在规定的纳税期之前，责令限期缴纳应纳税款。税务机关对有逃税行为的纳税人在规定的纳税期之前，责令限期缴纳税款时，主管税务机关应下达给有逃税行为的纳税人执行。同时主管税务机关填制由纳税人签章的《税务文书送达回证》。

(2)责成纳税人提供纳税担保。在限期内，纳税人有明显转移、隐匿应纳税的商品、货物以及其他财产或者应纳税的收入迹象的，税务机关可以责成纳税人提供纳税担保。

(3)冻结纳税人的存款。纳税人不能提供纳税担保的，经县以上税务局(分局)局长批准，书面通知纳税人开户银行或者其他金融机构冻结纳税人的金额相当于应纳税款的存款。

税务机关在采取此项措施时，应当注意以下问题：①应经县以上税务局(分局)局长批准；②冻结的存款数额要以相当于纳税人应纳税款的数额为限，而不是全部存款；③注意解除保全措施的时间。如果纳税人在税务机关采取税收保全措施后按照税务机关规定的期限缴纳了税款的，税务机关应当自收到税款或银行转回的完税凭证之日起 1 日内解除税收保全。

(4)查封、扣押纳税人的商品、货物或其他财产。纳税人在开户银行或其他金融机构中没有存款，或者税务机关无法掌握其存款情况的，税务机关可以扣押、查封纳税人的价值相当于应纳税款的商品、货物或其他财产。

3. 税收保全措施的终止

税收保全的终止有两种情况：一是纳税人在规定的期限内缴纳了应纳税款的，税务机关必须立即解除税收保全措施；二是纳税人超过规定的期限仍不缴纳税款的，经税务局(分局)局长批准，终止保全措施，转入强制执行措施，即书面通知纳税人开户银行或者其他金融机构从其冻结的存款中扣缴税款，或者拍卖、变卖所扣押、查封的商品、货物或其他财产，以拍卖或者变卖所得抵缴税款。

(八)税收强制执行措施

税收强制执行措施，是指当事人不履行法律、行政法规规定的义务，有关国家机关采用法定的强制手段，强迫当事人履行义务的行为。

《征管法》规定，从事生产、经营的纳税人、扣缴义务人未按照规定的期限缴纳或者解缴税款，纳税担保人未按照规定的期限缴纳所担保的税款，由税务机关责令限期缴纳，逾期仍未缴纳的，经县以上税务局(分局)局长批准，税务机关可以采取下列强制执行措施：

一是书面通知其开户银行或者其他金融机构从其存款中扣缴税款。

二是扣押、查封、依法拍卖或者变卖其价值相当于应纳税款的商品、货物或者其他财产，以拍卖或者变卖所得抵缴税款。

税务机关采取强制执行措施时，对上款所列纳税人、扣缴义务人、纳税担保人未缴纳的滞纳金同时强制执行。

个人及其所抚养家属维持生活必需的住房和用品，不在强制执行措施的范围之内。

根据上述规定，采取税收强制执行措施应注意以下几个方面：

1. 税收强制执行的适用范围

强制执行措施的适用范围仅限于未按照规定的期限缴纳或者解缴税款，经责令限期缴纳，逾期仍未缴纳的从事生产、经营的纳税人。需要强调的是，采取强制执行措施适用于扣缴义务人、纳税担保人，采取税收保全措施时则不适用。

2. 税收强制执行应坚持的原则

税务机关采取税收强制执行措施时，必须坚持告诫在先的原则，即纳税人、扣缴义务人、纳税担保人未按照规定的期限缴纳或者解缴税款的，应当先行告诫，责令限期缴纳。逾期仍未缴纳的，再采取税收强制执行措施。如果没有责令限期缴纳就采取强制执行措施，也就违背了告诫在先的原则，所采取的措施和程序就是违法的。

3. 采取税收强制执行措施的程序

(1)税款的强制征收(扣缴税款)。纳税人、扣缴义务人、纳税担保人在规定的期限内未缴纳或者解缴税款或者提供担保的，经主管税务机关责令限期缴纳，逾期仍未缴纳的，经县以上税务局(分局)局长批准，书面通知其开户银行或者其他金融机构，从其存款中扣缴税款。

在扣缴税款的同时，主管税务机关应按照《征管法》的规定，可以处以不缴或者少缴的税款50%以上5倍以下的罚款。

(2)扣押、查封、拍卖或者变卖，以拍卖或者变卖所得抵缴税款。按照《征管法》的规定，扣押、查封、拍卖或者变卖等行为具有连续性，即扣押、查封后，不再给纳税人自动履行纳税义务的期间，税务机关可以直接拍卖或者变卖其价值相当于应纳税款的商品、货物或者其他财产，以拍卖或者变卖所得抵缴税款。

4. 滞纳金的强行划拨

采取税收强制执行措施时，对纳税人、扣缴义务人、纳税担保人未缴纳的滞纳金必须同时强制执行。对纳税人已缴纳税款，但拒不缴纳滞纳金的，税务机关可以单独对纳税人应缴未缴的滞纳金采取强制执行措施。

(九)欠税清缴制度

欠税，是指纳税人未按照规定期限缴纳税款，扣缴义务人未按照规定期限解缴税款的行为。

《征管法》在欠税清缴方面主要采取了以下措施：

1. 严格控制欠缴税款的审批权限

根据《征管法》的规定，缓缴税款的审批权限集中在省、自治区、直辖市国家税务局、地方税务局。这样规定，一方面能帮助纳税人渡过暂时的难关，另一方面也体现了严格控制欠税的精神，保证国家税收免遭损失。

2. 限期缴税时限

从事生产、经营的纳税人、扣缴义务人未按照规定的期限缴纳或者解缴税款的，纳税担保人未按照规定的期限缴纳所担保的税款的，由税务机关发出限期缴纳税款通知书，责令缴纳或者解缴税款的最长期限不得超过15日。

3. 建立欠税清缴制度，防止税款流失

(1)扩大了阻止出境对象的范围。《征管法》规定："欠缴税款的纳税人及其法定代表需要出境的，应当在出境前向税务机关结清应纳税款或者提供担保。未结清税款，又不提供担保的，税务机关可以通知出境管理机关阻止其出境。"

(2)建立改制纳税人欠税的清缴制度。《征管法》规定："纳税人有合并、分立情形的，应当向税务机关报告，并依法缴清税款。纳税人合并时未缴清税款的，应当由合并后的纳税人继续履行未履行的纳税义务；纳税人分立时未缴清税款的，分立后的纳税人对未履行的纳税义务应当承担连带责任。"

(3)大额欠税处分财产报告制度。根据《征管法》及其实施细则的有关规定，欠缴税款数额在5万元以上的纳税人，在处分其不动产或者大额资产之前，应当向税务机关报告。

(4)税务机关可以对欠缴税款的纳税人行使代位权、撤销权，即对纳税人的到期债权等财产权利，税务机关可以依法向第三者追索以抵缴税款。《征管法》规定了在哪些情况下税务机关可以依据我国《合同法》行使代位权、撤销权。税务机关代表国家，拥有对欠税的债权，是纳税人应该偿还国家的债务。

如果欠税的纳税人，怠于行使其到期的债权，怠于收回其到期的资产、款项等，税务机关可以向人民法院请求以自己的名义代为行使债权。

(5)建立欠税公告制度。根据《征管法》及其实施细则的有关规定，税务机关应当对纳税人欠缴税款的情况，在办税场所或者广播、电视、报纸、期刊、网络等新闻媒体上定期予以公告。定期公告是指税务机关定期向社会公告纳税人的欠税情况。同时，税务机关还可以根据实际情况和实际需要，制定纳税人的纳税信用等级评比制度。

(十)税款的退还和追征制度

1. 税款的退还

《征管法》规定，纳税人超过应纳税额缴纳的税款，税务机关发现后应当立即退还；纳税人自结算缴纳税款之日起 3 年内发现的，可以向税务机关要求退还多缴的税款并加算银行同期存款利息，税务机关及时查实后应当立即退还；涉及从国库中退库的，依照法律、行政法规中有关国库管理的规定退还。

根据上述规定，税务机关在办理税款退还时应注意以下几个问题：

(1)税款退还的前提，即纳税人已经缴纳了超过应纳税额的税款。

(2)税款退还的范围，包括：①技术差错和结算性质的退税；②为加强对收入的管理，规定纳税人先按应纳税额如数缴纳入库，经核实后再从中退还应退的部分。

(3)退还的方式：①税务机关发现后立即退还；②纳税人发现后申请退还。

(4)退还的时限：①纳税人发现的，可以自结算缴纳税款之日起 3 年内要求退还。②税务机关发现的多缴税款，《征管法》没有规定多长时间内可以退还。法律没有规定期限的，推定为无限期。③《征管法》实施细则规定："税务机关发现纳税人多缴税款的，应当自发现之日起 10 日内办理退还手续；纳税人发现多缴税款，要求退还的，税务机关应当自接到纳税人退还申请之日起 30 日内查实并办理退还手续。"

2. 税款的追征

《征管法》规定："因税务机关责任，致使纳税人、扣缴义务人未缴或者少缴税款的，税务机关在 3 年内可要求纳税人、扣缴义务人补缴税款，但是不得加收滞纳金。

因纳税人、扣缴义务人计算等失误，未缴或者少缴税款的，税务机关在 3 年内可以追征税款、滞纳金；有特殊情况的追征期可以延长到 5 年。

所称特殊情况，是指纳税人或者扣缴义务人因计算错误等失误，未缴或者少缴、未扣或者少扣、未收或者少收税款，累计数额在 10 万元以上的。

对偷税、抗税、骗税的，税务机关追征其未缴或者少缴的税款、滞纳金或者所骗取的税款，不受前款规定期限的限制。"

根据上述规定，税务机关在追征税款时应注意以下几个方面：

(1)对于纳税人、扣缴义务人和其他当事人偷税、抗税和骗取税款的，应无限期追征。

(2)纳税人、扣缴义务人未缴或者少缴税款的，其补缴和追征税款的期限，应自纳税人、扣缴义务人应缴未缴或少缴税款之日起计算。

(3)应注意明确划分征纳双方的责任。

(十一)税款入库制度

(1)审计机关、财政机关依法进行审计、检查时，对税务机关的税收违法行为做出的决定，税务机关应当执行；发现被审计、检查单位有税收违法行为的，向被审计、检查单位下达决定、意见书，责成被审计、检查单位向税务机关缴纳应当缴纳的税款、滞纳金。税务机关应当根据有关机关的决定、意见书，依照税收法律、行政法规的规定，将应收的税款、滞纳金按照国家规定的税收征收管理范围和税款入库预算级次缴入国库。

(2)税务机关应当自收到审计机关、财政机关的决定、意见书之日起30日内将执行情况书面回复审计机关、财政机关。

有关机关不得将其履行职责过程中发现的税款、滞纳金自行征收入库或者以其他款项的名义自行处理、占压。

第四节　税务检查

一、税务检查的形式和方法

(一)税务检查的形式

1. 重点检查

重点检查，是指对公民举报、上级机关交办或有关部门转来的有偷税行为或偷税嫌疑的，纳税申报与实际生产经营情况有明显不符的纳税人及有普遍逃税行为的行业的检查。

2. 分类计划检查

分类计划检查，是指根据纳税人历来纳税情况、纳税人的纳税规模及税务检查间隔时间的长短等综合因素，按事先确定的纳税人分类、计划检查时间及检查频率而进行的检查。

3. 集中性检查

集中性检查，是指税务机关在一定时间、一定范围内，统一安排、统一组织的税务检查。这种检查一般规模比较大，如以前年度的全国范围内的税收、财务大检查就属于这类检查。

4. 临时性检查

临时性检查，是指由各级税务机关根据不同的经济形势、偷逃税趋势、税收任务完成情况等综合因素，在正常的检查计划之外安排的检查，如行业性解剖、典型调查性的检查等。

5. 专项检查

专项检查，是指税务机关根据税收工作实际，对某一税种或税收征收管理某一环节进行的检查，如增值税一般纳税专项检查、漏征漏管户专项检查等。

(二)税务检查的方法

1. 全查法

全查法是对被查纳税人一定时期内所有会计凭证、账簿、报表及各种存货进行全面、系统检查的一种方法。

2. 抽查法

抽查法是对被查纳税人一定时期内的会计凭证、账簿、报表及各种存货，抽取一部分进行检查的一种方法。

3. 顺查法

顺查法与逆查法相对，是对被查纳税人按照其会计核算的顺序，依次检查会计凭证、账簿、报表，并将其相互核对的一种检查方法。

4. 逆查法

逆查法与顺查法相对，是指逆会计核算的顺序，依次检查会计报表、账簿及凭证，并将其相互核对的一种稽查方法。

5. 现场检查法

现场检查法与调账检查法相对，是指税务机关派人员到被查纳税人的机构办公地点对其账务资料进行检查的一种方法。

6. 调账检查法

调账检查法与现场检查法相对，是指将被查纳税人的账务资料调到税务机关进行检查的一种方法。

7. 比较分析法

比较分析法是将被查纳税人检查期有关财务指标的实际完成数进行纵向或横向比较，分析其异常变化情况，从中发现纳税问题线索的一种方法。

8. 控制计算法

控制计算法也称逻辑推算法，是指根据被查纳税人财务数据的相互关系，用可靠或科学测定的数据，验证其检查期账面记录或申报的资料是否正确的一种检查方法。

9. 审阅法

审阅法是指对被查纳税人的会计账簿、凭证等账务资料，通过直观地审查阅览，发现在纳税方面存在问题的一种检查方法。

10. 核对法

核对法是指通过对被查纳税人的各种相关联的会计凭证、账簿、报表及实物进行相互核对，验证其在纳税方面存在问题的一种检查方法。

11. 观察法

观察法是指通过被查纳税人的生产经营场所、仓库、工地等现场，实地观察其生产经营及存货等情况，以发现纳税问题或验证账中可疑问题的一种检查方法。

12. 外调法

外调法是指对被查纳税人有怀疑或已掌握一定线索的经济事项，通过向与其有经济联系的单位或个人进行调查，予以查证核实的一种方法。

13. 盘存法

盘存法是指通过对被查纳税人的货币资金、存货及固定资产等实物进行盘点清查，核实其账实是否相符，进而发现纳税问题的一种检查方法。

14. 交叉稽核法

国家为加强增值税专用发票管理，应用计算机将开出的增值税专用发票抵扣联与存根联进行交叉稽核，以查出虚开及假开发票行为，避免国家税款流失。目前这种方法通过“金税工程”体现，对利用增值税专用发票偷逃税款行为起到了极大的遏制作用。

二、税务检查的职责

(1)税务机关有权进行下列税务检查：

①检查纳税人的账簿、记账凭证、报表和有关资料，检查扣缴义务人代扣代缴、代收代缴税款账簿、记账凭证和有关资料。

因检查需要时，经县以上税务局(分局)局长批准，可以将纳税人、扣缴义务人以前会计年度的账簿、记账凭证、报表和其他有关资料调回税务机关检查，但是税务机关必须向纳税人、扣缴义务人开付清单，并在3个月内完整退还；有特殊情况的，经设区的市、自治州以上税务局局长批准，税务机关可以将纳税人、扣缴义务人当年的账簿、记账凭证、报表和其他有关资料调回检查，但是税务机关必须在30日内退还。

②到纳税人的生产、经营场所和货物存放地检查纳税人应纳税的商品、货物或者其他财产，检查扣缴义务人与代扣代缴、代收代缴税款有关的经营情况。

③责成纳税人、扣缴义务人提供与纳税或者代扣代缴、代收代缴税款有关的文件、证明材料和有关资料。

④询问纳税人、扣缴义务人与纳税或者代扣代缴、代收代缴税款有关的问题和情况。

⑤到车站、码头、机场、邮政企业及其分支机构检查纳税人托运、邮寄、应税商品、货物或者其他财产的有关单据凭证和资料。

⑥经县以上税务局(分局)局长批准,凭全国统一格式的检查存款账户许可证明,查询从事生产、经营的纳税人、扣缴义务人在银行或者其他金融机构的存款账户。税务机关在调查税收违法案件时,经设区的市、自治州以上税务局(分局)局长批准,可以查询案件涉嫌人员的储蓄存款。税务机关查询所获得的资料,不得用于税收以外的用途。

上述所称的"经设区的市、自治州以上税务局局长"包括地(市)一级(含直辖市下设区)的税务局局长。

税务机关查询的内容,包括纳税人存款账户余额和资金往来情况。查询时应当指定专人负责,凭全国统一格式的检查存款账户许可证明进行,并有责任为被检查人保守秘密。

(2)税务机关对纳税人以前纳税期的纳税情况依法进行税务检查时,发现纳税人有逃避纳税义务的行为,并有明显的转移、隐匿其应纳税的商品、货物、其他财产或者应纳税收入的迹象的,可以按照批准权限采取税收保全措施或者强制执行措施。这里的批准权限是指县级以上税务局(分局)局长批准。

税务机关采取税收保全措施的期限一般不得超过6个月;重大案件需要延长的,应当报国家税务总局批准。

(3)纳税人、扣缴义务人必须接受税务机关依法进行的税务检查,如实反映情况,提供有关资料,不得拒绝、隐瞒。

(4)税务机关依法进行税务检查时,有权向有关单位和个人调查纳税人、扣缴义务人和其他当事人与纳税或者代扣代缴、代收代缴税款有关的情况,有关单位和个人有义务向税务机关如实提供有关资料及证明材料。

(5)税务机关调查税务违法案件时,对与案件有关的情况和资料,可以记录、录音、录像、照相和复制。

(6)税务人员进行税务检查时,应当出示税务检查证和税务检查通知书;无税务检查证和税务检查通知书的,纳税人、扣缴义务人及其他当事人有权拒绝检查。税务机关对集贸市场及集中经营业户进行检查时,可以使用统一的税务检查通知书。

税务机关对纳税人、扣缴义务人及其他当事人处以罚款或者没收违法所得时,应当开付罚没凭证;未开付罚没凭证的,纳税人、扣缴义务人以及其他当事人有权拒绝给付。

对采用电算化会计系统的纳税人,税务机关有权对其会计电算化系统进行检查,并可复制与纳税有关的电子数据作为证据。

税务机关进入纳税人电算化系统进行检查时,有责任保证纳税人会计电算化系统的安全性,并保守纳税人的商业秘密。

第五节　法律责任

一、违反税务管理基本规定行为的处罚

(1)《征管法》第六十条规定:纳税人有下列行为之一的,由税务机关责令限期改正,可以处2 000元以下的罚款;情节严重的,处2 000元以上1万元以下的罚款:

①未按照规定的期限申报办理税务登记、变更或者注销登记的。

②未按照规定设置、保管账簿或者保管记账凭证和有关资料的。

③未按照规定将财务、会计制度或者财务、会计处理办法和会计核算软件报送税务机关备查的。

④未按照规定将其全部银行账号向税务机关报告的。

⑤未按照规定安装、使用税控装置,或者损毁或擅自改动税控装置的。

⑥纳税人未按照规定办理税务登记证件验证或者换证手续的。

(2)纳税人不办理税务登记的,由税务机关责令限期改正;逾期不改正的,由工商行政管理机关吊销其营业执照。

(3)纳税人未按照规定使用税务登记证件,或者转借、涂改、损毁、买卖、伪造税务登记证件的,处2 000元以上1万元以下的罚款;情节严重的,处1万元以上5万元以下的罚款。

二、扣缴义务人违反账簿、凭证管理的处罚

《征管法》第六十一条规定:"扣缴义务人未按照规定设置、保管代扣代缴、代收代缴税款账簿或者保管代扣代缴、代收代缴税款记账凭证及有关资料的,由税务机关责令限期改正,可以处2 000元以下的罚款;情节严重的,处2 000元以上5 000元以下的罚款。"

三、纳税人、扣缴义务人未按规定进行纳税申报的法律责任

《征管法》第六十二条规定:"纳税人未按照规定的期限办理纳税申报和报送纳税资料的,或者扣缴义务人未按照规定的期限向税务机关报送代扣代缴、代收代缴税款报告表和有关资料的,由税务机关责令限期改正,可以处2 000元以下的罚款;情节严重的,可以处2 000元以上1万元以下的罚款。"

四、对偷税的认定及其法律责任

(1)《征管法》第六十三条规定:"纳税人伪造、变造、隐匿、擅自销毁账簿、记账凭证,或者在账簿上多列支出或者不列、少列收入,或者经税务机关通知申报而拒不申报或者进行虚假的纳税申报,不缴或者少缴应纳税款的,是偷税。对纳税人偷税的,由税务机关追缴其不缴或者少缴的税款、滞纳金,并处不缴或者少缴的税款50%以上5倍以下的罚款;构成犯罪的,依法追究刑事责任。

扣缴义务人采取前款所列手段,不缴或者少缴已扣、已收税款,由税务机关追缴其不缴或者少缴的税款、滞纳金,并处不缴或者少缴的税款50%以上5倍以下的罚款;构成犯罪的,依法追究刑事责任。"

(2)《中华人民共和国刑法》(以下简称《刑法》)第二百零一条规定:"纳税人采取伪造、变造、隐匿、擅自销毁账簿、记账凭证,在账簿上多列支出或者不列、少列收入,经税务机关通知申报而拒不申报或者进行虚假的纳税申报的手段,不缴或者少缴应纳税款,偷税数额占应纳税额的10%以上不满30%并且偷税数额在1万元以上不满10万元的,或者因偷税被税务机关给予二次行政处罚又偷税的,处3年以下有期徒刑或者拘役,并处偷税数额1倍以上5倍以下罚金;偷税数额占应纳税额的30%以上并且偷税数额在10万元以上的,处3年以上7年以下有期徒刑,并处偷税数额1倍以上5倍以下罚金。

扣缴义务人采取前款所列手段,不缴或者少缴已扣、已收税款,数额占应缴税额的10%以上并且数额在1万元以上的,依照前款的规定处罚。对多次犯有前两款行为,未经处理的,按照累计数额计算。"

五、进行虚假申报或不进行申报行为的法律责任

《征管法》第六十四条规定:"纳税人、扣缴义务人编造虚假计税依据的,由税务机关责令限期改正,并处5万元以下的罚款。

纳税人不进行纳税申报,不缴或者少缴应纳税款的,由税务机关追缴其不缴或者少缴的税款、滞纳金,并处不缴或者少缴税款50%以上5倍以下的罚款。"

六、逃避追缴欠税的法律责任

《征管法》第六十五条规定:"纳税人欠缴应纳税款,采取转移或者隐匿财产的手段,妨碍税务机关

追缴欠缴的税款的，由税务机关追缴欠缴的税款、滞纳金，并处欠缴税款50%以上5倍以下的罚款；构成犯罪的，依法追究刑事责任。”

《刑法》第二百零三条规定：“纳税人欠缴应纳税款，采取转移或者隐匿财产的手段，致使税务机关无法追缴欠缴的税款，数额在1万元以上不满10万元的，处3年以下有期徒刑或者拘役，并处或者单处欠缴税款1倍以上5倍以下罚金；数额在10万元以上的，处3年以上7年以下有期徒刑，并处欠缴税款1倍以上5倍以下罚金。”

七、骗取出口退税的法律责任

《征管法》第六十六条规定：“以假报出口或者其他欺骗手段，骗取国家出口退税款的，由税务机关追缴其骗取的退税款，并处骗取税款1倍以上5倍以下的罚款；构成犯罪的，依法追究刑事责任。”

对骗取国家出口退税款的，税务机关可以在规定期间内停止为其办理出口退税。

《刑法》第二百零四条规定：“以假报出口或者其他欺骗手段，骗取国家出口退税款，数额较大的，处5年以下有期徒刑或者拘役，并处骗取税款1倍以上5倍以下罚金；数额巨大或者有其他严重情节的，处5年以上10年以下有期徒刑，并处骗取税款1倍以上5倍以下罚金；数额特别巨大或者有其他特别严重情节的，处10年以上有期徒刑或者无期徒刑，并处骗取税款1倍以上5倍以下罚金或者没收财产。”

八、抗税的法律责任

《征管法》第六十七条规定：“以暴力、威胁方法拒不缴纳税款的，是抗税，除由税务机关追缴其拒缴的税款、滞纳金外，依法追究刑事责任。情节轻微，未构成犯罪的，由税务机关追缴其拒缴的税款、滞纳金，并处拒缴税款1倍以上5倍以下的罚款。”

《刑法》第二百零二条规定：“以暴力、威胁方法拒不缴纳税款的，处3年以下有期徒刑或者拘役，并处拒缴税款1倍以上5倍以下罚金；情节严重的，处3年以上7年以下有期徒刑，并处拒缴税款1倍以上5倍以下罚金。”

九、在规定期限内不缴或者少缴税款的法律责任

《征管法》第六十八条规定：“纳税人、扣缴义务人在规定期限内不缴或者少缴应纳或者应解缴的税款，经税务机关责令限期缴纳，逾期仍未缴纳的，税务机关除依照本法第四十条规定采取强制执行措施追缴其不缴或者少缴的税款外，可以处不缴或者少缴税款50%以上5倍以下的罚款。”

十、扣缴义务人不履行扣缴义务的法律责任

《征管法》第六十九条规定：“扣缴义务人应扣未扣、应收而不收税款的，由税务机关向纳税人追缴税款，对扣缴义务人处应扣未扣、应收未收税款50%以上3倍以下的罚款。”

十一、不配合税务机关依法检查的法律责任

(1)《征管法》第七十条规定：“纳税人、扣缴义务人逃避、拒绝或者以其他方式阻挠税务机关检查的，由税务机关责令改正，可以处1万元以下的罚款；情节严重的，处1万元以上5万元以下的罚款。”

逃避、拒绝或者以其他方式阻挠税务机关检查的情形包括：

①提供虚假资料，不如实反映情况，或者拒绝提供有关资料的。

②拒绝或者阻止税务机关记录、录音、录像、照相和复制与案件有关的情况和资料的。

③在检查期间，纳税人、扣缴义务人转移、隐匿、销毁有关资料的。

④有不依法接受税务检查的其他情形的。

(2)税务机关依照《征管法》第五十四条第(五)项的规定，到车站、码头、机场、邮政企业及其分支

机构检查纳税人有关情况时，有关单位拒绝的，由税务机关责令改正，可以处1万元以下的罚款；情节严重的，处1万元以上5万元以下的罚款。

十二、非法印制发票的法律责任

(1)《征管法》第七十一条规定："违反本法第二十二条规定，非法印制发票的，由税务机关销毁非法印制的发票，没收违法所得和作案工具，并处1万元以上5万元以下的罚款；构成犯罪的，依法追究刑事责任。"

(2)《刑法》第二百零六条规定："伪造或者出售伪造的增值税专用发票的，处3年以下有期徒刑、拘役或者管制，并处2万元以上20万元以下罚金；数量较大或者有其他严重情节的，处3年以上10年以下有期徒刑，并处5万元以上50万元以下罚金；数量巨大或者有其他特别严重情节的，处10年以上有期徒刑或者无期徒刑，并处5万元以上50万元以下罚金或者没收财产。

伪造并出售伪造的增值税专用发票，数量特别巨大，情节特别严重，严重破坏经济秩序的，处无期徒刑或者死刑，并处没收财产。

单位犯本条规定之罪的，对单位判处罚金，并对其直接负责的主管人员和其他直接责任人员，处3年以下有期徒刑、拘役或者管制；数量较大或者有其他严重情节的，处3年以上10年以下有期徒刑；数量巨大或者有其他特别严重情节的，处10年以上有期徒刑或者无期徒刑。"

(3)《刑法》第二百零九条规定："伪造、擅自制造或者出售伪造、擅自制造的可以用于骗取出口退税、抵扣税款的其他发票的，处3年以下有期徒刑、拘役或者管制，并处2万元以上20万元以下罚金；数量巨大的，处3年以上7年以下有期徒刑，并处5万元以上50万元以下罚金；数量特别巨大的，处7年以上有期徒刑，并处5万元以上50万元以下罚金或者没收财产。

伪造、擅自制造或者出售伪造、擅自制造的前款规定以外的其他发票的，处2年以下有期徒刑、拘役或者管制，并处或者单处1万元以上5万元以下罚金；情节严重的，处2年以上7年以下有期徒刑，并处5万元以上50万元以下罚金。"

(4)非法印制、转借、倒卖、变造或者伪造完税凭证的，由税务机关责令改正，处2 000元以上1万元以下的罚款；情节严重的，处1万元以上5万元以下的罚款；构成犯罪的，依法追究刑事责任。

十三、有税收违法行为而拒不接受税务机关处理的法律责任

《征管法》第七十二条规定："从事生产、经营的纳税人、扣缴义务人有本法规定的税收违法行为，拒不接受税务机关处理的，税务机关可以收缴其发票或者停止向其发售发票。"

十四、银行及其他金融机构拒绝配合税务机关依法执行职务的法律责任

(1)银行和其他金融机构未按照《征管法》的规定在从事生产、经营的纳税人的账户中登录税务登记证件号码或者未按照规定在税务登记证件中登录从事生产、经营的纳税人账户账号的，由税务机关责令限期改正，处2 000元以上2万元以下罚款；情节严重的，处2万元以上5万元以下的罚款。

(2)为纳税人、扣缴义务人非法提供银行账户、发票、证明或者其他方便，导致未缴、少缴税款或者骗取国家出口退税款的，税务机关除没收其违法所得外，可以处未缴、少缴或者骗取的税款1倍以下的罚款。

(3)《征管法》第七十三条规定："纳税人、扣缴义务人的开户银行或者其他金融机构拒绝接受税务机关依法检查纳税人、扣缴义务人存款账户，或者拒绝执行税务机关做出的冻结存款或者扣缴税款的决定，或者在接到税务机关的书面通知后帮助纳税人、扣缴义务人转移存款，造成税款流失的，由税务机关处10万元以上50万元以下的罚款，对直接负责的主管人员和其他直接责任人员处1 000元以上1万元以下的罚款。"

十五、擅自改变税收征收管理范围的法律责任

《征管法》第七十六条规定："税务机关违反规定擅自改变税收征收管理范围和税款入库预算级次的，责令限期改正，对直接负责的主管人员和其他直接责任人员依法给予降级或者撤职的行政处分。"

十六、不移送的法律责任

《征管法》第七十七条规定："纳税人、扣缴义务人有本法规定的第六十三条、第六十五条、第六十六条、第六十七条、第七十一条规定的行为涉嫌犯罪的，税务机关应当依法移送司法机关追究刑事责任。

税务人员徇私舞弊，对依法应当移送司法机关追究刑事责任的不移送，情节严重的，依法追究刑事责任。"

十七、税务人员不依法行政的法律责任

《征管法》第八十条规定："税务人员与纳税人、扣缴义务人勾结，唆使或者协助纳税人、扣缴义务人有本法第六十三条、第六十五条、第六十六条规定的行为，构成犯罪的，按照《刑法》关于共同犯罪的规定处罚；尚不构成犯罪的，依法给予行政处分。

税务人员私分扣押、查封的商品、货物或者其他财产，情节严重，构成犯罪的，依法追究刑事责任；尚不构成犯罪的，依法给予行政处分。"

十八、渎职行为的法律责任

(1)《征管法》第八十一条规定："税务人员利用职务上的便利，收受或者索取纳税人、扣缴义务人财物或者谋取其他不正当利益，构成犯罪的，依法追究刑事责任；尚不构成犯罪的，依法给予行政处分。"

(2)《征管法》第八十二条规定："税务人员徇私舞弊或者玩忽职守，不征收或者少征应征税款，致使国家税收遭受重大损失，构成犯罪的，依法追究刑事责任；尚不构成犯罪的，依法给予行政处分。

税务人员滥用职权，故意刁难纳税人、扣缴义务人的，调离税收工作岗位，并依法给予行政处分。

税务人员对控告、检举税收违法违纪行为的纳税人、扣缴义务人以及其他检举人进行打击报复，依法给予行政处分；构成犯罪的，依法追究刑事责任。"

(3)《刑法》第四百零四条规定："税务机关的工作人员徇私舞弊，不征或者少征应征税款，致使国家税收遭受重大损失的，处 5 年以下有期徒刑或者拘役；造成特别重大损失的，处 5 年以上有期徒刑。"

(4)《刑法》第四百零五条规定："税务机关的工作人员违反法律、行政法规的规定，在办理发售发票、抵扣税款、出口退税工作中，徇私舞弊，致使国家利益遭受重大损失的，处 5 年以下有期徒刑或者拘役；致使国家利益遭受特别重大损失的，处 5 年以上有期徒刑。"

十九、不按规定征收税款的法律责任

《征管法》第八十三条规定："违反法律、行政法规的规定提前征收、延缓征收或者摊派税款的，由其上级机关或者行政监察机关责令改正，对直接负责的主管人员和其他直接责任人员依法给予行政处分。"

《征管法》第八十四条规定："违反法律、行政法规的规定，擅自做出税收的开征、停征或者减税、免税、退税、补税以及其他同税收法律、行政法规相抵触的决定的，除依照本法规定撤销其擅自做出的决定外，补征应征未征税款，退还不用征收而征收的税款，并由上级机关追究直接负责的主管人员和其他直接责任人员的行政责任；构成犯罪的，依法追究刑事责任。"

此外,《征管法》第七十四条还对行政处罚的权限做出了规定,指出:"罚款额在 2 000 元以下的,可以由税务所决定。"

二十、违反税务代理的法律责任

税务代理人违反税收法律、行政法规,造成纳税人未缴或者少缴税款的,除由纳税人缴纳或者补缴应纳税款、滞纳金外,对税务代理人处纳税人未缴或者少缴税款 50%以上 3 倍以下的罚款。

复习思考题

1. 税务机关和税务人员的权利和义务包括哪些内容?
2. 纳税人的权利和义务包括哪些内容?
3. "五证合一"的具体内容是什么?
4. 简述实行"三证合一"登记制度的变更登记操作规范。
5. 税务机关应如何加强发票管理?
6. 纳税申报有哪些方式?
7. 简述税款征收的方式。
8. 税款征收有哪些具体措施?
9. 简述税务检查的方法。
10. 简述税收法律责任包括的内容。

自我测试题

一、单项选择题

1. 税务登记是税务机关对纳税人的生产、经营活动进行登记管理的一项制度。下列选项中,不属于税务登记的是(　　)。

A. 税种登记　　B. 注销登记　　C. 设立登记　　D. 变更登记

2. 企业更换法定代表人需办理(　　)登记。

A. 开业税务登记　　B. 变更税务登记

C. 注销税务登记　　D. 停业、复业登记

3. 纳税人被工商行政管理机关吊销营业执照的,应当自营业执照被吊销之日起(　　)日内,向原税务登记机关申报办理注销税务登记。

A. 60　　B. 30　　C. 15　　D. 10

4. 纳税人未按照规定办理变更或注销税务登记的,由税务机关责令限期改正,可以处 2 000 元以下的罚款;情节严重的,处(　　)的罚款。

A. 2 000 元以上 5 000 元以下　　B. 10 000 元以上 20 000 元以下

C. 5 000 元以上 10 000 元以下　　D. 2 000 元以上 10 000 元以下

5. 从事生产经营的纳税人应自领取工商营业执照之日起(　　)日内按规定设置账簿。

A. 10　　B. 15　　C. 20　　D. 30

6. 增值税专用发票由(　　)印制。

A. 国务院税务主管部门指定的企业

B. 地方人民政府主管部门指定的企业

C. 省、自治区、直辖市地方税务局指定的企业

D. 省、自治区、直辖市国家税务局指定的企业

7. 简易申报、简并征期纳税申报方式适合的纳税人是(　　)。

A. 一般纳税人　　B. 小规模纳税人

C. 定期定额征收纳税人　　D. 查验征收纳税人

8. 纳税人未按照规定期限缴纳税款的，扣缴义务人未按照规定期限扣缴税款的，税务机关除责令限期缴纳外，从滞纳税款之日起，按日加收滞纳税款的（　　）的滞纳金。

A. 2‰　　B. 2‰　　C. 5‰　　D. 5‰

9. 采取税收保全或税收强制执行措施前，必须报经（　　）批准。

A. 县级以上人民政府　　B. 县级以上人民法院院长

C. 省级以上税务局（分局）局长　　D. 县级及以上税务局（分局）局长

10. 欠缴税款（　　）的纳税人在处分其不动产或者大额资产之前，应当向税务机关报告。

A. 3万元以上　　B. 5万元　　C. 5万元以上　　D. 10万元

二、多项选择题

1. 税务登记的种类有（　　）。

A. 设立税务登记　　B. 变更税务登记

C. 外出经营报验登记　　D. 停业、复业登记

2. 纳税人办理设立税务登记应向税务机关提供的资料有（　　）。

A. 营业执照　　B. 有关合同、章程、协议书

C. 验资报告　　D. 住所、经营场所使用证明

3. 纳税人外出经营活动结束，应当向经营地税务机关填报《外出经营活动情况申报表》，并（　　）。

A. 结清税款　　B. 办理变更税务登记

C. 缴销发票　　D. 办理注销登记

4. 下列关于税务登记和账证管理时间规定的说法中，正确的有（　　）。

A. 纳税人被工商行政管理机关吊销营业执照的，应自营业执照被吊销之日起15日内，向主管税务机关申报办理注销税务登记

B. 纳税人遗失税务登记证件的，应当在15日内书面报告主管税务机关，并登报声明作废

C. 从事生产、经营的纳税人应自领取工商营业执照之日起15日内按规定设置账簿

D. 扣缴义务人应当自扣缴义务发生之日起15日内，按照所代扣、代收的税种，分别设置代扣代缴、代收代缴税款账簿

5. 税务机关是发票的主管机关，负责发票的（　　）。

A. 印制　　B. 领购　　C. 保管　　D. 缴销

6. 纳税申报的方式有（　　）。

A. 直接申报　　B. 邮寄申报　　C. 简易申报　　D. 数据电文申报

7. 纳税人有下列（　　）情形的，税务机关有权核定其应纳税额。

A. 依照法律、行政法规的规定可以不设置账簿的

B. 依照法律、行政法规的规定应当设置但未设置账簿的

C. 纳税人申报的计税依据明显偏低，又无正当理由的

D. 虽设置账簿，但账目混乱或者成本资料、收入凭证、费用凭证残缺不全，难以查账的

8. 税务机关对从事生产经营的纳税人、扣缴义务人、纳税担保人发生下列情形中的（　　），经责令限期缴纳，逾期仍未缴纳的，可采取强制执行措施。

A. 未按照规定的期限缴纳或者解缴税款　　B. 未按照规定的期限缴纳所担保的税款

C. 未按照规定的期限缴纳滞纳金　　D. 未按照规定的期限缴纳罚款的纳税人

9. 纳税人延期缴纳税款必须同时符合以下条件中的（　　）。

A. 纳税人因有特殊困难，不能按期缴纳税款

B. 经省级税务局批准

C. 延期最长不得超过3个月

D. 按照上期实际缴纳税额或者税务机关核定的税额预缴税款

10. 下列关于税务机关税款追征期的规定中，正确的说法是(　　)。

A. 一般情况追征期为3年

B. 特殊情况追征期为5年

C. 特殊情况追征期为10年

D. 对纳税人偷税、骗税少缴的税款无限期追征

三、判断题

1. 纳税人发生解散、破产、撤销及其他情形，依法终止纳税义务的，应首先持有关证件向原税务登记机关申报办理注销税务登记，然后再向工商行政管理机关办理注销工商登记。(　　)

2. 纳税人到外县(市)临时从事生产经营活动的，应申请开具《外管证》。《外管证》按一地一证的原则核发。(　　)

3. 新设立企业、农民专业合作社领取由工商行政管理部门核发加载法人和其他组织统一社会信用代码的营业执照后，无须再次进行税务登记，不再领取税务登记证。(　　)

4. 扣缴义务人自扣缴义务发生之日起15日内分税种设账。(　　)

5. 国务院财政部是发票的主管机关。(　　)

6. 自2016年12月1日起，全国正式实施个体工商户营业执照和税务登记证"两证整合"，黑龙江、上海、福建、湖北四个省(市)10月1日起先行试点。(　　)

7. 纳税人、扣缴义务人可以直接到税务机关办理纳税申报或者报送代扣代缴、代收代缴税款报告表，不可以采取邮寄、数据电文或者其他方式办理上述申报、报送事项。(　　)

8. 纳税人因有特殊困难，不能按期缴纳税款的，经省、自治区、直辖市国家税务局、地方税务局批准，可以延期缴纳税款，但最长不得超过3个月。(　　)

9. 个人及其所扶养家属维持生活必需的住房和用品，不在税收保全措施的范围之内，但在强制执行措施的范围之内。(　　)

10. 需要缴纳税款的纳税人，出境前未结清应纳税款又不提供担保的，税务机关可以通知出境管理机关阻止其出境。(　　)

四、案例分析题

1. 2015年7月16日，某区国税局稽查人员在对某加油站进行日常纳税检查时发现，该加油站于6月8日根据城市规划的统一安排，由原经营地址新华大街33号搬迁到马路对面新华大街38号经营，并于6月10日到工商行政管理机关办理了变更登记。加油站认为经营地址中只是门牌号稍有不同，又不影响纳税，所以就将税务登记证件中的地址33号直接改为38号。

【要求】 分析该加油站的行为有无违法之处，如有，应受到什么样的行政处罚。

2. 安康保健品公司，属一家私营性质的企业，共有职工20人，注册资金50万元，账务健全，专用发票由张国成负责保管、开具及购买。法人代表杨丽，该公司于2015年4月申报办理一般纳税人，6月1日开始领购增值税专用发票，到2015年10月20日止，共领购专用发票12本240份。2015年10月12日，根据举报线索，国税稽查局对该厂进行稽查，发现以下情况：

(1)采用单联填开、大头小尾的方式开具发票。仅从查实的4份专用发票比较，存根联价税合计金额6 551.49元，抵扣联价税合计金额70 961.20元，价税合计金额相差64 409.71元，其中税额相差9 358.68元。

(2)2015年6月，刘胜利离开该厂时，由于公司欠刘胜利的钱，刘胜利于2015年7月到该公司拿

走了相应的产品抵账,并提出要2份增值税专用发票,张国成就撕了2份专用发票给刘胜利;法人杨丽的哥哥杨刚在该公司买了5万多元的货,除按实开了一份5万多元的发票外,另外又为其撕出1份空白专用发票。

(3)2015年夏天,因存放发票的房子漏雨,造成部分发票毁损。

【要求】 分析该公司在发票管理上存在哪些问题,应该如何处理。

3.2015年第二季度,某税务所在调查摸底的基础上,决定对某行业的定额从7月起至12月适当调高,并于6月底下发了调整定额通知。纳税户张凯的定额由原来的4万元调整为5万元,张凯不服,说等到7月底将搬离此地,7月份的税款不准备缴了。7月17日税务所得知这一情况后,书面责令该纳税户必须于7月25日前缴纳该月份税款。7月20日,税务所发现该纳税户已开始转移货物,于是责令该纳税户提供纳税担保,该纳税户没有提供纳税担保,于是税务机关书面通知该纳税户的开户银行从其存款中扣缴了7月份的税款。

【要求】

(1)分析税务机关的行政行为是否合法;

(2)请提出处理意见。

参考文献

REFERENCES

1. 中国注册会计师协会:《税法》,中国财政经济出版社 2016 年版。

2. 2014 年全国注册税务师执业资格考试教材编写组:《税法Ⅰ》,中国税务出版社 2016 年版。

3. 2014 年全国注册税务师执业资格考试教材编写组:《税法Ⅱ》,中国税务出版社 2016 年版。

4. 王曙光、李兰、张小锋:《税法学(第六版)》,东北财经大学出版 2016 年版。

5. 张守文:《税法原理(第七版)》,北京大学出版社 2016 年版。

6. 郭兰英、刘捷:《税法学习指导与习题》,清华大学出版社 2016 年版。

7. 中华会计网校:《税法应试指南》,人民出版社 2016 年版。

8. 国家税务总局教材编写组:《中华人民共和国税法最新法规》,中国税务出版社 2016 年版。

9. 杨捷:《税法》,重庆大学出版社出版 2015 年版。

10. 徐孟洲,徐阳光:《税法(第五版)》,中国人民大学出版社 2015 年版。

11. 徐孟洲:《税法练习题集(第三版)》,中国人民大学出版 2015 年版。

12. 安仲文:《税法(第四版)》,东北财经大学出版社 2015 年版。

13. 陈红梅、刘颖:《税法(第二版)》,哈尔滨工业大学出版社 2015 年版。